MINISTÉRIO PÚBLICO DE CONTAS

PERSPECTIVAS DOUTRINÁRIAS
DO SEU ESTATUTO JURÍDICO

ASSOCIAÇÃO NACIONAL DO
MINISTÉRIO PÚBLICO DE CONTAS

MINISTÉRIO PÚBLICO DE CONTAS

PERSPECTIVAS DOUTRINÁRIAS
DO SEU ESTATUTO JURÍDICO

Belo Horizonte

EDITORA Fórum

2017

© 2017 Editora Fórum Ltda.

É proibida a reprodução total ou parcial desta obra, por qualquer meio eletrônico, inclusive por processos xerográficos, sem autorização expressa do Editor.

Conselho Editorial

Adilson Abreu Dallari
Alécia Paolucci Nogueira Bicalho
Alexandre Coutinho Pagliarini
André Ramos Tavares
Carlos Ayres Britto
Carlos Mário da Silva Velloso
Cármen Lúcia Antunes Rocha
Cesar Augusto Guimarães Pereira
Clovis Beznos
Cristiana Fortini
Dinorá Adelaide Musetti Grotti
Diogo de Figueiredo Moreira Neto
Egon Bockmann Moreira
Emerson Gabardo
Fabrício Motta
Fernando Rossi

Flávio Henrique Unes Pereira
Floriano de Azevedo Marques Neto
Gustavo Justino de Oliveira
Inês Virgínia Prado Soares
Jorge Ulisses Jacoby Fernandes
Juarez Freitas
Luciano Ferraz
Lúcio Delfino
Marcia Carla Pereira Ribeiro
Márcio Cammarosano
Marcos Ehrhardt Jr.
Maria Sylvia Zanella Di Pietro
Ney José de Freitas
Oswaldo Othon de Pontes Saraiva Filho
Paulo Modesto
Romeu Felipe Bacellar Filho
Sérgio Guerra

Luís Cláudio Rodrigues Ferreira
Presidente e Editor

Coordenação editorial: Leonardo Eustáquio Siqueira Araújo

Av. Afonso Pena, 2770 – 15º andar – Savassi – CEP 30130-012
Belo Horizonte – Minas Gerais – Tel.: (31) 2121.4900 / 2121.4949
www.editoraforum.com.br – editoraforum@editoraforum.com.br

A844m	Associação Nacional do Ministério Público de Contas
	Ministério público de contas: perspectivas doutrinárias do seu estatuto jurídico / Associação Nacional do Ministério Público de Contas. – Belo Horizonte : Fórum, 2017.
	352 p.
	ISBN: 978-85-450-0183-6
	1. Direito constitucional. 2. Direito administrativo 3. Direito público I. Título.
	CDD 342.06
	CDU 342

Informação bibliográfica deste livro, conforme a NBR 6023:2002 da Associação Brasileira de Normas Técnicas (ABNT):

ASSOCIAÇÃO NACIONAL DO MINISTÉRIO PÚBLICO DE CONTAS. *Ministério público de contas:* perspectivas doutrinárias do seu estatuto jurídico. Belo Horizonte: Fórum, 2017. 352 p. ISBN 978-85-450-0183-6.

SUMÁRIO

APRESENTAÇÃO

O MINISTÉRIO PÚBLICO E O CONTROLE DAS FINANÇAS PÚBLICAS

MICHAEL RICHARD REINER 9

PALESTRA

O REGIME JURÍDICO DO MINISTÉRIO PÚBLICO DE CONTAS

CARLOS AYRES BRITTO 23

PARECERES, CONSULTAS E ARTIGOS

AUTONOMIA INSTITUCIONAL DO MP DE CONTAS

UADI LAMMÊGO BULOS 37

    Consulta 37

    Parecer 40

1   Premissas 40

2   Atos substancialmente constitucionais 40

3   Autonomia institucional do MP de Contas 46

4   Atributos da autonomia do MP de Contas 53

5   Conclusão 55

MINISTÉRIO PÚBLICO DE CONTAS: ESTÁGIO PROBATÓRIO; VITALICIAMENTO; CORREIÇÃO FUNCIONAL, ESCOLHA DE PROCURADOR-GERAL E AUTONOMIA INSTITUCIONAL

JUAREZ FREITAS 59

    Parecer 59

1   Da consulta 59

2   Das premissas hermenêuticas e do regime jurídico-institucional do Ministério Público de Contas 60

2.1 Das premissas hermenêuticas 60

2.2 Do regime jurídico-institucional do Ministério Público de Contas 65
3 Das respostas aos quesitos 82

CONSELHO NACIONAL DO MINISTÉRIO PÚBLICO E MINISTÉRIO PÚBLICO JUNTO AOS TRIBUNAIS DE CONTAS
JOSÉ NÉRI DA SILVEIRA 87

I Perfil constitucional do Ministério Público 89
II Ministério Público junto aos Tribunais de Contas 105
III Conselho Nacional do Ministério Público: natureza jurídica e amplitude de sua competência 125
IV Conclusões e resposta à consulta 139

MINISTÉRIO PÚBLICO JUNTO AO TRIBUNAL DE CONTAS. AUTONOMIA ADMINISTRATIVA E FINANCEIRA INDISPENSÁVEL AO EXERCÍCIO INDEPENDENTE DE SUAS ATRIBUIÇÕES
CARLOS MÁRIO DA SILVA VELLOSO 141

Parecer 141
I A exposição e a consulta 141
II O controle da Administração Pública 142
III Os Tribunais de Contas 145
IV O Ministério Público junto aos Tribunais de Contas 148
V A necessária autonomia administrativa e financeira do Ministério Público junto aos Tribunais de Contas 153
VI Repartição de competências: a autonomia dos Estados 159
VII Resposta aos quesitos 166

MINISTÉRIO PÚBLICO DE CONTAS BRASILEIRO: SER OU NÃO SER, EIS A QUESTÃO
PATRICK BEZERRA MESQUITA 169

Introdução 170
1 Breve histórico do Ministério Público de Contas 172
2 A ADI nº 789/DF e os precedentes do Supremo Tribunal Federal 177
3 A independência funcional e a autonomia financeiro-administrativa como realidades indissociáveis (poderes implícitos) 188
4 A terminologia "Ministério Público" e o sistema constitucional ministerial 196
5 Interpretação constitucional e a autonomia do Ministério Público de Contas 197

5.1 O método hermenêutico clássico e o direito do membro do Ministério Público de Contas de trabalhar numa instituição autônoma...198

5.2 Junto não é dentro. A interpretação gramatical só corrobora a autonomia dos MPCs 204

5.3 Interpretação histórica e falta de intenção do constituinte em manietar os MPCs de autonomia...208

5.4 A geografia constitucional é reveladora da autonomia do Ministério Público de Contas 212

5.5 Interpretação sistemática e teleológica do art. 130 da Constituição Federal 212

5.6 O método tópico-problemático e a resolução de problemas de funcionalidade do Ministério Público de Contas...............................217

5.7 Outros métodos de interpretação constitucional são pela independência do *Parquet* de Contas...224

6 O federalismo como um laboratório de experiências legislativas. A questão dos Ministérios Públicos de Contas estaduais autônomos..225

7 Mutação constitucional, Convenção de Mérida e o imprescindível reposicionamento do Ministério Público de Contas......................235

Conclusão 250

Referências...254

PODER DE REQUISIÇÃO DO MINISTÉRIO PÚBLICO DE CONTAS
DIOGO ROBERTO RINGENBERG 257

O TRIBUNAL DE CONTAS E O MINISTÉRIO PÚBLICO QUE NELE ATUA, À LUZ DA CONSTITUIÇÃO FEDERAL
GABRIEL GUY LÉGER..283

DECISÃO

CONSULTA Nº 0.00.000.000843/2013-39 – CONSELHO NACIONAL DO MINISTÉRIO PÚBLICO – CNMP.........................293

Relatório 294

Voto 296

PROPOSTAS RELACIONADAS AO APRIMORAMENTO DO SISTEMA DE CONTROLE EXTERNO

PROPOSTA DE ALTERAÇÃO CONSTITUCIONAL
MICHAEL RICHARD REINER 315

PROPOSTA DE EMENDA À CONSTITUIÇÃO Nº___, DE 2015
POR UM MINISTÉRIO PÚBLICO DE CONTAS NACIONAL: PEC DO COMBATE À CORRUPÇÃO NA ADMINISTRAÇÃO PÚBLICA E DO FORTALECIMENTO DO CONTROLE EXTERNO 319

1 Introdução 319
2 Federação – finanças públicas – caráter nacional da responsabilidade fiscal 320
3 Fiscalização coordenada – o MP é uno e indivisível – não é ente federado – a vocação do MPU para as matérias de finanças públicas 323
4 Revogação do art. 130 – integração das funções no art. 129, ix – normas de transição da carreira e estrutura 327
5 Aprimoramento da fiscalização financeira da Administração Pública, do controle externo e da prevenção e combate à corrupção ..329
Referências 330

PROPOSTA DE EMENDA À CONSTITUIÇÃO Nº _____ , DE 2013
(DOS SRS. E SRAS. FRANCISCO PRACIANO, ÉRIKA KOKAY, PAULO RUBEM SANTIAGO, ROSANE FERREIRA, LUIZ PITIMAN, IZALCI, REGUFFE, LUIZ COUTO, LUIZA ERUNDINA E OUTROS) ..333

SOBRE OS AUTORES 349

APRESENTAÇÃO

O MINISTÉRIO PÚBLICO E O CONTROLE DAS FINANÇAS PÚBLICAS

Pode-se afirmar com segurança que o Ministério Público, nos rudimentos conhecidos da instituição, tem seu surgimento no Estado Moderno, com a consolidação do princípio da "separação dos poderes" (França, passagem dos séculos XVIII e XIX).

Assume, portanto, papel fundante na própria conceituação corrente de Estado, pois marca, em gênero, o fim da concepção inquisitorial na administração da justiça, no controle e na fiscalização estatal.

A ancoragem da instituição segundo uma teoria tripartite do poder, no entanto, já representou um entrave na trilha percorrida pelo Ministério Público até chegarmos a sua atual conformação.

Isso porque as clássicas teorias do Estado encapsulavam os "órgãos de soberania" (cf. a adequada dicção da Constituição Portuguesa de 1976) somente entre aqueles pertencentes aos dogmáticos "três poderes" (Executivo, Legislativo, Judiciário), em detrimento da multifuncionalidade com a qual modernamente se entende o poder: *uno* e operacionalizado segundo o exercício de *funções soberanas* interdependentes e paritárias (*sistema de freios e contrapesos*).

Essa constatação, com efeito, é didática, pois funciona como excelente fator de compreensão do desenvolvimento das *instituições* e, particularmente, é sintomático do momento vivido pelo Ministério Público de Contas (MPC), cujas atribuições recaem sobre a fiscalização das finanças públicas e sobre o controle externo da Administração estatal.

Sob este aspecto, interessante observar, no Brasil recente, as idas e vindas do MP em sua configuração constitucional, seja como um (i) órgão de "cooperação nas atividades governamentais", ao lado dos Tribunais de Contas (Constituição de 1934); (ii) órgão sem assento constitucional (1937); (iii) órgão sem vinculação a outros poderes (Constituição de 1946); (iv) órgão inserto no capítulo do Judiciário (Constituição de 1967); ou (v) vinculado ao Executivo (EC nº 1/69), até surgir a pujante configuração da Constituição de 1988 que, efetivamente, eleva as funções ministeriais para além da acusação criminal e do "parecerismo", fixando o seu papel na *defesa ampla* de interesses difusos e coletivos com a segregação definitiva em torno de atribuições dúbias quanto à advocacia de Estado, caracterizando-o, de vez, como (vi) *instituição autônoma* e *independente*.

Mais do que isso. Firma a CF/88 a atribuição de *defesa da ordem jurídica e do regime democrático* de modo que a existência do *parquet* se consolida e se confunde com a do próprio *sistema político* em que está assentado o Estado brasileiro e, portanto, garantidor de seus princípios e direitos fundamentais (e, por isso, detentor dessa mesma dignidade jurídica *irrevogável* ou *pétrea*).

Esse breve panorama, bem se vê, também ilustra o fato de que o *regime de governo* de nosso país sempre informou, diretamente, os avanços e recuos da instituição, bem como a relação de matérias (ou *atribuições*) que ao MP se permitiu tutelar com maior ou menor veemência.

No que nos interessa melhor detalhar, note-se que, ainda no processo de redemocratização, se algum *avanço legislativo* (infraconstitucional) se fez sentir em áreas como a da defesa, pelo *parquet*, (i) das crianças, adolescentes e idosos, (ii) do direito dos consumidores, (iii) das pessoas com deficiência ou (iv) do meio ambiente (aplicando-se o ferramental da Lei da Ação Civil Pública, de 1985), *entre tantos*, para outras, como as das *finanças públicas*, uma eloquente lacuna *ainda* persiste em reinar, mesmo passados mais de 27 anos da promulgação da nova ordem constitucional. E isto se dá, *especialmente, quanto ao papel que o Ministério Público tem nesta fiscalização e controle*, em que pese a própria Constituição garanta a sua intervenção e funcionamento no art. 130 (*controle externo da Administração Pública*), bem assim estabeleça a LC nº 75/93 a incumbência ministerial de *zelar* pela *observância dos princípios constitucionais relativos às finanças públicas* (art. 5º, II, *b*) e pela *ordem econômica e financeira* (art. 6º, XIV, *b*).

E nunca é demais lembrar, consoante escólio de Ayres Britto, que a lei orçamentária é "a lei materialmente mais importante do ordenamento jurídico logo abaixo da Constituição" (STF. ADI-MC nº 4.048-1/DF. Julg. 14.5.2008).

Sem embargo, uma *explicação histórica para a aludida estagnação da atuação ministerial no controle externo e nas finanças públicas reside no ranço ditatorial quanto à "impossibilidade" de se discutir matérias orçamentárias no Brasil (e de políticas públicas)*, bem como a dificuldade gerada pela *instabilidade econômica* do país, relegando-se a fiscalização financeira a um território disforme, do que é sintomático a ainda inexistente configuração de uma estrutura segura que garanta o necessário distanciamento entre este múnus fiscalizatório e o poder político inspecionado e em cujas mãos estão, ao cabo, os orçamentos de todos os demais *órgãos de soberania.*[1]

É a opinião que também se colhe de Fernando Facury Scaff, professor e livre docente pela Faculdade de Direito da USP:

> No Brasil, durante a ditadura militar, poucos se atreveriam a discutir com o governo a melhor forma de usar os recursos públicos ou mesmo como controlar esses atos financeiros. Penso ser esse um dos motivos pelos quais, nos últimos 50 anos, houve a predominância dos estudos de Direito Tributário, costela apartada do Direito Financeiro. A discussão fracionada da relação Fisco-contribuinte era mais palatável ao regime de então do que o debate jurídico-político sobre o uso dos recursos públicos como um todo. Isso se manteve de forma inercial com a redemocratização.[2]

No que tange ao Ministério Público, é também o sentir de Carlos Ayres Britto, em artigo que compõe a presente obra:

> À época era razoavelmente compreensível esse tratamento menos obsequioso para com o Ministério Público de Contas, porque nós vivíamos uma época de *ditadura militar*. A Constituição de então continha um viés

---

[1] Conforme adverte Márcio Berclaz "urge que o Ministério Público, como instituição autônoma e de atuação autêntica e singular, tenha parâmetros mínimos orçamentários pré-definidos e pactuados a partir de critério fixo e de validade nacional, especialmente porque *a instituição, fiscal que é dos poderes, e, em tese, do próprio Governador do Estado e do Legislativo local* (ou mesmo do Presidente da República e do Congresso Nacional), *não pode estar sujeita a barganha de favorecimento ou prejuízos decorrente de sua atuação finalística, ao sabor do governante ou dos legisladores de plantão.*
É preciso extrair mais significado e buscar maior detalhamento da previsão do artigo 127, parágrafo terceiro, da Constituição, dos artigos 22 e 23 da Lei Complementar 75/93, bem como do disposto no artigos 3º e 4º da Lei 8.625/93; é preciso não só fazer cumprir e respeitar o disposto no artigo 168 da Constituição (os duocécimos, cujo repasse tempestivo é prerrogativa constitucional), mas ir além" (BERCLAZ, Márcio. Vamos falar sobre o orçamento do Ministério Público?. *Justificando*, 29 fev. 2016. Disponível em: <http://justificando.com/2016/02/29/vamos-falar-sobre-o-orcamento-do-ministerio-publico/>).

[2] SCAFF, Fernando Facury. Retrospectiva 2015: O ano da redescoberta do Direito Financeiro no Brasil. *Revista Consultor Jurídico*, 29 dez. 2015. Disponível em: <http://www.conjur.com.br/2015-dez-29/retrospectiva-2015-ano-redescoberta-direito-financeiro>. Acesso em: 26 fev. 2016.

protuberantemente autoritário, inegavelmente prepotente, antidemocrático. Não foi uma Constituição nascida de uma Assembléia Nacional Constituinte, livremente eleita pelo povo. Não passou pela unção das urnas, não se legitimou na pia batismal do voto popular. E o próprio Ministério Público usual, ou comum, ou tradicional, ele, também, não foi versado com maior dignidade porque, basta lembrar, fazia parte do Poder Executivo. Não gravitava na órbita de si mesmo, do seu próprio eixo, porque ele era um órgão do Poder Executivo, assim dizia a Constituição, ao lado dos Ministros de Estado, das Forças Armadas, dos funcionários públicos.[3] (Grifos nossos)

Essa leitura, grosso modo, é igualmente aplicável, já sob a égide de 1988, aos próprios Tribunais de Contas (em que pese terem sido grandemente privilegiados pela nova ordem constitucional), em face da ainda reinante onipresença política de sua cúpula (que lhes diminui a independência e a imparcialidade), bem assim pela falta de um *sistema nacional* que forneça ao controle externo coesão e eficácia para o desempenho de sua missão, sem demérito das relevantes competências listadas pelo Texto Maior.[4]

Dito isso, bem se colhe o horizonte que informou as discussões que redundaram no atual texto constitucional (art. 130), bem como a premissa hermenêutica inicial do Supremo Tribunal Federal (ADI nº 789/DF) acerca do papel do MP no controle externo,[5] *cuja permanência* de entendimento, com as devidas vênias, *tende à anulação de sua própria atividade.*

Não é de se surpreender que a compreensão da matéria, nos idos de 1994, passasse por argumentos de que a estrutura do MP na fiscalização da Administração Pública não poderia ser aquela comum, do Ministério Público em gênero e de seus ramos (como se o MPC não

---

[3] Transcrição de palestra do Ministro Ayres Britto, que também já compôs as fileiras do MPC, proferida por ocasião do VII Congresso da AMPCON, em Brasília/DF (2004). Confira-se, oportunamente, também o magistral voto-vista do Ministro Ayres Britto na ADI nº 2.378/GO (Disponível em: <http://redir.stf.jus.br/paginadorpub/paginador. jsp?docTP=AC&docID=485450>).

[4] Consulte, a esse respeito, o artigo *O caráter nacional da LRF e sua aplicação compartimentada pelos Tribunais de Contas brasileiros: diagnósticos e perspectivas*, de J. S. Reiner e M. R. Reiner (In: COÊLHO, Marcus Vinicius Furtado; ALLEMAND, Luiz Claudio; ABRAHAM, Marcus (Org.). *Responsabilidade fiscal*: análise da Lei Complementar nº 101/2000. Brasília: OAB, Conselho Federal, 2016).

[5] Este marco jurisprudencial, *conquanto já flexibilizado pelo próprio STF*, firmou a existência do Ministério Público de Contas como órgão distinto dos demais braços ministeriais, *entretanto* tolhido de garantias institucionais (residindo, aqui, a maior crítica ao aresto, por "criar" uma instituição sem "corpo"; uma espécie de "alma penada" ou ser "descorporificado").

estivesse aqui inserido, ainda que considerado "especial"), pois estes eram, segundo se afirmava, pertencentes à *estrutura jurídico-administrativa do Poder Executivo*(!).

Este, inclusive, foi um dos argumentos da AGU (Advocacia Geral da União) para concluir que era vedada ao MP "comum" a participação na função de *controle externo* desempenhada pelo Tribunal de Contas, pois pertenceria o MP àquele poder fiscalizador (Executivo), inclusive na condição de *controle interno*(!).

Em outras palavras: *continuou-se a pensar o Ministério Público, em gênero, como uma capitis diminutio, tal qual acima referenciado no histórico constitucional brasileiro anterior a 1988 (não "orbitando em seu próprio eixo")*.

Vingou, no caso, o monopólio da tríade Executivo-Legislativo-Judiciário: e o "assessório" (MP) segue a sorte do principal (posição duramente criticada por José Afonso da Silva).[6]

Tal é a força desta cosmovisão estrutural nos subconscientes que ainda hoje há quem fale num Ministério Público Judiciário (ou Executivo) e num Ministério Público Legislativo (de Contas).[7]

Nada mais anacrônico e desassociado da dignidade constitucional conferida ao *parquet*, cujos desdobramentos desta forma de pensar nos autorizam a perguntar: quais os frutos que essa ordem de coisas (não) colheu?

Nenhuma legislação de relevância aborda, em específico, as atribuições/instrumentos de defesa, pelo Ministério Público, dos temas afetos aos orçamentos e finanças públicas/direito financeiro no âmbito do controle externo. Quando existentes, há somente normas locais

---

[6] José Afonso da Silva é veemente ao afastar a concepção errônea de que, quando a Constituição fala no Ministério Público *perante* ou *junto* os Tribunais de Contas, deva-se interpretar a locução como sendo *dentro* (SILVA, José Afonso. O Ministério Público junto aos Tribunais de Contas. *Revista Interesse Público*, Belo Horizonte, v. 26, p. 255-264, jul./ago. 2004).

[7] Contrariamente, é justamente na capacidade de o Ministério Público exercer atribuições *a par da provocação judicial ou de qualquer outro órgão* que residem os seus contornos mais profundos. Consoante escólio de Wallace Paiva Martins Junior: *"Quando se cogita ou se trata de controle da Administração Pública pelo Ministério Público se pensa no meio de atuação que mais o tem notabilizado a partir da Constituição de 1988: a ação civil pública. Porém, escapará [...] ao limite objetivo deste estudo a atividade do Ministério Público no Poder Judiciário, ou seja, como órgão de desencadeamento do controle jurisdicional da Administração Pública porque o controle aí não é desenvolvido pelo Ministério Público, mas pelo Poder Judiciário. Nesta medida será dado destaque aos instrumentos de controle que possui o Ministério Público sem a necessidade de acesso ao Poder Judiciário [...] como o inquérito civil, o compromisso de ajustamento de conduta, as recomendações e sugestões, o poder de requisição de peças, documentos, inquéritos e sindicâncias etc."* (MARTINS JUNIOR, Wallace Paiva. *Controle da Administração Pública pelo Ministério Público*. São Paulo: Juarez de Oliveira, 2002).

(Leis Orgânicas de Tribunais de Contas) com breves e repetidos contornos copiados da legislação aplicável ao TCU.[8]

Segue, assim, intocada e frágil a instrumentalização legal do MP para a fiscalização das finanças públicas e dos orçamentos, bem como para o *combate e prevenção à corrupção no âmbito do controle externo* (muito embora a própria Constituição Federal faça a remissão a uma lei complementar, ainda inexistente, que deva tratar da "fiscalização financeira da administração pública direta e indireta" – art. 163, V –, e em cujo âmbito poder-se-iam, em princípio, também ser esmiuçadas algumas atribuições ministeriais).

Vê-se, portanto, que o reconhecimento pelo STF, na ADI nº 789/DF, de um ramo especializado do MP no controle externo da Administração Pública *sem fisionomia própria*, fadou o órgão à inoperância prática e à total vulnerabilidade de seus membros (não alcançada, por esta hermenêutica, qualquer garantia concreta, a despeito do

---

[8] Ainda que no nível puro do debate de ideias, oportunamente convidados para discutir eventuais alterações em projetos que visam substituir a Lei de Ação Civil Pública, reunimos e consolidamos posições dos colegas Ruy Marcelo (MPC-MA) e Élida Graziane (MPC-SP) para provocar uma inserção mais contundente de atribuições do MPC na referida legislação, tais como: (i) "Capítulo 'XXXX' – Da defesa dos direitos difusos e coletivos perante os Tribunais de Contas. Art. 'XX' Para a defesa dos direitos e interesses protegidos por esta Lei, sem exclusão de apreciação judicial, o Ministério Público de Contas, na qualidade de fiscal da ordem jurídica, promoverá o inquérito e o processo de controle público junto aos Tribunais de Contas. §1º. Aplicam-se, no que couber, as técnicas de provimento previstas nesta Lei ao processo de controle público junto aos tribunais de contas, que terão prioridade de tramitação. §2º. O Tribunal de Contas e o Ministério Público de Contas trocarão informações com os demais ramos do Ministério Público de modo a subsidiar a promoção de inquéritos e ações civis publicas". Outro item (ii) seria a possibilidade de ampliação do escopo de cabimento da ACP, que pode ser amoldado tanto no projeto de 2009 quanto no de 2014 no que tange às finanças públicas e à responsabilidade fiscal. Neste giro, teríamos (tomando-se por base o projeto de 2009): "Art. 1º [...] III - da ordem social, econômica, urbanística, financeira, da economia popular, da livre concorrência, das finanças públicas , do patrimônio público e do erário; [...] §1º. Não será cabível ação civil pública para veicular pretensões que envolvam tributos, concessão, revisão ou reajuste de benefícios previdenciários ou assistenciais, contribuições previdenciárias, o Fundo de Garantia do Tempo de Serviço – FGTS ou outros fundos de natureza institucional cujos beneficiários possam ser individualmente determinados. §2º Fica excluída da hipótese de não cabimento prevista no §1º deste artigo a ação civil pública destinada à proteção das finanças públicas, com vistas ao cumprimento da responsabilidade fiscal na previsão e arrecadação de tributos, na execução da dívida ativa, bem como na concessão de renúncias fiscais, dentre outros atos de gestão da receita pública. §3º Aplicam-se as disposições desta Lei às ações coletivas destinadas à proteção de interesses ou direitos difusos, coletivos ou individuais homogêneos". O referencial da primeira proposta (acima), também poderia ficar reforçado com a seguinte sugestão (iii): "Art. 23. Para a defesa dos direitos e interesses protegidos por esta Lei, são admissíveis todas as espécies de ações e provimentos capazes de propiciar sua adequada e efetiva tutela. Parágrafo único. Aplica-se, no que couber, os dispositivos desta lei aos processos administrativos de controle externo e interno previstos nos arts. 71 e 74 da Constituição".

disposto no art. 130 da CF/88, conforme adverte Mazzilli),[9] bem como numa quebra real nos *freios e contrapesos* do sistema de controle externo, além de alimentar dissabores entre os demais ramos do Ministério Público brasileiro, cujas dissensões ainda não estão completamente solucionadas e que estão na raiz da propositura da multicitada ação direta de inconstitucionalidade.

Nos idos de 2013, porém, bons ares sopraram do Conselho Nacional do Ministério Público (cuja formatação se deu, infelizmente, *a latere* do MPC), ao decidirem, por *unanimidade*:

> MINISTÉRIO PÚBLICO JUNTO AOS TRIBUNAIS DE CONTAS. CONSULTA. CONTROLE EXTERNO PELO CONSELHO NACIONAL DO MINISTÉRIO PÚBLICO. NATUREZA JURÍDICA. FUNÇÕES INSTITUCIONAIS. GARANTIAS E VEDAÇÕES DOS MEMBROS. AUTONOMIA FUNCIONAL JÁ RECONHECIDA. AUTONOMIA ADMINISTRATIVA E FINANCEIRA EM PROCESSO DE CONSOLIDAÇÃO. CONSULTA RESPONDIDA POSITIVAMENTE.
>
> 1. Considerando que *as funções institucionais reservadas ao Ministério Público de Contas – MPC identificam-se plenamente às previstas no art. 127 da Constituição Federal,* e que seus membros foram contemplados com as mesmas garantias e vedações relativas aos membros das demais unidades e ramos do Ministério Público (CF, art. 130), impõe-se reconhecer ao MPC a natureza jurídica de órgão do Ministério Público brasileiro.
>
> 2. A característica extrajudicial da atuação do MPC não o desnatura, apenas o identifica como órgão extremamente especializado. Outros ramos do MP brasileiro são especializados e todos exercem atribuição extrajudicial ao lado das funções perante o Poder Judiciário.
>
> 3. *A já reconhecida autonomia funcional dos membros do MPC, em sucessivos precedentes do Supremo Tribunal Federal deve ser acompanhada da gradual aquisição da autonomia administrativa e financeira das unidades, de forma a ter garantido o pleno e independente exercício de sua missão constitucional.*

---

[9] Hugo Nigro Mazzilli defende que o entendimento do STF deveria conduzir à necessária declaração de plena autonomia institucional do MPC: "forçoso seria reconhecer que faltou ao sistema melhor explicitação dos necessários predicamentos de autonomia funcional, administrativa e financeira para essa instituição, assim como já detém os demais Ministérios Públicos ditos comuns. Não o tendo feito por expresso a Constituição de 1988, caberia às Cortes Judiciais, e especialmente à mais alta delas, dentro de uma interpretação sistemática da Lei Maior, reconhecer ao Ministério Público especial os atributos completos de autonomia funcional, administrativa e financeira, sob pena de termos um dos ramos do Ministério Público desfigurado da vocação institucional que a Constituição quis imprimir a essa instituição como um todo" (MAZZILLI, Hugo Nigro. Os membros do Ministério Público junto aos Tribunais de Contas. In: ALVIM, Arruda; ALVIM, Eduardo Arruda; TAVOLARO, Luiz Antonio (Coord.). *Licitações e contratos administrativos:* uma visão atual à luz dos Tribunais de Contas. Curitiba: Juruá, 2007. p. 105-111).

4. A carência da plena autonomia administrativa e financeira não é óbice ao reconhecimento da natureza jurídica ministerial do MPC, antes é fator determinante da necessidade do exercício, por este Conselho Nacional, de uma de suas funções institucionais (CF, art. 130-A, §2º, I), zelando "pela autonomia funcional e administrativa do Ministério Público, podendo expedir atos regulamentares no âmbito de sua competência ou recomendar providências". Esta atual carência é conseqüência de um histórico de vinculação, a ser superado, e não pode ser trazida como a causa para negar-se ao MPC a condição de órgão do MP brasileiro. Conclusão diferente levaria ao questionamento da natureza jurídica do MP Eleitoral, que, como amplamente sabido, além de não figurar no art. 128 da Constituição Federal, não dispõe de estrutura, sequer de um quadro permanente de membros.

5. *Situação de gradual aquisição de autonomia já vivenciada pelos demais órgãos do Ministério Público que, historicamente, dependeram, em maior ou menor medida, das estruturas dos tribunais e nunca tiveram, por essa razão, sua condição de Ministério Público questionada.*

Consulta respondida positivamente para reconhecer ao Ministério Público de Contas a natureza jurídica de órgão do Ministério Público brasileiro e, em consequência, a *competência do CNMP para zelar pelo cumprimento dos deveres funcionais dos respectivos membros* e pela garantia da autonomia administrativa e financeira das unidades, controlando os atos já praticados de forma independente em seu âmbito, e adotando medidas tendentes a consolidar a parcela de autonomia de que ainda carecem tais órgãos. (Plenário. Consulta nº 0.00.000.000843/2013-39. Rel. Cons. Taís Schilling Ferraz. Julg. 7.8.2013)[10]

Essa decisão revigorou, sobremaneira, a atuação do Ministério Público Contas, cujas parcerias, termos de cooperação entre órgãos ministeriais e atuações conjuntas tiveram um sensível incremento,[11] bem assim as movimentações objetivando mudanças estruturais que pudessem assegurar à *instituição* esse importante *múnus* fiscalizatório com independência e autonomia (embora já presente essa possibilidade a partir da atual *arquitetura constitucional*, consoante destaca Juarez Freitas em parecer que compõe esta edição).[12]

---

[10] A íntegra da decisão está reproduzida na presente obra.

[11] No estado do Paraná, entre os anos de 2014/2015, foram firmados atos de colaboração com o Ministério Público do Estado, Ministério Público do Trabalho e Ministério Público Federal, redundando em ações conjuntas nas áreas da saúde, meio ambiente, educação, proteção do patrimônio público e eleitoral, entre outros.

[12] "Assim, deveria estar certo e induvidoso, numa perspectiva tópico-sistemática, que, além de os membros do MP de Contas possuírem, individualmente, 'essa prerrogativa, nela compreendida a plena independência de atuação perante os poderes do Estado, a começar

Exemplificativamente, é o que se colhe do seguinte aresto do Superior Tribunal de Justiça (STJ), em que se debateu, justamente, uma parceria entre o MPC e o MPF:

PROCESSUAL PENAL. RECURSO ORDINÁRIO EM HABEAS CORPUS. PECULATO, CORRUPÇÃO ATIVA, CORRUPÇÃO PASSIVA, DISPENSA INDEVIDA DE LICITAÇÃO, ENTRE OUTROS. OPE-RAÇÃO "RODIN". ILICITUDE DE PROVA DECORRENTE DE TROCA DE INFORMAÇÕES ENTRE MINISTÉRIO PÚBLICO FEDERAL E MINISTÉRIO PÚBLICO JUNTO AO TRIBUNAL DE CONTAS. INOCORRÊNCIA. ALEGAÇÃO DE AUSÊNCIA DE AUTORIZAÇÃO DA CORTE DE CONTAS. PRESCINDIBILIDADE. RECURSO ORDINÁRIO DESPROVIDO.

I - Embora o Ministério Público perante Tribunal de Contas não possua autonomia administrativa e financeira, são asseguradas, aos seus membros, as mesmas garantias e prerrogativas dos membros do Ministério Público, tais como requisição de documentos, informações e diligências, sem qualquer submissão à Corte de Contas.

II - Assim, aos membros do Ministério Público perante as Cortes de Contas, individualmente, é conferida a prerrogativa de independência de atuação perante os poderes do Estado, a começar pela Corte junto à qual oficiam (ADI n. 160/TO, Tribunal Pleno, Rel. Min. Octavio Gallotti, DJ de 20/11/1998).

III - Dessarte, não há que se falar em ilicitude de provas decorrente da troca de informações entre Ministério Público Federal e Ministério Público de Contas, uma vez que a característica extrajudicial da atuação do Ministério Público de Contas não o desnatura, mas tão somente o identifica como órgão extremamente especializado no cumprimento de seu mister constitucional.

A constância dos ventos, entretanto, ainda guarda instabilidades.

Em curto espaço de tempo, o Conselho Nacional do Ministério Público (alterada a sua composição), motivado pela solicitação de uma nota técnica na Proposta de Emenda Constitucional nº 42/2013 (cuja tramitação ganhou impulso em face da necessidade de fortalecimento do MPC, enunciado na própria consulta do CNMP), apesar de consolidar a

---

pela Corte junto à qual oficiam (CF, arts. 75 e 130)' (ADI 160, Rel. Min. Octavio Gallotti), o próprio MP de Contas tem como indisponível e irrenunciável a autonomia funcional, da qual emanam direitos, poderes (expressos e implícitos), garantias e vedações. Nessa altura, com todos os consectários, impõe-se uma exegese conducente à percepção de que já está assegurada, na presente arquitetura constitucional, autonomia ampla à Carreira do Ministério Público junto ao Tribunal de Contas [...]".

posição de "ser favorável a uma alteração do texto constitucional em que o Ministério Público de Contas seja plena e expressamente integrado ao regime constitucional previsto para o Ministério Público, em geral, com a sua inclusão em um dos segmentos previstos no artigo 128 da Constituição" (Prot. nº 8/2014-80), começou, em outros expedientes, a infirmar o *leading case* relatado pela Cons. Taís Schilling Ferraz.[13]

Em paralelo, dado o quadro heterogêneo do MPC no Brasil (em que coexistem instituições completamente autônomas, outras dependentes e, ainda, aquelas com independência temperada ou precária), a Procuradoria Geral da República (PGR) ingressou, em 2015, contra a *plena autonomia e independência* de décadas do Ministério Público de Contas do Pará, gerando uma grande celeuma e incerteza para a atuação do MPC no Brasil (ADI nº 5.254/PA).[14]

Aproveitando-se desse quadro de debilidade, não tardou o surgimento de uma forte reação, orquestrada por aqueles que são contrários ao Ministério Público de Contas.

Assim, somando-se às já conhecidas retaliações às atividades ministeriais no âmbito do controle externo (cujo inventário exemplificativo consta, inclusive, da peça 46 da ADI nº 4.725),[15] novas e mais fortes represálias se fizeram sentir na virada de 2015 para 2016 nos estados de Santa Catarina, Paraná, Mato Grosso do Sul e Goiás, ganhando, inclusive, destaque na mídia nacional:[16]

> Ao menos quatro estados brasileiros lançaram ofensivas para tentar reduzir a autonomia do Ministério Público de Contas, órgão que atua junto aos Tribunais de Contas e é responsável por investigar irregularidades nos gastos dos governos.
>
> A iniciativa já avançou no Mato Grosso do Sul, no Paraná e em Santa Catarina. Em Goiás, conselheiros do Tribunal de Contas do Estado

---

[13] Não havendo, entretanto, decisões definitivas contrárias. Acredita-se, inclusive, ser a maioria do Conselho favorável ao *status* do MPC junto ao órgão, consoante a decisão inaugural unânime de 2013.

[14] Os memoriais ofertados pelo MPC-PA, em que uma análise profunda e sem precedentes do Ministério Público de Contas brasileiro é traçada, estão encartados neste fascículo. Na referida ADI (nº 5.254/PA) também pode ser consultado parecer do jurista e ex-Ministro do STF Carlos Veloso, em favor da autonomia do MPC, aqui igualmente publicado.

[15] Relatos que vão desde a negativa de acesso de informações públicas a ameaças de despejo do MP (Disponível em: <http://redir.stf.jus.br/estfvisualizadorpub/jsp/consultarprocesso eletronico/ConsultarProcessoEletronico.jsf?seqobjetoincidente=4203195>).

[16] COURA, Kalleo Estados lançam ofensiva contra órgão que investiga contas de governos. *Veja.com*, 19 dez. 2015. Disponível em: <http://veja.abril.com.br/brasil/estados-lancam-ofensiva-contra-orgao-que-investiga-contas-de-governos/>.

(TCE) anunciaram que também pretendem seguir o mesmo caminho e encaminhar proposta à Assembleia Legislativa.

A ofensiva é encarada como uma retaliação por causa da atuação independente do órgão.

Foi o Ministério Público de Contas junto ao Tribunal de Contas da União, por exemplo, que descobriu as pedaladas fiscais que embasaram o pedido de impeachment da presidente Dilma Rousseff (PT).

Nos estados, a atuação do MP de Contas também é relevante. No Mato Grosso do Sul, o órgão descobriu ilegalidades na gestão do ex-prefeito de Campo Grande Gilmar Olarte, afastado por corrupção, e problemas na licitação da coleta de lixo da cidade. Em contrapartida, na última semana, a Assembleia Legislativa do estado aprovou um projeto de emenda constitucional que reduziu o número de procuradores de sete para quatro.

No Paraná, os procuradores de contas pediram a reprovação das contas do governador Beto Richa (PSDB) devido a pedaladas fiscais similares às feitas pela presidente Dilma Rousseff (PT). O projeto para a redução no número de procuradores no estado, sob o argumento de contenção de custos, partiu do presidente do Tribunal de Contas, Ivan Lelis Bonilha, indicado ao cargo com apoio de Richa. Duas decisões liminares do Tribunal de Justiça do Paraná barraram temporariamente o andamento do projeto no estado.

Em Santa Catarina, além de apontar que a ponte Hercílio Luz custou meio bilhão de reais nos 33 anos em que está fechada, o MP de Contas investigou viagens internacionais de deputados que custaram mais de 300 000 reais e não tinham interesse público. O governador Raimundo Colombo (PSD) sancionou na última quinta-feira um projeto de lei, de autoria de nove deputados estaduais, que retira a autonomia administrativa do órgão no estado.[17]

Tudo isso parece conduzir o atual quadro para uma única direção: a necessidade de se reformular o modelo de atuação do MPC, cujo assente *esgotamento* aponta por mudanças na sua compreensão para que a colimação do interesse público seja alcançada, tutelando-se as finanças públicas e os orçamentos, responsáveis pela concreção de todos os demais direitos, de forma efetiva e com os resultados esperados pela sociedade.[18]

---

[17] No caso de Santa Catarina, recente decisão do STF (17.3.2016) em medida cautelar em ADI proposta pela AMPCON (nº 5.442/SC), suspendeu, por unanimidade, a eficácia da Lei Estadual nº 666/15 que, entre outras violações, alterava profundamente o regime jurídico aplicável àquele MPC.

[18] Podendo-se mesmo dizer que a instituição ministerial de contas passa por um "interregno", naquele sentido relatado por Bauman que, resgatando as lições de Gramsci, usa o termo

Nesse sentir, *paralelamente* a uma premente e sempre aguardada *viragem de entendimento* do nosso Supremo Tribunal Federal (STF) quanto à necessária existência autônoma de um ramo especializado do MP no controle externo,[19] é preciso pensar-se também em que termos esta instituição ministerial, de assento constitucional, melhor serve à sociedade, dando-lhe o impulso necessário para o desempenho de suas funções e aparando arestas históricas que conformam o seu atual *status*.

Aqui, o trabalho desempenhado pela AMPCON (Associação Nacional do Ministério Público de Contas) e CNPGC (Conselho Nacional dos Procuradores-Gerais de Contas) é digno de nota. Não só pelas diversas proposições legislativas e constitucionais promovidas para a melhora do sistema de controle externo (encarta-se, nessa edição, um estudo que aborda, por exemplo, a configuração de uma carreira nacional para o Ministério Público de Contas), mas também pela incansável luta e diálogo travados com as demais instituições acerca da necessidade de uma fiscalização eficaz das contas públicas, de modo que a relevância da matéria afeta ao controle externo não seja relegada, mas entre como prioridade na pauta nacional.

Afinal, se a prevenção que o controle deve gerar estivesse em patamares satisfatórios, não estaríamos, talvez, imersos nesse cotidiano lamaçal de corrupção que envergonha o país.

Michael Richard Reiner

---

para designar uma "situação na qual as antigas formas de fazer as coisas já não funcionam, mas as formas de resolver os problemas de uma nova maneira efetiva ainda não existem ou não as conhecemos" ou não foram implementadas (BARRANCO, Justo. Zygmunt Bauman: "É possível que já estejamos em plena revolução". *Fronteiras do pensamento*, 9 dez. 2014. Disponível em: <http://www.fronteiras.com/entrevistas/zygmunt-bauman-e-possivel-que-ja-estejamos-em-plena-revolucao>).

[19] Nesse sentido consulte: MASSARIA, Glaydson S. S. O Ministério Público de Contas e a evolução social: uma releitura 26 anos após a promulgação da Constituição da República de 1988. *Revista do Ministério Público de Contas do Paraná*, n. 1, p. 148-155.

PALESTRA

O REGIME JURÍDICO DO MINISTÉRIO PÚBLICO DE CONTAS[1]

CARLOS AYRES BRITTO

Eu agradeço a apresentação tão carinhosa que Angela Costaldello me faz. Querida amiga, companheira de muitos congressos, de muitos debates científicos nessa nossa área sempre instigante, sempre cativante do direito público. Eu quero fazer uma saudação, também, especial, introdutória a Carlos Valdemar Resende Machado, que foi meu colega de Procuradoria de Contas, lá no Tribunal de Contas do Estado de Sergipe. Amigo de toda uma vida, e com toda a sinceridade, por quem eu tenho uma admiração profunda. Aprendi muito com ele e sempre que o revejo relembro momentos felizes em que na mesma sala trocávamos ideia sobre a cadência que é a vida de um Tribunal de Contas. Também, aos demais integrantes desta mesa, todos conhecidos que revejo com igual contentamento. E estendo à plateia meus cumprimentos mais efusivos, mais respeitosos, dizendo do prazer pessoal e da honra acadêmica de falar para todos.

Em verdade, eu vou trocar algumas ideias, talvez até insuficientemente maturadas sobre o tema do regime constitucional do Ministério Público de Contas, que é um ministério público especial, ou diferenciado. Lembro-me de que por volta de vinte e dois, vinte e três anos, lá para 1982, eu fui a Porto Alegre, falar – em verdade expor uma tese – sobre as diferenças e semelhanças entre o Ministério Público dito

---

[1] Transcrição de palestra proferida por ocasião do VII Congresso da Associação Nacional do Ministério Público de Contas (AMPCON), em Brasília/DF (2004).

tradicional, ou comum, ou usual, e o Ministério Público, que àquela época eu já chamava mesmo de especial. E depois de uns dois anos ou três anos, lá por volta de 1986, eu transformei essa tese em um artigo de revista e mandei para a *Revista de Direito Público*, então coordenada pelo tão pranteado, tão saudoso mestre Geraldo Ataliba. E desde aquela época eu percebia que o Ministério Público, que tem assento nas Cortes de Contas, merece mesmo o qualificativo ou designativo de especial porque, à diferença do outro, ele não cumpre uma função, não desempenha uma função parajurisdicional, ou essencial à jurisdição. E não atua nem junto, nem dentro. Nem junto a um órgão jurisdicional, propriamente dito, nem dentro desse órgão jurisdicional, propriamente dito. Embora ele mantenha com o Ministério Público usual uma identidade ontológica ou de natureza. Ambos são órgãos que integram a ossatura do estado, como instituição de existência necessária, até porque, de previsibilidade de assento constitucional. Ambos têm um tônus, uma dimensão política, um tônus político. Porque tudo que vem da Constituição diz respeito a toda a pólis, e nessa medida ostenta um caráter político. E ambos, desde aquela época, podem ser conceituados como órgãos de fiscalização, num plano eminentemente opinativo, ou num plano de denúncia, de queixa, de representação. Sempre velando, as duas tipologias de Ministério Público, antes se dizia, pela correta aplicação da lei, hoje me parece que é mais correto dizer, pela aplicação do próprio direito. Mais do que custos e *legis*, mais do que custodiador, guardião da lei, o Ministério Público é guardião, é custodiador de todo o direito.

Sabido que o direito é maior do que a lei e a Constituição, no art. 127, deferiu ao Ministério Público, e na minha opinião, aos dois Ministérios Públicos, essa missão de defender não só o regime constitucional, não só velar pela integridade dos direitos sociais, e dos direitos individuais, contanto que estes últimos sejam da categoria dos indisponíveis, como ambos os Ministérios Públicos incumbidos dessa missão de guardar o próprio ordenamento jurídico e defender a ordem jurídica. E a ordem jurídica, é sabido, incorpora tanto a legalidade quanto a superlegalidade, esta retratada na Constituição.

Todos sabem, também, que a Constituição integra o ordenamento jurídico, embora pelo ângulo de cima. A Constituição funda o ordenamento jurídico, inaugura, e corre a tomar assento na sua parte mais alta, na cúspide, ou no ápice do ordenamento jurídico, ali instalando o seu trono de rainha das normas, com cetro, manto, coroa e tudo o mais que se reconhece a uma Constituição positiva.

A luz da Constituição de então, 1967, mesmo com o emendão, o dito emendão de 1969, ali, o tratamento normativo, voltado para o Ministério Público de Contas, era acanhado, não se fazia se quer referência aos membros ou agentes singulares da instituição. A lei maior da época se referia, no art. 72, §5º, à instituição Ministério Público, mas não aos seus membros ou respectivos agentes. Mas precisamente a estrutura de linguagem da Constituição, consubstanciada no §5º do art. 72, era a seguinte – o Tribunal de ofício, ou mediante provocação do Ministério Público, não se falava de membro do Ministério Público, ou das auditorias financeiras e orçamentárias, e demais órgãos auxiliares, caso verifique a ilegalidade de qualquer despesa, inclusive as decorrentes de contrato, deverá, e não vem ao caso falar das alíneas *a*, *b* e *c* deste art. 72, mas o fato é que o Ministério Público era tratado assim de cambulhada, de permeio, ou englobadamente com as auditorias financeiras e orçamentárias e demais órgãos auxiliares do Tribunal de Contas da União, que serviu, esse dispositivo, de êmulo para as constituições dos estados e dos municípios que abrigassem Casas de Contas. E esse tratamento englobado me levou, à época, a ajuizar que o Ministério Público de Contas não atuava propriamente junto às Casas de Contas, porém, dentro, como parte integrante, como organismo interno aos Tribunais de Contas, situado no interior de cada Casa de Contas, ou na intimidade estrutural de cada Casa de Contas, sem, portanto, autonomia administrativa.

Á época era razoavelmente compreensível esse tratamento menos obsequioso para com o Ministério Público de Contas, porque nós vivíamos uma época de ditadura militar. A Constituição de então continha um viés protuberantemente autoritário, inegavelmente prepotente, antidemocrático. Não foi uma Constituição nascida de uma Assembleia Nacional Constituinte, livremente eleita pelo povo. Não passou pela unção das urnas, não se legitimou na pia batismal do voto popular. E o próprio Ministério Público usual, ou comum, ou tradicional, ele, também, não foi versado com maior dignidade porque, basta lembrar, fazia parte do Poder Executivo. Não gravitava na órbita de si mesmo, do seu próprio eixo, porque ele era um órgão do Poder Executivo, assim dizia a Constituição, ao lado dos ministros de Estado, das Forças Armadas, dos funcionários públicos. Não desfrutava, portanto, o Ministério Público usual, dessa dignidade maior de que goza hoje, que é a de pertencer, ele, Ministério Público, ao Estado diretamente, o seu vínculo funcional, a sua inserção institucional só se explica por um laço direto, imediato entre ele, o Ministério Público, e o próprio Estado.

O Ministério Público não faz parte de nenhum poder orgânico, é igual ao Tribunal de Contas. O Tribunal de Contas não é órgão de ninguém, de nenhum poder, é órgão de si mesmo, e, portanto, pertencente com imediatidade ao próprio Estado. Ele não é órgão de poder estatal, ele é órgão do Estado, diretamente, sem passar pelas pranchetas do que Montesquieu chamou de teoria da divisão ou da tripartição dos poderes. É uma característica comum ao Ministério Público e ao Tribunal de Contas, a de não se vincular ao Estado, por intermédio de nenhum dos órgãos em que o Estado se decompõe, senão imediatamente, sem intermediários, portanto.

Essa época foi mais difícil, e por isso, diante dessas características da própria Constituição, não havia espaço para se falar de um Ministério Público junto aos Tribunais de Contas, e menos ainda constitutivo de uma unidade orgânica em si mesma substante. Não desfrutava, portanto, de autonomia administrativa, embora se lhe pudesse reconhecer uma autonomia funcional ou operativa, porque a ideia mesma de Ministério Público já nos introduz à compreensão de que não é possível conceber esse apostolado, esse *imunos*, esse ofício ministerial público, senão na perspectiva da independência funcional dos seus membros. Vale dizer, as coordenadas mentais e conscienciais dos membros de cada Ministério Público são livres, e nisso reside, nessa liberdade, a formação de coordenadas mentais e funcionais, no desempenho da própria função, e nisso reside, eu dizia, a independência funcional de cada um dos integrantes das duas instituições, assim do Ministério Público tradicional, como do Ministério Público de Contas.

A Constituição, nascida a 5.10.1988, entretanto, trouxe novidades, e boas novidades, para ambas as instituições ministeriais públicas. No campo do Ministério Público usual, a grande novidade é que ele foi tratado no art. 127, cabeça, primeiro como instituição permanente, de existência necessária, e a sugerir até certa petrealidade, porque se é permanente é porque não pode passar pelo crivo de uma emenda constitucional e deixar de figurar no rol dos entes públicos de existência necessária. Além de permanente, ele foi categorizado como desempenhante de uma função essencial à jurisdição.

A jurisdição é uma das três funções elementares do Estado, com a característica de ser tão genuinamente estatal quanto indelegavelmente estatal. Não comporta terceirização, só o Estado pode jurisdizer, e o Ministério Público aí comparece como desempenhante de uma função absolutamente essencial. Mas até a ele, Ministério Público, foi deferida esta destinação, de velar a um só tempo pelo regime democrático, pela ordem jurídica e pelos direitos sociais e individuais indisponíveis.

Depois, esse Ministério Público tradicional foi explicitamente aquinhoado com autonomia não só funcional, como seria de se esperar, como administrativa. A Constituição é explícita no dizer desse desfrute de autonomia administrativa por parte do Ministério Público, acrescentando que ele também se dotaria, como efetivamente se dota, de autonomia para propor o seu orçamento. A proposta orçamentária, referida ao Ministério Público, é de elaboração endógena, ou interna, tanto quanto o Poder Judiciário desfruta dessa altaneira posição de elaborar a sua proposta orçamentária. Claro que tudo ajustado às diretrizes orçamentárias aprovadas pelo Congresso Nacional e compondo uma espécie de unidade proposicional, com o orçamento do Poder Legislativo, dos Tribunais de Contas e do Poder Executivo.

Quando versou o tema do Ministério Público Especial, a Constituição o fez, agora, em duas oportunidades. Uma, no âmbito do próprio Poder Legislativo, mas de perto, na seção voltada para a fiscalização contábil, orçamentária e financeira. Dizendo a Constituição, no art. 73, §2º, o seguinte: "os Ministros do Tribunal de Contas da União serão escolhidos: I - um terço pelo Presidente da República, com aprovação do Senado Federal, sendo dois alternadamente, dentre Auditores e membros do Ministério Público junto ao Tribunal".

A linguagem mudou, já não se disse que o Ministério Público figurava ao lado das auditorias financeiras e orçamentárias e demais órgãos auxiliares, do Tribunal de Contas da União. A dicção constitucional não foi essa, foi a seguinte: "sendo dois alternadamente entre auditores e membros do Ministério Público junto ao Tribunal". Essa locução adverbial, "junto", foi repetida no art. 130, debaixo da seguinte legenda: "aos membros do Ministério Público", já no capítulo próprio do Poder Judiciário e na seção voltada para o Ministério Público. "Aos membros do Ministério Público junto aos Tribunais de Contas", a locução adverbial "junto à" foi repetida, aplicam-se às disposições dessa seção pertinentes a direitos, vedações e formas de investidura. Curioso, na Constituição anterior não se falava de membros, falava-se da instituição em si, Ministério Público, agora com imediatidade não se fala da instituição Ministério Público, e, sim, de membros do Ministério Público. Isso me parece ter relevo, ter importância interpretativa, de monta. Quando a Constituição disse "junto à", quis resolver um impasse surgido com a legenda da Constituição anterior, porque se está junto é porque não está dentro, está ao lado, numa linguagem bem coloquial, ali no oitão da casa, mas não no interior dela, "junto à", por duas vezes. E ao falar de membros, parece-me que deixou claro, também, que quem é membro de uma instituição não pode ser membro da outra, só pode ser membro da própria instituição a que se vincula, gramaticalmente. A nova linguagem, "membros do Ministério Público", dissipando a dúvida, membro do Ministério Público é membro do Tribunal de Contas? Eu respondo que não, até porque os membros do Tribunal de Contas da União são assim literalmente grafados no art. 102, inc. I, letra *c*, da Constituição Federal, a propósito da competência judicante do Supremo Tribunal Federal, da competência originária. Então, membros do Tribunal de Contas constituem uma realidade normativa, membros do Ministério Público de Contas, outra realidade normativa. "Junto à" ou "junto ao" não pode ser "dentro de". Se o Ministério Público de Contas está fora do Ministério Público tradicional, também está fora do próprio Tribunal de Contas, em que esse Ministério Público atua ou oficia.

Essa mudança de linguagem me pareceu sintomática a nos desafiar para uma nova tese, reformular uma tese. Existe mesmo um Ministério Público de Contas, ou Especial, atuando não junto aos órgãos jurisdicionais, mas junto às Cortes ou Casas de Contas. Assim como o Ministério Público usual desempenha uma função essencial à jurisdição, o Ministério Público de Contas desempenha uma função essencial ao controle externo.

A Constituição foi cuidadosa ao versar sobre o tema do controle externo, entregando a função do controle externo, a um só tempo, ao Poder Legislativo e ao Tribunal de Contas mesmo, a cada casa de contas, a cada órgão legislativo. É uma função única, porém desempenhada por dois órgãos independentes e harmônicos entre si. O Tribunal de Contas atua na mesma função de que a Constituição encarregou o Poder Legislativo, contas, apreciação e julgamento de contas, com seus desdobramentos. Mas as duas Casas não se interpenetram, não se vinculam por graus de hierarquia.

Há muitos anos eu venho dizendo isso, é conhecida essa doutrina, de que a melhor hermenêutica, a melhor exegese da expressão Tribunal de Contas, enquanto órgão auxiliar do Poder Legislativo, não é a que vê nessa auxiliaridade uma subalternidade hierárquica. Quando a Constituição diz que o Tribunal de Contas é órgão auxiliar do Poder Legislativo, simplesmente disse o seguinte, é órgão que não pode ser descartado. Quando se diz que o Congresso Nacional exerce o controle externo com o auxílio do TCU, se está a dizer: só pode exercer o controle externo com o auxílio do TCU, ou seja, passando, obrigatoriamente, por essa instância, chamada Tribunal de Contas da União. Logo, as Casas de Contas desempenham um papel indescartável. Assim como não há jurisdição sem a participação obrigatória do Ministério Público, não há judicatura de contas sem a participação obrigatória das Casas de Contas. Então, "com o auxílio de" é uma expressão enganosa, e que levou muitos doutrinadores e muitos Tribunais, até hoje, a supor que há um vínculo de hierarquia ou de subalternidade operativa entre as Casas de Contas e o Poder Legislativo. Assim ocorre com o Ministério Público, ele atua junto ao Poder Judiciário, mas sem subordinação, gozando de plena autonomia. E assim me parece ocorrer, agora, com a normatividade constitucional que vige nos dias que fluem, me parece ocorrer com o Ministério Público de Contas. Ele está ali, junto ao Tribunal, mas não como unidade orgânica, ou unidade administrativa, de cada Casa de Contas. São realidades institucionais que não se interpenetram, as duas vigem uma ao lado da outra, uma paralelamente à outra, uma externamente à outra, embora cuidando da mesma função, controle externo. As Casas de Contas o fazem apreciando e julgando. O Ministério Público de Contas o faz fiscalizando, para opinar com sobranceria, com total independência.

É uma fiscalização que implica aprioristicamente um ver, um examinar, um diligenciar, um providenciar. Seja para uma denúncia, seja para efeito de uma queixa, seja para efeito de uma representação, seja para efeito de um parecer, mas o fato é que o Ministério Público desfruta de autonomia funcional em duas vertentes, na vertente individual, por parte de cada um de seus membros, e na vertente institucional, apanhando a totalidade da instituição.

Parece-me que o propósito da Constituição foi de dupla vertente protecional, ou tutelar. A Constituição quis tutelar a um só tempo a instituição Ministério Público de Contas e cada qual dos seus membros. Aliás, quando a Constituição fala de membros, já a partir do inc. 70, do art. 5º, a propósito do mandado de segurança coletivo, foi também numa linguagem clara. Membro como parte elementar de um todo, fração de um todo, parte de algo. E por isso mesmo, algo à parte, ao mesmo tempo. Parte de um todo, e um todo à parte, ambivalentemente. A Constituição protegendo ambas as realidades, da instituição em si, e de cada qual de seus membros. Membros de uma sociedade, membros de um partido, membros de um sindicato, membros de um poder, membros de uma casa legislativa, membros de uma comissão, seja parlamentar de inquérito, seja uma comissão técnica permanente, legislativa, membros das forças armadas, também versadas pela Constituição na altaneira posição de instituições permanentes.

Ora, isso evidencia, a meu juízo, que quando a Constituição se referiu apenas a direitos, vedações e formas de investidura, equivalentes, para não dizer iguais, entre os membros do Ministério Público de Contas e os membros do Ministério Público usual, ela não quis dizer que essa dignidade de parificação, de regime jurídico idêntico, essa dignidade não se esgotava na figura dos membros da instituição, mas alcançava as próprias instituições. Até porque é preciso interpretar a nossa Carta Magna num contexto histórico em que ela foi elaborada. Já foi num contexto de redemocratização, em que o arejamento das ideias democráticas era imperante. À época, dominava, no seio da constituinte, um pensamento muito mais libertário, muito mais controlador do próprio Estado e pugnante pela descentralização administrativa, tanto quanto pela desconcentração administrativa, numa linha, numa vertente doutrinária, que deita raízes em Bobbio.

Estava em voga, e muitos constituintes portavam consigo esse livro, uma publicação de Norberto Bobbio, chamada o *Futuro da democracia*. E ele dizia, Bebeu, que o futuro de uma democracia está numa democracia massiva, de massa ou policrática, cujas características centrais são as seguintes: a democracia de massa postula que no interior de cada grupo, de cada instituição, intermediária entre o todo social e cada qual de suas partes individuais, escola, igreja, sindicato, partido, condomínio, as decisões só podiam ser tomadas com a audiência de cada um dos respectivos membros, a valorização de cada parte, de cada grupo de que a sociedade englobadamente se constitui. E mais do que isso, cada um dos grupos intermediários da sociedade, cada uma das instituições da sociedade civil, cada uma dessas pontes institucionais entre o todo e as partes seria ouvida pelo próprio governo, quando de decisões coletivas que lhe dissessem respeito. Então, se cada membro de um grupo tinha um espaço de participação nas decisões grupais, cada grupo em si mesmo, de que se constitui a sociedade, também teria audiência para a tomada de decisões governamentais referentes, pelo menos, a sua área, de concentração institucional. Então, todos decidindo sobre tudo, que é o ideal rousseauneano de democracia. Numa democracia, quem quer que seja pode dizer o que quer que seja. Porque tem o direito de participar das decisões colegiadas, das decisões reportantes à própria pólis.

Então era o apogeu da colegialidade, era o apogeu desse princípio da institucionalidade ou da colegialidade, é preciso prestigiar as instituições. Então, a instituição ministerial pública de contas, certamente, fez parte das preocupações normativas do constituinte e não apenas os membros do Ministério Público de Contas. Até porque o livre, o soberano desempenho das funções de cada membro de uma instituição é tanto mais passível de concreção ou factualidade se ocorrido no interior de uma instituição autônoma, uma coisa puxa a outra. Um servidor autônomo plenifica a sua autonomia, ou concretiza a sua autonomia, no interior de uma instituição autônoma. Lá no Nordeste nós dizemos assim: vento que venta lá é o mesmo que venta aqui. Uma coisa puxa a outra. Não faz sentido dizer que o membro do Ministério Público de Contas é soberano, desfruta de altanaria no plano funcional, mas a instituição de que ele faz parte é dependente, subalterna, não dispõe de condições de autofuncionamento.

Outras coordenadas mentais, também, ressaídas de uma constituição, no bojo de um processo hermenêutico, dito sistêmico, ou sistemático, robustecem esse tipo de interpretação no sentido da autonomia dos Ministérios Públicos de Contas enquanto instituições, enquanto aparelho, enquanto organismo. Por exemplo, não se pode perder de vista que os Tribunais de Contas julgam suas próprias contas, embora haja relutância no Supremo Tribunal Federal em admitir isso, mas o fato é que a Constituição não encarregou nenhum outro órgão externo às Cortes de Contas de exercer o julgamento das contas de cada Casa de Contas. Não existe essa previsibilidade constitucional. É que, Kelsen já dizia isso, chega um ponto que o direito encontra limites intransponíveis, as normas não podem se perder no infinito, no interminável. Quem julga o Supremo é o Supremo. Quem julga os membros do Supremo, nos crimes comuns, nas infrações administrativas, é o próprio Supremo, quem julga as contas dos Tribunais de Contas são os próprios Tribunais de Contas, embora nós pudéssemos alterar um pouco a linguagem. Numa República, não é o órgão que presta contas, é o administrador quem presta contas. República postula responsabilidade pessoal dos governantes. No caso das Casas de Contas, quem presta contas às Casas de Contas é o Presidente do Tribunal. As Cortes de Contas julgam os seus Presidentes. E, nesse caso, toma vulto a tese da independência administrativa dos Ministérios Públicos Especiais, porque um Ministério Público Especial administrativamente autônomo opera como uma espécie de garantia de isenção, garantia de imparcialidade. Um Ministério Público não dependente do Tribunal de Contas controla melhormente, com neutralidade, com imparcialidade, com altivez, com independência a própria Casa de Contas.

Há uma outra consideração que me parece válida. Dos membros do Tribunal de Contas recrutados para compor a sua formação individual, só um deles é necessariamente de formação jurídica, o membro recrutado junto ao Ministério Público de Contas. Porque a Constituição possibilita que os profissionais da economia, da administração, da contabilidade, das finanças cheguem às Cortes de Contas ao lado dos profissionais do direito. Mas o único profissional do direito, necessariamente, a ser recrutado é o membro do Ministério Público de Contas. Só esse é necessariamente formado em ciências jurídicas. E, nessa medida, é de se reconhecer, ele está mais habilitado para tecnicamente velar por aquilo que é próprio do Ministério Público, a ordem jurídica, o regime democrático, e os direitos sociais e individuais indisponíveis. Porque se as competências de cada Ministério Público, o de Contas e o comum, são díspares a destinação é comum. Todos eles existem, em última análise, para defender o regime democrático, a ordem jurídica e os direitos sociais e individuais indisponíveis.

Há outras ideias que fortalecem a tese que estou aqui a esgrimir, perante os senhores. Por exemplo, a Constituição revelou pelo controle externo ou de contas um apreço incomum, especial, a ponto de dizer o seguinte: vamos raciocinar no plano federal, sabendo que ele é paradigma para as outras esferas federativas. A Constituição disse que os membros do TCU gozariam dos mesmos direitos, vantagens, impedimentos, prerrogativas, enfim, que interessam, dos ministros do Superior Tribunal de Justiça. Essa parificação entre ministros de contas e ministros do STJ revela o apreço, extraordinário, da Constituição pelas Cortes de Contas. Mas do que isso, as próprias Cortes em si, os próprios Tribunais de Contas, eu estava falando do TCU, então, o próprio TCU, no que couber, tem as mesmas atribuições constitucionais do STJ.

A Constituição diz que um auditor de contas é equiparado em direitos e em impedimentos a um desembargador federal. É evidente que a Constituição assim laborou, nesse campo da identidade de regimes jurídicos, *mutatis mutandis*, por entender que a função de controle externo é da mais alta relevância, da mais alta estatura jurídica. E é mesmo. O princípio da prestação de contas, o princípio da moralidade administrativa, o princípio da orçamentariedade, nada disso se concretizaria sem o crivo das Casas de Contas. Esses princípios se plenificam na sua concreção no espaço ocupado pelas Cortes de Contas.

Mas se a Constituição, em homenagem à função de contas, ao controle externo, praticamente parificou o Judiciário, os membros das Cortes de Contas e as respectivas instituições, porque não fez o mesmo no plano do Ministério Públicos de Contas? Porque não homenageou a função de contas pelo mesmo padrão, pelo mesmo critério, dizendo o seguinte: o que couber ao Ministério Público usual, no plano da autonomia administrativa, no plano da autonomia orçamentária, também cabe ao Ministério Público de Contas. Porque assim, parificando as duas instituições, eu, Constituição, estou servindo melhor, estou homenageando esse princípio altaneiro do controle externo. Mas uma vez, o vento que venta lá é o vento que venta aqui. Não faria sentido nivelar membros dos Tribunais de Contas e membros do Poder Judiciário, sem o mesmo nivelamento entre membros do Ministério Público Especial e membros do Ministério Público usual.

Eu queria terminar dizendo aos senhores o seguinte: essa nossa Constituição é uma menina e moça, no frescor dos seus dezesseis anos, recém-completos. Ela é muito pouco conhecida, ainda, ela tem uma riqueza normativa de que não nos apercebemos na devida conta. Ela é uma Constituição novidadeira sob inúmeros aspectos, ela chega a ser revolucionária, antecipadora do melhor futuro, no plano da moralidade administrativa, da democracia, da inclusão social, da independência do nosso país, frente a outros países e a outros mercados. A nossa Constituição, ela não padece de déficit de normatividade, nós, os seus intérpretes e aplicadores, é que padecemos de déficit de interpretatividade. Há uma música de Gilberto Gil, chamada *Drão*, acho que vocês conhecem, a qual foi feita para uma esposa antiga do músico, que ele apelidava de Sandrão, e *Drão* foi em homenagem a ela, e em determinada passagem Gilberto Gil diz o seguinte: "os filhos são todos sãos, os pecados são todos meus". Então, as normas da Constituição, numa visão macro, ou no atacado, são todas sadias, os pecados são nossos. Os seus intérpretes, os seus aplicadores é que estão aquém. Nós precisamos, a essa altura do campeonato, dezesseis anos depois, de um novo par de olhos, para enxergar a Constituição com mais clareza, com mais largueza, com mais profundidade.

Nenhuma instituição pública foi tão generosamente contemplada pela Constituição como os Tribunais de Contas. Claro que o mesmo se pode dizer, desse apreço, do Poder Judiciário e do Ministério Público, ou seja, as três instituições públicas que em rigor não governam, mas que impedem o desgoverno, que não administram, mas impedem a desadministração foram contempladas, invulgarmente, de modo até generoso pela Constituição de 1988. Nós é que apeamos, paradoxalmente, do nosso poder. Decaímos, voluntariamente, num complexo de inferioridade jurídica pouco explicável. Nós decaímos do nosso papel, voluntariamente. Não podemos ter queixas da Constituição de 1988. A grande meta que me parece deve ser seguida por todos nós, meio paradoxalmente, é a fonte, é voltar para a Constituição, como no filme de Spielberg *De volta para o futuro*. Porque a futuridade está na Constituição, consagradora dos mais excelsos princípios de dignificação, não só do direito como da própria vida. Nós, operadores do direito, podemos fazer dele mais do que um meio de vida, uma razão de viver, a partir dessa revolucionária Constituição de 1988. Rigorosamente primeiro mundista, porque superior à Constituição de Bonn, de 1949. Superior à gloriosa Constituição Portuguesa, de 1976. É uma Constituição que se equipara à Declaração Universal dos Direitos da Pessoa Humana, de 1948. A que mais se aproxima daquele ideário civilizador, espiritualista, podemos dizer, holístico, da Declaração Universal dos Direitos Humanos.

Esse descompasso, essa defasagem entre o potencial normativo da Constituição e a sua interpretação cotidiana também se reflete, ao meu sentir, no campo do tema que estou a versar, as características centrais do Ministério Público de Contas. Precisamos, ainda, de uma doutrina mais vigorosa, mais atual, sobre essa matéria. Eu apenas vim aqui, para os senhores, provocar, instigar a discussão. Não tenho ponto de chegada, isso é um ponto de partida. Reincidindo na coloquialidade, eu vim apenas esquentar os tamborins, ou aquecer as turbinas do avião que decolará em breve. Eu agradeço a atenção centrada, a atenção com que fui ouvido, e manifesto o meu agrado por essa oportunidade de falar para ex-colegas de Ministério Público Especial e reitero que para mim foi uma supina honra trabalhar como membro da instituição. Muito obrigado.

Informação bibliográfica deste texto, conforme a NBR 6023:2002 da Associação Brasileira de Normas Técnicas (ABNT):

BRITTO, Carlos Ayres. O regime jurídico do Ministério Público de Contas. In: ASSOCIAÇÃO NACIONAL DO MINISTÉRIO PÚBLICO DE CONTAS. *Ministério Público de Contas*: perspectivas doutrinárias do seu estatuto jurídico. Belo Horizonte: Fórum, 2017. p. 23-34. ISBN 978-85-450-0183-6.

PARECERES, CONSULTAS
E ARTIGOS

AUTONOMIA INSTITUCIONAL DO MP DE CONTAS[1]

UADI LAMMÊGO BULOS

A Associação Nacional do Ministério Público de Contas (AMPCON) formulou-nos, em 20.3.2012, a seguinte:

Consulta

A Associação dos Membros dos Tribunais de Contas do Brasil (Atricon) ajuizou, no Supremo Tribunal Federal (STF), uma Ação Direta de Inconstitucionalidade (ADI nº 4.725/DF) contra a Emenda nº 29/2011 à Constituição de Roraima, que alterou a estrutura do Tribunal de Contas Estadual, e contra a Lei estadual nº 840/2012. O caso está sob os cuidados do Ministro Joaquim Barbosa. As principais alterações efetuadas pela Emenda Constitucional n. 29/2011 do Estado de Roraima, seguem arroladas:

a) confere organização administrativa própria e independente ao Ministério Público de Contas do Estado de Roraima (art. 32, inc., I, e art. 41-A, inc. I, da CE);

b) equipara o Procurador Geral de Contas ao Procurador Geral de Justiça (art. 33, incs. II, XVIII, e art. 47-C, p. u., da CE);

---

[1] Parecer também disponível em: <http://redir.stf.jus.br/paginadorpub/paginador.jsp?doc TP=TP&docID=1873653&ad=s#45%20-%20Documentos%20comprobat%F3rios%20-%20 Documentos%20comprobat%F3rios%201>.

c) institui tipo específico de crime de responsabilidade para o Procurador Geral de Contas (art. 33, inc. XI, da CE);

d) cria a Lei Orgânica do Ministério Público de Contas, cuja iniciativa privativa seria do Procurador Geral de Contas (art. 40, inc. II, art. 47-B, p. u., e art. 47-D, caput, da CE);

e) confere iniciativa de leis ordinárias e complementares ao Procurador Geral de Contas (art. 41, da CE);

f) eleva o Ministério Público de Contas a órgão auxiliar da Assembleia Legislativa (art. 47-A, caput, e art. 49, parágrafo único, da CE);

g) institui orçamento próprio ao Ministério Público de Contas (art. 47-A, §3º e art. 47-B, inc. II, da CE);

h) assegura autonomia administrativa, orçamentária, financeira e funcional ao Ministério Público de Contas (art. 47-B, caput, da CE);

i) confere ao Ministério Público de Contas a iniciativa do processo legislativo para a criação, extinção e fixação de vencimento dos seus cargos (art. 47-B, inc. I, da CE);

j) institui a possibilidade de edição de Regimento Interno próprio ao Ministério Público de Contas (art. 47-B, inc. III, da CE); e

k) confere ao Ministério Público de Contas a competência para elaborar lista tríplice de indicações para nomeação pelo Governador do Estado do Procurador Geral de Contas (art. 62, inc. XVI, da CE).

Estamos, agora, formalizando-lhe consulta para que V. Srª. proceda estudo e análise das matérias constantes na ADI nº 4725, que tramita no excelso Supremo Tribunal Federal.

Sinta-se livre para tecer as considerações que reputar essenciais ao entendimento e deslinde do tema.

Um dia após o recebimento dessa missiva, precisamente em 21.3.2012, foi suspenso o julgamento da ADI nº 4.725, no qual se discute a autonomia do Ministério Público de Contas de Roraima.

Pedido de vista formulado pelo Senhor Ministro Carlos Ayres Britto suspendeu o julgamento pelo Plenário da Colenda Corte do pedido de liminar na referida ação direta de inconstitucionalidade.

Registre-se que, antes de ocorrer o aludido rogo de vista, o relator, Ministro Joaquim Barbosa, proferiu o seu voto, concedendo a liminar, cujos pontos precípuos podem ser assim sintetizados:

– prevalece, no caso, o entendimento firmado pelo Supremo Tribunal no julgamento da ADI nº 789. Segundo esse precedente, os Ministérios Públicos de Contas dos Estados devem manter-se simétricos à Constituição da República;

- o Ministério Público de Contas da União está inserido na estrutura do Tribunal de Contas da União, o qual possui autonomia administrativa, financeira e orçamentária, titularizando, também, a prerrogativa de propor iniciativas legislativas para estruturar seus quadros ou modificá-los;
- a Constituição de 1988 não equiparou o Ministério Público de Contas ao Ministério Público Federal. Compete, pois, ao Tribunal de Contas da União e, simetricamente, aos Tribunais de Contas Estaduais, a iniciativa de leis sobre sua organização, incluindo-se, nesse bojo, os próprios Ministérios Públicos de Contas a eles vinculados; e
- o Ministério Público de Contas de Roraima encontra-se instalado à luz da legislação impugnada na ADI nº 4.725. Sendo assim, deve-se conceder medida liminar para suspender, com efeitos *ex tunc*, isto é, desde a promulgação da Emenda nº 29/2011 à Carta de Roraima e da sanção da Lei Estadual nº 840/2012, os dispositivos impugnados.

As alegações que deram azo ao raciocínio aí expendido calcaram-se na tese da inconstitucionalidade formal da Emenda nº 29/2011 à Carta de Roraima, no que se refere às alterações, por ela encetadas, nos arts. 32, I; 33, II e XI; 40, parágrafo único, II; 41, 41-A, §1º, I; 47-A; 49, parágrafo único; 62, XVI; 77, X, *a* e *m*, todos do Texto Maior roraimense, bem como quanto à inserção dos arts. 47-B, 47-C, 47-D e 47-E na Carta roraimense.

E, na órbita da Constituição Federal, os proponentes da ADI nº 4.725 afirmam ter havido fraudes aos seus arts. 73, 75, 96, II, *d*, e 130.

Não temos interesse em discutir o mérito da linha argumentativa aí prospectada, tampouco rebater esta ou aquela assertiva jurisprudencial, lançada com base nas colocações que permeiam o ajuizamento da ADI nº 4.725.

O motivo é simples: as questões jurídicas são muito humanas para pretenderem o absoluto de uma linha reta, dizia Jean Carbonier.[2]

Embora tenhamos a nossa opinião formada a respeito da temática levada ao exame da Corte Excelsa, cujos motivos encontram-se amplamente difundidos logo abaixo, deixaremos o leitor livre para chegar às suas próprias conclusões.

Com efeito, o deslinde do tema que nos foi proposto sedimenta-se numa série de premissas, as quais tiveram como fundamento

---

[2] CARBONIER, Jean. *Flexible Droit*. Paris: LGDJ, 1971. p. 2.

pressupostos por nós estudados muito antes da data de recebimento da presente consulta.[3]

Parecer

1 Premissas

O fulcro da matéria subjacente à ADI nº 4.725 irmana-se com um ponto fundamental de toda a discussão: saber a verdadeira posição institucional do Ministério Público de Contas.

Assim fixemos as seguintes premissas, as quais nortearão os raciocínios subsequentes:

- o Ministério Público de Contas é, sim, um ente constitucionalmente autônomo, não se vinculando, de um lado, ao Tribunal de Contas, nem, de outro, ao *parquet* comum, algo que transcende alegações de vícios de forma ou constatações de corruptelas procedimentais;

- a exegese contextual da Carta de 1988 permite-nos extrair de suas normas a autonomia institucional do *Parquet* de Contas, que se desdobra em capacidades distintas, as quais serão abordadas logo à frente; e

- os procuradores de contas podem, *ex propria auctoritate*, requisitar informações de gestores públicos, expedir notificações recomendatórias, bem como formalizar termos de ajuste de conduta ou de gestão, instituir corregedoria para fiscalizar a atuação de seus membros e avaliar o estágio probatório deles.[4]

Passemos ao desdobramento da matéria.

2 Atos substancialmente constitucionais

No caso em exame, não houve vício de iniciativa no processo de elaboração da Emenda Constitucional nº 29, de 20.12.2011.

---

[3] *Vide*: BULOS, Uadi Lammêgo. *Constituição Federal anotada*. 10. ed. rev. e atual. São Paulo: Saraiva, 2012; BULOS, Uadi Lammêgo. *Direito constitucional ao alcance de todos*. 4. ed. São Paulo: Saraiva, 2012.

[4] *Controle externo dos atos dos procuradores de contas*: entendemos que o controle externo dos atos dos procuradores de contas deve ser da alçada de um Conselho Nacional do Ministério Público de Contas (PEC nº 463/2010), e não do Conselho Nacional do Ministério Público já em funcionamento (CF, art. 130-A), nem a um Conselho Nacional dos Tribunais de Contas (PEC nº 28/2010).

O chefe do Executivo estadual possui, sim, legitimidade para iniciar o processo legislativo de norma organizatória do *Parquet* de Contas. Sem dúvida, compete ao governador deflagrar o processo de feitura de normas da Constituição de seu estado.

Trata-se de matéria de iniciativa conjunta, de índole concorrente ou compartilhada, que se extrai da lógica geral da Constituição da República, mormente do entendimento sistêmico das normas previstas nos arts. 61, §1º, II, *d*, art. 73, 96, 128, §5º.

Na realidade, aceitar a tese do vício formal de iniciativa, no âmbito da ADI nº 4.725, é matar a própria capacidade de auto-organização das unidades federadas.

Reportamo-nos à consagração, na Constituição de 1988, do Poder Constituinte decorrente, disciplinado em seu art. 25, *caput*.

O Poder Constituinte decorrente estabelece e reformula a constituição estadual, organizando, constitucionalmente, o Estado-membro.

Também chamado de Poder Constituinte estadual, ele atua na etapa de criação e reforma das constituições dos Estados.

É qualificado de decorrente porque, como o nome já diz, decorre da carta magna, ou seja, encontra a sua fonte de inspiração na obra do constituinte de primeiro grau, que estatui seus limites e as linhas-mestras de seu exercício.

O Texto de 1988, por exemplo, assegurou aos Estados-membros a capacidade de elaborarem e mudarem suas próprias constituições, à luz da autonomia que se lhes subjaz.

Não iremos nos alongar na tese, equivocada, segundo a qual a totalidade da Emenda nº 29 à Carta de Roraima padece de inconstitucionalidade formal, porque o governador tem, como dissemos, legitimidade para iniciar o processo legislativo que culminou com a sua criação.

Apenas gostaríamos de ponderar que nem todo ato, tido, por "a" mais "b", como formalmente atentatório à *Lex Mater*, realmente o é, do ponto de vista material.

Em nossos dias, a Teoria da Inconstitucionalidade das Leis, escrita com maiúscula, assenta-se em bases sólidas.

Nós próprios tivemos a paciência de listar os diferentes comportamentos que podem ensejar a formação de *juízos de inconstitucionalidade*.[5]

---

[5] BULOS, Uadi Lammêgo. *Curso de direito constitucional*. 7. ed. São Paulo: Saraiva, 2012. p. 167 e ss. *Sobre o tema*: BARBOSA, Ruy. *Os atos inconstitucionais do Congresso e do Executivo ante a Justiça Federal*. Rio de Janeiro: Cia. Impressora, 1893; BITTENCOURT, Lúcio. *O controle*

Juízos de inconstitucionalidade são avaliações das prováveis condutas que podem contrariar, ou não, o texto supremo.[6]

Numa linguagem figurada, diríamos: a pesquisa dos diferentes tipos de inconstitucionalidade possibilita o diagnóstico da doença que compromete o estado de higidez do ato normativo.

Descoberta a doença, poderemos curá-la, porque saberemos qual o remédio a utilizar.

Na situação descrita pela consulente, o diagnóstico de vício formal, a despeito de inexistente, jamais é doença que assola o todo; não é mácula que compromete as discussões em torno da importância institucional do Ministério Público de Contas.

A substância, a matéria, o debate de fundo, a ideia de direito subjacente ao tema, permanecem intactos.

É que a verificação da constitucionalidade normativa também pressupõe a observância de *requisitos substanciais*.

Requisitos substanciais são aqueles que nos permitem comparar o conteúdo da lei ou do ato normativo com a constituição, para sabermos se ela foi violada na sua substância.

São rubricados de materiais ou de conteúdo, pois concernem à matéria constitucional suscetível de sofrer investidas pela ação legislativa.

Tais requisitos estão presentes em todas as fases do processo legislativo. Não se encontram prescritos na constituição. São pressupostos de fundo. Consignam parâmetros que estão embutidos nos escaninhos da mensagem constitucional positivada, sendo extraídos da lógica geral do sistema.

---

jurisdicional da constitucionalidade das leis. Rio de Janeiro: Forense, 1949; BUZAID, Alfredo. *Da ação direta de declaração de inconstitucionalidade no direito brasileiro*. São Paulo: Saraiva, 1958; CAVALCANTI, Themístocles Brandão. *Controle da constitucionalidade*. Rio de Janeiro: Forense, 1968; CLÈVE, Clèmerson Merlin. *A fiscalização abstrata de constitucionalidade no direito brasileiro*. São Paulo: Revista dos Tribunais, 1993; NEVES, Marcelo. *Teoria da inconstitucionalidade das leis*. São Paulo: Saraiva, 1988; MENDES, Gilmar Ferreira. *Controle de constitucionalidade*: aspectos jurídicos e políticos. São Paulo: Saraiva, 1990; RAMOS, Elival da Silva. *A inconstitucionalidade das leis*: vício e sanção. São Paulo: Saraiva, 1994; RAMOS, Dircêo Torrecillas. *O controle de constitucionalidade por via de ação*. São Paulo: 1994; BARROSO, Luís Roberto. *O controle de constitucionalidade no direito brasileiro*. São Paulo: Saraiva, 2004; BERNARDES, Juliano Taveira. *Controle abstrato de constitucionalidade*: elementos materiais e princípios processuais. São Paulo: Saraiva, 2004.

[6] *Terminologia*: é comum o vocábulo *constituição* vir escrito com maiúscula, inclusive na jurisprudência do Supremo Tribunal Federal. Trata-se de mera convenção, que ainda não se consolidou entre os constitucionalistas, como ocorre com o uso da maiúscula para grafar a palavra *Estado*, exprimindo unidade política. Ao longo deste trabalho, seguiremos a orientação segundo a qual o signo constituição, e seus derivativos, somente deve ser grafado com inicial maiúscula quando se referir a uma ordem constitucional positiva específica.

Os requisitos materiais são oriundos da filosofia que orientou a feitura dos atos constitucionais. Refletem os grandes cânones políticos que inspiraram o constituinte, a exemplo da democracia, liberdade, igualdade, fraternidade, justiça, solidariedade etc.

Não se reportam às técnicas formais do processo legislativo, resumindo-se ao estrito procedimento de elaboração das espécies normativas (emendas constitucionais, leis complementares, leis ordinárias, leis delegadas, medidas provisórias, decretos legislativos e resoluções). Ligam-se à conveniência ou inconveniência de editar determinada lei ou ato normativo.

Observando os requisitos materiais, chegamos à conclusão de que não podemos separar a inconstitucionalidade de uma lei da conveniência ou inconveniência de sua edição. Significa dizer que a hierarquia das normas constitucionais envolve, além de elementos de natureza formal, aqueloutros de cunho fático, deduzidos de raciocínios explícitos e implícitos, à luz de dados variáveis em cada país e momento. Por isso, os postulados da lógica formal devem ser vistos com moderação, sem extremismos.

Todas essas considerações nos fazem lembrar de uma passagem do Bhagavad Gita, quando o Senhor Krishna disse a Arjuna: "Ocupa-te somente com a ação, nunca com seus *frutos*. Não deixes o fruto da ação ser teu motivo, nem te apegues à inação" (grifos nossos).

Ora bem. O que os defensores da inconstitucionalidade formal da Emenda nº 29/2011 perceberam foi a ilusão, a aparência, o *fruto*, mas não o motivo, o *quid*, a verdadeira justificativa da *ação* do chefe do Executivo de Roraima. Este detalhe é, sobremodo, tênue, quase que imperceptível, num primeiro súbito de vista.

Há, em todo esse contexto, uma realidade palpitante, que pulsa com iniludível vigor.

Essa realidade que palpita, de modo eloquente, nada tem que ver com o ato inglório de se investigar o que se convencionou chamar de "vontade do legislador". Isto, certamente, não constitui objeto de nossas preocupações, pois o ato exegético não se coaduna com qualquer personificação abstrata, a qual não nos fornece quaisquer pistas para entendermos a trama normativa dos juízos de dever ser, contidos nas pautas jurídicas da Emenda nº 29/2011.

Mas as perquirições em torno da vontade do produto constitucionalizado nos estimulam, sim, a empreendermos esforços para sabermos o porquê da manifestação constituinte decorrente.

Esse exercício intelectivo deve, *a priori*, começar da análise mesma da terminologia Ministério Público de Contas.

Tal expressão não está grafada em nenhum lugar da Carta de Outubro, que consagrou a voz "Ministério Público junto aos Tribunais de Contas" (art. 130).

Ainda quando nos esforcemos em dizer que *junto* computa ideia de proximidade, e, ao mesmo tempo, significa algo que está fora, ou seja, que não é íntimo, certamente o entendimento de tal palavra, nos moldes do art. 130 da *Lex Mater*, gera ambiguidades e especulações dos mais variados matizes.

O Ministério Público "junto" aos Tribunais de Contas é um órgão administrativamente vinculado aos próprios Tribunais de Contas? Encontra-se abrangido pela instituição Ministério Público? Equivale, enfim, a uma entidade autônoma, com a mesma galhardia do *parquet* tradicional ou comum, sobremaneira prestigiado pela Carta de 1988?

Quando se diz que um ente oficia *junto* de outro, pretende-se ressaltar o exercício de funções típicas, próprias ou primárias de um órgão face a outro órgão.

Por exemplo, compete ao procurador-geral da República exercer as funções do Ministério Público *junto* ao Supremo Tribunal Federal (Lei Complementar nº 75/93, art. 46). Cabe ao procurador-geral do trabalho atuar *junto* ao Plenário do Tribunal Superior do Trabalho (Lei Complementar nº 75/93, art. 90). Os procuradores de justiça, por sua vez, oficiam *junto* ao Tribunal de Justiça. Noutra banda, *junto* ao Conselho Nacional de Justiça oficiam o procurador-geral da República e o presidente do Conselho Federal da Ordem dos Advogados do Brasil (CF, art. 103-B, §6º).

Mas, em todas essas situações, e em tantas outras, o signo *junto* não se postou como um símbolo linguístico ambíguo, nos mesmos moldes do art. 130, do Texto de 1988, cuja fraseologia motivou inversões e tertúlias inaceitáveis.

A leitura do indigitado preceptivo deu azo a incongruências de toda monta, porque as palavras têm vida, apresentando conteúdo emocional, pelo qual são conhecidas.

Quando se veicula um raciocínio, um esquema mental, um instituto de direito, os legisladores nem sempre conseguem vesti-los com signos linguísticos conhecidos e isentos de dúvidas. A explicação para isto é simples: a mente humana, ensinaram os *Siddhas*, é como um macaco bêbado pelo vinho do desejo e picado pela abelha do orgulho...

Foi o que ocorreu com o emprego da palavra *junto*, no art. 130, da Lei Maior, que despertou no intelecto de muitos a mensagem, equivocada, de que o Ministério Público de Contas se encontra umbilicalmente ligado à intimidade estrutural do órgão *junto* do qual oficia – o Tribunal de Contas.

Vestir as ideias com vocábulos, às vezes, é o mesmo que matálas, porque as concepções ficam limitadas.

Portanto, é induvidosa a dificuldade de os legisladores verbalizarem determinadas formas-pensamento.

Essa constatação aplica-se em gênero, número e grau ao constituinte originário de 1988, que, sem maior apuro técnico, simplesmente repetiu, do ângulo constitucional positivo, *nomen juris* já existente, entre nós, desde os idos de *1918*.

Vejamos.

A denominação "Ministério Público junto ao Tribunal de Contas" não é mais uma das inovações do Texto de 1988. Remonta, na realidade, ao *Decreto nº 13.247, de 23.10.1918*, cujo art. 23 demarcou:

> Art. 23. O *Ministério Público junto ao Tribunal de Contas*, com a missão própria de promover, completar instrução e requerer no interesse da administração, da justiça e da fazenda pública, constará de dois representantes, com as denominações de primeiro representante e segundo representante, com igual categoria e vencimentos, tendo cada um deles o seu auxiliar, com a denominação de adjunto. (Grifos nossos)

Todas as leis posteriores ao *Decreto nº 13.247* seguiram a terminologia por ele consagrada.

Até nos trabalhos de preparação da Carta de 1988 proferiu-se o jargão "Ministério Público junto ao Tribunal de Contas".

Trata-se da *proposta de emenda do Deputado Constituinte* Ézio *Ferreira*, que sugeriu se colocar – num parágrafo do art. 89, do Projeto "A" de Constituição, discutido e votado em primeiro turno – a seguinte redação:

> Ao Ministério Público junto aos Tribunais de Contas, aplicam-se as disposições contidas no inciso VI do art. 113, no art. 114 e, nos parágrafos dos artigos 156 e 157, desta Constituição.

Essa *proposta de emenda* é o antecedente mais remoto da previsão que hoje vemos estampada no art. 130 de nossa Constituição Federal.

Também é oportuno rememorar que, desde os albores do *Decreto nº 13.247, de 23.10.1918*, o cognominado "Ministério Público junto aos Tribunais de Contas" não era um mero apêndice da tradicional instituição Ministério Público. Seus representantes, por assim seguir a dicção do art. 23, supratranscrito, não logravam posição subalterna, se comparados, do ponto de vista funcional, ao *munus* desempenhado pelos integrantes do *parquet* comum.

Diante disso, parece-nos que "Ministério Público junto aos Tribunais de Contas" é som impreciso, porquanto revestido de iludível ambiguidade. Muito mais apropriado seria o uso da terminologia Ministério Público de Contas, afinal o Ministério Público que atua no âmbito das Cortes de Contas não se encontra submisso ou preso à instituição na qual desempenha suas atribuições funcionais. Trata-se de *Carreira Autônoma de Estado*, com letra maiúscula, e não órgão secundário ou de menor importância institucional, como se fosse "cabide de empregos", algo muito maior, muito mais pulsante, muito mais grandioso do que meras constatações de quinquilharias formais, cuja observância não pode desconsiderar o exame da matéria de fundo, presente em toda a discussão.

Alguns atos resolutivos e normativos, discrepando do confuso art. 130 da Carta de 1988, já falam em Ministério Público de Contas, a exemplo da *Resolução nº 22, de 20.8.2007, do Conselho Nacional do Ministério Público*, que determinou que os membros do *parquet* estadual retornassem aos seus respectivos postos de origem, nos prazos ali estabelecidos (art. 1º), e da *Lei Complementar nº 148 de 11.8.2010*, que disciplinou a Lei Orgânica do Ministério Público de Contas do Mato Grosso do Sul, dando outras providências.

Até no Supremo Tribunal Federal já se usou o designativo Ministério Público de Contas. Isso ocorreu nos debates subjacentes à ADI nº 328-3/SC, quando o Ministro Carlos Britto, em seu voto, mencionou a voz Ministério Público de Contas.[7]

3 Autonomia institucional do MP de Contas

A problemática versada na ADI nº 4.725 remete-nos ao exame da autonomia institucional do Ministério Público de Contas.

---

[7] STF, Pleno. ADI nº 328-3/SC. Rel. Min. Ricardo Lewandowski. Julg. 2.2.2009. *DJE*, n. 43, 5 mar. 2009.

Será que a emenda à Carta roraimense malsinou, deveras, o Texto da República por ter conferido organização administrativa própria e independente ao *Parquet* de Contas local? Feriu, malgrado, a supremacia da *Lex Legum* de 1988 por consagrar aquele rol de previsões listado pela consulente?

O Ministério Público de Contas é um ente autônomo e desvinculado, de um lado, dos Tribunais de Contas, e, de outro, do *parquet* tradicional ou comum.

Se, na vigência da Carta de 1967 e de sua Emenda nº 1/1969, pairavam dúvidas quanto à posição institucional da entidade, hoje não há como se negar a existência de duas categorias completamente distintas: o Ministério Público de Contas e o *parquet* comum.

Perscrutemos os motivos que embasam essa assertiva.

Autonomia, do grego *autos* (próprio) e *nomos* (norma), é a capacidade de agir de modo próprio dentro de um círculo preestabelecido pela Constituição do Estado.

Segundo Costantino Mortati, *autonomia* é a:

> liberdade de determinação consentida a um sujeito, resultando no poder de dar a si mesmo a lei reguladora da própria conduta, ou, mais compreensivamente, o poder de prover ao atendimento dos próprios interesses e, portanto, de gozar e de dispor dos meios necessários para obter uma satisfação harmônica e coordenada dos referidos interesses.[8]

Paul Laband ensinou que a autonomia pressupõe o poder de direito público não soberano, em virtude de direito próprio e não de uma delegação, para estabelecer normas jurídicas obrigatórias.[9]

Será que o Ministério Público de Contas, na seara da Carta de Outubro, tem o "poder de prover ao atendimento dos próprios interesses", de que nos fala Mortati? Possui aquele "poder de direito público", referido por Laband?

Se interpretarmos o art. 130, do Texto Magno, numa ótica pequena, contraproducente, literal, gramatical, presa à letra que mata, dissociada do todo, separada do contexto, alheia à pujança do sistema, evidente que a resposta será *não*.

Isso porque, numa exegese, meramente, filológica do art. 130, apenas poderemos reconhecer que o Ministério Público de Contas: (i) é órgão de assento constitucional; (ii) que os seus procuradores,

---

[8] MORTATI, Costantino. *Istituzione di diritto pubblico*. 9. ed. Padova: Cedam, 1975. p. 694.

[9] LABAND, Paul. *Le droit public de l'Empire Allemand*. Paris, Giard & Brière, 1900. p. 178. t. 1.

embora gozem de plena autonomia funcional, só titularizam garantias subjetivas, ao contrário dos membros do Ministério Público comum, os quais têm a seu favor garantias de índole objetiva; (iii) que não dispõe de fisionomia institucional própria, inserindo-se na própria "intimidade estrutural" da Corte de Contas; (iv) que suas particularidades podem muito bem ser regulamentadas por lei ordinária, afinal lei complementar é apenas para dispor sobre a disciplina orgânica do *parquet* comum (CF, art. 128, §5º) etc.

Num literalismo exacerbado, e superado, muitos interpretaram o art. 130, da Carta da República, no sentido de que o Ministério Público de Contas não possuiria regime constitucional próprio, nem plena autonomia jurídica. Seus membros não se achariam investidos daquelas garantias de ordem objetiva, conferidas aos integrantes do *parquet* comum. Não haveria que se falar, portanto, em *autonomia institucional*.

Concebido em sua dimensão literal, pois, o art. 130 da Constituição da República incute, na mente do intérprete, a tese de que os membros do *"Parquet* de Contas" formam determinada categoria funcional, a dos procuradores que oficiam perante os Tribunais de Contas, sendo agentes estatais qualificados com um *status* jurídico especial, mas sem as garantias conferidas aos membros do Ministério Público tradicional.

A fonte mais contundente desse modo de pensar já produzida, até hoje, foi a ADI nº 789-1/DF, julgada improcedente pelo Plenário da Corte Excelsa, por unanimidade de votos, em 26.5.1994.

Não nos interessa aqui, reiteremos bem, adentrar no teor desse *decisum*, muito menos contrapor ao mérito das manifestações nele expendidas, as quais se somam à pletora de outros julgados, proferidos pelo nosso Supremo Tribunal, concernentes ao Ministério Público de Contas.[10]

Apenas gostaríamos de recordar que, em 2009, o Pleno do Supremo Tribunal Federal ao julgar a ADI nº 328-3/SC, reconheceu, por unanimidade de votos, que os membros do *Parquet* de Contas integram carreira autônoma, erigida com base num modelo jurídico heterônomo estabelecido, constitucionalmente, com estrutura própria para garantir a mais ampla autonomia a seus integrantes.[11]

---

[10] Precedentes: ADI nº 263-5/RO; RE nº 111.345-6/SC; ADI nº 832-3/PA; ADI nº 1.545-1/SE; ADI nº 1.791-1/PE; ADI nº 1.858-9/GO; ADI nº 2.068-4; ADI nº 2.884-7/RJ; ADI nº 3.192-9/ES; ADI nº 2.378-1/GO; ADI nº 3.315-8/CE; ADI nº 3.160-1/CE.

[11] STF, Pleno. ADI nº 328-3/SC. Rel. Min. Ricardo Lewandowski. Julg. 2.2.2009. *DJE*, n. 43, 5 mar. 2009.

De nossa parte, optamos por uma postura ampla, pujante, sistêmica, grandiosa para se interpretar o art. 130, da Carta Política, com todas as conexões de sentido daí decorrentes. Entendemos que se aplica à espécie o *princípio da eficácia integradora*, também chamado de *princípio do efeito integrador*. Mediante esse vetor, o exegeta desenvolve um raciocínio eminentemente crítico e global da constituição, para dela extrair a máxima potencialidade de suas normas.

O *princípio do efeito integrador* constitui uma releitura do método sistemático, pois, pela sua observância, a carta magna não deve ser interpretada em tiras, pedaços, porções ou fatias isoladas do todo. Tal princípio remete-nos à assertiva do Apóstolo Paulo: "a letra mata, mas o espírito vivifica".[12]

No dizer de Rudolf Smend – um dos corifeus do princípio do efeito integrador –, as constituições devem ser interpretadas a partir de uma visão de conjunto, sempre como um todo, com percepção global e captação de sentido.[13]

Pelos limites objetivos do tema que nos foi proposto não iremos adentrar no riquíssimo assunto da interpretação constitucional, do qual participa o *princípio do efeito integrador*.[14]

Entretanto, o art. 130 não existe de modo isolado frente ao todo constitucional. Pouco importa se não o incluíram na literalidade do art. 128, I, da Carta Maior, até porque a sua não inclusão, nesse preceito, demonstrou a vontade da Constituição em criar um ente distinto daqueloutro aí previsto, qual seja o *parquet* comum. E, da vertente técnica, esta diretriz foi correta, porque se o Ministério Público de Contas fosse aí encartado, certamente, não se poderia falar em um "Ministério Público junto aos Tribunais de Contas", não existindo motivos para se veicular, no art. 130, a matéria nele versada. Neste particular aspecto, ocorreu, sim, aquilo que se chama em política legislativa de solução de compromisso.

Assim, do ponto de vista do *efeito integrador*, não interessa se o *locus* constitucional do *Parquet* de Contas foi impróprio, se a redação do art. 130 não foi das melhores, se este dispositivo foi fruto de uma solução de compromisso do legislador constituinte originário etc.

---

[12] Bíblia Sagrada, 2ª Carta aos Coríntios, capítulo 3, versículo 6.

[13] SMEND, Rudolf. *Constitución y derecho constitucional*. Tradução de José Beneyto. Madrid: Centro de Estudios constitucionales, 1992. p. 5 e ss.

[14] BULOS, Uadi Lammêgo. *Manual de interpretação constitucional*. São Paulo: Saraiva, 1997. *Passim*.

Sem embargo, o art. 130 participa de uma realidade essencialmente integrativa, fazendo parte de um Documento Supremo amplo, analítico, detalhista e, sobretudo, globalizante, o qual sintetiza um feixe de normas, que nutrem múltiplos liames de reciprocidade, e, por isso, devem ser entendidas à luz de *fatos concretos*, inseridos na realidade social.

Resultado: não se pode ler o art. 130, tomado de *per si*, deixando de cotejar-lhe com outros dispositivos constitucionais, a exemplo dos arts. 73, §2º, I, 127, I e II etc.

Se concebermos, pois, o art. 130, do Texto Magno, numa ótica grandiosa, producente, contextualizada, levando em conta a pujança do todo, não haverá lugar para se sustentar a tese de que a Emenda nº 29/2011 feriu os arts. 73, 75, 96, II, *d*, e 130, da Constituição Federal. Ao invés de alegações de inconstitucionalidade constataremos:

1. os procuradores de contas gozam, sim, de garantias objetivas, à semelhança daquelas titularizadas pelos membros do Ministério Público comum, porquanto integram uma *Carreira de Estado*;

2. o *Parquet* de Contas possui fisionomia institucional própria, não se inserindo na "intimidade estrutural" de nenhum órgão; e

3. além da autonomia funcional que possui, a Carta de 1988, vista na plenitude de suas normas, conferiu-lhe *autonomia institucional*.

Evidente que, como *ato de vontade* associado a um *ato de conhecimento*, o ofício interpretativo reveste-se de inequívoco *subjetivismo*, porque cada um concebe os problemas a seu modo, conforme a sua vivência e leitura dos fatos.

Logo, é impossível se estipular critério matemático para se determinar o significado de uma norma constitucional, erigindo-se um "método por excelência".

Nada obstante esse subjetivismo, e até mesmo o caráter axiológico da atividade interpretativa das constituições, viceja, nesse setor, um componente que faz a diferença: a *análise do fato histórico*.

O grande Juiz Holmes costumava dizer, em seus veredictos, que "uma página de história vale tanto quanto um volume de lógica".

Decerto, a *fisionomia institucional própria* do Ministério Público de Contas não se resume a uma "página de história", e sim a mais de um século de história!

Sua paulatina evolução legislativa demonstra o porquê da plena autonomia institucional, e não apenas funcional, que se lhe afigura.

Como sabemos, foi o *Decreto n° 1.166, de 17.10.1892*, que instituiu o "Ministério Público de Contas no Brasil", consagrado, com todas as letras, e de maneira inédita do ponto de vista constitucional positivo, pela Carta de 1988 (arts. 73, §2º, I, e 130).

Aliás, a legislação ordinária sempre foi pródiga nesse sentido, pois as nossas Constituições anteriores a de 1988 silenciaram-se a esse respeito, embora a Carta de 1967, de modo tímido, tivesse previsto a existência de um Ministério Público de Contas (art. 73, §5º), no que foi acompanhada pela Emenda Constitucional n° 1/1969 (art. 72, §5º).

Com efeito, o *pioneiro Decreto n° 1.166/1892*, ao implementar a estrutura orgânica do TCU, também disciplinou-lhe o quadro de pessoal. No art. 19, demarcou a existência de cinco membros: o presidente e quatro diretores, com voto deliberativo. Um desses diretores deveria representar o Ministério Público. Eis aí a particularidade: ao invés de delegar tal competência para o *parquet* tradicional, o Decreto n° 1.166/1892 incumbiu essa tarefa para a um representante do Ministério Público de Contas. Desde aquela época já se entendia que eram dois setores distintos.

A partir de então surgiu uma pletora de decretos e leis, aperfeiçoando o *Parquet* de Contas:

- *Decreto n° 392, de 6.10.1896* – o Ministério Público deveria ser representado frente ao Tribunal de Contas por um bacharel ou doutor em direito nomeado pelo presidente da República (art. 1º, item 5);

- *Decreto n° 2.409, de 23.12.1896* – consagrou a autonomia institucional com inteira liberdade de ação do Ministério Público de Contas, nos seguintes termos (art. 81):

> O Representante do Ministério Público é o guarda da observância das leis fiscais e dos interesses da Fazenda perante o Tribunal de Contas. Conquanto represente os interesses da Pública Administração, não é, todavia, delegado especial e limitado desta, antes tem personalidade própria e no interesse da lei, da justiça e da Fazenda Pública tem inteira liberdade de ação.

Trazendo o teor desse preceito para os nossos dias, vemos que ele nada tinha de inusitado, em virtude de atribuir ao Ministério Público de Contas o papel de guardião das leis fiscais e dos interesses da Fazenda. Basta ver que, no regime constitucional pregresso, o próprio Ministério Público Federal desempenhava função de *custos legis* e, simultaneamente, de advogado da Fazenda Nacional;

- *Decreto nº 13.247, de 23.10.1918* – além das informações que acima veiculamos sobre esse decreto, vale informar que ele incluiu, em seu art. 3º, item IV, o Ministério Público entre o corpo de pessoal do Tribunal de Contas, algo que não retirou sua autonomia funcional, porque não é a posição topográfica de determinada pauta normativa de comportamento, num dado texto legislativo, que lhe determina a natureza, muito menos o regime jurídico;
- *Decreto nº 15.770, de 1º.11.1922* – demarcou que o Ministério Público de Contas não atuaria perante a função jurisdicional do Estado, restringindo sua esfera de ação na seara da Corte de Contas. Nos arts. 183 e 184, estatuiu que o representante do Ministério Público de Contas deveria requerer a execução dos bens necessários ao pagamento da condenação, remetendo, se preciso for, os documentos necessários para o procurador da República proceder à cobrança judicial;
- *Lei nº 156, de 24.12.1935* – reiterou o disposto nos decretos nºs 13.247 e 15.770;
- *Lei nº 830, de 23.9.1949* – quando foi criada, estava em plena vigência a Constituição de 1946. Rotularam-na de "Lei Orgânica do Tribunal de Contas da União". Em seu art. 3º colocou o Ministério Público como parte integrante da organização do TCU. Seu art. 29 foi enfático ao prospectar:

O Ministério Público, junto ao Tribunal de Contas, com a função própria de promover, completar instrução e requerer no interesse da administração, da Justiça e da Fazenda Pública, constará de um representante com a denominação de Procurador e de um auxiliar, com a de Adjunto do Procurador.

E, pelo art. 30, tanto o procurador, como o seu adjunto, eram nomeados pelo presidente da República, entre os cidadãos brasileiros, o primeiro com os requisitos exigidos para a nomeação dos Ministros do Tribunal, e o segundo, quem comprovasse o exercício, por cinco anos, no mínimo, de cargo de magistratura ou de Ministério Público ou advocacia;

- *Decreto-Lei nº 199, de 25.2.1967* – era a nova Lei Orgânica do Tribunal de Contas da União, editada quando vigorava a Constituição brasileira de 24.1.1967. Quanto ao Ministério Público de Contas, o Decreto-Lei nº 199 manteve as mesmas prescrições da Lei nº 830/1949; e

– *Lei nº 8.443, de 16.7.1992* – veiculou a Lei Orgânica do Tribunal de Contas da União, revogando o Decreto-Lei nº 199/1967.

4 Atributos da autonomia do MP de Contas

Compreendendo o art. 130, da Carta de 1988, numa ótica essencialmente integrativa, detectamos o perfil que o constituinte originário irrogou à autonomia institucional do *Parquet* de Contas.

De simples referência no *Decreto nº 1.166, de 17.10.1892*, à plena garantia de sua autonomia institucional na Carta de 1988, o que se constata, cada vez mais, é a crescente importância do Ministério Público de Contas.

Sua autonomia exterioriza-se mediante as seguintes capacidades:

– *capacidade de livre exercício funcional* – interliga-se com o *princípio do procurador de contas natural*, aqui entendido como um corolário lógico do princípio do promotor natural, previsto no art. 5º, LIII, da Carta Maior. Pelo *princípio do procurador de contas natural* os processos devem ser distribuídos de modo transparente e com a participação do *Parquet* de Contas, haja vista o pleno exercício de suas atribuições. A capacidade de livre exercício funcional é o outro nome do *princípio da autonomia funcional*. Por intermédio dessa autonomia, os procuradores de contas devem desempenhar, com liberdade e coragem, sua missão institucional, que não se resume a proferir pareceres em autos de processos, incumbindo-lhes também: (i) bradarem para que constem da lista de inelegíveis, remetida à Justiça Eleitoral, os gestores de contas julgadas irregulares; (ii) comparecerem em inspeções, audiências, oitivas, requisitando dados e informações, em nome de uma prestação jurisdicional mais célere, concretizando, assim, o *princípio da razoável duração do processo* (CF, art. 5º, LXXVIII); (iii) encaminharem às autoridades competentes, inclusive aos Conselhos Profissionais e ao Ministério Público comum, documentos que revelem indícios de irregularidades e práticas *contra legem*, exigindo, no próprio seio dos Tribunais de Contas, que se proceda à distinção entre *contas de governo* e *contas de gestão*;

– *capacidade de autoadministração* – advém do art. 127, §2º, 1ª parte, da Carta Maior. Trata-se da autonomia administrativa propriamente dita, por meio da qual compete ao *Parquet* de Contas gerir seus próprios negócios;

- *capacidade de autolegislação* – emerge do art. 127, §2º, 2ª parte, do Texto Magno, revelando a autonomia de o *Parquet* de Contas fazer iniciar, por ato próprio, processo de formação de leis que venham a criar ou extinguir seus cargos e serviços auxiliares;
- *capacidade orçamentário-financeira* – decorre do art. 127, §3º, da *Lex Mater*, pois nada obsta que o *Parquet* de Contas tenha dotação orçamentária própria, podendo receber, todo mês, parte dos recursos angariados no orçamento (CF, art. 168); e
- *capacidade de auto-organização* – promana do referido art. 127, §3º, da Carta de Outubro, equivalendo à *autonomia organizacional*, pois ao exercitar a sua capacidade orçamentária-financeira, o Ministério Público de Contas poderá organizar a sua estrutura, elaborando inclusive normas estatutárias para reger, internamente, a conduta de seus membros. Aqui também se enquadra o poder dever de o *Parquet* de Contas celebrar *termos de cooperação*, principalmente com os Ministérios Públicos da União, dos estados e do Distrito Federal, colaborando para se evitar que condutas delitivas fiquem impunes, mediante prescrição.

O estudo dos atributos da autonomia institucional do Ministério Público de Contas demonstra a faculdade que os seus integrantes possuem para agirem sem mordaças, medos, cabrestos ou receios de qualquer espécie.

Se eles gozam dos mesmos direitos e vedações dos membros do *parquet* comum, evidente que as suas responsabilidades, e deveres, promanam da magnitude de suas próprias funções institucionais.

Suponhamos, a título ilustrativo, que um integrante do *Parquet* de Contas comece a ser perseguido em virtude de defender a observância da cláusula do devido processo legal e de seus respectivos desdobramentos, a exemplo daquele procurador do Distrito Federal que, ao integrar um grupo força-tarefa, teve o seu telefone residencial grampeado, de modo ilícito e clandestino, sem que se descobrisse o mandante do crime, como noticiou *O Estado de São Paulo*, de 26.2.2006.

Perguntamos: a total liberdade de atuação, reconhecida pelo Supremo Tribunal desde a *ADI nº 160/TO*, impediu a atrocidade sofrida pelo representante do Ministério Público de Contas?

Recordemo-nos da constatação de Cláudia Fernanda de Oliveira Pereira:

Um procurador atuante e combativo, como já dito, expõe-se, ainda, aos humores daqueles que não querem ver o controle despontar tempestivamente. Além disso, são incontáveis as ações e interpelações a que membros do Ministério Público de Contas de todo o País têm que responder, em face dos pareceres isentos que proferem, desagradando interesses. Em outros, são os próprios Procuradores que têm que ajuizar ações em defesa da Instituição ou de suas prerrogativas constitucionais, muitos até pagando do próprio bolso advogados.[15]

Não basta propalar a plena autonomia funcional do *Parquet* de Contas. É preciso mais que isso, porque sem autonomia *administrativa, orçamentária-financeira, normativa* e *organizacional* o órgão não desenvolverá o seu papel na grandiosidade da missão para a qual foi criado, colaborando, inclusive, no combate à corrupção e à imoralidade pública.

Também de nada adianta se reconhecer, num ângulo, que o *Parquet* de Contas é instituição autônoma em face do Ministério Público comum, da União ou dos estados, ou do Distrito Federal, e, noutro, negar-lhe fisionomia institucional própria.

Daí não concordarmos com diversos julgados do Supremo Tribunal que, raciocinando com lastro na formulação filológica do art. 130, da *Lex Mater*, deixaram de otimizar as potencialidades do todo constitucional.[16]

Afigura-se-nos confusa aquela assertiva pretoriana, contida na *ADI nº 789-1/DF*, de que o *Parquet* de Contas é "órgão de extração constitucional" (1º tópico da ementa), e, ao mesmo tempo, "não dispõe de fisionomia institucional própria" (2º tópico da ementa).

Se o *Parquet* de Contas é "órgão de extração constitucional", e, realmente, o é, evidente que ele possui *fisionomia institucional própria*, do contrário não haveria motivos para o art. 130 tê-lo previsto como uma *Carreira de Estado*, com autonomia administrativa frente ao Ministério Público comum e às Cortes de Contas, entre aqueloutras capacidades retroenunciadas.

5 Conclusão

A instituição *Ministério Público de Contas* está a merecer reflexão mais demorada a respeito de seus aspectos basilares.

---

[15] PEREIRA, Cláudia Fernanda de Oliveira (Org.). *Controle externo*: temas polêmicos na visão do Ministério Público de Contas. Belo Horizonte: Fórum, 2008. p. 14.

[16] Precedentes: RE nº 120.970-4/RO; ADI nº 789-1/DF; ADI nº 1.545-1/SE; ADI nº 1.791-1/PE etc.

Seja como for, a leitura contextualizada dos dispositivos constitucionais referentes ao Ministério Público, como um todo, demonstra que o *Parquet* de Contas, a exemplo do Ministério Público comum, é instituição permanente, essencial à função do controle externo da Administração Pública, dotada de autonomia institucional, incumbindo-lhe a defesa da ordem jurídica, do regime democrático e dos interesses sociais e individuais indisponíveis.

Desse modo, o *Parquet* de Contas possui posição institucional *sui generis*, porque é, ao mesmo tempo, um órgão *especial* e *especializado*.

É *especial*, no sentido de que a sua constitucionalização representa um abrandamento aos *princípios da unidade e da indivisibilidade do Ministério Público*, afinal o art. 130, da Carta Maior, criou um ramo do Ministério Público independente da modalidade comum de *parquet* (CF, arts. 127, 128 e 129).

É preciso se ter alguma sensibilidade para entender esse último raciocínio, pois, numa exegese restrita do Texto de 1988, bastaria se aplicar o princípio da unidade e o da indivisibilidade para se negar a existência de dois corpos autônomos e independentes entre si, quais sejam o *parquet* comum e o *Parquet* de Contas.

De outro prisma, é o Ministério Público de Contas um órgão *especializado*, porque poderá, em nome da salvaguarda do interesse público, realizar todas aquelas atribuições correlatas à sua autonomia funcional, que já analisamos acima, a exemplo da possibilidade de os procuradores de contas expedirem, diretamente, ofícios às autoridades e demais pessoas sujeitas à jurisdição do respectivo Tribunal de Contas que atuarem. Esse entendimento é uma *longa manus* da *capacidade de livre exercício funcional*, que se traduz pelo princípio dos poderes implícitos, o *implied power* dos juristas estadunidenses. Por esse princípio de exegese constitucional, *se a constituição concede os fins também fornece os meios*. Refletindo a este respeito, disse Ruy Barbosa:

> Não são as Constituições enumerações das faculdades atribuídas aos poderes dos Estados. Traçam elas uma figura geral do regime, dos seus caracteres capitais, enumeram as atribuições principais de cada ramo da soberania nacional e deixam à interpretação e ao critério de cada um dos poderes constituídos, no uso dessas funções, a escolha dos meios e instrumentos com que os tem de exercer a cada atribuição conferida.[17]

---

[17] BARBOSA, Ruy. *Commentarios à Constituição Federal brasileira*. São Paulo: Saraiva, 1933. p. 203. t. 2.

Basta ler o art. 130, da Carta de 1988, em consonância com o art. 129, II e IV, para vislumbrarmos a concretização desse poder dever dos procuradores de contas.

Assim nos parece.

São Paulo, 23 de março de 2012.

Informação bibliográfica deste texto, conforme a NBR 6023:2002 da Associação Brasileira de Normas Técnicas (ABNT):

BULOS, Uadi Lammêgo. Autonomia institucional do MP de Contas. In: ASSOCIAÇÃO NACIONAL DO MINISTÉRIO PÚBLICO DE CONTAS. *Ministério Público de Contas:* perspectivas doutrinárias do seu estatuto jurídico. Belo Horizonte: Fórum, 2017. p. 37-57. ISBN 978-85-450-0183-6.

MINISTÉRIO PÚBLICO DE CONTAS: ESTÁGIO PROBATÓRIO; VITALICIAMENTO; CORREIÇÃO FUNCIONAL, ESCOLHA DE PROCURADOR-GERAL E AUTONOMIA INSTITUCIONAL[1]

JUAREZ FREITAS

Parecer

Ministério Público de Contas. *Parquet* Especial. Autonomia e o princípio irrenunciável e indisponível da independência funcional. CF, art. 130 – alcance e significado. Vitaliciamento. Disciplina e avaliação pelo próprio MP de Contas. Caso especial dos primeiros membros. Atividade de corregedoria exclusiva e intransferível dos membros da Carreira do MP de Contas. Escolha do Procurador-Geral. Obrigatória lista tríplice entre integrantes da Carreira.

1 Da consulta

A Associação Nacional do Ministério Público de Contas honra-me, sobremaneira, ao solicitar parecer que tem por objeto os seguintes quesitos:

---

[1] Estudo apresentado à AMPCON em 2.9.2009.

(i) Tendo em vista o exercício perante um Tribunal, à semelhança dos procuradores de justiça, é viável a realização de estágio probatório para os procuradores do Ministério Público de Contas, ou eles já são vitalícios desde a posse?

(ii) Caso a resposta seja pela viabilidade, como se efetivaria o estágio probatório dos primeiros membros de um Ministério Público de Contas?

(iii) É admissível a submissão dos procuradores de contas à Corregedoria do Tribunal de Contas, capitaneada por conselheiros?

(iv) É admissível a expedição de ofícios diretamente pelos procuradores de contas às autoridades e demais pessoas sujeitas à jurisdição do Tribunal de Contas, tendo em vista a teoria dos poderes implícitos, ou por aplicação subsidiária/analógica da Lei Orgânica do Ministério Público?

(v) Qual é a forma de escolha do procurador-geral do MP de Contas?

Enunciados os quesitos, urge passar às premissas que nortearão as respostas.

2 Das premissas hermenêuticas e do regime jurídico-institucional do Ministério Público de Contas

2.1 Das premissas hermenêuticas

Para elucidar o regime jurídico do Ministério Público de Contas e efetuar consistente exegese do seu desenho constitucional, sobem de ponto os princípios, entre os quais o da autonomia institucional e o da independência dos agentes do Ministério Público. Princípios que incidem de modo direto e imediato, vale dizer, sem carência de regulamentação, ainda que as regras (como as da PEC nº 27/2007 ou do Anteprojeto de Lei Nacional de Processo de Fiscalização de Contas) possam e devam contribuir à crescente concretização das diretrizes mais elevadas do ordenamento.[2]

---

[2] Tais premissas hermenêuticas constam em minha obra *A interpretação sistemática do direito*. 4. ed. São Paulo: Malheiros, 2004. Encontram-se subjacentes, ainda, à doutrina tecida em meu livro *O controle dos atos administrativos e os princípios fundamentais*. 4. ed. São Paulo: Malheiros, 2009.

É fato que, partindo de premissas diversas daquelas que serão aqui expostas, vozes há que sustentam, equivocadamente, para exemplificar, que, por não existir alusão ao MP de Contas no art. 128 da CF, este não seria Ministério Público, ou que se apegam a questões políticas oriundas do originalismo estrito para inferir algo dessa ordem.

Ora bem, nesses casos, com o merecido respeito, verifica-se uma desconsideração às melhores premissas hermenêuticas, segundo as quais o art. 130 da CF, como qualquer dispositivo, não pode ser ignorado na sua condição de texto que se desprende do passado e demanda uma leitura teleológica atenta ao presente e ao futuro, sem inflacionar esta ou aquela manifestação original do coletivo legislador histórico.

Desconsideram, na realidade, que o texto do art. 128 da CF, com suas eventuais lacunas, justamente não pode ser dissociado do art. 130, do art. 73 e de outros comandos normativos que devem iluminar a sua cognição.

Ademais, nunca é demais salientar que o texto da Constituição apenas se torna significativo na sua interação com o intérprete, motivo pelo qual não deve ser visto como mero objeto, porém, antes, como significado resultante da construção a partir do texto.

Precisamente: não se esposam posturas exclusivamente historicistas, nem disjuntivistas, monológicas ou de relativismo cético, em função do papel constitutivo do intérprete, especialmente do intérprete constitucional, na geração da identidade e na decifração do que é o melhor para o sistema.

Por isso, com o desiderato de bem responder aos quesitos e empreender interpretação constitucional congruente e consistente, imperativo explicitar, desde logo, as premissas hermenêuticas.

Eis, então, as premissas norteadoras da compreensão do modelo jurídico-institucional do Ministério Público de Contas:

(a) Consoante adequada interpretação tópico-sistemática da Constituição, os princípios fundamentais são a base e o ápice do sistema. Nessa medida, obrigatório o acolhimento da postura "constitucionalista", em vez do "legalismo estrito", isto é, deve ser assumido o pressuposto de que uma hierarquização devida se revela mais significativa do que a subsunção, no encalço do justo equilíbrio entre preocupações formais e pragmáticas. Bem interpretar qualquer dispositivo da Carta (como é o caso do art. 130) implica colocá-lo, plasticamente, em conexão com a totalidade axiológica do sistema.

(b) As melhores interpretações são aquelas que sacrificam o mínimo para preservar o máximo dos direitos fundamentais. O princípio da proporcionalidade quer dizer finalística e nuclearmente isto: promover a harmonia dos princípios jurídicos e, quando um tiver que preponderar sobre o outro, salvaguardar, justificadamente, o que restou relativizado, preservando, ao máximo, os valores em colisão. A partir dessa premissa, resulta nítido o viés desproporcional da negativa de autonomia à instituição do Ministério Público de Contas, por acarretar grave e custoso desserviço à tutela da ordem jurídica.

(c) A exegese sistemática da Constituição tem de promover a maior sinergia possível do Estado inteiro, respeitado o princípio da deferência[3] e reforçada a autonomia das Carreiras de Estado como uma insuprimível condição para o cumprimento dos objetivos fundamentais da República, tais como estampados no art. 3º da CF. É que a boa interpretação favorece a defesa integrada dos direitos e garantias das Carreiras de Estado como maneira de preservar e assegurar, ao máximo, os direitos fundamentais em conjunto, notadamente o direito fundamental à boa administração pública.[4] Nesse sentido, não cabe subtrair autonomia e independência para privilegiar esta ou aquela instituição de Estado, uma vez que a aludida sinergia é meta republicana, por excelência.

---

[3] A propósito, força lembrar, sem endossar plenamente a noção hermenêutica de clareza, a lição clássica de James Thayer em The origin and scope of the American Doctrine of Constitutional Law. *Harvard Law Review*, v. VII, p. 129-156, 1893-1894, com especial destaque para as seguintes considerações da p. 144: "[...] It can only disregard the Act when those who have the right to make laws have not merely made a mistake, but have made a very clear one, – so clear that it is not open to rational question. That is the standard of duty to which the courts bring legislative Acts; that is the test which they apply, – not merely their own judgment as to constitutionality, but their conclusion as to what judgment is permissible to another department which the constitution has charged with the duty of making it. This rule recognizes that, having regard to the great, complex, everunfolding exigencies of government, much which will seem unconstitutional to one man, or body of men, may reasonably not seem so to another; that the constitution often admits of different interpretations; that there is often a range of choice and judgment; that is such cases the constitution does not impose upon the legislature any one specific opinion, but leaves open this range of choice; and that whatever choice is rational is constitutional".

[4] Sobre o direito fundamental em apreço, *vide* o meu livro *Discricionariedade administrativa e o direito fundamental à boa Administração Pública*. 2. ed. São Paulo: Malheiros, 2009, especialmente o conceito presente na p. 22.

(d) A boa interpretação sistemática e constitucional precisa buscar a maior otimização possível do discurso normativo. Quer dizer, ao intérprete cumpre guardar vínculo com a efetividade, no mundo real, das finalidades da Carta. Além disso, tudo que se encontra na Constituição é visto como tendente à eficácia, como no caso do disposto no art. 130 da CF. De fato, nada há nos comandos da Lei Maior que não deva repercutir no sistema. Na dúvida, convém preferir, em lugar da leitura estéril ou ablativa eficacial, uma exegese conducente à plenitude vinculante e inclusiva dos princípios de caráter essencial,[5] entre os quais o da autonomia institucional e o da independência funcional do Ministério Público de Contas.

(e) Toda e qualquer exegese sistemática constitucional deve ser alicerçada numa fundamentação objetiva e imparcial das premissas eleitas, evitadas interpretações que pequem ora pelo subjetivismo redutor da "juridicidade", ora pelo decisionismo movido sob o influxo deletério das paixões e animosidades pessoais. Nesse prisma, a análise fria e imparcial do regime jurídico do Ministério Público de Contas conduz, como se antevê, ao reconhecimento, sem peias, da autonomia da própria Carreira.

(f) A boa interpretação sistemática constitucional é aquela que se faz, desde sempre, contemporânea.[6] Quer dizer, o intérprete constitucional de modo precípuo, na linha do efetuado pelo Supremo Tribunal em julgamentos colacionados a seguir, tem de atuar como atualizador permanente do texto

---

[5] Sobre o caráter essencial, observa Riccardo Guastini em Os princípios constitucionais como fonte de perplexidade. *Interesse Público*, v. 55, 2009. p. 162: "os princípios são normas que, aos olhos de quem fala, revestem-se de uma importância especial, ou seja, apresentam-se como normas caracterizantes do sistema jurídico (ou de uma parte deste): essenciais para a sua identidade axiológica".

[6] No ponto, vale evocar Pontes de Miranda em *Democracia, liberdade e igualdade*. Campinas: Bookseller, 2002. p. 43: "A invenção da Constituição, acima das leis, acima dos atos dos administradores e dos juízes, não é só pormenor de evolução do direito interno. É invenção político-social, que tem a sua função no presente e sem a qual é impossível qualquer solução duradoura aos problemas permanentes da vida social de hoje, salvo quando as regras jurídicas entrarem profundamente na consciência da maioria". Bem por isso, para ilustrar, sem sentido ver, nos dias atuais, o Tribunal de Contas como "órgão auxiliar da administração pública", como o considerava, no contexto da Carta de 1946, o próprio Pontes de Miranda em *Comentários à Constituição à Constituição de 1946*. 2. ed. São Paulo: Max Limonad, 1953. p. 348.

constitucional, dele extraindo as melhores possibilidades subjacentes à indeterminação, voluntária ou não, dos conceitos e das categorias.

(g) A boa interpretação da Carta procura zelar pela vitalidade do sistema, sem desprezar o texto, mas indo além dele, quando necessário, como requer o próprio texto constitucional. Por exemplo, a eventual omissão do art. 128 da CF mostra-se plenamente superável, desde que acolhida tal diretriz. Mister convir que, no geral das vezes, a ambiguidade e indeterminação exacerbadas do texto são "dolosas", de modo que a pesquisa da vontade histórica (jamais unívoca) resulta, por si, insuficiente. Nessa ordem de considerações, impõe-se perceber as epistemológicas debilidades do "originalismo" extremado e das premissas atadas ao interpretativismo estrito. Entre outras falácias, o originalismo exacerbado crê na ideia de que, naquele ponto em que o direito parasse, nele o juiz deveria parar. Não é assim. Parte do pressuposto equivocado de que a ordem jurídica, em algum momento, poderia estar em completo repouso.[7] Ora, o direito encontra-se em incessante movimento, e reclama ser interpretado à vista dessa evidência solar. Mesmo o textualismo de Antonin Scalia,[8] por exemplo, merece reparos centrais, seja por não assumir a circularidade hermenêutica – com a dialética tensão entre sujeito e objeto –, seja por não conseguir, em função disso, dar conta das ordens constitucionais que determinam ir além do texto (*vide*, para ilustrar, a Emenda IX à Constituição norte-americana e, no sistema brasileiro, o art. 5º, §2º, da CF).

(h) A boa interpretação sistemática da Constituição só declara a inconstitucionalidade quando a afronta se revelar gritante

---

[7] A falha filosófica é perpetrada, por exemplo, por Robert Bork: "Where the law stops, the legislator may move on to create more; but where the law stops, the judges must stop" (Originalism. BRISON, Suzan; SINNOT-ARMSTRONG, Walter (Org.). *Contemporary Perspectives on Constitutional Interpretation*. Boulder: Westview Press, 1993. p. 56-57). Ora, o equívoco reside em não perceber o Direito em plástico movimento, assim como ao insistir em "neutral definition of the principle derived from the historic Constitution", algo que oculta opções que reproduzem, mal ou bem, escolhas que pertencem ao pretérito. Na perspectiva aqui adotada, à diferença da esposada por Bork, as considerações axiológicas atualizadoras não são descartadas na senda da interpretação sistematicamente adequada.

[8] *Vide* SCALIA, Antonin. *A matter of interpretation*. Princeton: Princeton University Press, 1997.

e insanável, assim como sucedeu com a Constituição catarinense, ao não respeitar a Carreira Autônoma do MP de Contas, num vício estridente, tempestivamente escoimado pelo Supremo Tribunal Federal, em recente decisão, que não comportou qualquer modulação.

Claro, tais premissas não são, nem pretendem ser exaurientes. O importante é, no fundo, destacar que a Constituição merece receber do intérprete a defesa imunológica indispensável à viabilização efetiva da sua teleologia superior.

Desse modo, o intérprete há de ser o guardião, para além das pulsões do imediato,[9] dessa visão finalística dos elementos constitutivos do Estado Constitucional.

2.2 Do regime jurídico-institucional do Ministério Público de Contas

2.2.1 Assentadas tais premissas hermenêuticas, cumpre, para responder aos quesitos, dissertar, ainda que de modo sucinto, sobre o regime jurídico-institucional do Ministério Público junto ao Tribunal de Contas ou, mais diretamente, do MP de Contas.

Para tanto, de plano, mister fixar o alcance sistemático e o real significado do art. 130 da CF.

Reza tal dispositivo-chave que aos membros do Ministério Público junto aos Tribunais de Contas aplicam-se as disposições da seção intitulada "Do Ministério Público", pertinentes a direitos, vedações e formas de investidura.

Quer dizer, ao referir direitos, vedações, o art. 130 da CF estabelece liame incontornável com a seção que dispõe sobre o Ministério Público. De maneira que valem, por extensão, para o Ministério Público de Contas os princípios da independência funcional (CF, art. 127, §1º da

---

[9] As carreiras de Estado, fortalecidas e respeitadas, servem para recompor o papel do Estado Constitucional contra o estrutural desvio regressivo de mentalidades para as pulsões do imediato, às custas da solidariedade, da cidadania e do interesse público, que não se confundem com a busca egotista dos próprios interesses. A calhar, para uma visão crítica (sem ser contrária ao mercado em si) dos excessos imanentistas do mercado e da liberação, sem limite, das pulsações, *vide* DUFOUR, Dany-Robert. *Le Divin Marché*. Paris: Denoël, 2007. Para a valorização das carreiras de Estado, abri capítulo específico de meu livro *Discricionariedade administrativa e o direito fundamental à boa Administração Pública*. 2. ed. São Paulo: Malheiros, 2009. p. 114-125.

CF) e da autonomia funcional típica da instituição Ministério Público (CF, art. 127, §2º).[10] Por outras palavras, da exegese sistemática do art. 130 da CF, em sinapse com o todo constitucional, resulta que, insofismavelmente e sem prejuízo da especialidade *ratione materiae* do Ministério Público de Contas, seria lesiva às diretrizes hermenêuticas citadas qualquer intelecção restritiva do alcance e do significado desse dispositivo constitucional que confere direitos.

Originalismo estrito à parte e respeitada em sua alteridade, a Constituição não intenta, nem de longe, excluir o MP de Contas da incidência de qualquer uma das normas atinentes a "direitos, vedações e dispositivos sobre forma de investidura", consoante o rol que figura na mencionada seção, alusiva ao Ministério Público em gênero.

De sorte que não se admite que sejam ladeados aqueles dispositivos concernentes ao Ministério Público, já que, sem tautologia, o Ministério Público "junto" (não atrelado, nem inerente, mas ligado e com autonomia) ao Tribunal de Contas, em que pesem atribuições e competências especializadas, não deixa de observar, no cerne, o regime autêntico do Ministério Público. Com os traços irrenunciáveis, indelegáveis e característicos de Carreira Autônoma de Estado, cuja autonomia jamais implica atitude antagonista ou insular.[11]

2.2.2 Aplica-se, pois, com plenitude, o disposto no art. 128, §5º, I da CF.[12] Ou seja, o MP de Contas ostenta as garantias da vitaliciedade (após dois anos de exercício, não podendo perder o cargo senão por sentença judicial transitada em julgado), da inamovibilidade (salvo por motivo de interesse público, mediante decisão do órgão colegiado competente do Ministério Público, pelo voto da maioria absoluta de seus membros, assegurada ampla defesa) e da irredutibilidade de subsídio (fixado na forma do art. 39, §4º, e ressalvado o disposto nos arts. 37, X e XI, 150, II, 153, III, 153, §2º, I).

---

[10] Sobre o reconhecimento da autonomia do MP de Contas, *vide*, entre outros, SILVA, José Afonso da. *Comentário contextual* à Constituição. São Paulo: Malheiros, [s.d.]. p. 604.

[11] Força superar o "isolacionismo", como bem preconiza João Carlos de Almeida Rocha em Ministério Público da União: um balanço. In: PAIXÃO, Flávio *et al.* (Coord.). *Ministério Público e a ordem social justa*. Belo Horizonte: Del Rey e ANPR, 2003. p. 116.

[12] Com a adoção de premissas bem articuladas, no exame extensivo do art. 128 da CF, *vide* RIBEIRO JÚNIOR, Ubregue. A natureza jurídica do parquet especial. *Revista de Direito Administrativo*, n. 236, p. 129-161, especialmente ao concluir no rumo da autonomia, ou seja, ao considerar o MP de Contas com "natureza jurídica de verdadeiro Ministério Público, encontrando na própria Constituição Federal, sua fonte ontológica e institucional de defesa da ordem jurídica" (p. 159). Para o exame das premissas, designadamente sobre a interpretação do art. 128 da CF, *vide* p. 144-145.

Ao mesmo tempo e em contrapartida, aplicam-se, sem exceção, as vedações averbadas no inc. II do mesmo dispositivo, quais sejam: os membros do Ministério Público junto ao Tribunais de Contas não podem receber, a qualquer título e sob qualquer pretexto, honorários, percentagens ou custas processuais, nem exercer a advocacia, tampouco participar de sociedade comercial, na forma da lei. Por igual, não podem exercer, ainda que em disponibilidade, qualquer outra função pública, salvo uma de magistério, nem atividade político-partidária. Ainda: estão proibidos de receber, a qualquer título ou pretexto, auxílios ou contribuições de pessoas físicas, entidades públicas ou privadas, ressalvadas as exceções previstas em lei. A par disso, por força do §6º do art. 128 da CF, não podem exercer a advocacia no Tribunal do qual se afastaram, antes de decorridos três anos do afastamento do cargo por aposentadoria ou exoneração.

2.2.3 Importa sublinhar que o regime, compreendido na correta amplitude, consagra lídima "cláusula de garantia" (*vide* expressão do Min. Celso de Mello na ADI nº 789), endereçada a ensejar atuação autônoma, desembaraçada e independente do *parquet* especial.

Essa intelecção mais avisada norteou o Supremo Tribunal Federal, no paradigmático e recente[13] julgamento da ADI nº 328-3-SC (Rel. Min. Ricardo Lewandoski), no qual, a meu juízo, ficou estampado, de maneira irretorquível, o caráter autônomo da Carreira.

Assevera o ministro relator, no corpo do seu voto:

> O Plenário do Supremo Tribunal Federal, de seu turno, firmou entendimento no sentido de que tais dispositivos, aplicáveis também aos Tribunais de Contas dos Estados, destinam-se a assegurar que os membros desse Parquet especial possam atuar com plena autonomia.

E deu significativo passo adiante, ao acrescentar: "Essa garantia é reforçada pela previsão de que integrem um órgão dotado de estrutura própria, que não se confunde com a de outras carreiras do serviço público".

Note-se: órgão dotado de estrutura própria!

Eis o abalizado e cabal reconhecimento de que, por força direta e imediata da Constituição, o órgão em apreço goza de autonomia, algo que, segundo a minha intelecção, já transcende, em muito, o antigo

---

[13] Tal ADI teve o seu julgamento em 2.2.2009, com decisão unânime e nos termos do voto do relator.

reconhecimento da independência individual (irrenunciável e indisponível, é claro) dos membros do MP de Contas.

Mais: o relator não parou na assertiva de que se trata de órgão com estrutura própria.

Como que para não deixar dúvida e, ao que tudo indica, numa louvável evolução em relação às teses que a negavam, ou não a reconheciam por inteiro, acolheu a autonomia ampla do MP de Contas (distinta da independência funcional atinente aos seus membros).

Consta, no voto do Min. Ricardo Lewandowski, com precisão certeira, que a Constituição catarinense, ao admitir que o Ministério Público junto ao Tribunal de Contas fosse exercido por procuradores da Fazenda, atentou "contra a autonomia da instituição".

Assim por sua inegável relevância, sobremodo ao consagrar o modelo de autonomia larga (atinente à instituição), para além da independência funcional dos agentes, encaminha-se a jurisprudência, na linha das melhores diretrizes hermenêuticas, de ordem a resolver pendentes controvérsias.

Como se observa, no julgamento citado, mercê dos seus ponderados fundamentos na hierarquização, penso que se afirmou a premissa central da valorização das Carreiras de Estado, designadamente do MP de Contas, na linha de modelo jurídico cumulativo, isto é, não disjuntivo: cumula-se a autonomia da instituição com a independência funcional para que se assegure a "mais ampla autonomia" dos agentes. Vale, por isso, doravante, ter presente tal julgado, com os seus fundamentos.[14]

2.2.4 Assentado tal aspecto e tendo em mente que essa autonomia não se subsume à autonomia do Ministério Público comum (pois é

---

[14] Eis, a calhar, a ementa da ADIn°328-3-SC: "AÇÃO DIRETA DE INCONSTITUCIONALIDADE. CONSTITUIÇÃO DO ESTADO DE SANTA CATARINA. DISPOSITIVO SEGUNDO O QUAL OS PROCURADORES DA FAZENDA JUNTO AO TRIBUNAL DE CONTAS EXERCERÃO AS FUNÇÕES DO MINISTÉRIO PÚBLICO. INADMISSIBILIDADE. *PARQUET* ESPECIAL CUJOS MEMBROS INTEGRAM CARREIRA AUTÔNOMA. INCONSTITUCIONALIDADE RECONHECIDA. I. O art. 73, §2º, I, da Constituição Federal, prevê a existência de um Ministério Público junto ao Tribunal de Contas da União, estendendo, no art. 130 da mesma Carta, aos membros daquele órgão os direitos, vedações e a forma de investidura atinentes ao *Parquet* comum. II. Dispositivo impugnado que contraria o disposto nos arts. 37, II, e 129, §3º, e 130 da Constituição Federal, que configuram "cláusula de garantia" para a atuação independente do *Parquet* especial junto aos Tribunais de Contas. III. Trata-se de modelo jurídico heterônomo estabelecido pela própria Carta Federal que possui estrutura própria de maneira a assegurar a mais ampla autonomia a seus integrantes. IV. Inadmissibilidade de transmigração para o Ministério Público especial de membros de outras carreiras. V. Ação julgada procedente".

própria), friso que, no cerne, a missão do MP, como um todo, é idêntica, isto é, guardar, no âmbito de suas atribuições e competências, a ordem jurídica do Estado Constitucional.

Assim, deveria estar certo e induvidoso, numa perspectiva tópico-sistemática, que, além de os membros do MP de Contas possuírem, individualmente, "essa prerrogativa, nela compreendida a plena independência de atuação perante os poderes do Estado, a começar pela Corte junto à qual oficiam (CF, arts. 75 e 130)" (ADI nº 160, Rel. Min. Octavio Gallotti), o próprio MP de Contas tem como indisponível e irrenunciável a autonomia funcional, da qual emanam direitos, poderes (expressos e implícitos), garantias e vedações.

Nessa altura, com todos os consectários, impõe-se uma exegese conducente à percepção de que já está assegurada, na presente arquitetura constitucional, autonomia ampla à Carreira do Ministério Público junto ao Tribunal de Contas, antes até da conveniente e oportuna aprovação da PEC nº 27/2007, que didaticamente a explicita.[15]

Quanto à especialidade do MP de Contas, não obstante não figurar, de modo literal, no art. 128, I, da CF, não vejo razão para confundir o intérprete constitucional. Literalismo superado, não se pode fragmentar o discurso constitucional, uma vez que imperiosa, sempre e sempre, uma interpretação sistemática.

Como assinalado, a boa interpretação procura zelar pela vitalidade do sistema, sem desprezar o texto, mas indo além dele, como pressupõe o próprio texto constitucional.

Quer dizer, a lacuna meramente textualista do art. 128 da CF é facilmente sobrepassada, se assumida essa indescartável diretriz hermenêutica, sob pena de nulidade.[16]

---

[15] A PEC nº 27/2007 merece ser aprovada, pois avança, ao deixar expressa a "autonomia funcional e administrativa", no intuito de, como consta na justificativa, tornar "explícito no texto constitucional o que ainda não se depreendeu de forma pacífica da leitura sistemática dos artigos que tratam do Ministério Público e da natureza mesma desta Instituição". Útil, a propósito, ter presente o texto proposto para o "caput" do art. 130: "O Ministério Público junto aos Tribunais de Contas é instituição permanente, essencial à função do controle externo da Administração Pública, dotada de autonomia funcional e administrativa, incumbindo-lhe a defesa da ordem jurídica, do regime democrático e dos interesses sociais e individuais indisponíveis".

[16] Não por acaso, afirma Jorge U. Jacoby Fernandes em *Tomada de contas especial*. Belo Horizonte: Fórum, 2005. p. 421: "Quando no lugar do Ministério Público especial previsto no art. 130 da Constituição Federal atua outro Procurador que não aquele de carreira, o julgamento é nulo, porque também viola o princípio do devido processo legal e do promotor natural".

A propósito, com propriedade, assinala Monique Cheker:[17]

> do simples fato de o Ministério Público constar expressamente do rol do inc. I, do art. 128 [...] não se pode retirar-lhe a natureza de uma especialização do Ministério Público da União ou Estadual e, ainda, de possuir as finalidades dispostas no art. 127, caput a CRFB/88. Em outras palavras: não se pode interpretar a exclusão acima mencionada como negação da existência independente do Ministério Público especializado, pois o art. 128, I da CRFB/88, de fato, não esgota as vertentes materiais do Ministério Público.

Muito bem. Nessa ótica, o regime do Ministério Público, em termos globais, recebe o influxo inescapável e iniludível dos princípios da unidade, da indivisibilidade e da independência funcional.

Quanto a esse último princípio, acurada a observação de Emerson Garcia:[18] tal princípio não se confunde com a autonomia funcional. Esta "indica que a Instituição está imune a qualquer influência externa no exercício da atividade finalística [...] A autonomia funcional do Ministério Público coexiste com a independência funcional de seus membros, que é oponível aos próprios órgãos da Administração Superior".

De fato, devem estar e, no meu entender, estão conjugados, indissoluvelmente, os pilares da autonomia e do princípio da independência funcional (ainda que tecnicamente distintos).[19]

2.2.5 Desse consórcio entre independência e autonomia, decorre, para o exame dos quesitos, a manifesta inaceitabilidade de toda e qualquer subordinação hierárquica em face de órgão ou instituição que não seja, dentro de limites, o Ministério Público de Contas e, ainda assim, sem jamais embaraçar ou abolir as liberdades-garantia na

---

[17] CHEKER, Monique. *Ministério Público junto ao Tribunal de Contas*. Belo Horizonte: Fórum, 2009. p. 127.

[18] GARCIA, Emerson. *Ministério Público*: organização, atribuições e regime jurídico. Rio de Janeiro: Lumen Juris, 2008. p. 93. E agrega: "é importante repetir: a atividade do Ministério Público é, efetivamente, incontrastável, conclusão que encontra esteio no art. 127, 1º, da Constituição da República, que consagrou a independência funcional como princípio institucional do Ministério Público".

[19] A distinção, tecnicamente relevante, merece maior sedimentação. A respeito, *vide*, no ponto, Hugo Mazzili em *Regime jurídico do Ministério Público*. 6. ed. São Paulo: Saraiva, 2007. p. 142, ao distinguir a autonomia funcional (pertinente ao MP como instituição) e independência funcional (relativa a cada um dos agentes). Neste parecer, a posição é a de que o MP de Contas goza, ao mesmo tempo, de autonomia funcional e independência funcional. Mais: a rigor, não pode haver uma sem a outra, em termos práticos.

performance da atividade-fim. Nesse diapasão, o estágio probatório ou "confirmatório"[20] de vitaliciamento precisa ser rigorosamente idêntico ao do Ministério Público em geral, no tocante a garantias, direitos e vedações, com o pleno resguardo concomitante da independência e da autonomia.

Por outras palavras, haverá de ser, em regra e quando viável, efetuado tal estágio, porque aqui não se afigura, como noutras hipóteses, situação de dispensa constitucional (exemplo: juízes oriundos do Quinto).

É, portanto, impositiva a adoção do processo de vitaliciamento próprio do Ministério Público, nos moldes incontornáveis da Carta e da legislação infraconstitucional ora aplicável, à míngua de Lei Nacional que disponha expressamente sobre o tema.

Vale dizer, deve-se seguir, na matéria, o mesmo processo do MP em geral, com todas as garantias, tais como o contraditório, a ampla defesa e a proibição de avaliação estranha ou alienígena aos seus quadros, sob pena de quebra irremediável da independência e da negação simultânea da autonomia institucional.

Desse modo, no atinente ao estágio probatório de vitaliciamento para os procuradores do Ministério Público de Contas, a circunstância de já passarem a atuar, de imediato, em Tribunal de Contas não afasta tal exigência, pois o paralelo com o procurador de justiça não autoriza olvidar que, antes de trabalhar no Tribunal, foi exigido, no devido tempo, o vitaliciamento do então promotor.

Ou seja, adquire-se a vitaliciedade (garantia da sociedade, acima de qualquer coisa) após sucesso no estágio correspondente e no prazo constitucional de dois anos, prazo que também se aplica ao MP de Contas.

No entanto, segundo estimo, implicitamente aprovado o membro do MP de Contas se escoado o referido prazo (dois anos). Se tal suceder, por motivo alheio a sua vontade, o membro desse *parquet* especial adquirirá, com plenitude, a vitaliciedade.

Trata-se de instituto inconfundível com o da estabilidade, aí sim exigida, como condição para a sua aquisição, a avaliação exitosa

---

[20] Bem escreve Monique Ckeker (*Ministério Público junto ao Tribunal de Contas*. Belo Horizonte: Fórum, 2009. p. 212-213): "o processo de aquisição de vitaliciedade – denominado estágio confirmatório – deve ser previamente previsto – a redundância aqui se impõe – na Lei Orgânica do Ministério Público especial, mas pode ser delineado por ato infralegal oriunda da instituição. Sem dúvida, por força do art. 130 da CRFB/88, as disposições normativas dos Ministérios Públicos comuns podem lhe ser aplicadas subsidiariamente".

propriamente dita. Ainda assim somente após o advento da Emenda Constitucional nº 19/98.

No tocante à vitaliciedade, o regime constitucional é – e se manteve após a Emenda nº 45 – distinto e seria de todo inviável qualquer analogia, no ponto, com a estabilidade no serviço público.

É que não se pode, ademais, realizar interpretação restritiva em matéria de garantias, vitais para o correto e desassombrado cumprimento das tarefas de Carreira típica de Estado.

2.2.6 Segundo a mesma lógica, o estágio probatório dos primeiros membros de um Ministério Público de Contas – tema de outro quesito – demanda tratamento especial, no resguardo inclusive do princípio da reserva do possível.

Deveras, nesse contexto, impossível sustentar que igualmente deveria ser efetuado pelos próprios membros, por dificuldades lógicas intransponíveis, notadamente pela inexistência de vitalícios para tal avaliação.

Na verdade, para os primeiros membros do MP de Contas, são múltiplas as soluções cogitáveis em matéria de vitaliciamento.

Uma primeira hipótese seria submeter o vitaliciamento do membro do MP de Contas ao MP da União, do DF ou dos estados, conforme o caso.

Esta seria e já foi, noutro momento, uma solução satisfatória e razoável. Simples: nada a estranhar que MP avalie MP.

Nesse sentido, vitaliciamentos de membros do MP de Contas ocorridos mediante avaliação do MP comum permanecem válidos e não vejo sentido em cogitar sequer da necessidade de convalidação.

No entanto, mais proximamente, sucederam posições conhecidas do STF e do Conselho Nacional do Ministério Público no sentido de que se estabeleça e preserve a autonomia do *parquet* especial.

A partir daí, nitidamente não se quer mais o MP comum desempenhando papel próprio do MP de Contas. E ainda: de maneira firme, fixou-se prazo de transição para que tal suceda, nos termos de resolução do Conselho Nacional do Ministério Público.

Agora, pois, os tempos são outros.

Manter processo confirmatório ou de vitaliciamento preso ao MP comum já não estaria de acordo com os precedentes jurisprudenciais, que apresentam caráter vinculante (em sentido amplo), notadamente diante dos pronunciamentos definitivos do Supremo Tribunal Federal.

Descartada, por isso, a primeira hipótese.

Uma segunda alternativa seria "delegar" a avaliação, excepcionalmente, para o Conselho Nacional do Ministério Público. Acontece que, embora o MP de Contas possa vir a ter, no futuro, assento no referido Conselho, o fato é que ainda não o possui. Mais grave: tal delegação implicaria desbordar dos conhecidos limites e atribuições constitucionais do Conselho, alargando competência sem previsão normativa, o que poderia ensejar a pecha de nulidade do processo de vitaliciamento ou, no mínimo, gerar discussões instabilizadoras.

Tradução: não serve a segunda alternativa.

Antes de oferecer a solução que se me afigura a mais saudável, urge afastar inteiramente (por ofensiva, com evidência solar, à autonomia funcional e por forjar quadro de hostilidade adversarial sem o menor sentido) a hipótese de avaliação, para fins de vitaliciamento, realizada por ministros ou conselheiros dos Tribunais de Contas.

Estes, aliás, adquirem a vitaliciedade de imediato, assim como os ministros do STF e os juízes oriundos do Quinto Constitucional.

Não é, pois, por lhe faltarem predicados nem a garantia da vitaliciedade que não podem avaliar e aprovar o vitaliciamento de um membro do MP de Contas.

É por lhes faltar o poder-dever conferido pela Constituição e pelas leis.

Penso que, se o fizerem, macularão irremediavelmente o processo de vitaliciamento, com as inerentes desvantagens para o agente e, de resto, para as instituições e para a sociedade.

Seria, portanto, solução contrária, não apenas às competências, mas aos princípios constitucionais irrenunciáveis e indisponíveis, designadamente da autonomia e da independência funcional,[21] ambos incidentes a partir da posse do membro do *parquet* especial.

Eis que desponta como melhor a intelecção que passa tranquilamente pelo filtro das diretrizes hermenêuticas esposadas.

Refiro-me à alternativa assaz plausível de reconhecer que os primeiros membros de um MP de Contas, uma vez transcorrido o prazo constitucional de dois anos, sem nada de conduta desviante que possa

---

[21] Sobre o tema da independência, convém ter presente a observação de José Jesus Cazetta Júnior em A independência funcional dos membros do Ministério Público e sua tríplice garantia constitucional. In: ALVES, Airton Buzzo *et al.* (Org.). *Funções institucionais do Ministério Público*. São Paulo: Saraiva, 2001. p. 41-42: "Exatamente porque goza de independência funcional, o membro do Ministério Público é livre para exprimir o próprio convencimento quanto à matéria de fato e ao sentido da lei, estando adstrito, tão-somente, à indicação de seus fundamentos".

a ele ser imputado (inclusive com a legitimação ativa do MP comum para impugná-la em juízo, se cabível), adquirirão a vitaliciedade.

Nada a estranhar na solução defendida.

Antes da Emenda Constitucional nº 19/98, no campo da bem distinta estabilidade do servidor público, não se afigurava condição obrigatória a aprovação no estágio probatório para adquiri-la.[22]

Mudou o quadro apenas com o advento da referida emenda constitucional. E o fez nitidamente.

Com a mesma clareza, não assim pretendeu fazê-lo a Emenda Constitucional nº 45/04.

Manteve, em determinadas situações, o vitaliciamento direto ou a partir da posse no cargo (*v.g.* em juízes do Quinto Constitucional ou ministros do STF e do TCU e, ainda, no caso excepcional do art. 73, §4º da CF), coisa impossível em matéria de estabilidade. Não estabeleceu o prazo de três anos para a aquisição da estabilidade. Diversamente, fixou para o vitaliciamento o prazo de dois anos.

Tampouco cuidou de exigir a aprovação no estágio como uma condição obrigatória para aquisição da vitaliciedade, à diferença do que fez a Emenda nº 19, ao alterar a redação do art. 41 da CF, relativamente à aquisição da estabilidade. Antes dessa emenda, útil sulcar, seria inaceitável negar o direito à estabilidade se, por motivos práticos ou até disfunções, a avaliação tempestiva não tivesse ocorrido. Nem se cogita de desconstituir a estabilidade assim adquirida.

De qualquer sorte (presentes as diferenças de fundo com o instituto da estabilidade e avivada a noção de que a vitaliciedade supõe a garantia de somente perder o cargo nos termos do art. 128, §5º, I, "a" e art. 95, I da CF, por decisão judicial transitada em julgado), os primeiros membros de um MP de Contas, não os outros, podem logicamente adquirir a vitaliciedade, não diretamente ou a partir da posse no cargo (hipótese que demandaria previsão constitucional), mas desde que cumprido o lapso temporal do estágio probatório, previsto na Constituição, isto é, dois anos.

Ato contínuo, força presumir, diligentemente haverão de ser avaliados os novos membros, exatamente nos moldes e ritos do MP comum.

---

[22] Sobre as conhecidas diferenças entre estabilidade e vitaliciedade (forma de investidura e situações de perda do cargo), *vide* Lucas Rocha Furtado em *Curso de direito administrativo*. Belo Horizonte: Fórum, 2007. p. 950-952. Observa: "A principal distinção entre a vitaliciedade e a estabilidade reside, todavia, não na forma de investidura no cargo, mas na indicação das situações que podem ensejar a perda do cargo" (p. 952). Para uma exegese do art. 41 da CF, *vide* meu livro *A interpretação sistemática do direito*. 4. ed. São Paulo: Malheiros, 2004 (especialmente cap. 10).

Verdade que não seria de todo errôneo cogitar, para os primeiros membros, de uma espécie de vitaliciedade pendente de perfectibilização. Algo semelhante à aposentadoria, que só alcança a perfectibilização no registro.

Entretanto, por se tratar de um instituto relacionado à garantia (antes de mais, da sociedade), afigura-se vedado exigir mais do que o constituinte almeja exigir.

Aliás, justamente porque cabe e se impõe uma interpretação extensiva do art. 130 da CF, é que não cabe interpretar o dispositivo sobre o vitaliciamento embaralhando-o, numa analogia temerária e proibida, com o da estabilidade do art. 41 da CF, erro grave e flagrante.

Ademais, convém sublinhar: presentes as condições e desfeita a impossibilidade inicial relativa aos primeiros membros do MP de Contas, o dever de realizar a avaliação no estágio probatório para fins de vitaliciamento terá de ser observado com rigor, no fiel cumprimento dos deveres funcionais. Desse modo, para os subsequentes membros do MP de Contas, o simples e bom cumprimento dos deveres funcionais acarreta, dentro do prazo do estágio probatório, a avaliação e, se pertinente, a aprovação no estágio de vitaliciamento.

O certo é que não se pode interpretar a Carta de maneira a vergá-la ou quebrá-la, pedindo-lhe o impossível.

Mas não só. A solução aventada é perfeitamente razoável, porque se situa *per mezzo*, isto é, numa zona intermediária entre o vitaliciamento direto ou a partir da posse no cargo (que não parece, no presente contexto normativo, descender da Constituição)[23] e a avaliação positiva e exitosa como condição obrigatória, cláusula aplicável apenas a servidores de cargos efetivos para adquirirem a estabilidade, ainda assim tão somente após o advento da mudança normativa trazida pela Emenda Constitucional nº 19/98.

Portanto, a melhor solução parece ser esta: para os primeiros membros de um MP de Contas, o vitaliciamento, com plenitude e destituído de pendência, ocorrerá se o transcurso do prazo suceder sem

---

[23] Lucas Rocha Furtado (*Curso de direito administrativo*. Belo Horizonte: Fórum, 2007. p. 951) aponta didaticamente que o estágio probatório assim o será se a investidura demandar concurso público. Assinala: "Desse modo, se para ocupar o cargo de vitalício for exigida a prévia aprovação em concurso público, a vitaliciedade dar-se-á após a aprovação no estágio probatório de dois anos (CF, art.s 95, I e 128, 5º, I [...] Ao contrário, se a investidura no cargo vitalício não requerer aprovação em concurso público, a vitaliciedade ocorrerá com a posse no cargo [...]". No entanto, bem percebe uma exceção em nota de rodapé (p. 951): é a hipótese de auditor, prevista no art. 73, 4º, da CF.

desvios apurados de conduta do agente, desvios impugnáveis judicialmente pelo MP comum, antes da aquisição da vitaliciedade.

Naturalmente, após o lapso temporal (dois anos), nada impedirá que se tomem todas as providências adequadas para o processo disciplinar, que redunde até em perda do cargo ou cassação de aposentadoria, desde que acatada, na íntegra, a garantia constitucional da vitaliciedade.

Então, os primeiros membros do MP de Contas, à falta de outros membros vitalícios na Carreira para avaliá-los e sem que se deva prosseguir com qualquer avaliação externa (ainda que não careçam, no meu entender, de convalidação as que foram assim efetuadas, antes das citadas decisões do STF e do Conselho Nacional do Ministério Público), devem ser tidos como vitalícios após o transcurso do prazo constitucional de dois anos, prazo deliberadamente diferenciado e mantido pela Emenda Constitucional nº 45, como que a frisar a diferença de tratamento em relação ao instituto da estabilidade do art. 41 da CF e sem que se aplique, apenas para ilustrar tal diferenciação, a possibilidade de enxugamento encapsulada no art. 169 da CF.

Institutos distintos, condições distintas. Não seria razoável e proporcional macular a autonomia e a independência do MP de Contas, nem se pedir o fática e tecnicamente impossível, o que ocorreria no caso da avaliação dos antigos pelos novos concursados, que ainda não houvessem adquirido a vitaliciedade.

A busca da única resposta correta está fadada ao insucesso, porém a busca da melhor solução, sincronizada com a teleologia superior, é rigorosamente irrenunciável.

Por certo, a questão apresentada introduz um robusto estímulo para que se atendam, com presteza, os prazos estabelecidos pelo Conselho Nacional de Ministério Público, na Resolução nº 22, de 20.8.2007, no sentido de que todos os estados criem e implementem os quadros próprios do Ministério Público de Contas.

Note-se que os prazos aí constantes são mais do que razoáveis para a criação e o provimento desses cargos.[24]

---

[24] Cumpre, de passagem, evocar o teor da resolução, no tocante a prazos:
"Art. 1º Os membros do Ministério Público Estadual que oficiam perante Tribunais de Contas, com atribuições próprias do Ministério Público de Contas, deverão retornar ao Ministério Público Estadual nos seguintes prazos, contados da publicação desta resolução. §2º No Estado onde não há Ministério Público de Contas criado por lei, o prazo para o retorno é de um ano e meio. §3º No Estado onde há Ministério Público de Contas criado por lei, sem, contudo, ter ocorrido o provimento dos respectivos cargos, o prazo para retorno é de um ano. §4º No Estado onde há Ministério Público de Contas com os respectivos cargos já providos, o prazo para retorno é de seis meses. [...]".

Não vale, de conseguinte, argumentar com situações e perplexidades no que concerne à implantação inadiável dessa Carreira nem com circunstâncias anômalas e transitórias, pois estas e aquelas não têm como servir como embaraços intransponíveis para o pronto e resoluto cumprimento da Constituição, que necessita desse *parquet* especial, voltado à defesa especializada do patrimônio público e da ordem jurídica, no sistema de controle externo.[25]

Improteláveis, pois, a criação e o provimento dos cargos do MP de Contas em toda a Federação.

Por todo o articulado, no tocante aos primeiros membros de um MP de Contas, há vitaliciamento pelo decurso do tempo, donde segue que se o prazo de dois anos escoar, sem a viabilidade da avaliação, o membro do MP de Contas deve gozar da imediata garantia da vitaliciedade, sem qualquer pendência de perfectibilicação ulterior, resultante de avaliação por membros da Carreira.

2.2.7 Da "ampla autonomia" (para aludir à feliz expressão empregada no julgamento da ADI nº 328-3-SC) e do princípio da independência funcional, irrenunciável e indisponível, deriva a manifesta insustentabilidade da submissão dos procuradores de contas à Corregedoria do Tribunal de Contas.

Tal subordinação, se encetada, viola dupla vedação: primeiro, representa tentativa de impor cadeia hierárquica incompatível com Carreira de Estado. Segundo, implica desvio funcional por parte da Corregedoria do Tribunal de Contas, algo que contaminaria todos os atos correicionais praticados.

O membro do MP de Contas não pode estar, a rigor, sujeito à autoridade estranha aos quadros da Carreira.

Precisamente por isso, imperativo assimilar, vez por todas, preciosa e antiga observação no sentido de que

> o órgão do Ministério Público Especial não está hierarquicamente subordinado ao Presidente da Corte, pois há de ter faixa de autonomia funcional, em conformidade com a natureza do ofício ministerial em referência, e que, além disso, decorre da sua própria essência como Parquet. (ADI nº 789/DF. Rel. Min. Néri da Silveira)

---

[25] Nesse ponto, ao discorrer sobre a defesa da ordem jurídica pelo Ministério Público, observa Hugo Nigro Mazzili (*Regime jurídico do Ministério Público*. 6. ed. São Paulo: Saraiva, 2007. p. 11): "Há muito como instituição fiscal da lei, a destinação constitucional do Ministério Público deve ser compreendida à luz dos demais dispositivos da Lei Maior que disciplinam sua atividade, e, em especial, à luz de sua finalidade de zelar pelos interesses sociais, pelos interesses individuais indisponíveis e pelo bem geral".

Convém remarcar: como defensor que sou, convicto e enérgico, da valorização do papel das Cortes de Contas e das Carreiras de Estado em geral, penso que o pleno respeito à independência funcional do *Parquet* Especial de Contas, nos trilhos interpretativos aqui percorridos, só faz por fortalecer as próprias Cortes de Contas, em função dos inúmeros benefícios potenciais derivados da sinergia entre aqueles que devem desempenhar, no controle externo da Administração Pública, a guarda integrada e independente da Constituição e das leis.[26]

É que a tarefa de evitar, por assim dizer, a deflação constitucional é do Estado inteiro, certamente nos limites das atribuições e competências, sendo pressuposto decisivo para a consolidação do novo paradigma do direito administrativo, no qual todos cuidam de endereçar as melhores energias para as prioridades republicanas, impeditivas do "desgoverno e de desadministração".[27]

Numa frase: a Corregedoria do MP de Contas precisa estar vinculada ao próprio MP de Contas.

2.2.8 Nesse enfoque, no que concerne ao quesito acerca da admissibilidade da expedição de ofícios diretamente pelos procuradores de contas às autoridades e demais pessoas sujeitas à jurisdição do Tribunal de Contas, a resposta só pode ser positiva.

Positiva, em virtude da cogência direta e imediata do princípio da independência funcional e dos poderes implícitos associados (*implied powers*, no constitucionalismo americano).[28]

A propósito, sobre poderes implícitos da Constituição, entre nós e por todos, convém evocar a lição preciosa de Ruy Barbosa:[29]

---

[26] Na senda acertada da sinergia, merece menção, com justiça, o registro do Procurador do MPC/RS Geraldo Costa da Camino em *O Sul*, 24 out. 2007: "há anos o MPC-RS vem estreitando seu relacionamento institucional com os demais ramos ministeriais, tendo firmado atos de colaboração com os Ministérios Públicos do Estado do RS, do Trabalho e junto ao TCU".

[27] Na penetrante observação do Min. Carlos Ayres Brito, em *O regime constitucional dos Tribunais de Contas*. O novo Tribunal de Contas: órgão protetor dos direitos fundamentais. Belo Horizonte: Fórum, 2005. p. 74, ao lembrar justamente o papel dos Tribunais de Contas como "órgãos impeditivos do desgoverno e da desadministração". Por certo, com autonomia e independência, crucial para esse desiderato o papel do MP de Contas.

[28] Apenas a título ilustrativo, sobre a doutrina dos poderes implícitos, *vide* recente julgado, no qual a Min. Ellen Gracie Northfleet faz constar da ementa: "[...] é princípio basilar da hermenêutica constitucional o dos 'poderes implícitos', segundo o qual, quando a Constituição federal concede os fins, dá os meios [...]" (HC nº 916.661/PE).

[29] BARBOSA, Ruy. *Commentarios à Constituição Federal Brasileira*. São Paulo: Saraiva, [s.d.]. p. 203; 932.

Não são as Constituições enumerações das faculdades atribuídas aos poderes dos Estados. Traçam elas uma figura geral do regime, dos seus caracteres capitais, enumeram as atribuições principais de cada ramo da soberania nacional e deixam à interpretação e ao critério de cada um dos poderes constituídos, no uso dessas funções, a escolha dos meios e instrumentos com que os tem de exercer a cada atribuição conferida.

Positiva também pela aplicação analógica de dispositivo expresso da Lei Orgânica do Ministério Público. Vale dizer, por ambas as linhas (expressas ou implícitas) de argumentação, trata-se de um poder-dever solidamente respaldado nos arts. 130 e 129, II e IV da CF, assim como no art. 26, I, "b" da Lei Federal nº 8.625/93, que reza:

No exercício de suas funções, o Ministério Público poderá:

I - instaurar inquéritos civis e outras medidas e procedimentos administrativos pertinentes e, para instruí-los: [...]

b) requisitar informações, exames periciais e documentos de autoridades federais, estaduais e municipais, bem como dos órgãos e entidades da administração direta, indireta ou fundacional, de qualquer dos Poderes da União, dos Estados, do Distrito Federal e dos Municípios.

Desse modo, as referidas providências (medidas e procedimentos administrativos pertinentes) não apenas são lícitas como impositivas para o cioso cumprimento dos deveres funcionais, em tempo útil, na proteção da coisa pública.

2.2.9 Bem assumidas as premissas, quanto ao derradeiro quesito sobre a forma de escolha do procurador-geral do MP de Contas, a devida cognição do art. 130 da CF implica o dever de acatamento do art. 128 da CF, com temperamento, sob pena de desintegração do sistema.[30]

O correto é, no ponto, seguir o pensamento tópico-sistemático e recordar, com Gustavo Zagrebelski,[31] que "i valori, gli interessi, i beni che la costituzione protegge non devono essere percepiti unilateralmente".

Nessa ordem de considerações, o alcance dado ao art. 130 da CF faz concluir que:

---

[30] Sobre a falácia da desintegração, *vide* TRIBE, Laurence; DORF, Michael. *On reading the Constitution*. Cambridge: Harvard University Press, 1991.

[31] ZAGREBELSKI, Gustavo. *La giustizia costituzionale*. Bologna: Il Mulino, 1988. p. 55

(i) sobre a forma da escolha do procurador-geral do MP de Contas junto ao TCU, embora idealmente possível aplicar, no cabível, o rito do §1º do art. 128 (hipótese em que seria nomeado pelo Presidente da República entre integrantes da carreira, maiores de trinta e cinco anos, após a aprovação de seu nome pela maioria absoluta dos membros do Senado Federal, para mandato de dois anos), não se mostra lesivo à Constituição, dado o caráter de *parquet* especial, que, em respeito ao disposto em legislação infraconstitucional (de presumível constitucionalidade), siga-se rito semelhante àquele adotado para o procurador-geral do trabalho e para o procurador-geral da Justiça Militar, nos termos respectivamente dos arts. 88 e 121 da Lei Complementar nº 75/93. Logo, o procurador-geral do TCU pode, em condições analógicas perfeitamente defensáveis, como chefe de *parquet* especial, ser nomeado entre integrantes da instituição, a partir de lista tríplice escolhida mediante voto plurinominal, facultativo e secreto, pelo Colégio de Procuradores do MP de Contas para um mandato de dois anos. Note-se que o §1º do art. 80 da Lei Orgânica do Tribunal de Contas da União foi vetado, deixando de haver, por ora, dispositivo que submeta o escolhido à sabatina do Senado Federal. Verdade que o veto ao dispositivo ocorreu por outro motivo (a vedada equiparação de vencimentos), porém certo é também que resultou por derrubar inteiramente o parágrafo. À míngua de dispositivo desse matiz, melhor aplicar analogicamente os referidos arts. 88 e 121 da Lei Complementar nº 75/93, diploma que dispõe sobre a organização, as atribuições e o estatuto do Ministério Público da União.

(ii) já se se tratar de MP de Contas no âmbito dos estados, Distrito Federal e municípios, aplicável o estatuído no art. 128, §3º, da CF, ou seja, o MP de Contas formará "lista tríplice dentre integrantes da carreira, na forma da lei respectiva, para escolha de seu Procurador-Geral, que será nomeado pelo Chefe do Poder Executivo, para mandato de dois anos, permitida uma recondução". Por sua vez, a destituição segue a regra do §4º do art. 128 da CF, isto é, ocorre por deliberação da maioria absoluta do Poder Legislativo, na forma da lei complementar respectiva.

Corrobora essa intelecção sistemática o Supremo Tribunal Federal, ao que tudo indica, ao entender incidir o direito de formar, nos termos do §3º do art. 128, "lista tríplice dentre integrantes da carreira, na forma da lei respectiva, para escolha de seu Procurador-Geral" (*vide* ADI nº 1.791-MC, Rel. Min. Sydney Sanches).

2.2.10 Pois bem. Hora de retomar as premissas de partida.

O art. 130 da CF, numa interpretação tópico-sistemática da Constituição, consagra princípios fundamentais, que estão na base e no ápice do sistema, entre os quais, cumulativamente, o da independência e da autonomia do MP de Contas, assumido o pressuposto de que essa hierarquização é a que melhor serve à busca do justo equilíbrio entre elementos formais e consequencialistas, ao situar tal dispositivo em conexão com a totalidade do sistema.

Como sempre, valioso ter presente Hans Georg Gadamer:[32]

> o movimento da compreensão vai constantemente do todo para a parte e desta para o todo. A tarefa é ir ampliando a unidade do sentido compreendido em círculos concêntricos. O critério correspondente para a justeza da compreensão é sempre a concordância de cada particularidade com o todo.

A seguir, o enfrentamento dos quesitos procurou uma exegese que sacrificasse o mínimo para preservar o máximo dos direitos fundamentais, ou seja, uma interpretação consagradora do princípio da proporcionalidade. Com efeito, a negação da autonomia institucional do Ministério Público de Contas, sobre cortar direitos sem benefício algum, debilitaria uma instituição de Estado, que precisa ser vista, no seio do controle externo, como peça-chave para a defesa da ordem jurídica.

De mais a mais, a exegese extensiva do art. 130 da CF é, sem dúvida, aquela que promove a maior sinergia dos agentes de Estado como um complexo sistêmico. A autonomia de cada uma das Carreiras de Estado é, mormente no quadro atual, a melhor maneira de assegurar, ao máximo, os direitos fundamentais em conjunto, notadamente do direito fundamental à boa administração pública.

Entendo que a intelecção empreendida, com elastério comedido e sem exceções desintegradoras do art. 130 da CF, é a mais conducente à maior otimização possível do discurso normativo, no mundo da vida, hoje e amanhã.

---

[32] GADAMER, Hans Georg. *Verdade e método*. Petrópolis. Vozes e Editora Universitária São Francisco, [s.d.]. p. 386.

Mais: a exegese proposta encontra-se alicerçada numa fundamentação objetiva e imparcial, não havendo subjetivismo redutor da "juridicidade" ou movido sob o influxo de unilateralismos excludentes, a par de respeitar os pressupostos da deferência, da contemporaneidade e do zelo pela vitalidade do sistema, sem desprezar o texto, mas indo além dele, quando imprescindível, como requer o próprio texto constitucional Além disso, eventual omissão literal do art. 128 da CF restou amplamente superada, por meio de hermenêutica praticada sem os pecados do originalismo exacerbado.[33]

3 Das respostas aos quesitos

Tudo considerado, sem carecer, por ora, de desdobramentos, uma vez que restou nítida (a partir das premissas explicitadas) a conclusão no sentido do regime cumulativo de autonomia da instituição Ministério Público de Contas com a independência funcional dos seus membros, seguem, em síntese, as principais respostas concernentes aos quesitos objeto da consulta.

Quanto ao primeiro quesito, a propósito da realização do estágio probatório de vitaliciamento para os procuradores do Ministério Público de Contas, entendo que, numa intelecção tópico-sistemática do art. 130 da CF, regra geral, encontra-se configurada a obrigatoriedade do processo de vitaliciamento, nos mesmos moldes requeridos para o Ministério Público comum. O fato de o membro do MP de Contas passar a atuar, de plano, junto a Tribunal de Contas não afasta, por si, tal exigência, porque o paralelo com o procurador de Justiça não pode elidir a circunstância de que, antes disso, terá sido processado o vitaliciamento do então promotor. Vale dizer, os membros do MP de Contas serão vitalícios, assim como os membros do MP em geral, após terem sido aprovados no estágio correspondente e no prazo constitucional de dois anos, regras que se aplicam indistintamente. No entanto, escoado tal prazo, por razões alheias à vontade do vitaliciando, afigura-se-me formalismo desmesurado deixar de reconhecer a aquisição da vitaliciedade pelo membro do MP de Contas. Quer dizer, não se revela adequada, *in casu*, a analogia com o inconfundível instituto da estabilidade, este sim a requerer, como condição obrigatória para a sua aquisição, *ex vi* da alteração do art. 41 da CF, uma avaliação expressa.

---

[33] Não se nega a importância do originalismo moderado. A propósito, *vide* TRIBE, Laurence. *American Constitutional Law*. 3. ed. New York: New York Foundation Press, 2000. p. 51-52. v. I.

No caso da vitaliciedade, ainda que altamente recomendável fazer tal avaliação, a aprovação pode ser presumida, salvo desvio apurado em contrário, uma vez transcorrido o aludido prazo e desde que a inércia não seja imputável ao vitaliciando.

Em relação ao segundo quesito, relativo à obrigatoriedade do estágio probatório dos primeiros membros de um Ministério Público de Contas, à evidência não se pode fática e logicamente esperar que haja número suficiente de membros do *parquet* especial para que ocorra a avaliação e só então se perfectibilize a vitaliciedade. Escapa, pois, a hipótese da regra geral. *A fortiori*, não se mostra plausível que, escoados os dois anos, um membro do MP de Contas goze de uma espécie de vitaliciedade pendente, por assim dizer, da perfectibilicação oriunda da (intempestiva) avaliação. Seria outorgar precariedade excessiva à garantia constitucional, postergando-a sem lastro na Carta. Menos ainda se revela aceitável a avaliação e a aprovação pelos Ministros ou Conselheiros de Tribunal de Contas. E já não mais se aceita a avaliação exercitada pelo Ministério Público comum. Nessa ótica, para os primeiros membros de um MP de Contas, eis a melhor solução que encontro: o vitaliciamento se completa assim que houver o transcurso do prazo constitucional de dois anos. Claro que, para os subsequentes membros do MP de Contas, o mais indicado é, com a observância do prazo citado, proceder à avaliação e, se pertinente e merecida, a aprovação no processo de vitaliciamento.

Como salientado, a questão é impulso adicional para que sejam atendidos, com presteza, os prazos de transição, estabelecidos pelo Conselho Nacional de MP de Contas (Resolução nº 22, de 20.8.2007), no desiderato de que todos os estados criem e implementem quadros próprios do Ministério Público de Contas. Como grifado, os prazos em tela são mais do que razoáveis para a criação e provimento de tais cargos.

Com relação ao terceiro quesito, a Corregedoria do MP de Contas precisa estar vinculada ao próprio MP de Contas. Convém sublinhar que semelhante leitura somente reforça o mútuo respeito e a valorização das atividades de Estado no âmbito dos Tribunais de Contas, sendo bandeira que se deveria desfraldar de modo indisputável. Por outras palavras, o vigoroso e firme acolhimento da autonomia funcional do *Parquet* Especial de Contas ostenta o condão de contribuir – e muito – à consolidação das próprias Cortes de Contas. Urge, pois, sobrepassar eventuais incompreensões e desvelar como crucial essa perspectiva de plena e harmoniosa convergência de todos com o *telos* superior do Estado Constitucional Republicano.

No que concerne ao quarto quesito, relativo à admissibilidade da expedição de ofícios diretamente pelos procuradores de contas às autoridades e demais pessoas sujeitas à jurisdição do Tribunal de Contas, a resposta é cabalmente afirmativa no tocante à prerrogativa que deveria ser pacífica, já como resultado da cogência direta e imediata (independente das regras legais) do princípio da independência funcional e do poder implícito (*implied power*) associado, já pela aplicação analógica de dispositivo expresso da Lei Orgânica do Ministério Público. Quer dizer, por um ou por outro modo de argumentar, trata-se de poder-dever seguramente respaldado nos arts. 130 e 129, II e IV, assim como no art. 26, I, "b" da Lei Federal nº 8.625/93, sem embargo das disposições a respeito nas respectivas Leis Orgânicas do Ministério Público Estadual. Exemplos concretos, ademais, evidenciam que tais providências podem ser extremamente benéficas à guarda, em tempo útil, da coisa pública.

Quanto ao quinto e derradeiro quesito, sobre a forma de escolha do procurador-geral do MP de Contas, brota da interpretação sistemática do art. 130 da CF que precisa ser observado o art. 128 da CF, com temperamentos. Dessa maneira, no caso do Procurador-Geral do MP de Contas no TCU, embora idealmente possível aplicar, no cabível, o rito do §1º do art. 128, não se me apresenta ofensivo à Constituição, dado o caráter de *parquet* especial, que, em harmonia com a legislação infraconstitucional, siga-se rito semelhante ao do Ministério Público do Trabalho e do Ministério Público da Justiça Militar, nos termos respectivamente dos arts. 88 e 121 da Lei Complementar nº 75/93, ou seja, o procurador-geral do TCU deve ser nomeado entre integrantes da instituição, a partir de lista tríplice escolhida mediante voto plurinominal, facultativo e secreto, pelo Colégio de Procuradores do MP de Contas para um mandato de dois anos. Já ao se tratar de MP de Contas no âmbito dos estados, Distrito Federal e municípios, aplica-se pura e simplesmente a norma do art. 128, §3º, da CF, isto é, o MP de Contas formará lista tríplice entre integrantes da carreira, na forma da lei respectiva, para escolha de seu procurador-geral, que será nomeado pelo chefe do Poder Executivo, para mandato de dois anos.

A interpretação tópico-sistemática do art. 130 da CF, antes mesmo do advento de emenda explicitadora da autonomia ou da oportuna Lei Nacional de Processo de Fiscalização de Contas (cujo anteprojeto está no TCU), faz, desde logo, nítida a irrenunciabilidade do princípio da independência funcional do MP de Contas a braços com a não menos necessária autonomia da instituição, motivo pelo qual força assumir, com largueza de ânimo, a identidade de direitos, vedações e garantias do MP de Contas com o Ministério Público comum.

Tal intelecção proporcional e sintonizada com as premissas hermenêuticas adotadas – convém reprisar – robustece o sistema de controle externo e, nessa ótica, deve ser entendida, no sentido de propiciar a atuação sinérgica e promissora das Carreiras de Estado, verdadeiramente afinadas com os ditames superiores da Constituição.

Porto Alegre, 2 de setembro de 2009.

Informação bibliográfica deste texto, conforme a NBR 6023:2002 da Associação Brasileira de Normas Técnicas (ABNT):

FREITAS, Juarez. Ministério Público de Contas: estágio probatório; vitaliciamento; correição funcional, escolha de procurador-geral e autonomia institucional. In: ASSOCIAÇÃO NACIONAL DO MINISTÉRIO PÚBLICO DE CONTAS. *Ministério Público de Contas:* perspectivas doutrinárias do seu estatuto jurídico. Belo Horizonte: Fórum, 2017. p. 59-85. ISBN 978-85-450-0183-6.

CONSELHO NACIONAL DO MINISTÉRIO PÚBLICO E MINISTÉRIO PÚBLICO JUNTO AOS TRIBUNAIS DE CONTAS

JOSÉ NÉRI DA SILVEIRA

O Conselho Nacional dos Procuradores – Gerais de Contas – CNPGC, "colegiado que congrega os chefes dos Ministérios Públicos de Contas do País, por seu Presidente", Dr. Geraldo Costa da Camino, e a Associação Nacional do Ministério Público de Contas – AMPCON, "entidade classista dos membros do Parquet especializado", por sua Presidente, Dra. Evelyn Freire de Carvalho, formulam consulta, nestes termos:

CONSIDERANDO (1) o disposto no art. 130 da Constituição da República, que garante aos membros do Ministério Público junto aos Tribunais de Contas os mesmos direitos, vedações e forma de investidura aplicáveis aos demais integrantes do Ministério Público, em gênero;

CONSIDERANDO (2) que o Supremo Tribunal Federal, ao julgar a ADI nº 789/DF, ajuizada pelo Procurador-Geral da República contra dispositivos da Lei Federal nº 8.443/92 (Lei Orgânica do Tribunal de Contas União), decidiu pela constitucionalidade da atuação de um Ministério Público especializado junto aos Tribunais de Contas, o qual "qualifica-se como órgão de extração constitucional;

Considerando (3) que os julgados posteriores da Corte Suprema consolidaram tal jurisprudência, inclusive referindo o Ministério Público junto ao Tribunal de Contas como "UMA REALIDADE INSTITUCIONAL QUE NÃO PODE SER DESCONHECIDA" (ADI 2884/RJ, j. 02/12/2004), cujos membros integram um "ÓRGÃO DOTADO DE ESTRUTURA PRÓPRIA" (ADI 328/SC, j. 02/02/2009), sendo que o desempenho de suas atribuições por componentes de outras carreiras atenta contra "a autonomia da instituição" (idem);

CONSIDERANDO (4) o disposto no art. 130-A da Constituição da República, na redação dada pela Emenda Constitucional nº 45/2004, que atribui ao Conselho Nacional do Ministério Público – CNMP "o controle da atuação administrativa e financeira do Ministério Público e do cumprimento dos deveres funcionais de seus membros" (§2º) e, dentre outras, a competência de "zelar pela autonomia funcional e administrativa do MinistérioPúblico" (inc. I);

CONSIDERANDO (5) que o CNMP, ao julgar o Pedido de Providências nº 04/2005, não o conheceu, dando pela "incompetência do Conselho Nacional do Ministério Público para assuntos relativos aos Ministérios Públicos junto aos Tribunais de Contas", em face de "não integrarem estes a organização prevista no artigo 128 da Constituição Federal" bem como por entender que "os atos de gestão administrativa e financeira, dada a ausência de autonomia do Ministério Público especial, são de atribuição do próprio Tribunal de Contas;

CONSIDERANDO (6) que o CNMP, com base em "que o Supremo Tribunal Federal decidiu que somente o Ministério Público de Contas tem legitimidade para atuar junto aos Tribunais de Contas" editou a Resolução nº 22/2007, já integralmente aplicada nacionalmente, a qual determinava, estabelecendo prazos para tanto, o fim das atividades dos membros dos Ministérios Públicos Estaduais perante Tribunais de Contas;

CONSIDERANDO (7) que tramita na Câmara dos Deputados a Proposta de Emenda à Constituição (PEC) nº 28/2007, a qual, acrescentando o art. 73-A à Carta Magna, institui o Conselho Nacional dos Tribunais de Contas – CNTC, órgão externo de controle, em cuja composição, dos nove membros previstos, seis são Ministros, Conselheiros ou Auditores e apenas um é Procurador, o que atenta contra o princípio do julgamento majoritariamente por seus pares – garantia respeitada tanto no CNMP, quanto no CNJ – e, por conseguinte, contra a independência funcional dos Procuradores de Contas;

CONSIDERANDO (8) que há Ministérios Públicos de Contas, como os do Pará, Roraima, Mato Grosso e Santa Catarina, cujas leis orgânicas lhes conferiram autonomia administrativa e financeira, pelo que seus membros em funções de administração praticam atos de gestão;

CONSULTA-SE Vossa Excelência: de acordo com a atual ordem constitucional, estão os membros do Ministério Público de Contas compreendidos entre aqueles cujo controle do *cumprimento dos deveres funcionais* é da competência do Conselho Nacional do Ministério Público?

Passo a examinar a consulta.

I Perfil constitucional do Ministério Público

1 Já em 1857, José Antônio Pimenta Bueno, Marquês de São Vicente,[1] e o mais autorizado comentarista da Constituição do Império do Brasil de 1824, anotava:

> 522. O ministério público é uma grande e útil instituição; é o braço direito da sociedade e do governo, é a sua vigilância e intervenção perante os tribunais de justiça. É por meio dele que a sociedade e governo são ali representados e tomam parte legítima nos processos e discussão das decisões judiciárias que se fazem ouvir em benefício da lei, da ordem pública, dos interesses do Estado e também dos direitos de seus membros e súditos que reclamam sua proteção especial.

E prossegue:

> O governo tem o dever e necessidade de defender perante os tribunais a propriedade e manutenção dos direitos da coroa ou nacionais, outrora denominados *direitos reais*, e os direitos da jurisdição e soberania do Estado, tem a obrigação de inspecionar a exata observância das formas e da aplicação do direito, assim, criminal como civil, no interesse da lei e justiça social; tem o dever de proteger os cidadãos que por suas circunstâncias não podem fazer valer os seus direitos, e finalmente de zelar das instituições e estabelecimentos públicos que reclamam a sua tutela.

Depois de registrar o notável publicista, em face do sistema da Constituição Imperial, que "é enfim por intermédio desta instituição que se estabelece o elo, a ligação da ordem judiciária com a ordem administrativa", e "o governo goza do direito de ser ouvido perante os tribunais, de exercer sua intervenção e ação, sem a qual seria privado de atribuições indispensáveis", acrescenta, referindo-se ao papel do Ministério Público na administração da Justiça Criminal:

> 527. [...] A ação para a imposição das penas não pertence senão à sociedade, é uma ação pública, superior, própria e direta dela, é o seu direito de punir a violação de suas leis [...].
>
> O ministério público é quem deve promover e agitar essa importante ação em bem da ordem e segurança social; é o representante da sociedade; ou do governo – não é o acusador cheio de cólera e vingança, é a voz imparcial da lei que reclama a punição pelo ataque que sofreu.

---

[1] BUENO, José Antônio Pimenta. *Direito brasileiro e análise da Constituição do Império*. Brasília: Senado Federal, 1978. p. 374; 377.

O aceno à página dessa obra clássica do direito público brasileiro é bastante a marcar a importância do Ministério Público, desde as origens da história constitucional de nosso país. Se o procurador da Coroa e da Soberania Nacional (Constituição de 1824, art. 48) e os promotores da justiça (lei de 18.9.1828, art. 30) tiveram, ao longo do tempo, qual sucedeu, significativas mudanças de denominações e atribuições, certo é que, no século republicano, quanto no Império, a instituição ministerial cresceu no respeito da nação e na compreensão de todos, em ordem ao traçado definitivo de sua exata missão constitucional, o que *pressupunha assento preciso das garantias de independência funcional, com segura consolidação do papel de representante da sociedade e defensor da ordem jurídica, mais do que instrumento de ação de governo.*

2 Com efeito, implantada a República, o Decreto nº 848, de 11.10.1890, ao organizar a Justiça Federal, já cuidou do Ministério Público, em seu Capítulo VI (arts. 21 a 26), dispondo sobre as atribuições do procurador-geral da República, designado pelo presidente da República, entre os membros do Supremo Tribunal Federal, e dos procuradores da República, nomeados por quatro anos, pelo chefe do Poder Executivo.

No importante documento histórico do Judiciário brasileiro que foi a Exposição de Motivos do Decreto nº 848, de 1890, do então Ministro da Justiça Campos Sales ao Generalíssimo Deodoro da Fonseca, no qual se definia a *nova Justiça que o regime republicano pretendia implantar no país, seu autor apregoava ser o Ministério Público instituição necessária à organização democrática, advogado da lei e fiscal de sua execução, procurador dos interesses gerais e promotor da ação pública.* Bem de ver é, assim, essa já a segura visão de Campos Sales, quanto ao Ministério Público como *advogado da lei e não como delegado do Poder Executivo.* Ademais disso, quanto aos procuradores da República, assegurava o art. 23 do Decreto nº 848/1890, *verbis*: "Art. 23. Em cada seção da justiça federal haverá um Procurador da República nomeado pelo Presidente da República, por quatro anos, durante os quais não poderá ser removido, salvo se o requerer".

Essa garantia da inamovibilidade dos membros do Ministério Público era, no início da República, objeto de divergências.

De fato, Carlos Maximiliano escreveu em 1918, nos *Comentários* à *Constituição brasileira de 1891*,[2] esta passagem:

---

[2] MAXIMILIANO, Carlos. *Comentários à Constituição brasileira de 1891*. Rio de Janeiro: Jacintho Ribeiro dos Santos, 1918. p. 584-585.

Não se considera o titular da pasta da Justiça um superior hierárquico aos magistrados, e, sim, dos membros do Ministério Público; aqueles são independentes, estes, de confiança, e, portanto, demissíveis *ad nutum*.

É por meio dos últimos que o Governo influi beneficamente nos tribunais, provocando-lhes a ação, defendendo o interesse geral e a observância criteriosa das leis, promovendo o castigo dos culpados, velando pela fortuna e bem-estar dos incapazes, advogando contra a usurpação e a cobiça individual dos direitos da Fazenda e do patrimônio nacional. Constitui o Ministério Público um elo entre a magistratura e o Executivo; é o procurador oficial do Estado e da sociedade.

E concluiu: "Não há, portanto, doutrina mais absurda e anárquica, *em face do objetivo para o qual foi criada aquela instituição, do que a de admitir a inamovibilidade dos seus membros*".

3 A Constituição de 1891, quanto ao Ministério Público, limitou-se, entretanto, a estabelecer, no art. 58, §2º, que o presidente da República designará o procurador-geral da República, entre os membros do Supremo Tribunal Federal, "cujas atribuições se definirão em lei".

Além da menção ao procurador da Coroa e da Soberania Nacional, no art. 48, da Constituição Imperial, como aquele que acusará, "nos juízos dos crimes", se a acusação não pertencer à Câmara dos Deputados, e da referência à escolha do procurador-geral da República, no art. 58, §2º, da Constituição de 1891, *certo é que, até 1934, as Cartas Políticas do Brasil não dispuseram sobre essa nobre instituição*.

4 Foi a Constituição de 16.7.1934 que conferiu ao Ministério Público o *status* de ente, formal e materialmente, constitucional. Situou-o entre os "órgãos de cooperação nas atividades governamentais", no Capítulo VI, do Título I, que dispunha sobre a "Organização Federal". Dele cuidou a Seção I do referido Capítulo IV (arts. 95 a 98), ao lado do Tribunal de Contas (Seção II) e dos Conselhos Técnicos (Seção III). Nos estados, previu-se sua organização por leis locais, com respeito às garantias institucionais (art. 7º, I, letra "e"), devendo os membros do Ministério Público Federal, que servissem nos juízos comuns, ser nomeados mediante concurso, só perdendo os cargos, nos termos da lei, por sentença judiciária, ou processo administrativo, no qual lhes seria assegurada ampla defesa. Estipulava-se, ainda, que o Ministério Público, nas Justiças Militar e *Eleitoral*, seria organizado por *leis especiais*. Na composição dos tribunais superiores (tribunais de apelação) dos estados, previu-se, já, no art. 104, §6º, da Carta de 1934, a reserva de "lugares, correspondentes a *um quinto do número total, para que sejam* *preenchidos por advogados ou membros do Ministério Público* de notório merecimento e reputação ilibada, escolhidos de lista tríplice, organizada na forma do §3º", (pelo "tribunal", por "votação em escrutínio secreto"). Essa disposição foi mantida pela Constituição de 1937, em seu art. 105. É certo, significou também, quanto ao Ministério Público, retrocesso o Diploma outorgado em 1937, ao não repetir as normas da Lei Fundamental de 1934, limitando-se, quanto à Justiça da União, a dispor, no art. 99, que o Ministério Público Federal "terá por chefe o Procurador-Geral da República, que funcionará junto ao Supremo Tribunal Federal, devendo recair a escolha em pessoa que reúna os requisitos exigidos para Ministro do Supremo Tribunal Federal".

5 Com a redemocratização do país, a Constituição de 18.9.1946, após o Título I, sobre a "Organização Federal" e o Título II, acerca da "Justiça dos Estados", no Título III (arts. 125 a 128), retomou os princípios da Carta Política de 1934, quanto ao provimento dos cargos iniciais da carreira do Ministério Público, quer da União, quer nos estados e Distrito Federal, mediante concurso público, com garantias funcionais e, nos estados, assegurada promoção de entrância a entrância. Manteve-se a nomeação do procurador-geral da República, pelo presidente da República, após aprovada a escolha pelo Senado Federal, entre cidadãos com os requisitos exigidos para ministro do Supremo Tribunal Federal, sendo, ainda, demissível *ad nutum*. Expressamente, a Constituição de 1946 estipulou, no art. 125, parágrafo único, que "A União será representada em juízo pelos Procuradores da República, podendo a lei cometer esse encargo, nas comarcas do interior, ao Ministério Público local".

Pontes de Miranda,[3] a respeito dos sistemas de 1934 e 1946 e da natureza do Ministério Público, comentou:

> Trata-se de *ofício particularmente ativo*, a que se não pode emprestar, sem grave deformação semântica, o significado de órgão *coordenador de atividades governamentais*. Só coopera. Que é que o Ministério Público coordenaria? Ele não ordena, nem, tampouco, coordena. *Ele promove, pede, impetra, litiga*. Nenhum ato dele é de ordenação, ou de coordenação. A *atividade*, a que possa aludir, é sua, e *consiste em promover*. Tão essencial ao ofício do Ministério Público é promover e esse promover tão essencial à vida das sociedades contemporâneas e cada vez o será mais intimamente, que constitui atividade obrigatória. Dois princípios o governam, - o *princípio da legalidade* (no Brasil, desde 1934, de

---

[3] MIRANDA, Pontes de. *Comentários à Constituição de 1946*. Rio de Janeiro: Borsoi, [s.d.]. p. 350-352. v. II.

constitucionalidade) e o de *hierarquia funcional*. Não há, portanto, possibilidade de se introduzir na estrutura e no regime de tal ofício o *princípio de oportunidade*, de que tratam, a outros respeitos, a Processualística e a Política. O exercício das funções não pode depender de considerações de *oportunidade*. Existe Ministério Público, assim na União como nos Estados- membros, e as suas funções têm de ser exercidas. O *Governador não pode, como o Presidente da República também não poderia, ordenar que em certo caso ou em certas espécies o Ministério Público não promova.*

E prossegue:

A inserção do Ministério Público na tratação institucional da Constituição *explica-se pela natureza obrigatória do ofício*. Não se pode cercear, ou tolher, *ou dirigir a liberdade de juiz, de pensamento e de ação do Ministério Público. O de que ele se incumbe é de velar pela observância das leis, regulamentos e instruções, na tutela dos interesses do Estado, de certas instituições, de incapazes, de massas e de ausentes. É o órgão ou conjunto de órgãos pelo qual se exerce o interesse público em que a justiça funcione.* Se bem que ligado ao ordenamento judiciário, não faz parte da Justiça, - *não é órgão jurisdicional, mas administrativo.* É um ramo do Poder Executivo, a que a Constituição de 1934 atribuía caráter mais independente dele do que o têm outros, e daí a noção de "cooperação nas atividades governamentais", ao lado do Tribunal de Contas. *A Constituição de 1946 livrou-se disso.* A aproximação dos dois importaria na elevação de um e diminuição de outro, se pudesse a rubrica alterar-lhes a natureza própria que dos arts, 77, 125-128 transparece.

Com a notória acuidade de primoroso analista, o saudoso Pontes de Miranda ainda acrescentou:

A matéria dos arts. 125-128 constitui prova de atitude doutrinária da Assembleia Constituinte. Um das muitas que se nos deparam nos nossos dias. Existem: a dos que reputam o Ministério Público duplicação supérflua, inútil, dispendiosa, ao lado dos magistrados, a que se atribuíam funções de julgamento de ofício, hoje minguadas; a dos que só o explicam como fato psicológico de desconfiança da magistratura, e foi devido, em sua origem francesa, a elemento político; *e a dos que lhe querem a conservação como corpo autônomo, ao mesmo lado e diferente da magistratura, ligado mas independente do Poder Executivo. Representante da lei,* dizem os penúltimos; *e não do Poder Executivo,* aditam os últimos. Órgão, *por si, do interesse público de que as leis e mais normas se cumpram. Foi a essa opinião que se prenderam a Constituição de 1934 e, agora, a de 1946.* Porém, não lhes exageremos a coerência. Prenderam-se, mais na forma do que na substância, a esse conceito exaltador do ofício do Ministério Público.

Porque se manteve a demissibilidade *ad nutum* do Procurador-Geral da República, que é o Chefe do Ministério Público federal nos juízos comuns, o que permite aos Estados-membros (e lhes sugere) considerar igualmente demissíveis os seus Procuradores Gerais do Estado. Órgão que fica exposto à vontade de outro órgão não tem aquela independência que fora de mister à concepção do Ministério Público.

Noutro passo, Pontes de Miranda remata:

O Procurador Geral da República demissível é deturpação completa da sua figura. Torna-se *agente político do Governo*. Como se há de esperar que denuncie altas autoridades da administração financeira e da polícia quem, com tal atitude, se exporia à demissão? As leis dão garantias a Promotores, Procuradores, Curadores e Adjuntos; nega-se ao Chefe do Ministério Público Federal a Constituição. Onde não há garantia a quem denuncia não há regime de responsabilidade. Aqui fica, *de lege ferenda*, o nosso voto contra o rebaixamento de uma das mais delicadas missões da República. Precisa ser eleito.

6 Não se alterou, substancialmente, a posição do Ministério Público na Constituição de 24.1.1967, *salvo seu posicionamento no âmbito do Poder Judiciário, o que veio a modificar-se com a Emenda Constitucional nº 1/1969, retornando o Ministério Público a ser tratado como instituição do Poder Executivo*, dispondo-se, no art. 95, que o procurador-geral da República será nomeado pelo presidente da República, não mais prevista a aprovação do Senado Federal, mantida a demissibilidade *ad nutum*.

7 Com o advento da Constituição de 5.10.1988, profundas modificações se introduziram no Ministério Público. Veio a enquadrar-se entre as denominadas "Funções Essenciais à Justiça", na Seção I, do Capítulo IV, do Título IV, da Constituição, que trata "Da Organização dos Poderes", sendo que os três primeiros capítulos dispõem sobre os poderes Legislativo (Cap. I), Executivo (Cap. II) e Judiciário (Cap. III). Também como "Funções Essenciais da Justiça", a Lei Maior de 1988 prevê: Seção II – Da Advocacia Pública e Seção III – Da advocacia e da Defensoria Pública. Há regras explícitas de definição das funções do Ministério Público, reconhecendo-se a ele a condição de instituição permanente, *essencial à função jurisdicional do Estado*, incumbindo-lhe a defesa da ordem jurídica, do regime democrático e dos interesses sociais e individuais indisponíveis, com independência *funcional, autonomia administrativa e financeira, competência para iniciativa de lei que diga respeito, de uma forma geral, à sua organização e funcionamento*. O procurador-geral da República, *chefe do Ministério Público da União*, é agora *nomeado pelo* *presidente da República, entre integrantes da carreira,* maiores de trinta e cinco anos, após a aprovação de seu nome pela maioria absoluta dos membros do Senado Federal, com investidura por dois anos, permitida recondução. Somente com a prévia autorização da maioria absoluta do Senado Federal, de outra parte, é que poderá o presidente da República destituí-lo. No âmbito *dos estados-membros, a nomeação do procurador-geral da justiça* pelo governador há de recair *em componente de lista tríplice formada pelo respectivo Ministério Público,* nos termos da lei correspondente, *entre integrantes da carreira,* para mandato bienal, *permitida uma recondução,* sendo a destituição somente possível por deliberação da maioria absoluta do Poder Legislativo, na forma da lei complementar respectiva. À vista dos arts. 127 a 129, da Constituição Federal, José Afonso da Silva[4] observa: " O Ministério Público vem ocupando lugar cada vez mais destacado na organização do Estado, dado o *alargamento de suas funções de proteção de direitos indisponíveis e de interesses coletivos"*, anotando, noutro passo, que, instituição "funcionalmente independente", seus membros "integram a categoria dos *agentes políticos,* e, como tal, hão de atuar, com plena liberdade funcional, desempenhando suas atribuições com prerrogativas e responsabilidades próprias estabelecidas na Constituição e em leis especiais". E remata:

> Essa foi a orientação doutrinária que informou a elaboração das normas constitucionais sobre o Ministério Público, que lhe afirmam os princípios institucionais da unidade, da indivisibilidade e da independência funcional e lhe asseguram *autonomia administrativa,* facultando-lhe, observado o disposto no art. 169, "propor ao Poder Legislativo a criação e extinção de seus cargos e serviços auxiliares, provendo-os por concurso público de provas e de provas e títulos" [...]. Cabe, também, a ele "elaborar sua proposta orçamentária dentro dos limites estabelecidos na lei de diretrizes orçamentárias", a integrar-se no orçamento geral a ser submetido ao Poder Legislativo pelo Poder Executivo.

Importante garantia consignou o Estatuto Maior, nesse sentido, ao Ministério Público, aos poderes Legislativo e Judiciário, no art. 168, com a redação introduzida pela Emenda Constitucional nº 45/2004, ao preceituar:

---

4   SILVA, José Afonso da. *Curso de direito constitucional positivo.* 12. ed. rev. São Paulo: Malheiros, 1996. p. 553-554.

Art. 168. Os recursos correspondentes às dotações orçamentárias, compreendidos os créditos suplementares e especiais, destinados aos órgãos dos Poderes Legislativo e Judiciário e do Ministério Público, ser-lhes-ão entregues até o dia 20 de cada mês, em duodécimos, na forma da lei complementar a que se refere o art. 165, §9º.

Nesse sentido, decidiu o Supremo Tribunal Federal, já nos primeiros anos de vigência da Carta Política de 1988, nos mandados de segurança nºs 21.291 (*DJ*, 12 abr. 1991), e 21.450 (*DJ*, 8 abr. 1992). De tal situação, por isso mesmo, resulta caber, também, ao Ministério Público *autogovernar-se*, em tudo o que lhe diz respeito, planejando a organização e expansão de seus serviços, nos limites traçados pela Constituição e as leis.

8 De outra parte, preceituando o art. 127 da Constituição Federal que incumbe ao Ministério Público "a defesa da ordem jurídica, do regime democrático e dos interesses sociais e individuais indisponíveis" e vedando-lhe o art. 129, IX, última *parte*, da Lei Magna, "a representação judicial e a consultoria jurídica de entidades públicas", bem se entende ter pretendido, efetivamente, a nova ordem constitucional, *afastar a instituição em referência da posição de representante do governo, do Poder Executivo, em juízo ou fora dele*, tendo-se em conta, ainda, que, nos arts. 131 e 132, da Constituição, se preveem, *igualmente como funções essenciais à justiça*, as *Advocacias de Estado*, tanto no plano federal quanto nas unidades federadas. O art. 131 reza:

> Art. 131. *Advocacia-Geral da União é a instituição* que, diretamente ou através de órgão vinculado, *representa a União, judicial e extrajudicialmente, cabendo-lhe*, nos termos da lei complementar que dispuser sobre sua organização e funcionamento, *as atividades de consultoria e assessoramento jurídico do Poder Executivo.*

Assentando-se, no art. 132, *verbis*:

> Os Procuradores dos Estados e do Distrito Federal exercerão a representação judicial e a consultoria jurídica das respectivas unidades federadas, organizados em carreira, na qual o ingresso dependerá de concurso público de provas e títulos, observado o disposto no art. 135.

Cuida-se, desse modo, no sistema da Constituição em vigor, na União e nos estados-membros, de um Ministério Público concebido como *instituição dotada de independência e autonomia, com garantias e prerrogativas, bem assim com vedações e proibições, a seus membros, todas destinadas, entretanto, em seu conjunto, a tornar possível o pleno e eficiente desempenho de suas relevantes funções de defesa dos interesses da sociedade, até mesmo, contra autoridades e* órgãos *de Estado, afirmando-o, desse modo, como instrumento da democracia, da cidadania e da soberania nacional.*

Embora organizado com estrutura interna administrativa hierarquizada, certo está que o Ministério Público, *sob o ponto de vista institucional,* em face das funções que lhe atribuem os arts. 127, *caput,* e 129, da Lei Magna, *não se encontra em relação de hierarquia em face de qualquer órgão dos três poderes a que se refere o art. 2º da Constituição.* Releva sinalar, quanto a atos ou decisões de qualquer dos poderes, que o Ministério Público poderá, com independência, promover, eventualmente, procedimentos adequados colimando anulá-los no âmbito do Poder Judiciário, desde que os tenha como contrários à Constituição ou às leis, *defendendo não só a ordem jurídica formalmente objetivada, mas, ainda, direitos fundamentais dos cidadãos,* como, *ad exemplum,* quando impetra *habeas corpus* em favor de acusado, que sofra ilegal constrangimento em sua liberdade de locomoção, por ato de polícia ou decisão judicial contrária à Constituição ou à lei.

9 A defesa da ordem jurídica implica vigilância e zelo constantes a fim de se preservarem a Constituição e as leis. Incumbe, nesse sentido, ao Ministério Público, por intermédio de seu Chefe, no âmbito da União, promover, embora sem exclusividade, a ação direta de inconstitucionalidade de lei ou ato normativo federal ou estadual e a ação declaratória de constitucionalidade de lei ou ato normativo federal (Constituição, arts. 102, I, "a", e 103, VI), e, no plano dos estados-membros, a representação de inconstitucionalidade de lei ou ato normativo estadual ou municipal, em face da Constituição do Estado (Constituição, art. 125, §2º). Promovendo as medidas judiciais de controle de constitucionalidade de leis e atos normativos, em abstrato, o Ministério Público desempenha função extraordinariamente significativa em prol da higidez da ordem jurídica e do primado da Constituição, o que afirma valor de primeira grandeza na dinâmica do sistema democrático e dos princípios constitucionais que o informam.

No ponto, a eficiente ação do Ministério Público dará aos cidadãos, de uma maneira geral, e, em particular, *às entidades não enquadradas no art. 103, IX, da Constituição,* a condição de não ficarem sujeitos à incidência de normas contrárias à Constituição, cuja eficácia poderá, se procedente súplica cautelar, de pronto, ser suspensa, por decisão do órgão judiciário competente, até o julgamento final da ação.

Relevante função a ordem constitucional reserva, ademais, ao Ministério Público, relativamente à representação para fins de intervenção da União e dos estados nos casos previstos na Constituição. Estipula, explicitamente, a Constituição de 1988, em seu art. 36, incs. III e IV, quanto à intervenção pela União nos estados, quando houver provimento, pelo Supremo Tribunal Federal, de representação do procurador-geral da República, na hipótese do art. 34, VII, ou seja, para assegurar a observância dos seguintes princípios constitucionais: a) forma republicana, sistema representativo e regime democrático; b) direitos da pessoa humana; c) autonomia municipal; d) prestação de contas da Administração Pública, direta e indireta (CF, art. 36, III); ou se o Superior Tribunal de Justiça prover representação do procurador-geral da República, no caso de recusa à execução de lei federal (CF, art. 36, IV). No âmbito local, cumpre entender, na mesma linha, o disposto no art. 35, IV, da Lei Maior, ao cuidar de intervenção do Estado nos municípios, quando o Tribunal de Justiça der provimento a representação do procurador-geral da Justiça para assegurar a observância de princípios indicados na Constituição Estadual, ou para prover a execução de lei, de ordem ou de decisão judicial, cumprindo anotar, aqui, não se tratar de hipótese de representação reservada com exclusividade ao Ministério Público local, eis que a norma do art. 35, IV, da Constituição, não restringindo, admite a representação interventiva do interessado, para prover a execução de ordem ou decisão judicial.

10 É necessário ter presente, no exame das funções do Ministério Público, que, não obstante lhe caiba, por assento constitucional (Constituição, art. 129, I), "promover, privativamente, a ação penal pública, na forma da lei", essa competência não significa, desde logo, ação contra a liberdade, mas, antes, garantia das liberdades do cidadão. Se é exato que detém o Ministério Público, por seu agente competente, o poder de acusar, por via do qual se exercita o direito de punir do Estado soberano, não menos certo é que, órgão independente, a quem se reserva livre formulação de prévio juízo de responsabilidade criminal do acusado, bem pode ocorrer que, na análise minuciosa das peças do inquérito policial ou da *notitia criminis*, venha a convencer-se da inocorrência de delito no caso concreto ou da falta de elemento sério de prova para qualquer imputação ao indiciado e, em consequência, ao invés de oferecer denúncia para instaurar ação penal pública, requeira o arquivamento da investigação criminal, ou a sua conversão em diligência, para que se esclareçam certas circunstâncias, ou melhor, se averigue da autoria. O mesmo sucede quando, embora haja apresentado denúncia, feita a instrução, se convença da inocência do réu, pedindo, então, sua absolvição, nas alegações finais. Nesse sentido, precisa análise da função ministerial, no plano criminal, escreveu o ilustre Procurador da Justiça paulista, Dr. Hugo Nigro Mazzilli, nos seguintes termos:

> Incorreta a idéia do promotor público eterno acusador, pois que tem plena liberdade de consciência para pedir a condenação ou a absolvição – fato este que parece desconhecer a população em geral. Não raro, do mesmo modo que sustenta a condenação criminal de um réu que acredita culpado, o promotor lança seu parecer em prol da absolvição do acusado cuja inocência o convenceu. Portanto, a imagem que a televisão, os filmes e os jornais trazem do promotor nem sempre é completa. Nos inúmeros casos em que o promotor pede o arquivamento de um inquérito policial ou a absolvição de um réu, ou impetra um *habeas corpus* em seu favor, ou até mesmo recorre em seu benefício, na maior parte das vezes, a população em geral sequer fica sabendo disso, nem mesmo o próprio réu fica sabendo o que o promotor fez ou está fazendo por ele. Por ironia, o réu só fica sabendo o que o promotor faz contra ele (quando o denuncia, impugna sua absolvição ou qualquer outra pretensão sua) – olvidando que o promotor a rigor não age contra ele e sim contra o que ele fez, na defesa da sociedade contra a qual o próprio réu se voltou. *Por isso, o promotor tem de ter zelo pela justiça e não pela condenação, consistindo séria deformação profissional e pessoal do promotor quando ele não mais pensa assim, ou quando ele nem mesmo percebe que inverteu o sentido de seu trabalho.*[5]

Cumpre, a esse respeito, anotar que o Ministério Público, quando requisita diligências investigatórias, a instauração de inquérito policial, indicados os fundamentos jurídicos de suas manifestações processuais, bem assim ao promover a ação penal pública, produzindo, em juízo, provas ou recorrendo de decisão, *conquanto parte no sentido técnico e processual, continua detendo a posição de guarda da legalidade e, desse modo, seu interesse superior é, ainda, a apuração rigorosa da verdade e a punição do culpado, se caracterizada a responsabilidade criminal.*

11 Assume, de outra parte, relevante significação, no perfil funcional do Ministério Público, a regra do art. 129, III, da Constituição, segundo a qual lhe cabe "promover o inquérito civil e a ação civil pública, para a proteção do patrimônio público e social, do meio ambiente e de outros interesses difusos e coletivos". Por primeiro, é de ponderar que essa função, da maior importância para a sociedade, *reforça a assertiva*

---

[5]   MAZZILLI, Hugo Nigro. A formação profissional e as funções do Promotor de Justiça. *Revista dos Tribunais*, v. 686, dez. 1992. p. 288.

de que o Ministério Público, definitivamente, não mais é um órgão do Estado destinado à defesa intransigente da Fazenda Pública ou dos governantes. A Constituição conferiu a seus agentes independência funcional, vitaliciedade e inamovibilidade, a fim de que fiscais da lei e da constitucionalidade de atos dos poderes públicos, bem assim da preservação da ordem jurídica, atuem, de forma efetiva, na defesa dos interesses da sociedade como um todo, zelando pelas liberdades públicas, certos de que a manutenção da ordem democrática, meta pela qual sempre hão de porfiar, pressupõe o cumprimento das leis e o respeito aos direitos constitucionais dos cidadãos. Nesse sentido, a Lei Complementar nº 35, de 20.5.1993 – dispondo sobre a competência do Ministério Público da União, a partir das matrizes constitucionais dos arts. 127, *caput*, e 129, da Lei Maior –, no art. 6º, VII, no que concerne ao inquérito civil e à ação civil pública, especifica sua promoção para: a) a proteção dos diretos constitucionais; b) a proteção do patrimônio público e social, do meio ambiente, dos bens e direitos das comunidades indígenas, da família, da criança, do adolescente, do idoso, das minorias étnicas e do consumidor; c) outros interesses individuais indisponíveis, homogêneos, sociais, difusos e coletivos. É exato que ainda discutem doutrina e jurisprudência acerca da extensão da defesa pelo Ministério Público da União e dos Estados-membros de certos interesses individuais homogêneos. No ponto, registra Hugo Nigro Mazzilli:[6]

> A propósito da atuação do Ministério Público em defesa de interesses individuais homogêneos, vale invocar a Súmula nº 7, do CSMP/SP, que encampa nossa tese: "O Ministério Público está legitimado à defesa de interesses individuais homogêneos que tenham expressão para a coletividade como: a) os que digam respeito à saúde ou à segurança das pessoas, ou ao acesso das crianças e adolescentes à educação; b) aqueles em que haja extraordinária dispersão dos lesados; c) quando convenha à coletividade o zelo pelo funcionamento de um sistema econômico, social ou jurídico".

E acrescenta:

> Assim fundamentou o Conselho Superior Paulista seu entendimento: "A legitimação que o Código de Defesa do Consumidor confere ao Ministério Público para a defesa de interesses individuais homogêneos há de ser vista dentro da destinação institucional do Ministério Público,

---

[6] MAZZILLI, Hugo Nigro. *Regime jurídico do Ministério Público*. 2. ed. São Paulo: Saraiva, 1995. p. 218-219.

que sempre deve agir em defesa de interesses indisponíveis ou de interesses que, pela sua natureza e abrangência, atinjam a sociedade como um todo".

Discorrendo sobre o objeto da ação civil pública, registra, ainda, Hugo Nigro Mazzilli:

> O art. 129, III, da Constituição da República, torna bem abrangente o campo de propositura da ação civil pública pelo órgão ministerial: "proteção do patrimônio público e social, do meio ambiente e de outros interesses difusos e coletivos". Quanto ao que seja patrimônio público, vale lembrar que esta expressão, de tradição constitucional, já vem definida na Lei nº 4.717/65 (Lei da Ação Popular). Já por patrimônio social, quer-se significar o patrimônio da coletividade como um todo, ou seja, o bem geral ou o interesse público primário.
>
> Quanto à defesa dos demais interesses difusos e coletivos, é feita especialmente a partir da Lei da Ação Civil Pública (Lei 7.347/85), que é de aplicação subsidiária para outras normas de proteção a interesses difusos e coletivos (Leis 7.853/89, 7.913/89, 8.069/90, 8.078/90). Ademais, tendo a Lei nº 8.078/90 superado o veto originário que tinha sido imposto a dispositivos da Lei 7.347/85, alcança-se agora a integral defesa do meio ambiente, do consumidor, do patrimônio cultural, bem como de qualquer outro interesse coletivo ou difuso.

12 Cumpre, ainda, nessa perspectiva, bem explicitar que o Ministério Público, notadamente no regime da Constituição de 1988, desempenha também funções que não se conumeram entre as de natureza jurisdicional, fora pois de atuação no Poder Judiciário, quer junto a autoridades administrativas, como *ad exempla*, requisitando informações e inquéritos policiais, fiscalizando presídios, promovendo inquéritos civis, termos de compromisso de ajustamento de conduta e outras providências extrajudiciais, administrativas ou pré-judiciais, quer na fiscalização de fundações, quer em habilitação de casamentos. Essas atividades não descaracterizam, entretanto, as funções atribuídas ao Ministério Público, mas, ao contrário, confirmam a instituição e seus membros como agentes em defesa da ordem jurídica e democrática, dos interesses públicos, sociais e individuais indisponíveis.

Em realidade, quando a Constituição, no art. 127, *caput*, após estipular que o Ministério Público é instituição permanente, *essencial* à *função jurisdicional do Estado*, acrescenta que lhe *incumbem a defesa da ordem jurídica, do regime democrático e dos interesses sociais e individuais indisponíveis*. Decerto, essa segunda parte do dispositivo maior está a apontar plexo de atividades que a Constituição confere ao Ministério

Público, as quais não são *necessariamente* executadas perante juízos ou tribunais, como estes estão previstos no art. 92, da mesma Lei Maior. Efetivamente, à vista do disposto no art. 129, IX, da Lei Fundamental da República, "outras funções podem ser conferidas ao Ministério Público, desde que compatíveis com sua finalidade". Daí haver, com acerto, anotado o Ministro Sydney Sanches que "o Ministério Público de que tratam os arts. 127 a 129 da Constituição Federal é *aquele essencial* à *função jurisdicional* do Estado, *atuando, pois, precipuamente, junto ao Poder Judiciário*" (*RTJ*, n. 176, p. 560), o que bem expressa o entendimento de que *outras atividades, fora do domínio judicial*, também podem ser desempenhadas pelo Ministério Público, consoante, nesse sentido, se exemplificaram acima e serão, a seguir, ainda referidas, as quais se revestem de natureza *materialmente administrativa e não jurisdicional*.

13 É de registrar, nessa linha, que o Ministério Público Eleitoral não está arrolado entre os órgãos enumerados no art. 128, I, da Constituição. A ele não se refere também a Constituição vigente, *enquanto Ministério Público especializado*, ao lado do Ministério Público do Trabalho e do Ministério Público Militar, ambos tidos como especializados. Na Seção VI, do Capítulo III, do Título IV da Constituição nos arts. 118 a 121, por igual, não há menção ao Ministério Público Eleitoral, quando a Lei Magna dispõe sobre a Justiça Eleitoral. A existência, entretanto, é inegável, desse Ministério Público especializado, havendo sido objeto de disciplina, desde o Código Eleitoral de 1932, com a criação da Justiça Eleitoral. Presentemente, o Ministério Público Eleitoral está regulado no Código Eleitoral vigente (Lei nº 4.737, de 15.7.1969, com alterações posteriores), que foi recepcionado pela Constituição de 1988, devendo reger a matéria eleitoral, enquanto não se editar a lei complementar aludida no art. 121 da Carta Política.

Para se ter em conta a especialidade de atuação do MP junto à Justiça Eleitoral, importa considerar, no ponto, o que bem sintetizou a Desembargadora Federal Suzana de Camargo Gomes, na obra *A Justiça Eleitoral e sua competência*,[7] *verbis*:

> Caracteriza-se a Justiça Eleitoral por deter, em primeiro lugar, competência jurisdicional sobre todos os atos do processo eleitoral, além de que, a par disto, possui também uma gama de atribuições de natureza administrativa, que não se resume exclusivamente à organização interna

---

[7] GOMES, Suzana de Camargo. *A Justiça Eleitoral e sua competência*. São Paulo: Revista dos Tribunais, 1998. p. 80.

de seus Tribunais e Secretarias, mas que se traduz, igualmente, no controle do corpo eleitoral chamado a votar nas eleições, bem como em relação aos partidos políticos que participam dos pleitos eleitorais.

Noutro passo, a autora aludida[8] assere:

[...] no âmbito da Justiça Eleitoral tem-se a *função consultiva*, em que os órgãos eleitorais são chamados a dissipar dúvidas sobre o direito em tese. Ora, essa ordem de atribuições não se coaduna com aquelas conferidas a outras áreas jurisdicionais, como, por exemplo, no âmbito do processo civil, onde, no máximo, pode o Juiz limitar-se a declarar a existência ou inexistência de relação jurídica, mas nunca podendo atender à "mera pretensão de interpretação da Lei em tese"; resposta dos órgãos eleitorais a consultas constitui *atividade materialmente administrativa*. No plano de sua *atuação não jurisdicional*, na Justiça Eleitoral, dentre outras atribuições do Ministério Público Eleitoral, cabe, *ad exempla*, referir as de formular reclamações sobre a constituição de mesas receptoras; promover o exame da escrituração contábil relativa às receitas e despesas feitas nas campanhas eleitorais; emitir parecer, quando solicitado, nas Consultas; impugnar pedido de registro de candidato e fiscalizar todo o procedimento eleitoral, com vistas a que sejam cumpridas as Leis de regência.

14 Cabe, ainda, observar entre as instituições republicanas, o *Tribunal de Contas*, que, não integrando o Poder Judiciário, tem como finalidade, já na dicção do art. 89 da Constituição de 1891, "liquidar as contas da receita e da despesa e verificar a sua legitimidade antes de serem prestadas ao Congresso". Nessa Corte, desde sua origem, registra-se a presença também *da atividade do Ministério Público*, consoante o que revelam normas infraconstitucionais que disciplinaram a atuação dos Tribunais de Contas da União e dos Estados, ao longo do tempo; em nenhum momento, entretanto, esteve integrado na estrutura do Poder Judiciário e, assim, suas decisões não são *materialmente* de natureza jurisdicional. O Ministério Público, perante o Tribunal de Contas, foi objeto de apreciação pelo Supremo Tribunal Federal, em 1969, quando a Corte Suprema julgou a Representação nº 770-GB, oportunidade em que o procurador-geral da República, à época, depois ministro do STF, Decio Miranda, em passagem significativa de seu pronunciamento, assim anotou:

---

[8] GOMES, Suzana de Camargo. *A Justiça Eleitoral e sua competência*. São Paulo: Revista dos Tribunais, 1998. p. 81.

A Procuradoria junto ao Tribunal de Contas da União já possuía, segundo o Decreto Legislativo 392, de 8.10.1896 (art. 1º, nº 5 a 7, regulamentado pelo D. 2409, de 23.12.1896 (Cap. V), e sempre manteve, ao correr de toda a legislação subsequente, até ao vigente DL. 199, de 25.2.67, art. 18, *a estrutura e a denominação do* órgão *do Ministério Público*. Essa conceituação legal, como órgão do Ministério Público, da Procuradoria junto ao Tribunal de Contas, que não estava explicitada na Constituição de 1946, foi expressamente consagrada na de 1967, cujo art. 73, §5º, relativo àquela Corte, se refere expressamente ao Ministério Público.

Decorre, assim, inequivocamente, da Lei Maior a definição da natureza da Procuradoria do Tribunal de Contas *que age, como ramo especializado do Ministério Público*, junto àquela Corte, da mesma forma como os demais setores do Ministério Público atuam junto ao Poder Judiciário.

O parecer em foco teve acolhida unânime do STF, no ponto, como se vê do voto do Relator Ministro Djaci Falcão e extrato da ata (*RTJ*, n. 51. p. 219; 225; 237). Esse tema referente ao Ministério Público junto ao Tribunal de Contas será objeto de particular e mais detida análise no item II deste parecer.

15 Há, outrossim, questão de relevante importância institucional, na ação extrajudicial do Ministério Público, prevista na Constituição de 1988. Refiro-me à norma do art. 129, VII, *quanto ao exercício do controle externo da atividade policial na forma da lei complementar*.

Cuida-se de tema que vem ensejando amplo debate entre as instituições interessadas. À margem de aspectos da interdependência funcional do Delegado de Polícia, inclusive no plano federal, com os membros da Magistratura e do Ministério Público, a partir de sua condição de presidente do inquérito policial (Constituição, art. 144, IV e §4º), bem assim das atribuições das polícias civis, enquanto desempenham função de polícia judiciária – não é possível afirmar a existência de relação de hierarquia funcional ou de subordinação entre titulares das instituições mencionadas. Disciplinando a matéria, no âmbito do Ministério Público Federal, estabeleceu o art. 9º da Lei Complementar nº 75/1993:

> Art. 9º O Ministério Público da União exercerá o controle externo da atividade policial por meio de medidas judiciais e extrajudiciais, podendo:
>
> I - ter livre ingresso em estabelecimentos policiais ou prisionais;
>
> II - ter acesso a quaisquer documentos relativos à atividade- fim policial;
>
> III - representar à autoridade competente pela adoção de providências para sanar omissão indevida, ou para prevenir ou corrigir ilegalidade ou abuso de poder;

IV - requisitar à autoridade competente a instauração de inquérito policial sobre a omissão ou fato ilícito ocorrido no exercício da atividade policial;

V - promover a ação penal por abuso de poder.

Art. 10. A prisão de qualquer pessoa, por parte de autoridade federal ou do Distrito Federal e Territórios, deverá ser comunicada imediatamente ao Ministério Público competente, com indicação do lugar onde se encontra o preso e cópia dos documentos comprobatórios da legalidade da prisão.

Tratando-se de instituições que, segundo nosso sistema constitucional, não guardam entre si imediata relação de hierarquia ou subordinação, bem de compreender é que o exercício do controle externo da atividade policial pelo Ministério Público há de executar-se em limites que resguardem o campo de atuação reservada pela Constituição, no Capítulo III do Título V, às polícias civis, dirigidas por delegados de polícia de carreira, às quais, a teor do §4º do art. 144 da Lei Maior, incumbem "as funções de polícia judiciária e a apuração de infrações penais, exceto as militares".

16 Todos os aspectos acima referidos concernentes à atuação do Ministério Público, no sistema jurídico pátrio, estão a evidenciar assim que o universo do ofício a ele cometido como fiscal da lei, defensor da sociedade, da ordem jurídica, da democracia, não se restringe, apenas, ao âmbito do Poder Judiciário, mas se estende por todos os setores do exercício do Poder em geral e sempre que estiverem presentes os interesses públicos, sociais e individuais indisponíveis, a necessidade de defesa da ordem jurídica, da sociedade e do regime democrático e suas instituições, dos incapazes, do meio ambiente, da moralidade no desempenho de suas funções pelos agentes do Poder Público, pelos responsáveis por dinheiros, bens e valores públicos.

Daí bem se entenderem as garantias, as prerrogativas, os direitos e as vedações que a Constituição confere aos membros do Ministério Público em geral, bem assim a reserva, a eles, enquanto integrantes das respectivas carreiras, do exercício das funções específicas, que lhes são cometidas e as especiais exigências ao provimento dos cargos correspondentes.

II Ministério Público junto aos Tribunais de Contas

17 A *existência* do Ministério Público junto aos Tribunais de Contas, como *entidade prevista na Constituição de 1988* – e antes na

Constituição de 1967, bem assim na Emenda Constitucional nº 1/1969, respectivamente, art. 73, §5º, e art. 72, §5º –, não cabe ser posta em dúvida, diante do que expressamente estipulam os arts. 73, §2º, inc. I, e 130, da Carta Política em vigor. Cresce de importância essa assertiva, quando, é certo, tal entendimento se firmou no Supremo Tribunal Federal, ao reconhecer que *existe o Ministério Público especial*, com atuação junto às Cortes de Contas, embora guarde perfil institucional distinto, sob alguns aspectos, da fisionomia traçada nos arts. 127 e 128, da Constituição de 1988, para o Ministério Público *comum*, com predominante atividade funcional em face dos órgãos do Poder Judiciário, que se põe como instituição essencial ao funcionamento desse Poder, desempenhando, também, conforme se anotou no item I, *funções relevantes extrajudiciais*, pré-judiciais ou meramente administrativas, no âmbito fiscalizatório em defesa da lei e de interesses indisponíveis. Em decorrência disso, ampara-se, de igual modo, *na jurisprudência do STF*, a compreensão de não constituir condição essencial em nosso sistema, para que se qualifique como *entidade* do Ministério Público brasileiro, o fato de estar, ou não, o ente ministerial em exame no rol do art. 128, I e II, da Constituição.

18 Na ADI nº 789-DF, de relatoria do Min. Celso de Mello, consta da ementa do respectivo acórdão, datado de 26.5.1994, entre outros, o seguinte (*RTJ*, n. 176, p. 541):

> O Ministério Público que atua perante o TCU qualifica-se *como* órgão *de extração constitucional, eis que a sua existência jurídica resulta da expressa previsão normativa constante da Carta Política (art. 73, §2º, I, e art. 130), sendo indiferente, para o efeito de sua configuração jurídico-institucional, a circunstância de não constar do rol taxativo inscrito no art. 128, I, da Constituição, que define a estrutura orgânica do Ministério Público da União.*

Na ementa do mesmo aresto, inseriu-se, ainda, no ponto:

> A *especificidade* do Ministério Público que atua perante o *TCU*, e cuja existência se projeta num *domínio institucional* absolutamente diverso daquele em que se insere o Ministério Público da União, faz *com que a regulação de sua organização, a discriminação de suas atribuições e a definição de seu estatuto sejam passíveis de veiculação mediante simples lei ordinária, eis que a edição de lei complementar é reclamada, no que concerne ao Parquet, tão somente para a disciplinação normativa do Ministério Público comum* (CF, art. 128, §5º).

A cláusula de garantia inscrita no art. 130 da Constituição não se reveste de conteúdo orgânico-institucional. Acha-se vocacionada, no âmbito de sua destinação tutelar, a proteger os *membros do Ministério Público especial no relevante desempenho de suas funções perante os Tribunais de Contas*. Este preceito da Lei Fundamental da República submete os *integrantes do MP junto aos Tribunais de Contas ao mesmo estatuto jurídico que rege, no que concerne a direitos, vedações e forma de investidura no cargo, os membros do Ministério Público comum.*

Em seu douto voto, o ilustre Ministro Celso de Mello, relator, examinou *este aspecto da caracterização do Ministério Público que atua junto aos Tribunais de Contas*, acentuando (*RTJ*, n. 176, p. 549-551), *verbis*:

A análise do texto constitucional brasileiro permite concluir, a partir da explícita referência feita pelo art. 73, §2º, I, e pelo art. 130, que, hoje, *não há como recusar a existência de um Ministério Público especial junto aos Tribunais de Contas, não obstante a ausência de menção a esse* órgão *estatal no rol descritivo constante do art. 128 da Carta Política.*

Com a evolução do direito republicano, o Ministério Público especial junto ao Tribunal de Contas da União, notadamente a partir da Carta Federal de 1967 (art. 73, §5º), *veio a ser consagrado, ante a inquestionável necessidade de sua institucionalização, como* órgão *provido de estatura constitucional.*

O Texto Básico de 1969, fiel a essa tendência, preservou a qualificação constitucional do Ministério Público junto ao Tribunal de Contas da União (art. 72. §5º).

A nova lei Fundamental do Estado, ao conferir assento jurídico ao Ministério Público que atua perante os Tribunais de Contas, *veio, na realidade, a prestigiar, agora de modo muito mais expressivo, especialmente em face do que dispõe o seu artigo 130, a tradição que se iniciara, na prática republicana de nossas instituições, com a edição do Decreto nº 1.166, de 1892, que veiculou a primeira Lei Orgânica do Tribunal de Contas da União.*

Vê-se, pois, que o Ministério Público junto ao TCU, *desde os primórdios da República, quando ainda se ensaiava o seu processo de institucionalização no direito positivo brasileiro, revelou-se peça essencial no desempenho das atividades fiscalizadoras e de controle atribuídas a essa alta Corte de Contas.*

Daí, a observação do em. Ministro Octavio Gallotti que, em conferência sobre o "Tribunal de Contas da União e a prática de sua competência constitucional", salientou a propósito da condição jurídico-institucional do Ministério Público que perante essa Corte de Contas atua, que, *verbis*:

"Seria incompleto um relato, mesmo sucinto, da atividade do Tribunal de Contas da União, sem alusão ao Ministério Público que, perante ele, desempenha importante missão.

Organizado como tal, segundo a lei ordinária, desde os primórdios do Tribunal, foi esse setor especial do Ministério Público alçado à condição explícita de órgão constitucional, com o advento da Carta de 1967, em cujo art. 73, §5º, do texto original (art. 72, §5º, do atual), ficou consignada a sua competência para provocar a adoção das providências cabíveis, nos casos de verificação de ilegalidade de despesas." (RDA vol.131/1,28).

"Essa posição institucional do Ministério Público junto aos Tribunais de Contas foi ressaltada pelo Supremo Tribunal Federal, que, ao julgar a Rp 770-GB, Rel. Min. Djaci Falcão, *teve o ensejo de repudiar a alegação de inconstitucionalidade concernente* à *qualificação da Procuradoria junto ao Tribunal de Contas como* órgão *exercente de funções peculiares ao Ministério Público* (RTJ 51/214)".

Noutro passo de seu douto voto, acentuou o Min. Celso de Mello, no mesmo julgamento:

A reflexão sobre as posições que se antagonizam no plano doutrinário em torno desse tema, às quais fiz referência no início deste julgamento, leva-me, desde logo, a refutar a tese de que o Ministério Público junto ao Tribunal de Contas da União, porque não incluído no elenco constante do art. 128 da Constituição, revelar-se-ia, só por isso, um órgão marginal, destituído de qualquer referência ou vinculação de ordem institucional.

Penso ser bem diversa a realidade constitucional que diz respeito a esse Ministério Público, cuja existência deriva da formal referência a ele feita pela própria Constituição, tanto em seu art. 73, §2º, I (que cuida da afetação de vagas reservadas aos membros desse órgão no TCU), quanto no próprio art. 130.

Impõe-se reconhecer, desse modo, que existe esse Ministério Público especial, cujas atividades funcionais, no entanto, acham-se restritas ao âmbito do Tribunal de Contas da União. Por encontrar assento normativo no texto de nossa Carta Política, o Ministério Público especial não pode ser desconsiderado em sua inquestionável existência jurídica.

Daí a observação de José Afonso da Silva, no sentido de que "[...] o art. 130 admite o Ministério Público especial, não mencionado no art. 128, junto aos Tribunais de Contas, portanto junto a órgão não jurisdicional [...]. Ao Ministério Público junto aos Tribunais de Contas só compete o exercício de suas funções essenciais de *custos legis*, porque representação das Fazendas Públicas, aí, como em qualquer outro caso, é função dos respectivos Procuradores, nos termos dos arts. 131 e 132".[9]

---

[9] MELLO, Celso de. *Curso de direito constitucional positivo*. 9. ed. 3. tir. São Paulo: Malheiros, 1993. p. 511; 514.

19 Em realidade, cuidava-se na ADI nº 789-DF, de arguição de inconstitucionalidade de normas constantes da Lei nº 8.443, de 16.7.1992, que dispõe sobre a Lei Orgânica do Tribunal de Contas da União, as quais

> versam a disciplina do Ministério Público junto ao Tribunal de Contas da União (arts. 80 a 84); estabelecem a competência dessa Corte para, mediante ato próprio, conceder licença, férias, e outros afastamentos aos membros do Parquet (art. 1º, XII); conferem, ainda, ao Tribunal de Contas da União prerrogativa de propor ao Congresso Nacional a fixação dos vencimentos dos integrantes do Ministério Público que perante ele atuem (art. 1º, XIII); outorgam finalmente à Presidência desta Corte a atribuição de dar posse aos membros do Ministério Público instituído para atuar junto a esse órgão constitucionalmente incumbido de auxiliar o Congresso Nacional no controle externo financeiro, orçamentário e contábil.

A ação direta de inconstitucionalidade foi julgada improcedente, mantidos pois os dispositivos impugnados. A decisão, todavia, como se anotou, reconheceu a *existência*, com base constitucional, do Ministério Público em referência, asseverando *a natureza de Ministério Público* (sentido próprio) do referido Ministério Público especial junto à Corte de Contas da União, restando, por extensão, aplicável o entendimento no que concerne ao MP junto aos Tribunais de Contas dos Estados e Distrito Federal, nos termos do que prevê o art. 75 da Constituição Federal.

Os dispositivos da Lei Orgânica do Tribunal de Contas da União (Lei nº 8.443, de 16.7.1992), julgados constitucionais pelo STF e referentes ao Ministério Público junto àquela Corte (arts. 80 a 84), guardam o seguinte teor:

> Art. 80. O Ministério Público junto ao Tribunal de Contas da União, ao qual se aplicam os princípios institucionais da unidade, da indivisibilidade e da independência funcional, compõe-se de um procurador-geral, três subprocuradores-gerais e quatro procuradores, nomeados pelo Presidente da República dentre brasileiros, bacharéis em Direito.
>
> §2º A carreira do Ministério Público junto ao Tribunal de Contas da União é constituída pelos cargos de subprocurador-geral e procurador, este inicial e aquele representando o último nível da carreira, não excedendo a dez por cento a diferença de vencimentos de uma classe para a outra, respeitada igual diferença entre os cargos de subprocurador-geral e procurador geral.

§3º O ingresso na carreira far-se-á no cargo de procurador, mediante concurso público de provas e títulos, assegurada a participação da Ordem dos Advogados do Brasil em sua realização e observada, nas nomeações, a ordem de classificação, enquanto a promoção ao cargo de subprocurador-geral far-se-á alternadamente, por antiguidade e merecimento.

Art. 81. Compete ao procurador-geral junto ao Tribunal de Contas da União, em sua missão de guarda da lei e fiscal de sua execução, além de outras estabelecidas no Regimento Interno, as seguintes atribuições:

I - promover a defesa da ordem jurídica, requerendo, perante o Tribunal de Contas da União, as medidas de interesse da Justiça, da Administração e do Erário;

II - comparecer às sessões do Tribunal e dizer de direito, verbalmente ou por escrito em todos os assuntos sujeitos à decisão do Tribunal, sendo obrigatória sua audiência nos processos de tomada ou prestação de contas e nos concernentes aos atos de admissão de pessoal e de concessão de aposentadorias, reformas e pensões;

III - promover junto à Advocacia Geral da União ou, conforme o caso, perante os dirigentes das entidades jurisdicionadas do Tribunal de Contas da União, as medidas previstas no inciso II do art. 28 e no art. 61 desta Lei, remetendo-lhes a documentação e instruções necessárias;

IV - interpor os recursos permitidos em lei.

Art. 82. *Aos subprocuradores-gerais e procuradores compete, por delegação do procurador-geral*, exercer as funções previstas no artigo anterior.

Parágrafo único. Em caso de vacância e em suas ausências e impedimentos por motivo de licença, férias ou outro afastamento legal, o procurador-geral será substituído pelos subprocuradores-gerais e, na ausência destes pelos procuradores, observada, em ambos os casos, a ordem de antiguidade no cargo, ou a maior idade, no caso de idêntica antiguidade, fazendo jus, nessas substituições, aos vencimentos do cargo exercido.

Art. 83. *O Ministério Público contará com o apoio administrativo e de pessoal da Secretaria do Tribunal, conforme organização estabelecida no Regimento Interno.*

Art. 84. Aos membros do Ministério Público junto ao Tribunal de Contas da União *aplicam-se, subsidiariamente, no que couber, as disposições da Lei Orgânica do Ministério Público da União, pertinentes a direitos, garantias, prerrogativas, vedações, regime disciplinar e forma de investidura no cargo inicial da carreira.*

20 Dessa sorte, a Corte Suprema, na ADI nº 789-DF, por unanimidade, reconhece a *existência do Ministério Público junto ao Tribunal de Contas*, dando expressamente pela constitucionalidade dos artigos transcritos da Lei Orgânica do Tribunal de Contas da União, sendo que o art. 80 do diploma aludido estabelece a aplicação, a esse Ministério Público especial, como Ministério Público que é, de forma precisa, dos *princípios da unidade, da indivisibilidade e da independência funcional*, assim como está consignado no §1º do art. 127 da Constituição.

De outra parte, resulta do art. 130 da Constituição, também, a aplicação aos membros do Ministério Público junto aos Tribunais de Contas das "disposições pertinentes a *direitos, vedações e forma de investidura*", previstos na Seção I, do Capítulo IV, do Título IV, da Lei Magna da República, cumprindo se terem, aqui, como invocáveis desde logo, a integrarem seu estatuto funcional, as disposições constantes do art. 128, §5º, I e II e §6º, *verbis*:

> Art. 128. [...] §5º [...]
>
> I - as seguintes garantias:
>
> a) vitaliciedade, após dois anos de exercício, não podendo perder o cargo senão por sentença judicial transitada em julgado;
>
> b) inamovibilidade, salvo por motivo de interesse público;
>
> c) irredutibilidade de subsídio, fixado na forma do art. 39, §4º, e ressalvado o disposto nos arts. 37, X e XI, 150, II, 153, III, 153, §2º, I;
>
> II - as seguintes *vedações*:
>
> a) receber, a qualquer título e sob qualquer pretexto, honorários, percentagens ou custas processuais;
>
> b) exercer a advocacia;
>
> c) participar de sociedade comercial, na forma da lei;
>
> d) exercer, ainda que em disponibilidade, qualquer outra função pública, salvo uma de magistério;
>
> e) exercer atividade político-partidária;
>
> f) receber, a qualquer título ou pretexto, auxílios ou contribuições de pessoas físicas, entidades públicas ou privadas, ressalvadas as exceções previstas em lei. [...]
>
> Art. 128. [...]
>
> §6º Aplica-se aos membros do Ministério Público o disposto no art. 95, parágrafo único, V (É vedado: exercer a advocacia no juízo ou tribunal do qual se afastou antes de decorridos três anos do afastamento do cargo por aposentadoria ou exoneração).

21 Quanto à *forma de investidura*, vale anotar que o provimento dos cargos de *carreira específica* do Ministério Público junto aos Tribunais de Contas não se afasta, em realidade, do previsto no §2º do art. 127, combinado com o art. 129, §§2º e 3º, ambos da Constituição, eis que há de proceder-se por concurso público de provas e títulos, no que concerne à classe inicial da carreira, segundo a diretriz resultante do art. 80, §§2º e 3º da Lei nº 8.443 de 1997, acima transcrito, julgados constitucionais pelo STF (ADI nº 789), assegurada a participação da Ordem dos Advogados do Brasil em sua realização e observada, nas nomeações, pelo chefe do Poder Executivo, a ordem de classificação dos candidatos, bacharéis em direito; de referência à promoção ao cargo de nível superior da carreira, far-se-á, alternadamente, por antiguidade e merecimento, *só podendo, outrossim, exercer as funções respectivas, junto* às *Cortes de Contas, os integrantes da carreira do Ministério Público especial em análise.*

No que respeita ao cargo de procurador-geral do Ministério Público junto ao Tribunal de Contas da União, a nomeação decorre de ato do Presidente da República, *entre todos os integrantes da carreira em referência*, não se exigindo, no caso, a prévia aprovação da maioria do Senado Federal. Está, ademais, no Regimento Interno do TCU, no Capítulo XII relativo ao Ministério Público, art. 58, §2º, *verbis*:

> Em caso de vacância do cargo de procurador-geral, o Presidente do Tribunal encaminhará ao Presidente da República, *lista contendo o nome de todos os integrantes da carreira* do Ministério Público junto à Corte, por ordem de antiguidade e com a indicação de seus respectivos cargos.

Releva, no ponto, consignar que, embora omissa a Lei nº 8.443/1992, art. 80, seguindo a orientação posta no art. 84 do mesmo diploma, e em consonância com o art. 128, §1º, da Constituição, o citado Regimento Interno do TCU, no Capítulo XII aludido, art. 58, §1º, estipula:

> §1º O Ministério Público junto ao Tribunal tem por chefe o Procurador-Geral, que será nomeado pelo Presidente da República entre os integrantes da carreira, *para exercer mandato de dois anos, permitida a recondução*, tendo tratamento protocolar, direitos e prerrogativas correspondentes aos de Ministro do Tribunal.

Esse é o procedimento adotado na Corte Federal de Contas, o que guarda correspondência às disposições constitucionais do art. 130, *in fine*, combinado com o art. 128, §1º da Carta Política em vigor. Nesse mesmo sentido é o acórdão do STF na ADI nº 1791-MC (Rel. Min. Sydney Sanches. *DJ*, 11 set. 1990).

De outro lado, o art. 81 da Lei nº 8.443/1992, julgado constitucional pelo STF, na mencionada ADI nº 789, explicita competir ao procurador-geral do MP junto ao Tribunal de Contas da União, "em sua missão de guarda da lei e fiscal de sua execução", além de outras *estabelecidas no regimento interno*, as seguintes atribuições:

I – promover a defesa da ordem jurídica, requerendo perante o Tribunal de Contas da União as medidas de interesse da *justiça*, da *administração* e do *erário*; II – comparecer às sessões do Tribunal, sendo obrigatória sua audiência nos processos de tomada ou prestação de contas e nos concernentes aos atos de admissão de pessoal e de concessão de aposentadorias, reformas e pensões; III – promover junto à Advocacia-Geral da União ou, conforme o caso, perante os dirigentes das entidades jurisdicionadas do Tribunal de Contas da União, as medidas previstas no inciso II do art. 28 e no art. 61 desta lei, remetendo-lhes a documentação e instruções necessárias; IV – interpor os recursos permitidos em lei.

22 Verifica-se, destarte, que o MP junto às Cortes de Contas possui a atribuição de promover medidas (Lei nº 8.443/1992, art. 81, III) que concernem à execução de decisões do Tribunal respectivo, adotando, a tanto, as providências cabíveis perante a Advocacia-Geral da União (Lei nº 8.443/1992, art. 28, II), *com vistas à cobrança judicial de dívida* assentada em decisão da Corte de Contas, ou, a teor do art. 61, do mesmo diploma legal, "o arresto dos bens dos responsáveis julgados em débito", "devendo ser ouvido quanto à liberação de bens arrestados e sua restituição".

Relativamente às atribuições do chefe do Ministério Público junto ao Tribunal de Contas, é significativo ter presente caber-lhe "baixar as *instruções que julgar necessárias*, definindo as atribuições dos subprocuradores-gerais, e procuradores, *disciplinando os critérios de promoção dos procuradores e os serviços internos do Ministério Público junto ao Tribunal*" (Reg. Int. do TCU, art. 64). Também a *escala de férias* dos membros do MP em referência, que têm direito a *sessenta dias* anuais, é aprovada pelo procurador-geral, a quem incumbe, por igual, *requisitar ao Presidente da Corte* o apoio administrativo e de pessoal da Secretaria do Tribunal necessários ao desempenho da missão do Ministério Público, nos termos do art. 83 da Lei nº 8.443 de 1992, disposição legal julgada constitucional (ADI nº 789, STF) que reza; "Art. 83. O Ministério Público *contará com o apoio administrativo e de pessoal da secretaria do Tribunal, conforme organização estabelecida no regimento interno*". Também o *edital do concurso* para ingresso na carreira é *aprovado e baixado pelo procurador-geral* a quem se atribui, ademais, "homologar seu resultado final" (Reg. Int. do TCU, art. 58, §6º).

23 Desse modo, impende entender que o Ministério Público junto ao Tribunal de Contas não está sujeito à *organização hierárquica das carreiras do TCU*, possuindo *disciplina distinta* em relação às demais carreiras, resultando, além disso, de suas atribuições a *fisionomia indicativa da inequívoca independência funcional* que possuem os seus membros, *não subordinados, hierarquicamente, ao respectivo Tribunal de Contas*.

Embora sua existência secular, *pelas peculiaridades de funcionamento exclusivamente no domínio importantíssimo de competências reservado aos Tribunais de Contas*, na ordem constitucional (CF, arts. 71 a 74), *órgãos autônomos*, não subordinados pois a qualquer dos poderes políticos, mas apenas auxiliares do Poder Legislativo aos efeitos do *controle externo* a que se referem os arts. 49, IX; 70 e parágrafo único da Constituição, o Ministério Público especial em exame não recebeu, no texto da Lei Maior de 1988, a outorga expressa das prerrogativas de *autonomia administrativa e financeira* conferida *pela vez primeira*, explicitamente, pela Constituição em vigor ao Poder Judiciário (art. 99 e parágrafos) e ao Ministério Público *comum* que oficia *precipuamente* perante os órgãos desse referido poder (art. 128, §§2º a 6º), nada obstante também lhe sejam cometidas *atribuições extrajudiciais*, conforme antes se anotou.

Decerto, essa circunstância de não constar da Constituição de 1988 expressa concessão de "autonomia administrativa e financeira" ao MP junto aos Tribunais de Contas, nos termos dos arts. 99 e 127, §§2º e 3º, tal não o descaracteriza como entidade exercente de atividades por sua natureza próprias do Ministério Público, e, pois, como órgão do Ministério Público, cuja história republicana entre nós tem obtido progressiva evolução, não estando, no regime atual, vinculado a qualquer dos poderes políticos, nem submetido hierarquicamente a qualquer órgão da estrutura estatal.

Isso mesmo sucede com o Ministério Público junto aos Tribunais de Contas, que também atua, sem submissão alguma a qualquer poder político, *nem está sujeito, hierarquicamente*, à própria Corte de Contas *junto* à *qual cumpre sua missão*, podendo, inclusive, por igual, fiscalizar o cumprimento da lei e a observância dos princípios constitucionais, na intimidade da Corte de Contas em que oficia, relativamente a decisões e atos dela emanados, aí incluídos atos de seus respectivos membros, a começar pelo Presidente da Corte, adotando, diante de ilegalidades que porventura entenda existirem, as providências e medidas de direito. Em realidade, é a *independência funcional a marca distintiva do Ministério Público*, a cujos membros incumbe exercer seu ofício, com as garantias constitucionais de que são eles titulares, submissos apenas à

Constituição, às leis válidas e à consciência, com a responsabilidade daí decorrente. A *independência funcional* como princípio institucional do Ministério Público (CF, art. 127, §1º) está, de igual modo, consignada na qualificação do Ministério Público junto aos Tribunais de Contas – consoante não poderia deixar de ser, eis que órgão do Ministério Público –, no art. 80, da Lei nº 8.443/1992, dispositivo julgado constitucional pelo STF na ADI nº 789.

Nesse sentido, é a jurisprudência do STF, acentuada já no julgamento da ADI nº 789, e reiterada em múltiplos arestos da Corte Maior. Assim, está na ementa do acórdão na ADI nº 328-3-SC, de relatoria do Min. Ricardo Lewandowski, de 2.2.2009, *verbis*:

> II. Dispositivo impugnado que contraria o disposto nos arts. 37, II, e 129, §3º, e 130 da Constituição Federal, que *configuram 'cláusula de garantia' para a atuação independente do Parquet especial junto aos Tribunais de Contas.*
>
> III. *Trata-se de modelo jurídico heterônomo estabelecido pela própria Carta Federal que possui estrutura própria de maneira a assegurar a mais ampla autonomia a seus integrantes.*
>
> IV. *Inadmissibilidade de transmigração para o Ministério Público especial de membros de outras carreiras.*
>
> V. Ação julgada procedente.

Em seu douto voto, acolhido por unanimidade pela Corte, o ilustre relator, alinhando jurisprudência do Tribunal e doutrina, acentuou:

> Com efeito, o parágrafo único do art. 102 da Carta catarinense, ao estabelecer que "o Ministério Público junto ao Tribunal de contas é exercido pelos Procuradores da Fazenda junto ao Tribunal de Contas", atenta contra a autonomia da instituição, *apartando-se da jurisprudência desta Suprema Corte no sentido de que os integrantes do Parquet especial que oficiam junto aos Tribunais de Contas integram carreira exclusiva, que não admite o ingresso de membros de outras carreiras da Administração Estatal, ainda que nelas tenham ingressado por concurso público* (ADIs 263/RO, Rel. Min. Sepúlveda Pertence, 789/DF, Rel. Min. Celso de Mello, 1.545/SE, Rel. Octavio Gallotti, 2.068/MG, Rel. Sydney Sanches, 2.884/RJ, Rel. Celso de Mello, 2.378/GO, Rel. Min. Maurício Correa, 3.160/CE, Rel. Min. Celso de Mello, 3.192/ES, Rel. Min. Eros Grau).
>
> A doutrina também não discrepa de tal entendimento. Segundo ensina Alberto Sevilha, "na jurisdição própria dos Tribunais de Contas a missão de "custos legis" é exclusiva do Ministério Público Especial, *sendo inconstitucional a designação de qualquer outra instituição pra o exercício de tal função.*

José Afonso da Silva ressalta, igualmente, a especificidade das funções dos membros desse Parquet especial, assinalando que a estes "compete o exercício de suas funções essenciais de custos legis, *porque a representação das Fazendas Públicas*, aí, como em qualquer outro caso, é *função dos respectivos procuradores* nos termos dos arts. 131 e 132.

Na mesma linha de compreensão está o acórdão do STF, na ADI nº 3160-CE, de relatoria do Min. Celso de Mello, em 25.10.2007, afirmando-se em passo da ementa respectiva, *verbis*:

> – Uma das nomeações para os Tribunais de Contas estaduais, de competência do Governador do Estado, acha-se constitucionalmente vinculada a membro do Ministério Público especial, com atuação perante as próprias Cortes de Contas. O MINISTÉRIO PÚBLICO ESPECIAL JUNTO AOS TRIBUNAIS DE CONTAS NÃO SE CONFUNDE COM OS DEMAIS RAMOS DO MINISTÉRIO PÚBLICO COMUM DA UNIÃO E DOS ESTADOS- MEMBROS.

> – *O Ministério Público especial junto aos Tribunais de Contas – que configura uma indiscutível realidade constitucional – qualifica-se como* órgão *estatal dotado de identidade e de fisionomia próprias que o tornam inconfundível e inassimilável* à *instituição do Ministério Público comum da União e dos Estados-membros.*

> – Não se reveste de legitimidade constitucional a participação do Ministério Público comum perante os Tribunais de Contas dos Estados, pois essa participação e atuação acham-se constitucionalmente reservadas aos membros integrantes do Ministério Público especial, a que se refere a própria Lei Fundamental da República (art. 130).

Nesse julgamento, *a Corte declarou a inconstitucionalidade do art. 137 da Constituição do Estado do Ceará*, ao estabelecer que a atividade do Ministério Público perante o Tribunal de Contas do Estado *seria exercida por procurador de justiça, designado pelo procurador-geral de justiça*, registrando-se, na apreciação do mérito, a jurisprudência da Corte "no sentido que compete ao Ministério Público especial, e não ao Ministério Público comum, o exercício exclusivo das atribuições institucionais do *Parquet* perante os Tribunais de Contas *em geral*". Citaram-se, nos acórdãos, os precedentes seguintes: "RTJ 176/540-541; RTJ 176/610-611; RTJ 184/924; ADI 263/RO (DJ de 22.6.1990; ADI 1545/SE (DJ de 24.10.97); ADI 3192/ES (DJ de 18.8.06); RTJ 194/504-505; ADI 2378/60 (DJ de 6.9.07; ADI 1791/PE (DJ de 23.02.01)".[10]

---

[10] STF. *A Constituição e o Supremo*. Edição comemorativa dos 20 anos da Constituição. Brasília, 2008. p. 775.

Anota, no ponto, o professor Jorge Ulisses Jacoby Fernandes:[11]

Como regra, o Ministério Público que atua junto ao Tribunal de Contas *exerce o papel de fiscal da lei* e, portanto, tem legitimidade para recorrer das decisões, não sendo incomum que o faça nas raras hipóteses em que o plenário ou a câmara não acolhe seu parecer. A propósito, as leis orgânicas das Cortes de Contas, como regra, lembram essa possibilidade [*em nota de rodapé*: "No TCU: TC 375129/95-2, TC 399.034/91-9,TC 399.048/91-0, Acórdão 168/95-TCU – Plenário, em 5.12.95, extraordinária"]. É óbvio que, sendo constitucionalmente estabelecido que junto ao Tribunal deve atuar um Ministério Público em caráter especializado, conforme já assentou o Supremo Tribunal Federal, fica excluída a possibilidade de recurso de membro do Ministério Público ordinário.

Noutro passo, após acentuar a especialidade das matérias versadas nos Tribunais de Contas (CF, arts. 71, 72 e 74), observa o citado e ilustre autor que também o fato de que o Ministério ordinário presta contas a esses Tribunais, *exigindo, portanto,* órgão *distinto para funcionar como custos legis*, com a natureza do órgão a que se vinculam, o que, em seu entender, constitui um entre os vários motivos que justificam a existência desse MP especial.[12]

A evidenciar, de outra parte, *ad exemplum, a atuação independente do Ministério Público junto aos Tribunais de Contas,* vale referir seu ofício na fase inicial do procedimento de tomada de contas especial, nos termos aludidos pelo professor Jacoby Fernandes,[13] *verbis*:

Nos processos de TCE, o Ministério Público *atua como fiscal da lei numa função que muitas vezes se confunde com a de parte.*

Examinará o Ministério Público os autos e, verificando infração à lei, pugnará pelo *restabelecimento da legalidade, penalização do responsável e recomposição do erário.*

Não compete ao Ministério Público o dever de sustentar sempre a acusação, nem lhe é impedido requerer o julgamento pela regularidade, com quitação do responsável.

Reside precisamente na atuação firme e serena de seus membros e no fortalecimento da instituição um fator de solidez das Cortes de Contas.

---

[11] FERNANDES, Jorge Ulisses Jacoby. *Tomada de contas especial.* 2. ed. Brasília: Brasília Jurídica, 1998. p. 400.

[12] FERNANDES, Jorge Ulisses Jacoby. *Tomada de contas especial.* 2. ed. Brasília: Brasília Jurídica, 1998. p. 339.

[13] FERNANDES, Jorge Ulisses Jacoby. *Tomada de contas especial.* 2. ed. Brasília: Brasília Jurídica, 1998. p. 339-340.

O Ministério Público junto ao TCDF, em reunião de seus membros, aprovou o enunciado 19 da súmula de sua jurisprudência, estabelecendo o papel do MP *na fase de citação*, o qual tem o seguinte teor:

"Tomada de Contas Especial: Citação. Participação do Ministério Público junto ao TCDF.

1. O Ministério Público junto ao TCDF tem por função zelar pela legalidade na aplicação de bens, dinheiro e valores públicos.

2. Não compete a este órgão a função de acusador em processos de TCE, *devendo dirigir sua atuação à preservação de valores institucionais, atento às peculiaridades do processo.*

3. É indispensável à validade da citação, em processos de TCE, a prévia audiência do Ministério Público.

4. No exame de sua competência, o Ministério Público verificará a ocorrência dos pressupostos processuais à validade da citação (dano, nexo causal e responsabilidade) e a existência de elementos necessários e suficientes à liquidação do valor do débito.

5. *Essa manifestação processual do Ministério Público não dispensa sua apreciação após apresentação de defesa escrita, inclusive com sustentação oral.*

6. *A participação do Ministério Público faz-se na condição de custos legis, validando a eficácia do princípio constitucional da ampla defesa e do contraditório".*
(Entendimento firmado em 15.10.1997).

Adiante, registra o citado jurista:[14]

O exame dos autos, no Ministério Público Especial, inicia-se com a verificação da existência de fatos ensejadores de nulidades, como, por exemplo, a comissão ter sido instituída por autoridade incompetente ou ter-se utilizado de meios de provas ilícitas.

O escopo da Lei, na sua mais lata integridade, deve prevalecer nesse exame, por vários motivos, mas um em particular é arrolado de forma prática: se o julgamento das Cortes de Contas afasta-se da legalidade, poderão os autos, na revisão pelo Poder Judiciário, ser considerados nulos.

Sua função de fiscal da lei exige a atuação que ora parecerá em defesa do erário, ora em defesa de algum acusado, mas tendo sempre o escopo da prevalência da legalidade, fortalecendo o processo, para que venha a resistir ao crivo do Poder Judiciário.

---

[14] FERNANDES, Jorge Ulisses Jacoby. *Tomada de contas especial.* 2. ed. Brasília: Brasília Jurídica, 1998. p. 340.

Por último, no ponto, registra o mesmo autor:[15]

Encontrando-se regular o processo, sem presença de fatos que possam nulificá-lo, o Ministério Público examinará a conduta do agente, segundo os elementos existentes no processo, contrastando-a com as normas legais.

Evidenciada a transgressão à legislação, o Ministério Público proporá, então, a citação do agente para que venha a oferecer a defesa ou a recolher, desde logo, o valor do débito.

24 É bem de ressaltar, aqui, a missão cada vez maior dos *Tribunais de Contas*, como instituição com histórico constitucional que acompanha a própria existência *republicana e federativa* do Brasil, mantendo a condição de órgãos *autônomos e independentes*, sem subordinação hierárquica a qualquer dos poderes do Estado e com as prerrogativas definidas no art. 73, combinado com o art. 96, ambos da Constituição Federal em vigor, estendidas no que couber aos estados, Distrito Federal e municípios, *ut* art. 75 e parágrafo único. Embora situados na Seção IX do Capítulo I do Título IV os Tribunais de Contas, o tratamento definido pela Constituição no âmbito do Poder Legislativo não torna – tanto o Tribunal de Contas da União, quanto os Tribunais de Contas dos Estados-membros e do Distrito Federal (art. 75) – entes subordinados a esse Poder. Incumbe-lhes, é certo, a função de, como órgãos *autônomos*, auxiliar o Poder Legislativo no desempenho da *fiscalização contábil, financeira, orçamentária, operacional e patrimonial* da União, dos estados e do Distrito Federal, e também nos municípios onde instalados, incluídas as respectivas entidades da administração direta e indireta, no que concerne à *legalidade, legitimidade, economicidade,* aplicação das subvenções e renúncia de receitas, *mediante controle externo,* cumprindo, ademais a cada poder e órgãos autônomos ainda *executar sistema de controle interno* (CF, art. 70).

Ora, conforme já se acentuou acima, o Ministério Público junto a essas Cortes zela pelo efetivo respeito da lei, como fiscal e promotor de sua fiel execução na defesa dos interesses públicos superiores. Não está a serviço do poder, como seu advogado, cabendo-lhe impugnar contas e atos dos governos, bem assim agir em defesa de direitos e interesses indisponíveis.

---

[15] FERNANDES, Jorge Ulisses Jacoby. *Tomada de contas especial.* 2. ed. Brasília: Brasília Jurídica, 1998. p. 340.

Para que se verifique, de forma objetiva, desse modo, o amplo espaço de atuação do *Ministério Público junto aos Tribunais de Contas*, eis que oficia em todo o universo de seus procedimentos, bastante é, desde logo, evidenciar as atribuições gerais das Cortes de Contas, a teor do art. 71 da Constituição, *in verbis*:

Art. 71. O controle externo, a cargo do Congresso Nacional, será exercido com o auxílio do Tribunal de Contas da União, ao qual compete:

I - apreciar as contas prestadas anualmente pelo Presidente da República, mediante parecer prévio, que deverá ser elaborado em sessenta dias a contar de seu recebimento;

II - *julgar as contas dos administradores e demais responsáveis por dinheiros, bens e valores públicos da administração direta e indireta*, incluídas as fundações e sociedades instituídas e mantidas pelo poder público federal, e as contas daqueles que derem causa a perda, extravio ou outra irregularidade de que resulte prejuízo ao erário público;

III - apreciar, para fins de registro, *a legalidade dos atos de admissão de pessoal*, a qualquer título, na administração direta e indireta, incluídas as fundações instituídas e mantidas pelo poder público, excetuadas as nomeações para cargo de provimento em comissão, bem como a das concessões de aposentadorias, reformas e pensões, ressalvadas as melhorias posteriores que não alterem o fundamento legal do ato concessório;

IV - *realizar*, por iniciativa própria, da Câmara dos Deputados, do Senado Federal, de comissão técnica ou de inquérito, *inspeções e auditorias de natureza contábil, financeira, orçamentária, operacional e patrimonial, nas unidades administrativas dos Poderes Legislativo, Executivo e Judiciário*, e demais entidades referidas no inciso II;

V - *fiscalizar as contas nacionais das empresas supranacionais de cujo capital social a União participe, de forma direta ou indireta, nos termos do tratado constitutivo*;

VI - fiscalizar a aplicação de quaisquer recursos repassados pela União mediante convênio, acordo, ajuste ou outros instrumentos congêneres, a Estado, ao Distrito Federal ou a Município;

VII - prestar as informações solicitadas pelo Congresso Nacional, por qualquer de suas Casas, ou por qualquer das respectivas comissões, sobre a fiscalização contábil, financeira, orçamentária, operacional e patrimonial e sobre resultados de auditorias e inspeções realizadas;

VIII - *aplicar aos responsáveis, em caso de ilegalidade de despesa ou irregularidade de contas, as sanções previstas em lei, que estabelecerá*, entre outras cominações, multa proporcional ao dano causado ao erário;

IX - assinar prazo para que o órgão ou entidade adote as providências necessárias ao exato cumprimento da lei, se verificada ilegalidade;

X - *sustar, se não atendido, a execução do ato impugnado, comunicando a decisão à Câmara dos Deputados e ao Senado Federal;*
XI - *representar ao Poder competente sobre irregularidades ou abusos apurados.*

Nesse plano de considerações, referindo-se ao "controle contábil, financeiro, orçamentário, operacional e patrimonial externo", o acatado administrativista, professor Diogo de Figueiredo Moreira Neto,[16] acentua:

> Para auxiliá-lo, nessa modalidade de controle, o Congresso Nacional atua em conjunto com um órgão *constitucionalmente independente*, colegiado e provido de habilitação técnica – o *Tribunal de Contas da União* – cuja competência vem minudentemente estabelecida na Constituição (art. 71), existindo, simetricamente, *Tribunais de Contas* nos Estados, Distrito Federal e nos Municípios do Rio de Janeiro e São Paulo, sujeitos, no que couber, às mesmas normas, estabelecidas nos artigos 70 a 75 da Constituição. Sobre a origem das cortes de contas, Viveiros de Castro recorda que, em Atenas já existia um órgão dessa natureza, eleito pela *Eclésia*, a assembleia geral dos cidadãos. Em Roma, essas funções estavam cometidas ao Senado e, no medievo, lembra ainda Maurice Duverger, as Câmaras de Contas faziam parte dos conselhos reais. As versões modernas parecem ter suas origens nessas *Cours de Comptes* instituídas na França (1807), na Holanda (1820), na Bélgica (1831) e na Itália (1862), estranhas, porém, à organização político-administrativa de países anglo-saxões, que exercem este tipo de fiscalização através de *auditores-gerais* nomeados enquanto bem servirem. No Brasil, embora tivesse havido tentativas de criação de um Tribunal de Contas do Império, somente com o Decreto nº 966- A, de 7 de novembro de 1890, por iniciativa de Rui Barbosa, foi introduzido no sistema político-administrativo do País, permanecendo, desde então, em todas as Constituições republicanas, essas Cortes de Contas, que, com a Carta de 1988, foram reforçadas e ampliadas em suas competências (art. 71), reguladas com maior detalhe (arts. 72 e 73) e com importantes alterações na forma de provimento de seus membros (art. 73, §2º), basicamente, entretanto, com a constituição, natureza jurídica e características técnicas tradicionais, devendo destacar-se como novidade a atribuição de eficácia de título executivo às decisões de que resulte imputação de débito ou multa (art. 71, §3º).

De outra parte, é de ter presente que a Constituição submete à *prestação de contas qualquer pessoa* física ou jurídica, pública ou privada,

---

[16] MOREIRA NETO, Diogo de Figueiredo. *Curso de direito administrativo*. 15. ed. Rio de Janeiro: Forense, 2009. p. 641.

que utilize, arrecade, guarde, gerencie ou administre *dinheiros, bens e valores* públicos ou pelos quais a União responda, ou que, em nome desta, assuma obrigações de natureza pecuniária (art. 70, parágrafo único).

Noutra passagem, o professor Diogo de Figueiredo Moreira Neto[17] observa tratar-se de um *sistema de controle especializado* o definido no ordenamento constitucional:

> compreendendo o *controle interno* e o *controle externo, que deve operar integradamente,* como deflui da própria Constituição (art. 70), sendo necessário, por isso mesmo, não perder de vista as múltiplas imbricações funcionais desse *sistema de controle misto,* que se funda nos princípios constitucionais de *legalidade, legitimidade e economicidade* aplicados à gestão financeira e orçamentária.

Adiante, anota o citado e ilustre jurista:[18]

> A *economicidade* consiste em não comprometer recursos inúteis, desproporcionais ou supérfluos para alcançar os objetivos fixados; a *legalidade* em não violar a lei e a *legitimidade,* em não se afastar dos *objetivos democraticamente escolhidos pela Nação,* que se incorporam à sua ordem jurídica e a orientam, bem como aos resultados da gestão administrativa.

Após registrar a existência de uma

> simetria na organização e criação dos Tribunais de Contas dos Estados e do Distrito Federal (marcando-se uma *singularidade federativa* com a existência de dois Tribunais de Contas de Municípios), todos como *sistemas de controle misto de obrigatória adoção, no que couber,* na administração pública extroversa e introversa dos Estados, Distrito Federal e Municípios (art. 75).

Remata o professor Moreira Neto, *verbis:*[19]

> Em conclusão, a Carta de 1988, acrescentando ao tradicional *controle financeiro e orçamentário* novas dimensões operativas, em termos de

---

[17] MOREIRA NETO, Diogo de Figueiredo. *Curso de direito administrativo.* 15. ed. Rio de Janeiro: Forense, 2009. p. 641.

[18] MOREIRA NETO, Diogo de Figueiredo. *Curso de direito administrativo.* 15. ed. Rio de Janeiro: Forense, 2009. p. 642.

[19] MOREIRA NETO, Diogo de Figueiredo. *Curso de direito administrativo.* 15. ed. Rio de Janeiro: Forense, 2009. p. 643.

eficácia, eficiência, economicidade e legitimidade, sem dúvida avança em um *ciclo de aperfeiçoamento constitucional do sistema de controle de contas,* que superou as antiquadas *modalidades registrárias,* que foram mantidas apenas em matéria de *administração de pessoal* (admissões, acumulações, aposentadorias, reformas e pensões), ao *qual se acrescentou, mais recentemente, como mais uma importante inovação no sistema, entre os institutos destinados à preservação da responsabilidade fiscal* (Lei Complementar nº 101, de 4 de maio de 2000), *o controle prudencial, simultaneamente de caráter político e técnico.*

No que concerne à Lei de Responsabilidade Fiscal, acentuam Carlos Pinto Coelho Motta e Jorge Ulisses Jacoby Fernandes, na obra em coautoria sobre *Responsabilidade fiscal,*[20] haverem os Tribunais de Contas recebido "novas competências", as quais são detidamente discutidas, não cabendo, todavia, no espaço deste parecer, a análise das questões jurídicas resultantes do *sistema de controles* – com a participação dos Tribunais de Contas e *intervenção* do Ministério Público especial que junto a essas Cortes atua – previsto na Lei Complementar nº 101, de 4.5.2000.

25 Essas alusões ao universo de competências dos Tribunais de Contas refletem, por si mesmas, a *importância da ação do Ministério Público,* sempre presente na história institucional secular dessas Cortes e, assim, no *controle das contas públicas* e na *exata efetivação das normas constitucionais regentes da Administração Pública,* tais como, *a legalidade, a legitimidade, a moralidade, a eficiência, a economicidade, a probidade administrativa,* podendo, *como Ministério Público que é,* adotar, para isso, providências, requisitar diligências na apuração administrativa de eventuais irregularidades referentes ao âmbito de suas atividades, *ad instar* do que se prevê no art. 129, VI, da Constituição, a serem exercidas com *plena independência funcional,* perante qualquer poder ou órgão autônomo, inclusive conforme antes acentuei, diante da administração da Corte onde oficia, fiscalizando, também, os atos de gestão de seus dirigentes. Estaria, destarte, em descompasso com a independência funcional do Ministério Público junto ao Tribunal de Contas qualquer deliberação ou medida da Corte, no sentido de coarctar ou criar, direta ou indiretamente, obstáculos à *ação funcional independente* do Ministério Público *ou de qualquer de seus membros.*

---

[20] MOTTA, Carlos Pinto Coelho; FERNANDES, Jorge Ulisses Jacoby. *Responsabilidade fiscal.* 2. ed. Belo Horizonte: Del Rey, 2001. p. 156.

O princípio da independência funcional é, sem dúvida, no contexto dos direitos e garantias, da mais relevante importância ao desempenho das funções ministeriais. Reacentue-se que o órgão do Ministério Público é independente, não ficando sujeito a ordens de quem quer que seja, somente devendo ter presentes a Constituição, as leis e a sua consciência. É de sinalar que a hierarquia, no ponto, a sujeição ao procurador-geral do MP especial em foco, por parte dos procuradores e subprocuradores, é diferente da subordinação funcional, revestindo-se, tão só, de natureza administrativa.

Nessa mesma linha, o Plenário do STF, reafirmando sua jurisprudência, com precisa explicitação, na ADI nº 328-3-SC, de relatoria do Min. Ricardo Lewandowski, por unanimidade, em 2.2.2009, decidiu, em acórdão de cuja ementa destaco, *verbis*:

> I - O art. 73, §2º, I, da Constituição Federal, prevê a *existência de um Ministério Público junto ao Tribunal de Contas da União*, estendendo, no art. 130 da mesma Carta, aos membros daquele órgão, os *direitos, vedações e a forma de investidura atinentes ao Parquet comum*.
>
> II - Dispositivo impugnado que contraria o disposto nos arts. 37, II, e 129, §3º, e 130 da Constituição Federal, que configuram cláusula de garantia *para a atuação independente do Parquet especial* junto aos Tribunais de Contas.
>
> III - *Trata-se de modelo jurídico heterônomo estabelecido pela própria Carta Federal que possui estrutura própria de maneira a assegurar a mais ampla autonomia a seus integrantes.*
>
> IV - Inadmissibilidade de transmigração para o Ministério Público especial de membros de outras carreiras. V. Ação julgada procedente.

Põe-se, em suma, no sistema brasileiro, desde o início da República, o Ministério Público como *instituição essencial* ao funcionamento dos Tribunais de Contas, os quais operam num universo de atividades fundamentais à dinâmica estatal, nos três poderes e órgãos autônomos da Administração Pública, atuando assim esse Ministério Público, no plano da fiscalização e do controle externo das contas públicas, da execução orçamentária, da responsabilidade fiscal dos gestores públicos, na exata verificação do desempenho e da correta execução da despesa pública e em tantos outros aspectos que se compreendem na competência dos Tribunais de Contas, qual acima se anotou. Releva ter presente que essas complexas atividades são exercidas pelo Ministério Público junto aos Tribunais de Contas, com plena *independência funcional*, sem *subordinação* hierárquica a qualquer poder ou órgão, inclusive o Tribunal de Contas onde atua, e com as garantias funcionais próprias do Ministério Público.

III Conselho Nacional do Ministério Público: natureza jurídica e amplitude de sua competência

26 A Emenda Constitucional nº 45/2004, colimando introduzir *sistema de controle externo*, relativamente, ao Poder Judiciário e ao Ministério Público, criou dois Conselhos Nacionais, com composição majoritária, em cada um deles, de membros das instituições referenciadas (CF, arts. 103-B e 130-A). Enquanto o *Conselho Nacional de Justiça* (CF, art. 103-B) foi inserido, entretanto, no *rol dos* órgãos *do Poder Judiciário*, a teor do art. 92 da Constituição, no item I-A, da enumeração respectiva, logo após o Supremo Tribunal Federal e antes do Superior Tribunal de Justiça (art. 92, II), o Conselho Nacional do Ministério Público *não se alinha entre os* órgãos *do Ministério Público*, a que alude o art. 128 da Constituição, mas, sim, é posicionado ao final da Seção I do Capítulo IV do Título IV, após o *tratamento dispensado ao Ministério Público ordinário* (CF, arts. 127 a 129) e aos *membros do Ministério Público junto aos Tribunais de Contas* previstos no art. 73, §2º, I e 130, ambos da Lei Maior, com a numeração: art. 130-A e parágrafos.

De outra parte, no que concerne ao Conselho Nacional do Ministério Público, não há regra alguma, na definição de sua competência, a indicar que suas funções sejam adstritas *exclusivamente* ao Ministério Público *ordinário ou comum*, previsto no art. 127 da Constituição, como instituição permanente e essencial à *função jurisdicional do Estado*, cujo perfil constitucional se buscou traçar no item I deste parecer. Também *não há norma maior a excluir, de expresso, da abrangência do CNMP o Ministério Público especial, com atuação secular junto aos Tribunais de Contas*, no âmbito federal e dos estados-membros, por igual com existência de inequívoco assento constitucional, reconhecida em pacífica jurisprudência do Supremo Tribunal Federal, consoante a matéria restou analisada no item II deste parecer, sendo de reiterar aqui expressões do acórdão de 2.2.2009, na ADIN nº 328-SC, em que o Alto Tribunal reafirmou, quanto a esse *parquet* especial, tratar-se de "modelo jurídico heterônomo estabelecido pela própria Carta Federal que possui *estrutura própria de maneira a assegurar a mais ampla autonomia a seus integrantes*".

Não é possível, destarte, deixar de reconhecer a existência constitucional, ao lado do Ministério Público *ordinário ou comum*, do Ministério Público especial, que atua junto aos Tribunais de Contas do país, ambos com a *prerrogativa essencial do Ministério Público que é a independência funcional, a plena autonomia de ação*, dentro dos correspondentes parâmetros de competência, à vista da Constituição e leis. É exato que possuem aspectos distintivos os *Ministérios Públicos em apreço no que concerne* às *estruturas de organização e ação*.

De fato, havendo a Constituição de 1988 *inovado* quanto à outorga, ao Poder Judiciário e ao Ministério Público ordinário ou comum, de *autonomia administrativa e autonomia financeira*, respectivamente, no art. 99 e parágrafos, e no art. 127, §§2º a 6º, sendo injustificada, a meu sentir, a omissão, em não estendendo idênticas prerrogativas ao Ministério Público especial junto aos Tribunais de Contas, *quaestio juris*, todavia, que, aqui, se anota, tão só, de *lege ferenda*. Essa circunstância, entretanto, qual registrei noutro passo deste parecer, *não possui o condão de descaracterizar a instituição em foco como Ministério Público que é*, conforme a tranquila jurisprudência do STF. Há, sem dúvida, reflexo dessa omissão constitucional na extensão do âmbito do controle do Conselho Nacional do Ministério Público sobre o Ministério Público especial em apreço.

27 Com efeito, de acordo com o art. 130-A, da Constituição, em seu parágrafo 2º, *compete ao Conselho Nacional do Ministério Público* "o controle da atuação administrativa e financeira do Ministério Público e do cumprimento dos deveres funcionais de seus membros", cabendo-lhes:

I - zelar pela autonomia funcional e administrativa do Ministério Público, podendo expedir atos regulamentares, no âmbito de sua competência, ou recomendar providências;

II - zelar pela observância do *art. 37* da Constituição Federal e apreciar a *legalidade dos atos administrativos* praticados por membros ou órgãos do Ministério Público da União e dos Estados, podendo desconstituí--los, revê-los ou fixar prazo para que se adotem as providências necessárias ao exato cumprimento da lei, sem prejuízo da competência dos Tribunais de Contas;

III - *receber e conhecer das reclamações contra membros ou* órgãos *do Ministério Público da União ou dos Estados*, inclusive contra seus serviços auxiliares, sem prejuízo da competência disciplinar e correicional da instituição, podendo avocar processos disciplinares em curso, determinar a remoção, a disponibilidade ou a aposentadoria com subsídios ou proventos proporcionais ao tempo de serviço e aplicar outras sanções administrativas, assegurada ampla defesa;

IV - rever, de ofício ou mediante provocação, os processos disciplinares de membros do Ministério Público da União ou dos Estados julgados há menos de um ano;

V - elaborar relatório anual, propondo as providências que julgar necessárias sobre a situação do Ministério Público no País e as atividades do Conselho, o qual deve integrar a mensagem prevista no art. 84, XI.

Desde logo, é de ver que o teor genérico do §2º do art. 130-A da Constituição *define dois eixos de atividades no controle externo* do Ministério Público, a serem *abrangidos pelo CNMP*: a) controle da atuação administrativa e financeira do Ministério Público; e b) *controle do cumprimento dos deveres funcionais de seus membros.*

28 Ora, no que concerne à *segunda parte do dispositivo,* nada autoriza excluir de sua incidência os membros do Ministério Público junto aos Tribunais de Contas, importando observar, outrossim, que o art. 130 da Constituição se estende ao *Ministério Público de Contas da União e ao Ministério Público de Contas dos estados-membros e do Distrito Federal.*

No particular, é de registrar, inicialmente, que o art. 84 da Lei nº 8.443/1992 – cuja arguição de inconstitucionalidade foi afastada pelo STF, na ADI nº 789, com o consequente reconhecimento de sua validade – estipula que se aplicam aos membros do MP junto ao Tribunal de Contas da União, *no que couber, as disposições da Lei Orgânica do Ministério Público da União, pertinentes a direitos, garantias, prerrogativas, vedações, regime disciplinar e forma de investidura no cargo inicial da carreira.*

Releva, nesse sentido, de outra parte, observar que o Ministério Público junto aos Tribunais de Contas – também correntemente denominado "Ministério Público de Contas" – possui tratamento, em separado, na *Lei de Organização e no Regimento Interno do Tribunal de Contas da União,* normas que servem de modelo à compreensão desse Ministério Público (CF, art. 75), nas demais unidades da federação, com reserva de sua atuação nesse importantíssimo campo especializado de controle e fiscalização de contas e gastos públicos, execução orçamentária e responsabilidade fiscal, bem assim de atos de gestão, relativos a todos os poderes e órgãos autônomos da República, pertinentes a esse domínio de ação pública, tanto na esfera da União Federal, quanto na dos estados-membros e Distrito Federal.

29 Pois bem, exame da Lei nº 8.443/1992 evidencia que – na parte relativa à "Organização do Tribunal de Contas da União" (Título III) – o Capítulo VI assenta, separadamente, o conjunto de normas específicas para esse Ministério Público especial, que não se confunde, pois, com a Secretaria da Corte de Contas, *nem seus agentes possuem o regime comum dos servidores do Tribunal,* destacando-se os princípios fundamentais da instituição ministerial (art. 80), a "missão de guarda da Lei e fiscal de sua execução, além de outras estabelecidas no regimento interno", por expressa previsão do art. 81 do mesmo diploma, estando, em seu art. 84, a consignação de também se lhe aplicarem, no que couber, "disposições da Lei Orgânica do Ministério Público da União, pertinentes a direitos, garantias, prerrogativas, vedações, *regime disciplinar* e forma de investidura no cargo inicial da carreira". Ao procurador-geral como chefe desse Ministério Público especial, na linha do previsto no art. 81 da Lei nº 8.443/1992, *além das atribuições ministeriais, são reconhecidas e conferidas, outrossim, atribuições de caráter administrativo*, a apontarem, inclusive nesse plano, aspectos da autonomia funcional do ente ministerial, conforme em outra passagem deste parecer já se anotou (item II, nºs 22 e 23).

Com efeito, no ponto, dispõe o Regimento Interno do TCU, *com base no art. 81 da Lei nº 8.443/1992*, em seu Capítulo XII, referente ao Ministério Público, *verbis*:

> Art. 58. O Ministério Público junto ao Tribunal de Contas da União, ao qual se aplicam os princípios institucionais da unidade, da indivisibilidade e da independência funcional, compõe-se de um procurador-geral, três subprocuradores-gerais e quatro procuradores, nomeados pelo Presidente da República, entre brasileiros, bacharéis em Direito.
>
> *§1º O Ministério Público junto ao Tribunal tem por Chefe o Procurador-Geral, que será nomeado pelo Presidente da República, entre integrantes da carreira, para exercer mandato de dois anos, permitida a recondução, tendo tratamento protocolar, direitos e prerrogativas correspondentes aos de cargo de ministro do Tribunal.*
>
> §2º Em caso de vacância do cargo de Procurador-Geral, o Presidente do Tribunal encaminhará ao Presidente da República *lista contendo o nome de todos os integrantes da carreira do Ministério Público, por ordem de antiguidade* e com a indicação dos seus respectivos cargos.
>
> §3º A carreira do Ministério Público junto ao Tribunal é constituída pelos cargos de subprocurador-geral e procurador, este inicial e aquele representando o último nível da carreira, *não excedendo a dez por cento a diferença de subsídio de uma classe para outra, respeitada igual diferença entre os cargos de subprocurador-geral e procurador-geral.*
>
> §4º O ingresso na carreira far-se-á no cargo de procurador, mediante concurso público de provas e títulos, *assegurada a participação da Ordem dos Advogados do Brasil em sua realização* e observada, nas nomeações, a ordem de classificação.
>
> §5º A promoção ao cargo de Subprocurador-Geral far-se-á, alternadamente, por antiguidade e merecimento.

§6º *Caberá ao Procurador-Geral baixar o edital do concurso de que trata o §4º, bem assim homologar seu resultado final.*

Art. 59. *O Procurador-Geral toma posse em sessão extraordinária do Tribunal,* podendo fazê-lo perante o Presidente, em período de recesso.

§1º *Os demais membros do Ministério Público tomam posse perante o Procurador-Geral.*

§2º Será lavrado pelo dirigente da unidade administrativa competente da Secretaria do Tribunal, em livro próprio, o termo de posse do Procurador-Geral e dos procuradores.

Art. 60. Em caso de vacância e em suas ausências e impedimentos por motivo de licença, férias ou outro afastamento legal, o Procurador-Geral será substituído pelos subprocuradores-gerais e, na ausência destes, pelos procuradores, observada, em ambos os casos, a ordem de antiguidade da posse, da nomeação e de classificação no concurso público de ingresso na carreira, sucessivamente. Parágrafo único. Nessas substituições, os subprocuradores- gerais e procuradores farão jus ao subsídio do cargo substituído.

Art. 61. Aos membros do Ministério Público junto ao Tribunal aplica-se o disposto no art. 37 e no inciso VIII e §1º do art. 39 deste Regimento, no art. 130 da Constituição Federal e, subsidiariamente, no que couber, na Lei Complementar nº 75, de 20 de maio de 1993.

Art. 62. Compete ao Procurador-Geral e, por delegação prevista no art. 82 da Lei nº 8.443, de 1992, aos subprocuradores-gerais e procuradores:

I - promover a defesa da ordem jurídica, requerendo, perante o Tribunal, as medidas de interesse da Justiça, da Administração e do erário;

II - comparecer às sessões do Tribunal;

III - dizer de direito, oralmente ou por escrito, em todos os assuntos sujeitos à decisão do Tribunal, sendo obrigatória sua audiência nos processos de tomada ou prestação de contas e nos concernentes aos atos de admissão de pessoal e de concessão de aposentadorias, reformas e pensões;

IV - interpor os recursos permitidos em lei ou previstos neste Regimento;

V - promover junto à Advocacia-Geral da União ou, conforme o caso, perante os dirigentes das entidades jurisdicionadas do Tribunal, as medidas previstas no inciso II do art. 219 e no art. 275, remetendo-lhes a documentação e instruções necessárias;

VI - requerer as providências previstas nos arts. 40 e 44 da Lei nº 8.443, de 1992;

VII - requisitar ao Presidente o apoio administrativo e de pessoal da Secretaria do Tribunal necessários ao desempenho da missão do Ministério Público, nos termos do art. 83 da Lei nº 8.443, de 1992;

VIII - elaborar relatório anual contendo o andamento dos processos de execução dos acórdãos do Tribunal e a resenha das atividades específicas a cargo do Ministério Público, relativas ao exercício encerrado.

§1º Compete, ainda, ao Procurador-Geral avocar, quando julgar necessário, processo que esteja sob exame de qualquer dos membros do Ministério Público.

§2º Na oportunidade em que emitir seu parecer, o Ministério Público, mesmo que suscite questão preliminar, manifestar-se-á também quanto ao mérito, ante a eventualidade daquela não ser acolhida.

Art. 63. *Os membros do Ministério Público terão direito a sessenta dias de férias por ano, de acordo com escala aprovada pelo Procurador-Geral no mês de dezembro.*

§1º Na escala referida no caput não devem coincidir as férias de mais de três membros do Ministério Público, os quais poderão, a qualquer tempo, interrompê-las por necessidade do serviço, facultando-se ao interessado gozar o restante do período em época oportuna.

§2º O Procurador-Geral remeterá à Presidência do Tribunal, no mês de dezembro de cada ano, cópia da escala de férias anual e, quando ocorrerem, as suas alterações, para as devidas anotações nos respectivos assentamentos individuais.

Art. 64. *O Procurador-Geral baixará as instruções que julgar necessárias, definindo as atribuições dos subprocuradores- gerais e procuradores,* disciplinando os critérios de promoção dos procuradores e os serviços internos do Ministério Público junto ao Tribunal.

30 *Inexistindo normas específicas quanto aos deveres, vedações, impedimentos e sanções* dos membros do Ministério Público de Contas, a teor do art. 84 da Lei nº 8.443/1992, são aqui invocáveis, no que couber, as disposições da Lei Complementar nº 75/1993, Lei Orgânica do Ministério Público da União, constantes das Seções I, II e III, do Capítulo III, do Título III, quanto aos deveres e vedações, impedimentos e sanções estabelecidos para o Ministério Público da União Federal, a saber:

Art. 236. O membro do Ministério Público da União, em respeito à dignidade de suas funções e à da Justiça, deve observar as normas que regem o seu exercício e especialmente:

I - cumprir os prazos processuais;

II - guardar segredo sobre assunto de caráter sigiloso que conheça em razão do cargo ou função;

III - velar por suas prerrogativas institucionais e processuais;

IV - prestar informações aos órgãos da administração superior do Ministério Público, quando requisitadas;

V - atender ao expediente forense e participar dos atos judiciais, quando for obrigatória a sua presença; ou assistir a outros, quando conveniente ao interesse do serviço;

VI - declarar-se suspeito ou impedido, nos termos da lei;

VII - adotar as providências cabíveis em face das irregularidades de que tiver conhecimento ou que ocorrerem nos serviços a seu cargo;

VIII - tratar com urbanidade as pessoas com as quais se relacione em razão do serviço;

IX - desempenhar com zelo e probidade as suas funções;

X - guardar decoro pessoal.

Art. 237. É vedado ao membro do Ministério Público da União:

I - receber, a qualquer título e sob qualquer pretexto; honorários, percentagens ou custas processuais;

II - exercer a advocacia;

III - exercer o comércio ou participar de sociedade comercial, exceto como cotista ou acionista;

IV - exercer, ainda que em disponibilidade, qualquer outra função pública, salvo uma de magistério;

V - exercer atividade político-partidária, ressalvada a filiação e o direito de afastar-se para exercer cargo eletivo ou a ele concorrer.

Art. 238. Os impedimentos e as suspeições dos membros do Ministério Público são os previstos em lei.

Art. 239. Os membros do Ministério Público são passíveis das seguintes sanções disciplinares:

I - advertência;

II - censura;

III - suspensão;

IV - demissão; e

V - cassação de aposentadoria ou de disponibilidade.

Art. 240. As sanções previstas no artigo anterior serão aplicadas:

I - a de advertência, reservadamente e por escrito, em caso de negligência no exercício das funções;

II - a de censura, reservadamente e por escrito, em caso de reincidência em falta anteriormente punida com advertência ou de descumprimento de dever legal;

III - a de suspensão, até quarenta e cinco dias, em caso de reincidência em falta anteriormente punida com censura;

IV - a de suspensão, de quarenta e cinco a noventa dias, em caso de inobservância das vedações impostas por esta lei complementar ou de reincidência em falta anteriormente punida com suspensão até quarenta e cinco dias;

V - as de demissão, nos casos de:

a) lesão aos cofres públicos, dilapidação do patrimônio nacional ou de bens confiados à sua guarda;

b) improbidade administrativa, nos termos do art. 37, §4º, da Constituição Federal;

c) condenação por crime praticado com abuso de poder ou violação de dever para com a Administração Pública, quando a pena aplicada for igual ou superior a dois anos;

d) incontinência pública e escandalosa que comprometa gravemente, por sua habitualidade, a dignidade da Instituição;

e) abandono de cargo;

f) revelação de assunto de caráter sigiloso, que conheça em razão do cargo ou função, comprometendo a dignidade de suas funções ou da justiça;

g) aceitação ilegal de cargo ou função pública;

h) reincidência no descumprimento do dever legal, anteriormente punido com a suspensão prevista no inciso anterior;

VI - cassação de aposentadoria ou de disponibilidade, nos casos de falta punível com demissão, praticada quando no exercício do cargo ou função.

§1º A suspensão importa, enquanto durar, na perda dos vencimentos e das vantagens pecuniárias inerentes ao exercício do cargo, vedada a sua conversão em multa.

§2º Considera-se reincidência, para os efeitos desta lei complementar, a prática de nova infração, dentro de quatro anos após cientificado o infrator do ato que lhe tenha imposto sanção disciplinar.

§3º Considera-se abandono do cargo a ausência do membro do Ministério Público ao exercício de suas funções, sem causa justificada, por mais de trinta dias consecutivos.

§4º Equipara-se ao abandono de cargo a falta injustificada por mais de sessenta dias intercalados, no período de doze meses.

§5º A demissão poderá ser convertida, uma única vez, em suspensão, nas hipóteses previstas nas alíneas a e h do inciso V, quando de pequena gravidade o fato ou irrelevantes os danos causados, atendido o disposto no art. 244.

Art. 241. Na aplicação das penas disciplinares, considerar-se-ão os antecedentes do infrator, a natureza e a gravidade da infração, as circunstâncias em que foi praticada e os danos que dela resultaram ao serviço ou à dignidade da Instituição ou da Justiça.

Art. 242. As infrações disciplinares serão apuradas em processo administrativo; quando lhes forem cominadas penas de demissão, de cassação de aposentadoria ou de disponibilidade, a imposição destas dependerá, também, de decisão judicial com trânsito em julgado.

Art. 243. Compete ao Procurador-Geral de cada ramo do Ministério Público da União aplicar a seus membros as penas de advertência, censura e suspensão.

Decerto, esse *regime disciplinar*, por força do disposto no art. 75 da Constituição, há de modelar, nos estados-membros e Distrito Federal, a respectiva disciplina aos membros do Ministério Público de Contas, aí existente, tal como sucede com o Ministério Público ordinário, à vista da lei nacional que lhe traça as diretrizes de organização.

31 Por exato cabe ter-se, de outra parte, que não é da competência dos Tribunais de Contas impor sanções administrativas e disciplinares aos membros do Ministério Público que, perante essas Cortes, atuam, sob pena de estar sua *independência funcional e institucional definitivamente comprometida*.

Dá-se, porém, que, no Estado Democrático de Direito, não se pode conceber órgão ou autoridade acima da Constituição e das leis válidas. Se o Ministério Público, que atua como *custos legis* que é, junto aos Tribunais de Contas, a estes não pode estar submetido, da mesma forma como não se sujeita a qualquer poder ou órgão autônomo, força será concluir, na interpretação do sistema constitucional em vigor, que *o controle externo da conduta dos membros desse Ministério Público* há de realizar-se *pelo* órgão *especial de controle externo do Ministério Público brasileiro, que* é o *Conselho Nacional do Ministério Público,* cujas atribuições não cabe entender fiquem circunscritas apenas aos órgãos *e agentes* do *parquet* comum, cuja *atividade precípua* ocorre perante órgãos e tribunais judiciários, em que sua presença é essencial à função jurisdicional.

No item I, nºs 12 a 16 deste parecer, registrou-se, ademais, que a ação do Ministério Público *ordinário* se estende, também, a largos e importantes domínios *extrajudiciais.* Se as funções do Ministério Público comum, *nesse plano extrajudicial, são, por igual, objeto do controle externo do referido CNMP,* enquanto atos de conduta de agentes ministeriais, pois dessa natureza não se despem, não será possível excluir a conduta funcional dos agentes do Ministério Público de Contas do controle do CNMP, no que diz respeito aos *deveres e vedações,* estabelecidos na Constituição e leis aplicáveis. A não ser assim, os atos ou omissões de grave descumprimento do dever ministerial, no âmbito dos Tribunais de Contas, ou destoantes do decoro exigido dos membros do Ministério Público – tanto *ordinário,* como *especial* – ou a falta de desempenho com zelo e probidade dos misteres dos cargos respectivos, para só citar alguns exemplos, ficariam sem possibilidade de reprimenda disciplinar ou sem sujeição a controle ou correição disciplinares, e os agentes sem a sanção devida, o que não se coaduna com o Estado Democrático de Direito. A quem os prejudicados reclamariam contra condutas funcionais dos membros do Ministério Público junto aos Tribunais de Contas e acerca das omissões ou retardo das chefias desses órgãos ministeriais, quanto à punição, por desvios no exercício das funções, de seus membros ou descumprimento de deveres funcionais constitucionais ou legais?

32 Na reflexão sobre a espécie, importa ter presente, repetindo-se a assertiva segundo a qual o Conselho Nacional do Ministério Público *não é órgão do Ministério Público comum ou ordinário*, alinhado entre os que se conumeram no art. 128, incs. I e II, da Constituição, diferentemente do Conselho Nacional de Justiça, *ut* art. 92, I-A, da Lei Maior, situado no *rol dos* órgãos *do Poder Judiciário*, embora não lhe incumba praticar atos *materialmente jurisdicionais*, mas tão só de natureza administrativa e disciplinar.

No ponto, escreveu Emerson Garcia,[21] acerca da natureza jurídica e autonomia do Conselho Nacional do Ministério Público, *verbis*:

> Em harmonia com as razões que justificaram a criação do Conselho Nacional do Ministério Público, desde a sua gênese concebido como um órgão de controle externo, é possível concluir que *não se trata de* órgão *que integra o Ministério Público, quer da União, quer dos Estados.* Do mesmo modo, não se trata de um órgão inserido na estrutura dos Poderes Legislativo, Judiciário e Executivo, neste último caso, quer no âmbito da administração direta, quer no da indireta, isto em razão da ausência de subordinação ou de qualquer espécie de tutela ou supervisão. O Conselho Nacional do Ministério Público ocupa patamar similar ao ocupado pelo Ministério Público e pelo Tribunal de Contas no sistema constitucional pátrio: órgão *constitucional autônomo dissociado dos Poderes do Estado.*

33 Dessa maneira sendo o *Conselho Nacional do Ministério Público* (CF, art. 130-A) órgão autônomo e não órgão integrante do Ministério Público ordinário (CF, art. 128, I e II), enquanto órgão autônomo, instituído para o *controle externo* da instituição ministerial, cumpre entender que, por sua destinação, estão, no âmbito de sua competência definida na Constituição (CF, art. 130-A, §2º), o Ministério Público ordinário (CF, art. 128, I e II), quanto o Ministério Público especial que atua junto

---

[21] GARCIA, Emerson. *Ministério Público* – Organização, atribuições e regime jurídico. 3. ed. rev., ampl. e atual. Rio de Janeiro: Lumen Juris, 2008. p. 122.

aos Tribunais de Contas (CF, arts. 73, §2º, I, e 130), cada qual com suas características e finalidades específicas.

Reconhecida a *existência constitucional* do Ministério Público especial em referência, tal como assentou o Supremo Tribunal Federal, em múltiplos julgados, acima repetidamente anotados, não cabe, para excluí-lo da esfera de competência do órgão autônomo de controle externo do Ministério Público (CNMP), pretender limitar, no sistema brasileiro, a noção de atividade de Ministério Público àquela que se tem como essencial ao exercício funcional de juízes e tribunais (CF, art. 127, *1ª parte*). Essa visão reducionista do conceito de "atividade de Ministério Público" cumpre tê-la por afastada, em face da jurisprudência do Supremo Tribunal Federal, reiteradamente aludida neste parecer, ao afirmar a *existência, com amparo constitucional* (CF, arts. 73, §2º, I e 130), *do Ministério Público junto aos Tribunais de Contas*, o que especialmente decidiu nos acórdãos referentes às ADIs nºs 789 e 2.884, ambas de relatoria do Min. Celso de Mello. No último aresto mencionado, registra-se, na ementa, *verbis*:

> O Ministério Público especial junto aos Tribunais de Contas – que configura uma indiscutível realidade constitucional – *qualifica-se como* órgão *estatal dotado de identidade e de fisionomia próprias que o tornam inconfundível e inassimilável* à instituição do Ministério Público *comum* da União e dos Estados-membros.

34 Ora, se se cuida, no Brasil, *historicamente, na quadra republicana, da existência de um Ministério Público comum ou ordinário e de um Ministério Público especial junto aos Tribunais de Contas*, afastando-se, precisamente, a atuação dos membros do primeiro – *fato este que foi pretendido ocorresse em diversos ESTADOS-membros* – da esfera funcional do segundo, logo após o advento da Constituição de 5.10.1988, força será entender que a noção de "atividade de Ministério Público" é abrangente tanto das atividades do Ministério Público ordinário, quanto daquelas relativas ao Ministério Público especial junto aos Tribunais de Contas. É, outrossim, importante reiterar que as atividades do Ministério Público ordinário não se praticam *exclusivamente* perante juízes e tribunais (CF, art. 127, *1ª parte*), mas se estendem a *domínios extrajudiciais*, conforme se observou em outro passo deste parecer. Nesse sentido, escreveu, de resto, Emerson Garcia,[22] referindo-se ao art. 127 da Constituição, *verbis*:

---

[22] GARCIA, Emerson. *Ministério Público* – Organização, atribuições e regime jurídico. 3. ed. rev., ampl. e atual. Rio de Janeiro: Lumen Juris, 2008. p. 47.

A letra do preceito também não deve conduzir a uma hipervalorização da atividade do Ministério Público em relação à função jurisdicional do Estado, sendo esta, tão somente, uma das múltiplas vertentes de sua atuação, que engloba um amplo espectro de atividades extrajudiciais.

Ademais disso, é insuscetível de dúvida a altíssima significação, para o regime constitucional brasileiro e para o Estado Democrático de Direito, das funções institucionais dos Tribunais de Contas da União e dos estados-membros, junto aos quais atua o Ministério Público de Contas como *custos legis*, fiscal das leis e da aplicação da ordem jurídica e constitucional, no que pertine ao amplo universo de atribuições das Cortes não jurisdicionais em causa. Decerto, *não há como desqualificar a atividade, exercida com a independência funcional e sem sujeição a quem quer que seja*, dos membros do Ministério Público junto aos Tribunais de Contas, em ordem a suprimir-lhes a *natureza de atividade de Ministério Público*.

35 Ora, se de funções de Ministério Público aí se trata, compreendo que os membros dessa instituição, máxime diante do disposto no art. 130 da Constituição, hão de ter sua ação funcional abrangida pelo controle externo do Conselho Nacional do Ministério Público. À evidência, no âmbito dos Tribunais de Contas, graves interesses públicos são objeto de fiscalização e ação ministerial, com julgamentos que, embora materialmente administrativos, podem ter consequências importantes, por vezes, a atingir direitos fundamentais de cidadãos e autoridades, inclusive de referência a inelegibilidades. Nesse contexto, o cumprimento dos deveres funcionais dos agentes do Ministério Público aí atuantes não cabe ficar à margem da ação de controle externo para que foi criado o Conselho Nacional do Ministério Público.

Se é exato que o Ministério Público junto aos Tribunais de Contas ainda não recebeu, na sua organização estrutural, a prerrogativa da "autonomia administrativa e financeira", expressamente conferida ao Poder Judiciário e ao Ministério Público comum, *pela vez primeira*, pela Constituição de 1988 – o que sem dúvida constituiu numa conquista para o autogoverno dessas instituições (CF, arts. 99 e parágrafos; 127, §§2º a 6º) –, os direitos, prerrogativas funcionais, vedações e forma de investidura dos membros do Ministério Público junto aos Tribunais de Contas, com base no art. 130, combinado com os arts. 127, §1º; 128, §5º, incs. I e II e alíneas, e §6º; 129, §§2º e 3º, todos da Constituição, inclusive no que se refere ao *regime disciplinar*, qual antes se sinalou, todos esses aspectos estão a evidenciar que há um amplo espaço de necessário controle externo a fazer-se sobre o Ministério Público junto aos

Tribunais de Contas, o que impende entender se enquadra, segundo o sistema da Constituição, na competência do Conselho Nacional do Ministério Público. Não estando esses agentes do MP especial em foco *subordinados e sujeitos disciplinarmente aos Tribunais de Contas*, junto aos quais atuam, *nem a qualquer poder ou outro* órgão, diversa não pode ser a solução, em ordem a manter-se a garantia da *independência funcional* desses membros do Ministério Público, que se fazem presentes e atuantes, *necessariamente*, quer na esfera da União Federal, quer na dos estados-membros e Distrito Federal. Há, como acima se registrou, um Ministério Público *especial* da União, junto ao TCU, e um *Ministério Público especial* junto ao Tribunal de Contas de cada estado da Federação e do Distrito Federal, não sendo de omitir sua existência, também, em alguns municípios onde funciona uma Corte de Contas, *ut* art. 75, *in fine*, da Lei Maior.

Decerto, o disposto no art. 130-A, §2º, *2ª parte* (controle do "cumprimento dos deveres funcionais de seus membros"), bem assim o §2º, III ("receber e conhecer das reclamações contra membros ou órgãos do Ministério Público, podendo avocar processos disciplinares em curso, determinar a disponibilidade ou a aposentadoria com proventos proporcionais e aplicar outras sanções administrativas, assegurada ampla defesa"), e ainda o inc. IV do mesmo §2º do art. 130-A, da Constituição, em princípio, comporiam, desde logo, um conjunto de normas referentes à competência do CNMP aplicáveis ao Ministério Público de Contas, em se cogitando de atos e situações funcionais de seus agentes, enquadráveis nesses dispositivos, e assim suscetíveis de conhecimento e controle pelo Conselho Nacional do Ministério Público.

36 Não obsta, outrossim, o controle externo, pelo Conselho Nacional do Ministério Público, quanto ao Ministério Público junto aos Tribunais de Contas, o fato de a Constituição de 1988 não ter garantido ao último a autonomia administrativa e financeira, que assegurou, de expresso, ao Poder Judiciário e ao Ministério Público *ordinário*, nos termos antes mencionados. Sendo, entretanto, a *independência funcional nota comum* ao Ministério Público ordinário e ao Ministério Público de Contas, conforme já restou sinalado acima, e *princípio fundamental e histórico do Ministério Público brasileiro*, bem de entender, consoante já se observou supra, é que essa ausência do atributo da autonomia administrativa e financeira não é bastante a subtrair o Ministério Público junto aos Tribunais de Contas do controle externo do órgão *autônomo*, que a Emenda Constitucional nº 45/2004 criou em nosso sistema jurídico, introduzindo na Carta Maior o art. 110-A, não só para "zelar pela autonomia administrativa e financeira do Ministério Público, instituída pela Constituição de 1988", nos termos dos incs. I e II do §2º do art. 110-A, *mas também para o controle do* "cumprimento dos deveres funcionais de seus membros", a teor da *segunda parte* do §2º do art. 110-A, bem assim dos incs. III e IV, do mesmo §2º, todos da Carta Maior, assentando o §3º do citado art. 110-A que, ao *Corregedor Nacional*, escolhido entre os integrantes do Conselho Nacional do Ministério Público, além de outras atribuições, caberá "receber reclamações e denúncias de qualquer interessado, *relativas aos membros do Ministério Público e dos seus serviços auxiliares*".

37 Pois bem, qual se registrou, é insuscetível de dúvida a configuração de amplo campo de atuação do Conselho Nacional do Ministério Público, referentemente à *segunda parte* do §2º do art. 110-A, da Constituição: *controle do cumprimento dos deveres funcionais dos membros do Ministério Público junto aos Tribunais de Contas*, podendo, a tanto, incidirem os incs. III e IV do referido §2º, bem assim o §3º, inc. I, do mesmo artigo, no que respeita à atuação do Corregedor Nacional.

38 Também no que concerne ao inc. II do §2º do art. 110-A, da Constituição, quanto ao zelo do CNMP, relativamente à observância do art. 37 da Lei Maior e à verificação da legalidade de atos administrativos, há espaço à ação do dito Conselho Nacional, notadamente de referência a atos do procurador-geral do Ministério Público junto aos Tribunais de Contas, "mediante provocação ou de ofício", "podendo desconstituí-los, revê-los ou fixar prazo para que se adotem as providências necessárias ao exato cumprimento da lei". Põem-se procedimentos nesse plano, em decorrência da específica forma de *autonomia existente no que atine ao funcionamento da instituição ministerial*, conforme assegurada, *ad exemplum* e como modelo, na Lei Orgânica do Tribunal de Contas da União e seu Regimento Interno, com base nos arts. 80 a 84 da Lei nº 8.443/1992, dispositivos julgados constitucionais pelo Supremo Tribunal Federal (ADI nº 789).

Com efeito, exame das atribuições do procurador-geral do Ministério Público junto ao TCU, com base no Regimento Interno do TCU, editado, à vista do art. 81 da Lei nº 8.443/1992, evidência *largo espectro de autonomia funcional do* órgão, *relativamente à própria administração do Tribunal*. Com efeito, está no §1º do art. 58 do RITCU que o Ministério Público junto ao Tribunal *tem por chefe o procurador-geral*, que será *nomeado* pelo presidente da República, *entre integrantes da carreira*, para *exercer mandato de dois anos*, permitida a recondução, *tendo tratamento protocolar, direitos e prerrogativas correspondentes aos de cargo de ministro do Tribunal*. Caberá ao procurador-geral *baixar o edital do concurso para ingresso na carreira e homologar o resultado final* (art. 58, §§4º e 6º). O Procurador-Geral, que toma posse em sessão extraordinária do Tribunal, é *quem preside e dá posse aos procuradores* nomeados pelo presidente da República, após aprovação em concurso público de provas e títulos "com a participação da Ordem dos Advogados do Brasil em sua realização" e observada a ordem de classificação, *bem assim aos subprocuradores promovidos*. O procurador-geral *requisita ao presidente do Tribunal "o apoio administrativo e de pessoal* da Secretaria do Tribunal *necessário ao desempenho da missão do Ministério Público, nos termos do art. 83 da Lei nº 8.443, de 1992"*, e *elabora anualmente relatório sobre o andamento dos processos de execução dos acórdãos do Tribunal* e a resenha das atividades específicas do Ministério Público relativas ao exercício encerrado (RITCU, art. 62, VIII). De registrar, outrossim, é que a *escala de férias* dos membros do *parquet* especial junto à Corte de Contas, que têm direito a sessenta dias de afastamento a esse título, é aprovada também pelo procurador-geral (art. 63).

IV Conclusões e resposta à consulta

39 De todo o exposto, análise sistemática do *controle externo* resultante da Emenda Constitucional nº 45/2004, *quanto* às *atividades do Ministério Público brasileiro* – a realizar-se com a efetividade que exigem a ordem constitucional e o Estado Democrático de Direito –, conduz à conclusão segundo a qual não cabe deixar à margem da competência e atuação do Conselho Nacional do Ministério Público – órgão autônomo de controle externo a tanto criado, *ut* art. 130-A e parágrafos, introduzidos na Carta Política de 1988 pela citada Emenda Constitucional nº 45/2004 – o *Ministério Público especial*, que, há mais de um século, exerce o *ofício ministerial, com plena independência funcional*, junto aos Tribunais de Contas da União, dos estados-membros e do Distrito Federal e mais recentemente de alguns municípios, *não estando subordinados hierarquicamente* à *instituição ou seus membros a qualquer dos poderes ou* órgão *autônomo ou aos Tribunais de Contas em que desempenham suas funções ministeriais*.

Reconhecido foi o Ministério Público *especial* em referência pelo Supremo Tribunal Federal, em pacífica jurisprudência, como entidade constitucional (CF, art. 73, §2º, I, e 130), distinta do Ministério Público *ordinário* a que aludem os arts. 127 e 128, I e II, da Lei Maior, *instituição esta essencial* à *função jurisdicional do Estado, mas que possui, também, significativas atividades extrajudiciais.* Estão, em consequência, ambos os Ministérios Públicos – *ordinário e especial* – sujeitos ao controle externo do Conselho Nacional do Ministério Público, notadamente no que concerne ao "cumprimento dos deveres funcionais de seus membros", *ut* art. 130-A, §2º, *2ª parte*. O fato de a Constituição de 1988 não haver conferido ao Ministério Público *especial*, junto aos Tribunais de Contas, "autonomia administrativa e financeira", tal como outorgada ao Poder Judiciário (CF, art. 99 e parágrafos) e ao Ministério Público *ordinário* (CF, art. 127, §§2º ao 6º), não descaracteriza o primeiro como órgão *do Ministério Público*, nem prejudica sua *independência funcional plena*, perante qualquer poder ou órgão autônomo, *inclusive os Tribunais de Contas junto aos quais atuam seus membros, podendo, nesse sentido, oficiar ou representar contra atos administrativos dessas Cortes ou sua administração.*

O *Conselho Nacional do Ministério Público*, à sua vez, não é órgão do Ministério Público *ordinário*, compreendido no art. 128, I e II da Constituição. *Sua missão constitucional abrange, assim, tanto atos do Ministério Público ordinário, quanto o controle externo do "cumprimento dos deveres funcionais dos membros"* do Ministério Público especial em apreço, *o que constitui o objeto da consulta*, cabendo ter presente, ainda, o que consignado no número 37 acima, quanto a atos administrativos do Procurador Geral do Ministério Público de Contas.

As justificativas dessas conclusões estão desenvolvidas nos itens I a III deste parecer, às quais aqui me reporto.

Em suma, respondo, positivamente, à consulta, nos termos em que formulada, no sentido de que estão os membros do Ministério Público de Contas compreendidos entre aqueles cujo controle externo do *cumprimento dos deveres funcionais* é da competência do Conselho Nacional do Ministério Público.

Nestes termos, é o parecer.

Porto Alegre, 7 de janeiro de 2013.

Informação bibliográfica deste texto, conforme a NBR 6023:2002 da Associação Brasileira de Normas Técnicas (ABNT):

SILVEIRA, José Néri da. Conselho Nacional do Ministério Público e Ministério Público junto aos Tribunais de Contas. In: ASSOCIAÇÃO NACIONAL DO MINISTÉRIO PÚBLICO DE CONTAS. *Ministério Público de Contas:* perspectivas doutrinárias do seu estatuto jurídico. Belo Horizonte: Fórum, 2017. p. 87-140. ISBN 978-85-450-0183-6.

MINISTÉRIO PÚBLICO JUNTO AO TRIBUNAL DE CONTAS. AUTONOMIA ADMINISTRATIVA E FINANCEIRA INDISPENSÁVEL AO EXERCÍCIO INDEPENDENTE DE SUAS ATRIBUIÇÕES

CARLOS MÁRIO DA SILVA VELLOSO

Parecer

I A exposição e a consulta

1 O Ministério Público de Contas do Estado do Pará – MPC e o Ministério Público de Contas dos Municípios do Estado do Pará – MPCM formulam consulta, que pode ser assim resumida:

1.1 O art. 130 da Constituição Federal contém cláusula extensiva de direitos, dispondo que aos membros do Ministério Público junto aos Tribunais de Contas "aplicam-se as disposições desta seção pertinentes a direitos, vedações e formas de investidura", o que faz presumir tratar-se de uma instituição autônoma e com capacidade de autogestão.

1.2 Assim, o Estado do Pará, no uso de sua prerrogativa constitucional, estabeleceu, em leis complementares (LC nº 9/1992 e LC nº 86/2013), que os Ministérios Públicos junto ao Tribunal de Contas do Estado e ao Tribunal de Contas dos Municípios gozariam de autonomia financeira e administrativa.

1.3 Todavia, o procurador geral da República ingressou com a ADI nº 5.254, pedindo seja reconhecida a inconstitucionalidade da autonomia administrativa e financeira outorgada ao Ministério Público junto àquelas Cortes de Contas.

1.4 Diante desse quadro fático, pedem os consulentes sejam respondidos os seguintes quesitos:

1. *O art. 130 da Constituição Federal encerra cláusula proibitiva da outorga de autonomia administrativa e financeira aos Ministérios Públicos com autuação perante o Tribunal de Contas?*

2. *Ofende a Constituição Federal legislação estadual que, autuando com base no princípio federalista da auto-organização, venha a conferir autonomia administrativa e financeira aos Ministérios Públicos de Contas? Há a quebra de valores constitucionais no fortalecimento dos Ministérios Públicos com autuação perante os Tribunais de Contas?*

3. *Perante o sistema constitucional pátrio, a partir do estabelecimento pelo constituinte originário das funções do Ministério Público na Carta Política de 1988, é possível a atuação do Ministério Público de Contas, de forma independente e autônoma, submetendo-se às determinações administrativas e financeiras dos Tribunais de Contas nos quais atuam de forma a cumprir a missão constitucional destinada ao órgão ministerial especial?*

4. *Compromete a funcionalidade dos Parquets de Contas, e a máxima eficácia da Constituição, a dissociação entre garantias objetivas e subjetivas? É possível invocar a teoria dos poderes implícitos como assecuratórias de independência institucional aos MPCs?*

5. *Com o advento da Convenção de Mérida (Dec. nº 5.687/06 – art. 6º, 2) que prevê a independência dos órgãos de combate à corrupção, somada à percepção social da imperiosa necessidade de se combater danos ao Erário, é constitucional concluir que o fortalecimento de uma instituição de controle externo, atuante em estratégica posição nos Tribunais de Contas, vem a contribuir para o alcance do chamado direito fundamental à boa administração?*

Esta a matéria que passo a examinar.

II O controle da Administração Pública

2 A Administração Pública, direta e indireta, de qualquer dos poderes da União, dos Estados, do Distrito Federal e dos Municípios, submete-se aos princípios da legalidade, impessoalidade, moralidade, publicidade e eficiência (CF, art. 37).

2.1 Para José Afonso da Silva, a submissão da Administração Pública à lei constitui uma das conquistas mais importantes da evolução estatal. Todavia, inútil seria o princípio sem mecanismos para fazê-lo valer, na prática.[1] Daí por que os Estados, que são Estados de Direito, "ao organizarem a sua Administração, fixam a competência de seus órgãos e agentes e estabelecem os tipos e formas de controle de toda a atividade administrativa, para defesa da própria administração e dos direitos dos administrados".[2]

2.2 Segundo Maria Sylvia Zanella di Pietro, a finalidade do controle é assegurar que a Administração atue em conformidade com os princípios que lhe são impostos pelo ordenamento jurídico, entre eles o da legalidade, moralidade, finalidade pública, motivação e impessoalidade, podendo ainda abranger o controle de mérito, que envolve os chamados aspectos discricionários da atuação administrativa.[3]

2.3 Salienta Marçal Justen Filho que o controle, aqui entendido como fiscalização, "não elimina a autonomia, mas assegura à sociedade que os sujeitos investidos em competências estatais não atuarão arbitrariamente, sem respeito aos direitos fundamentais ou à democracia, perdendo de vista a razão da existência do Estado".[4]

2.4 A doutrina classifica o controle da Administração em duas espécies: controle interno e controle externo, conforme decorra ou não de órgão integrante da própria estrutura em que se insere o órgão controlado. Assim, é interno o controle que cada poder exerce sobre seus próprios atos. É externo o controle quando exercido por um dos poderes sobre outro. Partindo-se dessa divisão, pode-se classificar ainda o controle em administrativo, que será interno, e legislativo e judicial, que serão externos.

2.5 Controle administrativo, anota Carvalho Filho, é aquele exercido não apenas pelo Executivo, mas também pelos órgãos administrativos do Legislativo e do Judiciário, "para o fim de confirmar, rever ou alterar condutas internas, tendo em vista aspectos de legalidade ou de

---

[1]   SILVA, José Afonso. *Curso de direito constitucional positivo*. 11. ed. São Paulo: Malheiros, 1996. p. 681.

[2]   MEIRELLES, Hely Lopes. *Direito administrativo brasileiro*. 16. ed. São Paulo: Revista dos Tribunais, 1991. p. 562.

[3]   DI PIETRO, Maria Sylvia Zanella. *Direito administrativo*. 19. ed. São Paulo: Atlas, 2006. p. 693.

[4]   JUSTEN FILHO, Marçal. *Curso de direito administrativo*. 2. ed. São Paulo: Saraiva, 2006. p. 746.

conveniência para a Administração".[5] Esse tipo de controle interno, que se manifesta no controle hierárquico e nos recursos administrativos, deriva do poder-dever de autotutela que a Administração tem sobre seus próprios agentes, e que a ela permite rever seus próprios atos, quando ilegais, inoportunos ou inconvenientes. Trata-se de controle de legalidade e de mérito, portanto.

2.6 O controle legislativo, ao contrário do controle administrativo, é externo, sendo exercido pelos órgãos do Legislativo – Congresso Nacional, Assembleia Legislativa e Câmara de Vereadores – sobre a administração direta e indireta quanto à legalidade e conveniência, "pelo que se caracteriza como um controle eminentemente político, indiferente ao direito individual dos administrados, mas objetivando os superiores interesses do Estado e da comunidade".[6]

2.7 A característica do controle político reside na possibilidade de fiscalização e decisão sobre atos ligados à função administrativa e de organização do Executivo e do Judiciário, como previsto, por exemplo, no art. 49, inc. X, da Constituição, que atribui ao Congresso Nacional, de forma ampla, fiscalizar e controlar, diretamente, ou por qualquer de suas Casas, os atos do Poder Executivo, incluídos os da Administração indireta.

2.8 Também se classifica como externo o controle exercido pelo Poder Judiciário, que alcança os atos praticados pelo Executivo, pelo Legislativo e também os atos administrativos dos próprios órgãos judiciários. Tradicionalmente, o controle pelo Judiciário se limitava a aspecto de legalidade. No entanto, a Constituição passou a admitir também o controle quanto à moralidade administrativa, conforme art. 5º, LXXIII, que cuida da ação popular.[7]

2.9 Registra Hely Lopes Meirelles que o controle da Administração pelo Judiciário é, sobretudo, um meio de preservação dos direitos individuais, "porque visa impor a observância da lei em cada caso concreto, quando reclamada por seus beneficiários".[8] A Constituição consagra

---

[5] CARVALHO FILHO, José dos Santos. *Manual de direito administrativo*. 18. ed. Rio de Janeiro: Lumen Juris, 2007. p. 832.

[6] MEIRELLES, Hely Lopes. *Direito administrativo brasileiro*. 16. ed. São Paulo: Revista dos Tribunais, 1991. p. 595.

[7] Para uma visão maior do tema: VELLOSO, Carlos Mário da Silva. Políticas públicas: controle judicial. In: DALLARI, Adilson Abreu; NASCIMENTO, Carlos Valder do; MARTINS, Ives Gandra da Silva (Coord.). *Tratado de direito administrativo*. São Paulo: Saraiva, 2013. p. 83-89.

[8] MEIRELLES, Hely Lopes. *Direito administrativo brasileiro*. 16. ed. São Paulo: Revista dos Tribunais, 1991. p. 601.

o princípio da inafastabilidade da jurisdição, dispondo, em seu art. 5º, XXXV, que a lei não excluirá da apreciação do Judiciário lesão ou ameaça a direito, tornando assim possível ao administrado valer-se das ações previstas em nosso ordenamento jurídico para impugnar os atos da Administração que representem violação ou ameaça a direito.

2.10 Além disso, a própria Constituição prevê ações de controle da Administração, às quais a doutrina se refere como "remédios constitucionais". São eles o *habeas corpus*, o *habeas data*, o mandado de segurança, individual ou coletivo, o mandado de injunção, a ação popular.

III Os Tribunais de Contas

3 Paralelamente ao controle de natureza política, cabe ao Poder Legislativo outro tipo de controle externo, o controle financeiro, executado com o auxílio do Tribunal de Contas, e que Carvalho Filho define como aquele exercido sobre os três poderes no que diz respeito à receita, à despesa e à gestão dos recursos públicos.[9]

3.1 O Tribunal de Contas, no Brasil, é criação republicana. Proclamada a República, em 1889, o Decreto nº 966-A, de 7.11.1890, criou a Corte de Contas, com a atribuição de examinar, rever e julgar todas as operações de receita e despesa da República. A República fez do Tribunal de Contas, em boa hora, o guardião dos dinheiros públicos e vigia das políticas públicas.

3.2 No entanto, registra Gabriela dal Pozzo, a preocupação com o controle das finanças remonta ao período colonial, com a criação, em 1680, das Juntas das Fazendas das Capitanias e da Junta da Fazenda do Rio de Janeiro, substituídas, com a vinda da família real portuguesa para o Brasil, pelo Conselho da Fazenda, responsável pelo controle dos gastos públicos, criado juntamente com o Erário Régio, encarregado da guarda dos tesouros reais.[10]

3.3 A seguir, proclamada a Independência, a Constituição Imperial de 1824 criou, em seu art. 170, o Tesouro Nacional, encarregado da receita e despesa, ao tempo em que determinou que o Ministro da Fazenda apresentasse à Câmara de Deputados, anualmente, um balanço geral do ano antecedente, juntamente com a proposta orçamentária anual (art. 172).

---

[9] CARVALHO FILHO, José dos Santos. *Manual de direito administrativo*. 18. ed. Rio de Janeiro: Lumen Juris, 2007. p. 877.

[10] DAL POZZO, Gabriela Tomaselli Bresser Pereira. *As funções do Tribunal de Contas e o Estado de Direito*. Belo Horizonte: Fórum, 2010. p. 74-75.

3.4 Segundo Kildare Carvalho, Pimenta Bueno não acreditava na eficácia dessa prestação de contas, ao afirmar, em seu *Direito público brasileiro e análise da Constituição do Império*:

> É de suma necessidade a criação de um Tribunal de Contas, devidamente organizado, que examine e compare a fidelidade das despesas com os créditos votados, as receitas com a lei do imposto, perscrute e siga pelo testemunho dos documentos autênticos em todos os seus movimentos a aplicação e emprego dos valores do Estado e que, enfim, possa assegurar a realidade das contas. Sem esse poderoso auxiliar, nada conseguirão as Câmaras.[11]

3.5 Logo depois, surgiu a primeira tentativa de criação de um Tribunal de Contas: o Visconde de Barbacena, Felisberto Caldeira Brant, apresentou projeto que, entretanto, nunca foi votado. Outro projeto, apresentado em 1845, por Pimenta Bueno, Silveira Martins, Visconde de Ouro Preto e João Alfredo, teve igual destino.[12] Com a República, conforme foi dito, foi criado o Tribunal de Contas pelo Decreto nº 966-A, de 1890, graças ao trabalho de Ruy Barbosa.

3.6 Na exposição de motivos do Decreto nº 966-A/90, afirmou Rui Barbosa:

> A medida que vem propor-vos é a criação de um Tribunal de Contas, corpo de magistratura intermediária à administração e à legislatura que, colocada em posição autônoma, com atribuições de revisão e julgamento, cercada de garantias contra quaisquer ameaças, possa exercer suas funções vitais no organismo constitucional, sem risco de converter-se em instituição de ornato aparatoso e inútil. [...]
>
> Convém levantar entre o poder que autoriza periodicamente a despesa e o poder que quotidianamente a executa um mediador independente, auxiliar de um outro, que, comunicando com a legislatura e intervindo na administração, seja não só o vigia como a mão forte da primeira sobre a segunda, obstando a perpetuação das infrações orçamentárias por um veto oportuno aos atos do Executivo, que direta ou indireta, próxima ou remotamente, discrepem da linha rigorosa das leis de finanças.[13]

---

[11] CARVALHO, Kildare Gonçalves. *Direito constitucional*. 18. ed. Belo Horizonte: Del Rey, 2012. p. 1136.

[12] SILVA, José Afonso. *Curso de direito constitucional positivo*. 11. ed. São Paulo: Malheiros, 1996. p. 685.

[13] Exposição de Motivos ao Decreto nº 966-A/1890 em FERNANDES, J. U. Jacoby. *Tribunais de Contas do Brasil*. 3. ed. Belo Horizonte: Fórum, 2102. p. 775-776.

3.7 A Constituição republicana de 1891 deu-lhe *status* constitucional, ao dispor, em seu art. 89:

É instituído um Tribunal de Contas para liquidar as contas da receita e despesa e verificar a sua legalidade, antes de serem prestadas ao Congresso. Os membros deste Tribunal serão nomeados pelo Presidente da República com aprovação do Senado, e somente perderão os seus lugares por sentença.

3.8 A partir de então, as Constituições que se sucederam mantiveram o Tribunal de Contas como órgão encarregado de acompanhar a execução orçamentária e julgar as contas dos responsáveis por dinheiros ou bens públicos, na dicção do art. 99 da Constituição de 1934. **3.9** A Carta de 1937 incluiu o Tribunal de Contas no capítulo destinado ao Poder Judiciário e acrescentou às suas atribuições o exame da legalidade dos contratos, em seu art. 114, ao passo que a Constituição de 1946, recolocando-o no capítulo do Poder Legislativo, incluiu em sua competência o exame das concessões de aposentadorias e pensões (art. 77, III). **3.10** Em linhas gerais, a Constituição de 1967, com e sem a Emenda nº 1/69, manteve as atribuições do Tribunal de Contas, explicitando, ainda, os procedimentos a serem adotados no exame das contas do Presidente da República, e o julgamento das contas dos administradores e demais responsáveis por bens e valores públicos (art. 71 e seus parágrafos). **3.11** O controle externo está assim disposto na Constituição de 1988:

Art. 70. A fiscalização contábil, financeira, orçamentária, operacional e patrimonial da União e das entidades da administração direta e indireta, quanto à legalidade, legitimidade, economicidade, aplicação das subvenções e renúncia de receitas, será exercida pelo Congresso Nacional, mediante controle externo, e pelo sistema de controle interno de cada Poder.

Parágrafo único. Prestará contas qualquer pessoa física ou jurídica, pública ou privada, que utilize, arrecade, guarde, gerencie ou administre dinheiros, bens e valores públicos ou pelos quais a União responda, ou que, em nome desta, assuma obrigações de natureza pecuniária.

3.12 Acrescenta o art. 71 da Constituição Federal que, para o exercício desse controle externo, o Congresso Nacional terá o auxílio do Tribunal de Contas da União.

3.13 Quanto aos Estados, dispôs a Constituição, em seu art. 75, que as normas previstas para a fiscalização contábil, financeira e orçamentária da União, previstas na Seção IX do Capítulo IV (arts. 70 a 75), "aplicam-se, no que couber, à organização, composição e fiscalização dos Tribunais de Contas dos Estados e do Distrito Federal, bem como dos Tribunais e Conselhos de Contas dos Municípios". E, no parágrafo único, atribuiu às Constituições estaduais disporem "sobre os Tribunais de Contas, limitando a sete o número de seus conselheiros".

3.14 No que diz respeito aos Municípios, a Constituição dispôs:

Art. 31. A fiscalização do Município será exercida pelo Poder Legislativo Municipal, mediante controle externo, e pelos sistemas de controle interno do Poder Executivo Municipal, na forma da lei.

§1º O controle externo da Câmara Municipal será exercido com o auxílio dos Tribunais de Contas dos Estados ou do Município ou dos Conselhos ou Tribunais de Contas dos Municípios, onde houver.

§2º O parecer prévio, emitido pelo órgão competente sobre as contas que o Prefeito deve anualmente prestar, só deixará de prevalecer por decisão de dois terços dos membros da Câmara Municipal.

§3º As contas dos Municípios ficarão, durante sessenta dias, anualmente, à disposição de qualquer contribuinte, para exame e apreciação, o qual poderá questionar-lhes a legitimidade, nos termos da lei.

§4º É vedada a criação de Tribunais, Conselhos ou órgãos de Contas Municipais.

3.15 Assim, as Câmaras Municipais serão auxiliadas, na fiscalização financeira e orçamentária dos Municípios, pelos Tribunais de Contas do Estado ou dos Municípios, vedada a criação de tribunal municipal, o que não prejudica a existência de Tribunais de Contas Municipais criados sob a égide do regime constitucional anterior, que o permitia.

IV O Ministério Público junto aos Tribunais de Contas

4 Até a Constituição de 1967, nada dispunham nossas Constituições sobre a existência de um Ministério Público junto aos Tribunais de Contas. Essa ausência, contudo, não impediu que dele tratasse a legislação que se seguiu à instituição do Tribunal de Contas pelo Decreto nº 966-A/90, a começar pelo Decreto nº 1.166/1892, que estruturou aquela Corte e que, em seu art. 19, dispôs:

Art. 19, O pessoal do Tribunal de Contas compor-se-á de cinco membros, o Presidente e quatro Diretores, um dos quais representará o Ministério Público.

4.1 Quatro anos depois o Tribunal foi reorganizado pelo Decreto nº 392/1896 que, em seu art. 81, estabeleceu:

> Art. 81. O representante do Ministério Público é o guarda da observância das leis fiscais e dos interesses da Fazenda perante o Tribunal de Contas. Conquanto representante dos interesses da Pública Administração, não é, todavia, delegado especial e limitado desta, antes tem personalidade própria, e no interesse da lei, da Justiça e da Fazenda Pública tem inteira liberdade de ação.

4.2 Desde, pois, a sua instituição, o Tribunal de Contas da União e os Tribunais de Contas dos Estados e dos Municípios contam, como fiscal da lei, o Ministério Público, com representação legal e constitucional junto àquelas Cortes.

4.3 A reorganização do Tribunal de Contas da União promovida pelo Decreto nº 13.147/18 classificava o Ministério Público como um dos corpos do Tribunal, ao lado do corpo deliberativo, do corpo especial e do corpo instrutivo. Mais tarde, a Lei nº 830/49, em seu art. 2º, qualificou o Ministério Público junto ao Tribunal de Contas como serviço autônomo, ao lado dos auditores e da secretaria, com a função própria de promover, completar a instrução e requerer, no interesse da Administração, da Justiça e da Fazenda Pública (art. 31), não podendo o procurador, nomeado pelo presidente da República (art. 30), exercer qualquer outra função pública, salvo o magistério secundário e superior (art. 31).

4.4 Jacoby Fernandes justifica a atribuição das funções de Ministério Público a um órgão especial, diverso do Ministério Público dito comum ou ordinário, existente no Brasil desde 1826, porque este último integrava, à época, a estrutura jurídica do Executivo, poder que se submetia à jurisdição da Corte de Contas, faltando-lhe, dessa forma, autonomia suficiente para desempenhar suas atribuições com total independência.[14] E acrescenta:

---

[14] FERNANDES, J. U. Jacoby. *Tribunais de Contas do Brasil*. 3. ed. Belo Horizonte: Fórum, 2102. p. 826.

Por outro lado, se o Tribunal de Contas tem por função o controle externo da Administração Pública, com ênfase sobre a legalidade no cumprimento da Lei Orçamentária, não pode submeter-se a qualquer dos poderes. A presença em sua estrutura de membro de um dos poderes fiscalizados, ainda mais com direito de voto, que até 1896 se deferia ao representante do Ministério Público, seria bastante para desnaturar o controle e prejudicar sua indispensável isenção.[15]

4.5 Como foi dito, a Constituição de 1967 foi a primeira a reconhecer expressamente a existência de um Ministério Público atuando como fiscal da lei perante os Tribunais de Contas. Com efeito, o §5º do art. 73 atribuía ao Ministério Público competência para requerer providências ao Tribunal, quando verificasse a ilegalidade de qualquer despesa.

4.6 Para José Afonso da Silva, foi a Constituição de 1988 que, efetivamente, instituiu, no art. 130, o Ministério Público junto ao Tribunal de Contas, dispondo: "Aos membros do Ministério Público junto aos Tribunais de Contas aplicam-se as disposições desta seção pertinentes a direitos, vedações e forma de investidura". Acrescenta José Afonso:

> A Constituição instituiu, neste dispositivo, um Ministério Público especial para atuar junto aos Tribunais de Contas, como instituição autônoma em face do Ministério Público comum, da União ou dos Estados ou do Distrito Federal. Significa isso repelir a tese – hoje, aliás, superada – de que aquele Ministério Público seria uma simples representação do Ministério Público comum junto aos Tribunais de Contas por membros integrantes de seus próprios quadros.[16]

4.7 Em inúmeros julgados, o Supremo Tribunal Federal tem reconhecido que o Ministério Público especial não se confunde com o Ministério Público comum, nem dele constitui segmento. Ambos têm campo de atuação próprio e independente: o primeiro atua exclusivamente como *custos legis*, vale dizer, fiscal da lei, junto aos Tribunais de Contas, ou aos Conselhos de Contas, ao passo que o segundo tem campo de atuação bem mais ampliado.

4.8 De fato, como se vê do art. 127, da Constituição, ao Ministério Público, como instituição permanente essencial à função jurisdicional do Estado, incumbe a defesa da ordem jurídica, do regime democrático

---

[15] FERNANDES, J. U. Jacoby. *Tribunais de Contas do Brasil*. 3. ed. Belo Horizonte: Fórum, 2102. p. 827.

[16] SILVA, José Afonso da. *Comentário contextual à Constituição*. 2. ed. São Paulo: Malheiros, 2006. p. 604.

e dos interesses sociais e individuais indisponíveis, cabendo-lhe, entre outras atribuições, promover, privativamente, a ação penal pública, na forma da lei, zelar pelo efetivo respeito dos poderes públicos e dos serviços de relevância pública, aos direitos assegurados nesta Constituição, promovendo as medidas necessárias a sua garantia, bem assim promover o inquérito civil e a ação civil pública, para a proteção do patrimônio público e social, do meio ambiente e de outros interesses difusos e coletivos (art. 129 da Constituição).

4.9 Como dito, o Supremo Tribunal Federal tem reconhecido essa distinção. Assim é que, no julgamento do Recurso Extraordinário nº 120.970, decretou a Corte Suprema a invalidade de portaria do procurador geral de justiça que, ainda sob o regime constitucional anterior, designou procurador de justiça para exercer a chefia do Ministério Público junto ao Tribunal de Contas do Estado de Rondônia.[17]

4.10 Posteriormente, voltou o Supremo Tribunal a reafirmar a existência autônoma do Ministério Público que atua perante os Tribunais de Contas, reconhecendo, na ADI nº 789, qualificar-se ele

> como órgão de extração constitucional, eis que a sua existência jurídica resulta de expressa previsão normativa constante da Carta Política (art. 73, par. 2, I, e art. 130), sendo indiferente, para efeito de sua configuração juridico-institucional, a circunstância de não constar do rol taxativo inscrito no art. 128, I, da Constituição, que define a estrutura orgânica do Ministério Público da União.[18]

4.11 O mesmo entendimento se repetiu no julgamento da ADI nº 2.884, constando da ementa do acórdão:

> O Ministério Público especial junto aos Tribunais de Contas – que constitui uma indiscutível realidade constitucional – qualifica-se como órgão estatal dotado de identidade e de fisionomia próprias, que o tornam inconfundível e inassimilável à instituição do Ministério Público comum da União e dos Estados-membros. Não se reveste de legitimidade constitucional a participação do Ministério Público comum perante os Tribunais de Contas dos Estados, pois essa participação e atuação acham-se constitucionalmente reservadas aos membros do Ministério Público especial a que se refere a própria Lei Fundamental da República

---

[17] RE nº 120.970. Rel. Min. Moreira Alves. *DJ*, 16 out. 1990. Disponível em: <www.stf.jus.br/jurisprudência>.

[18] ADI nº 789. Rel. Min. Celso de Mello. *DJ*, 19 dez. 1994. Disponível em: <www.stf.jus.br/jurisprudência>.

(art. 130). O preceito consubstanciado no art. 130 da Constituição reflete uma solução de compromisso adotada pelo legislador constituinte brasileiro, que preferiu não outorgar, ao Ministério Público comum, as funções de atuação perante os Tribunais de Contas, optando, ao contrário, por atribuir esse relevante encargo a agentes estatais qualificados, deferindo-lhes um "status" jurídico especial e ensejando-lhes, como o reconhecimento das já mencionadas garantias de ordem subjetiva, a possibilidade de atuação funcional exclusiva e independente perante as Cortes de Contas.[19]

4.12 Mas o Supremo Tribunal Federal afirmou que a não inclusão do Ministério Público junto aos Tribunais de Contas no rol do art. 128 da Constituição não prejudica sua qualificação como Ministério Público. Essa exclusão justifica-se. É que o art. 128 da Constituição cuida, apenas, do Ministério Público como instituição indispensável à função jurisdicional do Estado, ou seja, o Ministério Público que atua perante o Judiciário.

4.13 Reafirmando a condição de órgão do Ministério Público, a própria Constituição, em seu art. 130, concedeu aos membros do *parquet* junto às Cortes de Contas garantias próprias dos integrantes dos diversos segmentos do Ministério Público comum:

> Art. 130. Aos membros do Ministério Público junto aos Tribunais de Contas aplicam-se as disposições desta seção pertinentes a direitos, vedações e forma de investidura.

4.14 Reconhecendo, portanto, a existência de um Ministério Público junto aos Tribunais de Contas diverso do Ministério Público que atua perante o Poder Judiciário, assegurou a Constituição que aos integrantes do primeiro fossem aplicados os mesmos direitos, vedações e forma de investidura, a que se referem os arts. 128, §5º, incs. I e II, e 129, §3º.

4.15 Assim, gozam os integrantes do Ministério Público perante os Tribunais de Contas de garantias da inamovibilidade e da irredutibilidade de subsídios, sendo-lhes vedados receber, a qualquer título e sob qualquer pretexto, honorários, percentagens ou custas processuais, exercer a advocacia, participar de sociedade comercial, na forma da lei, exercer, ainda que em disponibilidade, qualquer outra função pública, salvo uma de magistério, exercer atividade político-partidária

---

[19] ADI nº 2.884. Rel. Min. Celso de Mello. *DJ*, 20 maio 2005.

e receber, a qualquer título ou pretexto, auxílios ou contribuições de pessoas físicas, entidades públicas ou privadas, ressalvadas as exceções previstas em lei. Por fim, dispõe ainda a Constituição que o ingresso na carreira do Ministério Público junto aos Tribunais de Contas se fará mediante concurso público.

V A necessária autonomia administrativa e financeira do Ministério Público junto aos Tribunais de Contas

5 Embora reconhecendo ter o art. 130 da Constituição outorgado aos membros do Ministério Público junto aos Tribunais de Contas as garantias concedidas aos integrantes do Ministério Público comum, tem resistido o Supremo Tribunal Federal em admitir a plena autonomia administrativa e financeira do primeiro, mesmo quando essa autonomia é prevista na legislação estadual, seja nas Constituições estaduais, seja em leis complementares que as regulamentaram.

5.1 A matéria foi inicialmente tratada com relação ao TCU, na ADI nº 789, na qual o Ministério Público Federal questionava a constitucionalidade parcial da Lei nº 8.443/92, tendo decidido o Supremo Tribunal Federal que, conquanto seja de "extração constitucional, eis que sua existência jurídica resulta de expressa previsão normativa constante da Carta Política (art. 73, par. 2, I e art. 130)".

> O Ministério Público junto ao TCU não dispõe de fisionomia institucional própria e, não obstante as expressivas garantias de ordem subjetiva concedidas aos seus Procuradores pela própria Constituição (art. 130), encontra-se consolidado na "intimidade estrutural" dessa Corte de Contas, que se acha investida – até mesmo em função do poder de autogoverno que lhe confere a Carta Política (art. 73, caput, in fine) – da prerrogativa de fazer instaurar o processo legislativo concernente a sua organização, a sua estruturação interna, a definição do seu quadro de pessoal e a criação dos cargos respectivos.

5.2 Em seu voto, disse o relator, eminente Ministro Celso de Mello:

> Tendo presente o conteúdo normativo desse preceito constitucional, torna-se bastante evidente que não se pode, com fundamento nele, sustentar que o Ministério Público junto aos Tribunais de Contas configure, não obstante a sua indiscutível realidade constitucional, um organismo revestido de perfil institucional próprio, dotado de plena autonomia jurídica e investido nas mesmas garantias de ordem objetiva que foram

outorgadas pela ordem constitucional ao Ministério Público da União e dos Estados-membros.

Refiro-me, no contexto das garantias reconhecidas ao Ministério Público comum, à autonomia administrativa (CF, art. 127, §2º, 1ª parte), à autonomia orçamentária, nesta incluída a de caráter financeiro (CF, art. 127, §3º) e à prerrogativa de fazer iniciar, por direito próprio, o processo de formação das leis concernentes tanto à criação e à extinção de seus cargos e serviços auxiliares (CF, art. 127, §2º, 2ª parte) quanto À definição de sua estrutura organizacional, de suas atribuições e do seu próprio estatuto jurídico (CF, art. 128, §5º).

Essas garantias de natureza institucional não resultam, a meu juízo, da norma inscrita no art. 130 da Carta Política que, em última análise, objetivou contemplar, com predicamentos exorbitantes do regime jurídico atribuído aos servidores públicos comuns, apenas uma determinada categoria funcional: a dos Procuradores que oficiam perante os Tribunais de Contas.

Não obstante o elevado grau de autonomia funcional conferido aos membros desse Ministério Público especial, torna-se imperioso reconhecer que essa circunstância, por si só, não se revela suficiente para identificar, nesse órgão estatal, o atributo da autonomia institucional, nos termos, na extensão e com o conteúdo que a Constituição outorgou ao Ministério Público comum.[20]

5.3 Assim, embora tivesse reconhecido a autonomia funcional a seus membros, o Supremo não reconheceu a autonomia administrativa e financeira do Ministério Público junto aos Tribunais de Contas, considerando-o integrante da "intimidade estrutural" da Corte e dela dependente, via de consequência, administrativa e financeiramente.

5.4 O tema voltou a debate na ADI nº 160, quando se questionou a constitucionalidade de dispositivo da Constituição do Estado de Tocantins que concedia autonomia administrativa ao Ministério Público junto ao Tribunal de Contas Estadual. Invocando o precedente criado na ADI nº 789, o Tribunal acompanhou o voto do relator, Ministro Octavio Gallotti, para quem as garantias concedidas aos integrantes do Ministério Público junto aos Tribunais de Contas (art. 130 da Constituição) não o transformava em instituição dotada de plena autonomia, à semelhança do Ministério Público comum. Contraditoriamente, o relator negou-lhe até mesmo autonomia funcional.[21]

---

[20] ADI nº 789. Rel. Min. Celso de Mello. *DJ*, 19 dez. 94. Disponível em: <www.stf.jus.br/jurisprudência>.

[21] ADI 160-TO. Rel. Min. Octavio Gallotti. *DJ*, 23 abr. 1998. Disponível em: <www.stf.jus.br/jurisprudência>.

5.5 Também na ADI nº 2.378, o Supremo confirmou seu entendimento, declarando a inconstitucionalidade de dispositivo da Constituição do Estado Goiás que, igualmente, concedia autonomia administrativa e financeira ao Ministério Público junto ao Tribunal de Contas do Estado. Assim dispôs a ementa do acórdão, no que interessa:

> O Ministério Público especial junto aos Tribunais de Contas estaduais não dispõe das garantias institucionais pertinentes ao Ministério Público comum dos Estados-membros, notadamente daquelas prerrogativas que concernem à autonomia administrativa e financeira dessa Instituição, ao processo de escolha, nomeação e destituição de seu titular e ao poder de iniciativa dos projetos de lei relativos à sua organização.[22]

5.6 Todavia, a matéria está longe de ser pacífica no Supremo Tribunal Federal. Já na ADI nº 160, restaram parcialmente vencidos os ministros Néri da Silveira e Sepúlveda Pertence, sustentando ambos que a autonomia funcional, também suprimida pelo voto do relator, era e continua sendo inerente ao exercício das atribuições do Ministério Público.

5.7 Em seu voto, afirmou o Ministro Néri da Silveira:

> Não se pode compreender o Ministério Público junto ao Tribunal de Contas, enquanto Ministério Público, não dotado de uma independência funcional, o que significa sua não sujeição a qualquer forma de hierarquia, quer ao próprio Tribunal de Contas, quer a outro órgão da Administração. Do contrário, não teriam os seus membros as condições de exercer, com prerrogativas de Ministério Público que é, a missão precípua de fiscal da lei. A autonomia funcional tem, aqui, uma correspondência à idéia de independência funcional.[23]

5.8 De sua parte, ponderou o Ministro Sepúlveda Pertence:

> A meu ver, é ínsita à noção de Ministério Público na Constituição Brasileira a autonomia funcional, que nada mais significa que a independência em relação a instruções e ingerências dos Poderes do Estado e, no caso específico do Ministério Público junto ao Tribunal de Contas, também ao próprio Tribunal de Contas.

---

[22] ADI nº 2.378. Rel. p/ acórdão Min. Celso de Mello. *DJE*, 6 set. 2007. Disponível em: <www.stf.jus.br/jurisprudência>.

[23] ADI nº 160. Rel. Min. Octavio Gallotti. *DJ*, 20 ago. 1998. Disponível em: <www.stf.jus.br/jurisprudência>.

5.9 Já o Ministro Marco Aurélio, igualmente vencido, afirmou que não poderia haver distinção entre as instituições Ministério Público comum e Ministério Público especial:

> Vejo o Ministério Público em atuação nos tribunais de contas como abrangidos no grande conjunto revelado pelo artigo 128 da Carta da República. Junto ao Tribunal de Contas da União, ele é apanhado pelo gênero Ministério Público Federal, e, no tocante aos tribunais de contas dos Estados, de acordo com a referência do inciso II do referido artigo, situa-se no âmbito do Ministério Público dos Estados. O texto do artigo 130 não tem, com a devida vênia, o condão de limitar a aplicabilidade da seção do capítulo IV da Carta da República à instituição que é o Ministério Público junto ao Tribunal de Contas.

5.10 Depois de destacar "a relevante função do órgão a ser exercida perante as Cortes de Contas", concluiu pela constitucionalidade da atribuição, pela Constituição do Estado de Tocantins, da autonomia administrativa ao Ministério Público junto à Corte de Contas estadual, afirmando:

> Não se quis, simplesmente, ver agindo uma simples procuradoria. Partiu-se para a inserção, nesse meio, do próprio Ministério Público, objetivando, com isso, a atividade, em tão sensível campo, de órgão que gozasse de autonomia funcional, inerente a tal espécie de atuação, como também de autonomia administrativa. Aliás, não vejo como dissociá-las, quando o que se busca, em última análise é uma atuação equidistante, independente, daqueles que, a rigor, laboram, precipuamente, como fiscais da aplicação irrestrita do que se contém no arcabouço normativo. Penso não haver a Constituição do Estado de Tocantins extravasado os limites impostos, mediante princípios de adoção obrigatória aos Estados da Federação, pela Carta da República.

5.11 O Ministro Marco Aurélio reafirmou seu entendimento por ocasião do julgamento da ADI nº 2.378, quando teve a adesão do Ministro Ayres de Britto. Julgava-se, então, a constitucionalidade da concessão de autonomia administrativa e financeira ao Ministério Público junto ao Tribunal de Contas do Estado de Goiás, tendo o Ministro Ayres de Brito se insurgido contra a ideia de que o Ministério especial integre a "intimidade estrutural" do Tribunal de Contas, da mesma forma que o Ministério Público comum não mais é parte integrante do Executivo, ante a nova normatividade constitucional.

5.12 Julgou o Ministro Ayres de Britto igualmente improcedente a ação, afirmando, entre outros argumentos de peso, que a autonomia administrativa e a independência funcional do Ministério Público especial constitui uma ideia-força "que se eleva à culminância de princípio constitucional" e como tal "aplica-se à Ordem Jurídica dos Estados-membros, segundo incontendível inteligência do art. 25, caput, da Leis das Leis Nacionais". E concluiu o Ministro Ayres de Brito, acenando para a autonomia dos Estados:

> E se possível fosse (penso que não é) recusar-lhe essa altanaria de princípio constitucional, então seria o caso de se submeter à norma estampada no §1º do art. 25, assim vernacularmente paramentada: "São reservadas aos Estados as competências que não lhes sejam vedadas por esta Constituição". Com o que nenhum vício formal nem material contaminaria a pureza das normas que se fazem objeto da presente ação direta, pelo fato da sua inserção no corpo de dispositivos da própria Constituição do Estado de Goiás.

5.13 Tinha eu a honra de integrar, à época, o Supremo Tribunal Federal e votei no julgamento das ADIs nºs 789 e 160, acompanhando o relator, Ministro Celso de Mello, na primeira, e o precedente do Tribunal, nela havido, quanto à segunda. Voltei, agora, a meditar longamente sobre o tema, e vejo-me levado a reformular meu entendimento, não apenas em razão dessa nova reflexão, mas, principalmente, pelo convencimento *de que não existe Ministério Público sem autonomia funcional, da qual é pressuposto a autonomia administrativa e financeira*. Se tal não ocorre, não se tem Ministério Público, porque Ministério Público sem as garantias enunciadas é simples órgão de assessoramento e não autêntico *custos legis*. E mais: penso que, no voto que então proferi, não considerei, como devia, do que me penitencio, *a autonomia estadual*, característica fundamental da federação. E, no Estado Federal brasileiro, em razão dessa autonomia, "são reservadas aos Estados as competências que não lhes sejam vedadas" pela Constituição Federal (CF, art. 25, §1º). Convém registrar que o *leading case* – ADI nº 789, Rel. Min. Celso de Mello – cuidou do Ministério Público junto ao Tribunal de Contas da União, hipótese em que a questão não comportava, obviamente, exame da autonomia estadual.

5.14 De fato, se o Supremo Tribunal Federal já reconheceu que é Ministério Público o Ministério Público junto aos Tribunais de Contas, ainda que especial, mas tendo como função precípua a de ser fiscal da lei, não é concebível seja essa função exercida sem a autonomia funcional. De outro lado, não se pode admitir autonomia funcional sem autonomia administrativa e financeira, pois essa falta o torna dependente do órgão perante o qual atua.

5.15 Na verdade, a Constituição incorreria em incoerência no conceder, art. 130, garantias aos integrantes do Ministério Público especial e, ao mesmo tempo, não reconhecesse a autonomia da instituição a que pertencem. Por isso mesmo entendo que o art. 130 da Constituição não pode receber a interpretação restritiva como a que lhe vem sendo dada, em detrimento, em última análise, da *res publica*, dos dinheiros públicos, assim da sociedade.

5.16 Em recente parecer sobre *O Ministério Público junto aos Tribunais de Contas*, José Afonso da Silva destacou esse fato, afirmando:

> Confesso que tenho muita dificuldade de entender que os membros de um órgão tenham autonomia funcional, individualmente, prerrogativa que compreende a plena independência de atuação perante os poderes, inclusive perante a Corte junto à qual atuam, sem que o próprio órgão seja igualmente dotado de tal prerrogativa.[24]

5.17 Ora, se o Ministério Público, incluindo aquele que atua junto às Cortes de Contas, constitui instrumento fundamental e indispensável, para assegurar, com o seu trabalho, toda a gama de princípios e interesses que permeiam a Constituição, ela, Constituição, coerente com seus ideais, há de viabilizar o efetivo exercício dessa função, mediante o oferecimento de garantias que ensejem atuação imune a ingerências ou pressões. E ela o fez, ao assegurar ao Ministério Público, todo ele, sem exceção, comum e especial, autonomia funcional, administrativa (art. 127, §2º) e financeira (art. 127, §3º).

5.18 Por fim, entendo que a matéria da autonomia administrativa e financeira do Ministério Público que atua junto aos Tribunais de Contas merece ser examinada sob outro ângulo. É que, no *leading case*, ADI nº 789, atrás mencionado, o Supremo Tribunal Federal analisou a constitucionalidade da Lei nº 8.443/92, que dispunha sobre o Tribunal de Contas da União, contendo regras aplicáveis ao Ministério Público que atua perante aquela Corte.

5.19 O entendimento do Supremo Tribunal foi no sentido de que a Constituição não outorgara àquele Ministério Público autonomia concedida ao Ministério Público comum, daí porque a Lei nº 8.443/92, que reorganizou o Tribunal de Contas, sobre ele podia dispor, sem vício de inconstitucionalidade. Por isso, a meu ver, além dos argumentos

---

[24] Parecer que me foi encaminhado pelos consulentes e que certamente será levado à apreciação do Supremo Tribunal Federal.

aqui expostos, que justificam a concessão de autonomia administrativa e financeira ao Ministério Público junto aos Tribunais de Contas, a questão deve ser examinada, sobretudo, no que diz respeito à autonomia do Estado-membro para dispor sobre a matéria. É dizer: se, *ad argumentandum tantum*, a Constituição Federal não concedeu autonomia administrativa e financeira ao Ministério Público que atua perante o Tribunal de Contas da União, pode o Estado fazê-lo, em relação ao Ministério Público de Contas estadual, valendo-se da competência que, constitucionalmente, lhe é outorgada.

Este o tema do próximo tópico.

VI Repartição de competências: a autonomia dos Estados

6 A República Federativa do Brasil, constituída em Estado Democrático de Direito, é formada pela união indissolúvel dos Estados e Municípios e do Distrito Federal (CF, art. 1º). Compreende o Estado Federal vários Estados, que se associam, buscando integração harmônica de seus objetivos.

> Não possuem esses Estados soberania externa, e do ponto de vista da soberania interna se acham em parte sujeitos a um poder único, que é o poder federal, e em parte conservam sua independência, movendo-se livremente na esfera de competência constitucional que lhes for assinalada para efeito de auto-organização.[25]

6.1 Em trabalho doutrinário, anotei que Estado Federal é, na verdade, forma descentralizada do poder, de descentralização geográfica do poder. Embora constitua técnica de governo, "presta obséquio, também, à liberdade, pois toda vez que o poder centraliza-se num órgão ou numa pessoa, tende a tornar-se arbitrário".[26]

6.2 O Brasil adotou a forma de Estado Federal na Constituição Republicana de 1891, o que se manteve nas Constituições que se seguiram, mas, ao contrário do federalismo adotado nos Estados Unidos da América, onde teve nascimento – federalismo por agregação de Estados – o federalismo brasileiro se caracteriza por sua formação de cima para baixo, ou federalismo por segregação.

---

[25] BONAVIDES, Paulo. *Ciência política*. 6. ed. Rio de Janeiro: Forense, [s.d.]. p. 207.

[26] VELLOSO, Carlos Mário da Silva. Estado Federal e Estados Federados na Constituição brasileira de 1988. O equilíbrio federativo. In: VELLOSO, Carlos Mário da Silva. *Temas de direito público*. Belo Horizonte: Del Rey, 1994. p. 363.

6.3 É que, no Brasil, foi o governo central que estabeleceu os limites da autonomia concedida aos Estados, limites impostos aos Estados-membros pela Constituição, que convivem com a autonomia que essa mesma Constituição lhes consagra, certo que não há falar em hierarquia entre as diferentes pessoas jurídicas que compõem a federação. Dallari enfatiza essa igualdade:

> No Estado federal as atribuições da União e de suas unidades federadas são fixadas na Constituição, por meio de uma distribuição de competências. Não existe hierarquia na organização federal, porque a cada esfera de poder corresponde uma competência determinada.[27]

6.4 Como entidade federativa, a União exerce as prerrogativas do Estado brasileiro – a soberania externa, por exemplo – mas, no âmbito interno, anota José Afonso da Silva, reportando-se ao art. 18 da Constituição, a validade e a eficácia da ordem jurídica por ela editada somente atingem os fatos sobre os quais incide sua competência.[28]

6.5 Isso porque a autonomia do Estado-membro constitui elemento essencial à configuração do Estado Federal, ensina Raul Machado Horta que, reportando-se a Santi Romano, destaca a autolegislação, isto é, a competência para criar ordenamento jurídico como o dado individualizador do conceito jurídico dessa autonomia.[29] A Constituição de 1988 garante essa autonomia no art. 25, ao afirmar que os Estados se organizam e regem-se pelas Constituições e leis que adotarem, observados os princípios da Constituição.

6.6 No entanto, a autonomia estadual, que compreende a auto-organização, ou o poder de elaborar suas Constituições e suas leis, o autogoverno e a autoadministração, é apenas um dos elementos caracterizadores do Estado Federal, cuja conceituação exige ainda a participação dos Estados-membros na formação da vontade federal, que se dá com a existência de uma Câmara de representação dos Estados – o Senado, a discriminação das receitas tributárias, pois a autonomia seria utópica sem arrecadação própria, e, principalmente, a repartição constitucional de competências.[30]

---

[27] DALLARI, Dalmo de Abreu. *Elementos de teoria geral do Estado*. 22. ed. São Paulo: Saraiva, 2000. p. 258.

[28] SILVA, José Afonso. *Curso de direito constitucional positivo*. 11. ed. São Paulo: Malheiros, 1996. p. 467.

[29] HORTA, Raul Machado. *Direito constitucional*. 5. ed. Belo Horizonte: Del Rey, 2010. p. 328-329.

[30] VELLOSO, Carlos Mário da Silva. Estado Federal e Estados Federados na Constituição brasileira de 1988. O equilíbrio federativo. In: VELLOSO, Carlos Mário da Silva. *Temas de direito público*. Belo Horizonte: Del Rey, 1994. p. 366.

6.7 De fato, é na repartição da competência entre as entidades políticas que compõem a federação que se encontra a base do Estado Federal,[31] pois é nela, anota José Alfredo de Oliveira Baracho, que se realiza a descentralização que caracteriza o Estado Federal, constituindo, pois, um dos pilares do federalismo.[32] E por ser a nota essencial do federalismo, a repartição das competências deve, leciona Geraldo Ataliba, estar estabelecida numa Constituição rígida, "de modo a não ensejar violação da autonomia recíproca por qualquer das partes".[33]

6.8 A repartição de competências é exigência da estrutura federal, leciona Raul Machado Horta, para assegurar o convívio dos ordenamentos que compõem o Estado Federal.[34] Essa competência, isto é, essa "capacidade de agir numa esfera determinada",[35] tem, como princípio geral de regência, a predominância do interesse, o que significa, para José Afonso da Silva, que à União vão caber as matérias e questões em que predomine interesse geral, nacional, enquanto aos Estados tocarão as matérias e assuntos de predominante interesse regional. Por último, para os Municípios restam os assuntos de interesse local.[36]

6.9 São duas as técnicas clássicas de repartição de competências no Estado Federal: uma consiste na discriminação das competências da União, restando aos Estados as competências remanescentes, equivocamente chamadas de "competências reservadas", expressão própria da federação norte-americana, que se formou por agregação, em que as antigas colônias "reservaram" para si as competências que lhes pareceram mais adequadas.

6.10 A Constituição de 1988, que segundo Raul Machado Horta promoveu a reconstrução do federalismo brasileiro,[37] adotou a técnica de enumerar as competências da União, deixando as remanescentes para os Estados, além de definir explicitamente as dos Municípios, também eles entidades políticas componentes do Estado Federal.

---

[31] FERREIRA, Luís Pinto. *Princípios gerais do direito constitucional moderno*. 5. ed. São Paulo: Revista dos Tribunais, [s.d.]. p. 319. v. II.

[32] BARACHO, José Alfredo de Oliveira. *Teoria geral do federalismo*. Rio de Janeiro: Forense, 1986.

[33] ATALIBA, Geraldo. *Princípio federal* – Rigidez constitucional e Poder Judiciário – Estudos e pareceres de direito tributário. São Paulo: Revista dos Tribunais, 1980. p. 9-10. v. 3.

[34] HORTA, Raul Machado. *Direito constitucional*. 5. ed. Belo Horizonte: Del Rey, 2010. p. 309.

[35] FERREIRA, Luís Pinto. *Princípios gerais do direito constitucional moderno*. 5. ed. São Paulo: Revista dos Tribunais, [s.d.]. p. 327. v. II.

[36] SILVA, José Afonso. *Curso de direito constitucional positivo*. 11. ed. São Paulo: Malheiros, 1996. p. 454.

[37] HORTA, Raul Machado. *Direito constitucional*. 5. ed. Belo Horizonte: Del Rey, 2010. p. 413.

6.11 No entanto, anota, ademais, Raul Machado Horta, o texto constitucional

superou a concepção clássica de repartição de competências fundada na distribuição de poderes enumerados à União e de poderes reservados aos Estados. [...] A nova repartição de competências, sem prejuízo dos poderes soberanos e nacionais da União, que foram acrescidos com expressivas atribuições novas, criou o domínio autônomo da legislação concorrente, abastecido com matérias próprias, [...] para que seja elas objeto de legislação federal de normas gerais e da legislação estadual suplementar.[38]

Elaborou Raul o seguinte quadro de repartição de competências, de acordo com a Constituição de 1988:

I – competência geral da União (art. 21, I, até XXV);

II – competência de legislação privativa da União (art. 23, I, a XXIX, parágrafo único);

III – competência comum da União, dos Estados, do Distrito Federal e dos Municípios (art. 23, I a XII, parágrafo único);

IV – competência de legislação concorrente da União, dos Estados e do Distrito Federal (art. 24, I a XVI, §§1º, 2º, 3º e 4º);

V – competência de poderes reservados aos Estados (arts. 25 e 125, §§1º, 2º, 3º e 4º).

6.12 Acrescenta o saudoso mestre que, não obstante sua elevação a ente constitutivo da organização político-administrativa da República Federativa, conforme art. 18, o Município não participa da repartição federal de competências, tendo a ele sido reservado, nos arts. 29 a 31, espaço próprio para a enumeração de suas competências.[39]

6.13 No que diz respeito à competência dos Estados, a Constituição, art. 25, concedeu-lhes autonomia para se organizarem, respeitados os princípios nela estabelecidos, sendo-lhes reservadas as competências que não lhes sejam vedadas pelo texto constitucional (CF, art. 25, §1º).

6.14 Além dessa competência remanescente, a Constituição, no art. 128, §5º, dispôs que leis complementares da União e dos Estados, cuja iniciativa é facultada aos respectivos procuradores-gerais, estabelecerão

---

[38] HORTA, Raul Machado. *Direito constitucional*. 5. ed. Belo Horizonte: Del Rey, 2010. p. 314.

[39] HORTA, Raul Machado. *Direito constitucional*. 5. ed. Belo Horizonte: Del Rey, 2010. p. 316.

a organização, as atribuições e o estatuto de cada Ministério Público, observadas, relativamente a seus membros, as garantias enumeradas no inc. I (vitaliciedade, inamovibilidade e irredutibilidade de vencimentos) e as vedações contidas no inc. II (recebimento de custas processuais, exercício da advocacia, participação em sociedade comercial, exercício de outra atividade, exceto a de magistério, exercício de atividade político-partidária e recebimento, a qualquer título ou pretexto, de auxílios ou contribuições de pessoas físicas, entidades públicas ou privadas, ressalvadas as exceções previstas em lei).

6.15 Dessa forma, por força do contido na Constituição, cabe ao Estado a organização do seu Ministério Público, devendo a lei complementar respectiva observar as garantias e as vedações postas na Constituição. Apenas isso. Logo, sendo o Ministério Público junto ao Tribunal de Contas um Ministério Público especial, independente em relação ao Ministério Público comum, conforme jurisprudência do Supremo Tribunal Federal, cabe igualmente ao Estado organizá-lo, observadas as garantias e vedações do §5º do art. 128, bem como a forma de investidura, por força da determinação posta no art. 130.

6.16 Reforça esse convencimento quanto à competência do Estado para organizar o Ministério Público junto ao Tribunal ou Conselho de Contas o fato de a Constituição igualmente atribuir às Constituições dos Estados competência para dispor sobre os seus Tribunais de Contas (parágrafo único do art. 75), competência que abrange, uma vez mais, competência para dispor sobre o Ministério Público especial que perante eles vá atuar.

6.17 Lembra José Afonso da Silva que não existe autonomia federativa sem capacidade normativa sobre determinada área de competência, e que essa capacidade legislativa se desenvolve principalmente no campo administrativo, podendo legislar sobre a organização de seu Ministério Público, da Defensoria Pública e Advocacia Geral do Estado.[40]

6.18 Ao dispor que os Estados, na organização de seu Ministério Público, aí incluído, por óbvio, o Ministério Público junto ao Tribunal de Contas, deverão observar as garantias, vedações e forma de investidura dos membros do Ministério Público da União, a Constituição estabeleceu o mínimo, não vedando, em momento algum, que ao Ministério Público especial, que atua perante as Cortes de Contas dos Estados,

---

[40] SILVA, José Afonso. *Curso de direito constitucional positivo*. 11. ed. São Paulo: Malheiros, 1996. p. 574.

fossem outorgadas outras vantagens e outros privilégios. O que os Estados hão de respeitar, em suas Constituições e em suas leis, são os princípios da Constituição, conforme art. 25, parte final.

6.19 Ora, princípios da Constituição, que os Estados hão de observar em sua auto-organização e em suas leis, constituem o que Raul Machado Horta identifica como "normas centrais", isto é, normas que ultrapassam o objetivo primário de organizar a Federação, indo alcançar o ordenamento estadual.[41]

6.20 Para José Afonso da Silva,[42] esses são os princípios constitucionais sensíveis, aqueles enumerados no art. 34, VII, da Constituição, de sorte que os Estados, ao se organizarem, estão obrigados à adoção de: (a) forma republicana de governo, sistema representativo e regime democrático; (b) direitos da pessoa humana; (c) autonomia municipal; (d) prestação de contas da Administração Pública, direta e indireta e (e) aplicação do mínimo exigido da receita resultante de impostos estaduais, compreendida a proveniente de transferências, na manutenção e desenvolvimento do ensino e nas ações e serviços públicos de saúde.

6.21 Além deles, estão ainda os Estados obrigados à observância dos chamados princípios estabelecidos, no dizer de José Afonso da Silva,[43] ou simplesmente princípios constitucionais, segundo Raul Machado Horta,[44] que os divide em normas de competências deferidas ao Estado e normas de preordenação limitadoras do exercício da capacidade legislativa dos Estados.

6.22 Já foi dito que a Constituição, ao deferir aos membros do Ministério Público junto aos Tribunais de Contas as mesmas garantias e vedações impostas aos integrantes do Ministério Público comum, estabeleceu o mínimo, sem vedar aos Estados que outras garantias fossem outorgadas pela legislação estadual à própria instituição Ministério Público.

6.23 Na conclusão do parecer já invocado, José Afonso da Silva afirmou:

> Entendo que os princípios fundamentais que regem o Ministério Público em geral se aplicam também ao Ministério Público junto aos Tribunais

---

[41] HORTA, Raul Machado. *Direito constitucional*. 5. ed. Belo Horizonte: Del Rey, 2010. p. 300.

[42] SILVA, José Afonso. *Curso de direito constitucional positivo*. 11. ed. São Paulo: Malheiros, 1996. p. 564.

[43] SILVA, José Afonso. *Curso de direito constitucional positivo*. 11. ed. São Paulo: Malheiros, 1996. p. 564.

[44] HORTA, Raul Machado. *Direito constitucional*. 5. ed. Belo Horizonte: Del Rey, 2010. p. 302.

de Contas. É verdade que essa aplicação não é automática. Mas é lícito, segundo me parece, às Constituições dos Estados ou mesmo às Leis Complementares Orgânicas do Ministério Público, ou mesmo uma lei ordinária específica, definir-lhes o regime orgânico e administrativo, incluindo a autonomia funcional e administrativa. Se a Constituição Federal não lhes deu expressa e especificamente essas prerrogativas, também não as proibiu. Ao contrário, o sentido que ela deu ao Ministério Público em geral comporta reconhecer que ela o admite.[45]

6.24 Penso da mesma forma. Por isso, o Estado do Pará, ao conceder, nas leis complementares nº 9/1992 e nº 86/2013, autonomia administrativa e financeira ao Ministério Público junto ao Tribunal de Contas do Estado e junto ao Tribunal de Contas dos Municípios, agiu no uso de sua competência constitucional de auto-organização, não tendo ofendido, com essa iniciativa, princípios da Constituição Federal, sejam princípios sensíveis ou mesmo princípios constitucionais estabelecidos.

6.25 O que o Estado do Pará não poderia fazer, e não fez, era retirar dos membros do Ministério Público junto ao Tribunal de Contas as garantias que lhe foram concedidas, expressamente, pela Constituição Federal, não lhe sendo vedado, no entanto, acrescê-las.

6.26 Não me parece correto o entendimento de que, por simetria, devesse o Ministério Público de Contas estadual observar a mesma dependência que o Ministério Público junto ao TCU teria em relação ao próprio órgão em que atua. É que eventual simetria, se existente, não pode ser utilizada para restringir competência constitucionalmente atribuída aos Estados, como é a de organizar o seu Ministério Público. A simetria a ser observada é a que diz respeito aos princípios, linhas atrás mencionados, e às regras e normas que a Constituição Federal expressamente manda sejam observados pelos Estados e Distrito Federal.

6.27 Registro, finalmente, que o disposto no art. 75, que determina a aplicação, aos Tribunais de Contas dos Estados, das normas de organização, composição e fiscalização do Tribunal de Contas da União, além de deixar expresso que tal aplicação ocorrerá, no que couber, diz respeito, exclusivamente, vale enfatizar, aos Tribunais de Contas estaduais e Conselho de Contas dos Municípios, não alcançando o Ministério Público que perante eles atua, senão no que, expressamente, tiver sido estabelecido relativamente a ele.

---

[45] SILVA, José Afonso da. *O Ministério Público junto aos Tribunais de Contas*. Parecer.

VII Resposta aos quesitos

7 Forte nas considerações expostas, respondo aos quesitos apresentados.

1. O art. 130 da Constituição Federal encerra cláusula proibitiva da outorga de autonomia administrativa e financeira aos Ministérios Públicos com autuação perante o Tribunal de Contas?

A resposta é negativa. Como afirmado ao longo deste trabalho, o art. 130 da Constituição Federal assegura, aos membros do Ministério Público que atuam perante o Tribunal de Contas, as garantias concedidas aos integrantes do Ministério Público comum, não contendo qualquer vedação a que lhes seja concedida autonomia administrativa e financeira mediante legislação própria.

2. Ofende a Constituição Federal legislação estadual que, autuando com base no princípio federalista da auto-organização, venha a conferir autonomia administrativa e financeira aos Ministérios Públicos de Contas? Há a quebra de valores constitucionais no fortalecimento dos Ministérios Públicos com autuação perante os Tribunais de Contas?

A resposta é negativa. Os Estados, nos termos do disposto na Constituição Federal, art. 25, organizam-se e regem-se pelas Constituições e leis que adotarem, observados os princípios da mesma Constituição, certo que aos Estados são reservadas as competências que não lhes sejam vedadas (CF, art. 25, §1º).

E mais: a Constituição, art. 128, §5º, comete aos Estados a organização do Ministério Público Estadual, o que inclui o Ministério Público junto ao Tribunal de Contas.

3. Perante o sistema constitucional pátrio, a partir do estabelecimento pelo constituinte originário das funções do Ministério Público na Carta Política de 1988, é possível a atuação do Ministério Público de Contas, de forma independente e autônoma, submetendo-se às determinações administrativas e financeiras dos Tribunais de Contas nos quais atuam de forma a cumprir a missão constitucional destinada ao órgão ministerial especial?

A atuação independente e autônoma do Ministério Público perante o Tribunal de Contas depende, é fácil perceber, da autonomia funcional, administrativa e financeira. Se assim não for, estará sujeito às restrições que lhe forem impostas pela Corte perante a qual atuam, em situação de dependência total.

Convém registrar que atenta contra a natureza do Ministério Público depender ele, administrativa e financeiramente, do órgão perante o qual atua, como *custos legis*. Ministério Público sem essas garantias, mais a garantia funcional, não é Ministério Público, mas simples órgão de assessoria. A questão posta faz lembrar o tempo em que o Judiciário e o Ministério Público dependiam financeiramente do Poder Executivo, o que embaraçava a independência dos seus órgãos, e que a Constituição de 1988 pôs fim. Essa é uma história que merece ser lembrada.

4. Compromete a funcionalidade dos Parquets de Contas, e a máxima eficácia da Constituição, a dissociação entre garantias objetivas e subjetivas? É possível invocar a teoria dos poderes implícitos como assecuratórias de independência institucional aos MPCs?

Conforme visto, a autonomia funcional, que somente existe juntamente com a autonomia administrativa e financeira, é inerente ao conceito de Ministério Público como fiscal da lei. Bem por isso, é correto afirmar que compromete a atuação do Ministério Público, perante os Tribunais de Contas, o reconhecimento das garantias de seus membros – autonomia funcional – sem se reconhecer e garantir a autonomia administrativa e financeira da própria instituição. Felizmente, no que toca ao Ministério Público comum, federal e estadual, a autonomia funcional está associada, expressamente, à autonomia administrativa e financeira.

5. Com o advento da Convenção de Mérida (Dec. nº 5.687/06 – art. 6º, 2) que prevê a independência dos órgãos de combate à corrupção, somada à percepção social da imperiosa necessidade de se combater danos ao Erário, é constitucional concluir que o fortalecimento de uma instituição de controle externo, atuante em estratégica posição nos Tribunais de Contas, vem a contribuir para o alcance do chamado direito fundamental à boa administração?

O principal e mais relevante órgão de combate à corrupção, mal que aflige a todos os povos e, especialmente, a sociedade brasileira, em que o combate há de ser permanente, é o Ministério Público, seja o Ministério Público comum, federal e estadual, seja o Ministério Público especial que atua junto ao órgão que fiscaliza os dinheiros e os negócios públicos. Não fortalecer a independência do Ministério Público, comum e especial, respeitando e garantindo-lhes autonomia funcional, administrativa e financeira, é fazer tábula rasa do combate, que há de ser intenso e extenso à corrupção no poder público, mal que lhe corrói as entranhas e leva à decadência da República. Montesquieu, no livro

Grandeza e decadência dos romanos, registra que a decadência de Roma teve origem na corrupção de seus homens públicos e seus soldados.[46] Nessa linha, a Convenção das Nações Unidas contra a corrupção – Convenção de Mérida – assinada pelo Brasil e aprovada pelo Congresso Nacional, Decreto Legislativo nº 348, de 2005, e incorporada ao direito interno pelo Decreto nº 5.687, de 31.1.2006, recomenda que cada Estado-parte outorgará, aos órgãos encarregados de prevenir a corrupção, a independência necessária à sua plena atuação.

É o parecer, s.m.j.
Brasília, DF, 26 de junho de 2015.

Informação bibliográfica deste texto, conforme a NBR 6023:2002 da Associação Brasileira de Normas Técnicas (ABNT):

VELLOSO, Carlos Mário da Silva. Ministério Público junto ao Tribunal de Contas. Autonomia administrativa e financeira indispensável ao exercício independente de suas atribuições. In: ASSOCIAÇÃO NACIONAL DO MINISTÉRIO PÚBLICO DE CONTAS. *Ministério Público de Contas:* perspectivas doutrinárias do seu estatuto jurídico. Belo Horizonte: Fórum, 2017. p. 141-168. ISBN 978-85-450-0183-6.

---

[46] MONTESQUIEU. *Grandeza e decadência dos romanos*. São Paulo: Paumape, [s.d.]; RIBEIRO, Renato Janine. Império dos corruptos. *Revista Veja*, 26 abr. 1995; VELLOSO, Carlos Mário da Silva. A ética na Administração Pública, na política e nas empresas privadas. In: LEAL, Pastora do Socorro Teixeira (Coord.). *Direito civil constitucional e outros estudos em homenagem ao professor Zeno Veloso*. São Paulo: Método, 2014. p. 519.

MINISTÉRIO PÚBLICO
DE CONTAS BRASILEIRO:
SER OU NÃO SER, EIS A QUESTÃO

PATRICK BEZERRA MESQUITA

To be, or not to be, that is the question
Whether 'tis nobler in the mind to suffer
The slings and arrows of outrageous fortune,
Or to take arms against a sea of troubles,
And by opposing end them? To die, to sleep,
No more; and by a sleep to say we end
The heart-ache, and the thousand natural shocks
That flesh is heir to: 'tis a consummation
Devoutly to be wished. To die, to sleep;
To sleep, perchance to dream – ay, there's the rub:
For in that sleep of death what dreams may come,
When we have shuffled off this mortal coil,
Must give us pause – there's the respect
That makes calamity of so long life.
For who would bear the whips and scorns of time,
The oppressor's wrong, the proud man's contumely,
The pangs of despised love, the law's delay,
The insolence of office, and the spurns

> *That patient merit of the unworthy takes,*
> *When he himself might his quietus make*
> *With a bare bodkin? Who would fardels bear,*
> *To grunt and sweat under a weary life,*
> *But that the dread of something after death,*
> *The undiscovered country from whose bourn*
> *No traveller returns, puzzles the will,*
> *And makes us rather bear those ills we have*
> *Than fly to others that we know not of?*
>
> (SHAKESPEARE, William. Hamlet.
> Tradução de Péricles Eugênio da Silva Ramos.
> São Paulo: Abril, 1976)

Introdução

O Ministério Público de Contas é órgão centenário que, com o advento da Constituição Federal de 1988, passou a ter previsão expressa no seu art. 130, norma de extensão que fez por replicar aos membros desse *parquet* com atuação especializada perante os Tribunais de Contas o mesmo regime jurídico dos membros do Ministério Público em geral.

A redação econômica e tímida do dispositivo causou – desde a promulgação constitucional – profundas polêmicas interpretativas que vieram a culminar, ainda no começo da década de 90, na propositura da ADI nº 789/DF, na qual se debateram principalmente três teses contrapostas.

A primeira, sustentada pelo autor da ação, o procurador-geral da República, arguia que os Ministérios Públicos de Contas não passavam de mera lotação e procuradoria especializada do Ministério Público regular, devendo ser composto por membros do MPF, no tocante ao ofício no TCU.

A segunda foi defendida pela Subprocuradora-Geral Anadyr de Mendonça Rodrigues, que, na qualidade de *custos legis*, emitiu parecer pela total independência do *Parquet* de Contas em relação tanto ao Ministério Público Federal quanto ao Tribunal de Contas da União, sustentando, por conseguinte, sua autonomia financeira e administrativa como ancilares ao ofício ministerial.

E, finalmente, a terceira corrente, que saiu vencedora, aduzia que, embora o Ministério Público atuante no Tribunal de Contas da União não fosse mera lotação especializada do *Parquet* Federal, estaria ele inserido na "intimidade estrutural" da Corte de Contas na qual seus membros oficiassem. Uma espécie de apêndice do TCU, despido de gestão própria e autonomia financeiro-administrativa, a despeito de ser garantida aos seus membros independência funcional.

Passados mais de vinte anos do julgado, é esta a tese que ainda persiste no seio do Supremo Tribunal Federal.

Ocorre que o intervalo de duas décadas foram mais que suficientes para evidenciar que cindir as garantias subjetivas dos membros das garantias objetivas da instituição é, mais que um convite à disfuncionalidade do Ministério Público de Contas, uma verdadeira contradição insuperável. As garantias subjetivas só encontram abrigo e terreno para florescer se plantadas no solo fértil das garantias institucionais. São como duas faces da mesma moeda.

Ademais, estão na pauta do dia dos estudos jurídicos e dos anseios da sociedade soluções para o incremento do controle da Administração Pública, de modo a tributar efetividade no combate à corrupção. Nesse cenário, apresenta-se imperioso fortalecer o Ministério Público de Contas como ator que, por ocupar posição estratégica no cenário institucional brasileiro, tem muito a contribuir se atuar sem amarras ou limitações de ordens externas.

Avultam de importância, outrossim, considerações sobre uma viragem federalista na jurisprudência do Supremo Tribunal Federal, que vem reconhecendo que o espaço de criação do direito reservado às unidades federativas é bem-vindo laboratório de experiências legislativas exitosas a servirem de parâmetro para toda a federação.

Diante do exposto, este trabalho tem como objetivo demonstrar que, à luz da hermenêutica constitucional, não há outra conclusão melhor senão o imbricamento necessário entre independência funcional dos Procuradores de Contas e autonomia financeira e administrativa dos Ministério Públicos de Contas, urgindo que em mutação constitucional o Supremo Tribunal venha a reconhecer a autonomia expressa dos Ministérios Públicos de Contas ou, ao menos, a não vedação de que a prerrogativa federalista de auto-organização estadual/distrital venha a criar Ministérios Públicos de Contas locais autônomos.

Para tanto, traçar-se-á inicialmente um breve histórico da atuação ministerial perante os Tribunais de Contas, bem como analisar-se-á a repercussão da nova configuração constitucional dada pela Constituição ao Ministério Público brasileiro. Em seguida, serão analisadas as teses debatidas na ADI nº 789/DF e a evolução jurisprudencial sobre o tema, para daí desnudá-las diante dos principais métodos, elementos e princípios da hermenêutica constitucional.

1 Breve histórico do Ministério Público de Contas

Embora a proposta de criação de um Tribunal de Contas para o controle da receita e das despesas públicas remonte ao primeiro Império brasileiro, haja vista o teor do art. 170 da Constituição de 1824,[1] foi apenas com o advento da República que a ideia saiu do papel e ganhou vida através do Decreto nº 966-A, de 7.11.1890, cujo primeiro artigo assentava: "É instituído um Tribunal de Contas, ao qual incumbirá o exame, a revisão e o julgamento de todas as operações concernentes à receita e *despeza* da Republica".

O nascedouro do Tribunal de Contas adveio dos ideais republicanos de Rui Barbosa, tendo o "Águia de Haia"[2] fincado, já na Exposição de Motivos da norma, que a funcionalidade dessa nova instituição *dependeria de vultosas garantias institucionais*.

Disse Rui Barbosa:

> A medida que vem propor-vos é a criação de um Tribunal de Contas, corpo de magistratura intermediária à Administração e à Legislatura que, colocado em posição autônoma, com atribuições de revisão e julgamento, cercado de garantias contra quaisquer ameaças, possa exercer as suas funções vitais no organismo constitucional, sem risco de converter-se em instituição de ornato aparatoso e inútil.

A genialidade de Rui Barbosa já faria por prever que um tribunal encarregado de analisar as contas das maiores autoridades brasileiras só seria verdadeiramente funcional – e não um mero ornato aparatoso e inútil – se colocado em posição autônoma e cercado de garantias contra quaisquer ameaças.[3]

---

[1] "Art. 170. A Receita, e despeza da Fazenda Nacional será encarregada a um Tribunal, debaixo de nome de 'Thesouro Nacional' aonde em diversas Estações, devidamente estabelecidas por Lei, se regulará a sua administração, arrecadação e contabilidade, em reciproca correspondencia com as Thesourarias, e Autoridades das Provincias do Imperio".

[2] Assim ficou conhecido Rui Barbosa, depois de sua atuação destacada na Segunda Conferência da Paz em 1907, em Haia na Holanda, onde se notabilizou pela defesa da soberania dos países periféricos e a preferência à arbitragem como meio de solução de controvérsias internacionais.

[3] Cf. CHEKER, Monique. *Ministério Público junto ao Tribunal de Contas*. Belo Horizonte: Fórum, 2009.

A constitucionalização dos Tribunais de Contas seguiu *incontinenti* na primeira Constituição republicana, a de 1891,[4] que tatuou a instituição no histórico constitucional brasileiro.

Por sua vez, o Ministério Público de Contas surgiu com o Decreto nº 1.166, de 17.12.1892, que expressamente previu que, entre os membros do corpo deliberativo dos Tribunais de Contas, um deles atuaria como representante do Ministério Público.

Daí em diante, várias leis e outros atos normativos vieram a incrementar o perfil institucional do Ministério Público de Contas, seja para incluir requisitos na ocupação do cargo de procurador, seja para especificar as atribuições inerentes à função ou instituir a vedação à advocacia privada por seus procuradores.

Foi a Constituição de 1967[5] a primeira a fazer referência, ainda que de forma oblíqua e tímida, a um Ministério Público atuando nos Tribunais de Contas ao referenciar que a Corte de Contas poderia, de ofício ou mediante provocação do *Ministério Público* (ou das Auditorias Financeiras e Orçamentárias e demais órgãos auxiliares), tomar uma série de medidas caso verificasse a ilegalidade de qualquer despesa.

Justificável que em um ambiente ditatorial, como no qual se formou a Constituição de 1967, houvesse pouco espaço para uma instituição congenitamente de controle como o Ministério Público de Contas, aparentemente igualado naquela oportunidade a uma mera auditoria financeira e orçamentária, presente na intimidade do próprio do Tribunal de Contas.

Por sinal, o próprio Ministério Público comum também recebia tratamento equivalente, já que, longe de ser órgão com a independência financeira e administrativa atuais, estava alocado dentro do Poder Judiciário,[6] e responsável não pela defesa dos interesses da sociedade, mas da União Federal, no caso do Ministério Público da União.

---

4   "Art. 89. É instituído um Tribunal de Contas para liquidar as contas da receita e despesa e verificar a sua legalidade, antes de serem prestadas ao Congresso. Os membros deste Tribunal serão nomeados pelo Presidente da República com aprovação do Senado, e somente perderão os seus lugares por sentença".

5   "Art. 73. O Tribunal de Contas tem sede na Capital da União e jurisdição em todo o território nacional. [...] §5º O Tribunal de Contas, de ofício ou mediante provocação do Ministério Público ou das Auditorias Financeiras e Orçamentárias e demais órgãos auxiliares, se verificar a ilegalidade de qualquer despesa, inclusive as decorrentes de contratos, aposentadorias, reformas e pensões, deverá: a) assinar prazo razoável para que o órgão da Administração Pública adote as providências necessárias ao exato cumprimento da lei; b) no caso do não atendimento, sustar a execução do ato, exceto em relação aos contratos; c) na hipótese de contrato, solicitar ao Congresso Nacional que determine a medida prevista na alínea anterior, ou outras que julgar necessárias ao resguardo dos objetivos legais".

6   "Art. 137. A lei organizará o Ministério Público da União junto aos Juízes e Tribunais Federais. Art. 138. O Ministério Público Federal tem por Chefe o Procurador-Geral da

A visão de que o Ministério Público compunha uma espécie de magistratura subalterna ou complementar era tão presente que, em alguns estados, como o de São Paulo, o Decreto nº 5.179, de 27.8.1931, permitia que os promotores públicos da capital concorressem com os juízes de direito para o preenchimento dos cargos de juízes de direito das comarcas de 1ª, 2ª e 3ª entrâncias.[7] Em Pernambuco, por muito tempo o Conselho de Justiça fazia a correção também dos promotores (art. 65 da Lei nº 2.567/1956). O Ministério Público era visto, assim, como um primo órfão que morava de favor na casa dos tios.

A Constituição de 1969,[8] por sua vez, alocou o Ministério Público comum dentro do Poder Executivo, com os caracteres de uma secretaria especial encarregada de negócios correlatos com a justiça, especialmente a representação em juízo da União (em papel hoje da Advocacia-Geral da União) e o ajuizamento de ações penais.

A rigor, tanto o Ministério Público de Contas quanto o Ministério Público comum caminharam, antes de 1988, ao sabor das marés políticas de momento, igualando-se na carência de autonomia administrativa e financeira, embora já se reconhecesse aos seus membros independência funcional.

Órgão sem autonomia administrativa ali, órgão sem autonomia administrativa aqui, porque essa era a vontade da Constituição da época.[9]

República, o qual será nomeado pelo Presidente da República, depois de aprovada a escolha pelo Senado Federal, dentre cidadãos com os requisitos indicados no art. 113, §1º. §1º Os membros do Ministério Público da União, do Distrito Federal e dos Territórios ingressarão nos cargos iniciais de carreira, mediante concurso público de provas e títulos. Após dois anos de exercício, não poderão ser demitidos senão por sentença judiciária, ou em virtude de processo administrativo em que se lhes faculte ampla defesa; nem removidos, a não ser mediante representação do Procurador-Geral, com fundamento em conveniência do serviço. §2º A União será representada em Juízo pelos Procuradores da República, podendo a lei conferir esse encargo, nas Comarcas do interior, ao Ministério Público local. Art. 139. O Ministério Público dos Estados será organizado em carreira, por lei estadual, observado o disposto no parágrafo primeiro do artigo anterior. Parágrafo único. Aplica-se aos membros do Ministério Público o disposto no art. 108, §1º, e art. 136, §4º".

[7] GARCIA, Emerson. *Ministério Público*: organização, atribuições e regime jurídico. 4. ed. São Paulo: Saraiva, 2014. p. 94.

[8] Formalmente a Emenda nº 1, de 17.10.1969.

[9] "[...] o próprio Ministério Público geral era regrado pela Constituição Federal como segmento do Poder Executivo. Fazia parte de um conjunto normativo que resumia o Capítulo então aberto para cuidar das coisas do Poder Executivo da União (Capítulo VII do Título I). Ao lado dos Ministros de Estado, das Forças Armadas e dos Funcionários Públicos. Logo, se nem o Ministério Público geral era regrado como instância a gravitar em torno do seu próprio eixo, mas na órbita de um outro órgão público, natural que seria que o Ministério Público Especial (de Contas) também figurasse como unidade de serviço interna aos Tribunais de Contas, a partir do TCU. Órgão sem autonomia administrativa

Então, adveio a Constituição de 1988 e tudo mudou (ou deveria ter mudado).

O Ministério Público brasileiro foi laureado com inédita autonomia administrativa e financeira, e os direitos e garantias de seus membros foram analiticamente expostos em equiparação aos dos magistrados, em seção própria dentro do Capítulo IV referente às funções essenciais à justiça, do Título IV da Organização dos Poderes.

Por sua vez, o art. 130[10] constitucionalizou de vez o Ministério Público de Contas ao estatuir que aos seus membros estendem-se os direitos, as vedações e as formas de investidura que dizem respeito à seção do Ministério Público com atuação junto ao Poder Judiciário.

Bem diferentemente de como era previsto na Constituição de 1967 – em que se ombreava uma mera auditoria intestina do Tribunal de Contas –, o Ministério Público de Contas passou a ser previsto em dispositivo próprio, inserido não na seção respeitante aos Tribunais de Contas, mas dentro da seção própria do Ministério Público, em topografia constitucional que muito já indica sua posição autônoma.

No entanto, o ineditismo do art. 130 da Constituição Federal logo suscitou dúvida. Seria o Ministério Público de Contas uma mera lotação dos membros do Ministério Público em geral? Uma fisionomia própria, com igual configuração jurídica do Ministério Público regular? Ou uma carreira de procuradores que funcionariam num órgão apêndice dos Tribunais de Contas?

Enquanto no âmbito da União, a Lei Orgânica do Tribunal de Contas da União, Lei Federal nº 8.443/92, em primeira reação a tais dúvidas, escolheu criar um Ministério Público rabilongo da estrutura do próprio Tribunal de Contas da União,[11] despido de autonomia

---

ali, órgão sem autonomia administrativa aqui, por que essa era a vontade da Constituição da época" (Trecho do voto do Ministro Ayres Britto, proferido nos autos da ADI nº 2.378/GO).

[10] "Art. 130. Aos membros do Ministério Público junto aos Tribunais de Contas aplicam-se as disposições desta seção pertinentes a direitos, vedações e forma de investidura".

[11] Ministério Público Junto ao Tribunal
"Art. 80. O Ministério Público junto ao Tribunal de Contas da União, ao qual se aplicam os princípios institucionais da unidade, da indivisibilidade e da independência funcional, compõe-se de um procurador-geral, três subprocuradores-gerais e quatro procuradores, nomeados pelo Presidente da República, dentre brasileiros, bacharéis em direito.
§1º (Vetado)
§2º A carreira do Ministério Público junto ao Tribunal de Contas da União é constituída pelos cargos de subprocurador-geral e procurador, este inicial e aquele representando o último nível da carreira, não excedendo a dez por cento a diferença de vencimentos de uma classe para outra, respeitada igual diferença entre os cargos de subprocurador-geral e procurador-geral.

administrativa e financeira, outras unidades federativas, como o estado do Pará, captando com sensibilidade a profunda alteração do perfil constitucional dado ao Ministério Público pela Constituição de 1988, editaram leis e regramentos constitucionais em que se passou a prever expressamente a independência administrativa e financeira do *Parquet* de Contas local.[12]

A Lei Orgânica do TCU foi posta em xeque de constitucionalidade.

Estava proposta em 1992 a ADI nº 789/DF, cujo estudo será feito a seguir.

---

§3º O ingresso na carreira far-se-á no cargo de procurador, mediante concurso público de provas e títulos, assegurada a participação da Ordem dos Advogados do Brasil em sua realização e observada, nas nomeações, a ordem de classificação, enquanto a promoção ao cargo de subprocurador-geral far-se-á, alternadamente, por antiguidade e merecimento.

Art. 81. Competem ao procurador-geral junto ao Tribunal de Contas da União, em sua missão de guarda da lei e fiscal de sua execução, além de outras estabelecidas no Regimento Interno, as seguintes atribuições:

I - promover a defesa da ordem jurídica, requerendo, perante o Tribunal de Contas da União as medidas de interesse da justiça, da administração e do Erário;

II - comparecer às sessões do Tribunal e dizer de direito, verbalmente ou por escrito, em todos os assuntos sujeitos à decisão do Tribunal, sendo obrigatória sua audiência nos processos de tomada ou prestação de contas e nos concernentes aos atos de admissão de pessoal e de concessão de aposentadorias, reformas e pensões;

III - promover junto à Advocacia-Geral da União ou, conforme o caso, perante os dirigentes das entidades jurisdicionadas do Tribunal de Contas da União, as medidas previstas no inciso II do art. 28 e no art. 61 desta Lei, remetendo-lhes a documentação e instruções necessárias;

IV - interpor os recursos permitidos em lei.

Art. 82. Aos subprocuradores-gerais e procuradores compete, por delegação do procurador-geral, exercer as funções previstas no artigo anterior.

Parágrafo único. Em caso de vacância e em suas ausências e impedimentos por motivo de licença, férias ou outro afastamento legal, o procurador-geral será substituído pelos subprocuradores-gerais e, na ausência destes, pelos procuradores, observada, em ambos os casos, a ordem de antiguidade no cargo, ou a maior idade, no caso de idêntica antiguidade, fazendo jus, nessas substituições, aos vencimentos do cargo exercido.

Art. 83. O Ministério Público contará com o apoio administrativo e de pessoal da secretaria do Tribunal, conforme organização estabelecida no Regimento Interno.

Art. 84. Aos membros do Ministério Público junto ao Tribunal de Contas da União aplicam-se, subsidiariamente, no que couber, as disposições da Lei orgânica do Ministério Público da União, pertinentes a direitos, garantias, prerrogativas, vedações, regime disciplinar e forma de investidura no cargo inicial da carreira".

12 Eis a redação da LC nº 9/92 do estado do Pará, a título de exemplo: "Art. 2º O Ministério Público Especial de que trata esta Lei e na forma da Constituição Federal e da Constituição do Pará, tem como princípios institucionais: a unidade, a individualidade e a independência financeira e administrativa, dispondo de dotação orçamentária global própria".

2 A ADI nº 789/DF e os precedentes do Supremo Tribunal Federal

Tão logo editada a Lei Orgânica do Tribunal de Contas da União (Lei nº 8.443/92), foi ela contestada pelo Procurador-Geral da República no ponto em que previa uma carreira ministerial própria a funcionar perante a Corte de Contas Federal.

Argumentou o procurador-geral da República que a Lei Orgânica do Tribunal de Contas da União invadiu esfera que não lhe dizia respeito, ao criar um Ministério Público Especial, denominado de "Ministério Público junto ao Tribunal de Contas", e dispôs sobre o seu regime jurídico. Aduziu o procurador-geral da República que a Constituição não criou um Ministério Público próprio e distinto do geral a atuar perante os Tribunais de Contas, à míngua de não estar previsto no rol do art. 128 da Constituição Federal.[13]

Assim, para o Procurador-Geral da República, as funções ministeriais haveriam de ser desempenhadas, no caso do Tribunal de Contas da União, pelos membros do Ministério Público Federal, e não por membros de um Ministério Público de Contas inserido na própria estrutura do Tribunal de Contas da União, como previa a lei. A ação fulcrava-se especialmente no escólio doutrinário de Hugo Nigro Mazzilli:

> O dispositivo do art. 130 será fonte perpétua de dúvidas, dispositivo de péssima técnica legislativa. Apenas para argumentar, se tivesse ele criado um novo Ministério Público, que não o da União nem o dos Estados, e que se destinasse a oficiar junto aos Tribunais e Conselhos de Contas, imperdoável erro técnico teria sido não estar incluído entre os diversos Ministérios Públicos de que trata o art. 128; imperdoável, ainda, não tivesse cuidado a Constituição do processo legislativo para sua organização, da escolha de sua chefia, das suas autonomias, da definição de suas atribuições, pois o art. 130 só lhe torna aplicáveis as normas da Seção pertinentes a direitos, vedações e forma de investidura. Entretanto, se não criou novo Ministério Público, não deveria dizer que se aplicam as disposições da Seção pertinentes a direitos, vedações e forma de investidura, pois que todos os membros do Ministério Público, oficiando ou não junto aos Tribunais e Conselhos de Contas, já teriam evidentemente tais garantias [...].[14]

---

[13] "Art. 128. O Ministério Público abrange: I - o Ministério Público da União, que compreende: a) o Ministério Público Federal; b) o Ministério Público do Trabalho; c) o Ministério Público Militar; d) o Ministério Público do Distrito Federal e Territórios; II - os Ministérios Públicos dos Estados".

[14] MAZZILLI, Hugo Nigro. *Regime jurídico do Ministério Público*. São Paulo: Saraiva, 1989. p. 64-66.

Na decisão que negou o pleito cautelar, o Ministro Celso de Mello teceu interessantes considerações sobre a recém-inaugurada fase constitucional do Ministério Público e sua nova institucionalização, dando ênfase à ampliação das garantias institucionais que o novo modelo constitucional trouxe:

> Ao apreciar as implicações decorrentes da institucionalização do novo Ministério Público, pude acentuar, nesta Corte, que foram plenas de significação as conquistas institucionais obtidas pelo *Parquet* ao longo do processo constituinte de que resultou a promulgação da nova Constituição do Brasil. Com a reconstrução da ordem constitucional, emergiu o Ministério Público sob o signo da legitimidade democrática. Ampliaram-se-lhe as atribuições; dilatou-se-lhe a competência; reformulou-se-lhe a fisionomia institucional; conferiram-se-lhe os meios necessários à consecução de sua destinação constitucional, atendendo-se, finalmente, a antiga reivindicação da própria sociedade.

Mais à frente, o Ministro Celso de Mello, seguido por todos os seus pares, fez questão de frisar *a ligação íntima* entre as garantias institucionais deferidas ao Ministério Público e as garantias funcionais de seus membros, *funcionando as primeiras como instrumento para as segundas*:

> Posto que o Ministério Público não constitui órgão ancilar do Governo, institui o legislador constituinte um sistema de garantias destinado tanto a proteger a instituição *quanto a tutelar o membro que a integra.* A atuação independente do membro do *Parquet* impõe-se como exigência de respeito aos direitos individuais e coletivos e delineia-se como fator de certeza quanto à efetiva submissão dos Poderes à lei e à ordem jurídica. É indisputável que o Ministério Público ostenta, em face do ordenamento constitucional vigente, posição especial na estrutura do Poder. (Grifos nossos)

Nessa oportunidade, concluiu o Ministro Celso de Mello que "a independência *institucional* constitui uma das mais expressivas prerrogativas político-jurídicas do *Parquet. Garante-lhe o livro desempenho, em toda a sua plenitude e extensão, das atribuições que lhe foram conferidas"* (grifos nossos)

Vê-se que fincou o STF, na decisão da cautelar, o laço umbilical entre garantias institucionais e garantias funcionais do Ministério Público. Em português simples, o STF atestou com todas as letras: sem independência institucional não se garante ao membro do Ministério Público toda a plenitude no desempenho de suas nobres funções.

A liminar restou negada à míngua de *periculum in mora*. Negada a liminar em 1992, dois anos depois a ADI foi levada a julgamento definitivo.

O parecer da Procuradoria-Geral da República, funcionando na qualidade de *custos legis*, foi da lavra da Subprocuradora-Geral Anadyr de Mendonça Rodrigues, que trouxe novas luzes ao debate, ao defender ostensivamente não só a autonomia institucional do Ministério Público de Contas em relação ao Ministério Público Federal, como também a sua autonomia institucional referente ao próprio Tribunal de Contas da União, garantindo-lhe autonomia financeira e administrativa.

Assentou a subprocuradora-geral no bojo da ADI nº 789/DF que, no tocante aos membros do Ministério Público de Contas:

> se compusessem o quadro do próprio Ministério Público comum, não seria necessário prescrevesse o art. 130 CF, ao fim das disposições alusivas à instituição, que "aos membros do Ministério Público junto aos Tribunais de Contas aplicam-se as disposições desta seção pertinentes a direitos, vedações e forma de investidura".

Concluiu a representante da Procuradoria-Geral da República que a Lei Orgânica do TCU seria inconstitucional por ter investido "contra a autonomia funcional e *administrativa* que a Carta Magna outorgou ao Ministério Público, em seu art. 127, §2º" (grifos nossos).

No voto final, o Relator Ministro Celso de Mello, apesar de repetir a lógica interpretativa de que a independência institucional assegura, em plenitude, o livre desempenho das atribuições que foram conferidas ao Ministério Público, caminhou no sentido de, ao mesmo tempo, preservar a identidade própria do Ministério Público de Contas em relação ao Ministério Público Federal e introduzi-lo, por outro lado, na intimidade estrutural do Tribunal de Contas da União.

Para tanto, o Supremo Tribunal Federal, contrariamente ao que vinha sustentando, cindiu as garantias de ordem subjetiva dos membros do *parquet* das garantias de ordem objetiva da instituição, ao defender que, embora a Constituição tenha deferido aos membros do Ministério Público de Contas todos os numerosos direitos previstos no regime jurídico dos membros do Ministério Público comum, não teria, por outro lado, outorgado garantias institucionais ao Ministério Público de Contas.

Inobstante ter o Supremo Tribunal Federal dito, redito e tresdito, seja no julgamento da cautelar, seja no mérito final da ADI nº 789/DF, da ligação necessária entre independência institucional do Ministério Público e independência funcional de seus membros, em relação aos procuradores de contas, trilhou inesperado caminho diverso, regalando seus membros de garantias a serem fruídas numa instituição sem fisionomia própria e despida de todo e qualquer respaldo institucional.

Isto é, reconheceu-se um Ministério Público de Contas bem diferente do Ministério Público inaugurado pela nova ordem constitucional e que se assemelhava, para todos os efeitos, a um registro atávico do regime ministerial de antes de 1988.

Finalmente, o Supremo Tribunal Federal clareou sua linha decisória, marcando que preferiu seguir uma linha intermediária entre os bolsões interpretativos tidos como possíveis, como se percebe de importante aresto do ministro relator:

> Entendo, na realidade, Sr. Presidente, que o preceito consubstanciado no art. 130 da Constituição reflete uma solução de compromisso adotada pelo legislador constituinte brasileiro que, tendo presente um quadro de alternativas institucionais (outorga ao Ministério Público comum das funções de atuação perante os Tribunais de Contas ou criação de um Ministério Público especial autônomo para atuar junto às Cortes de Contas), optou, claramente, a meu juízo, por uma posição intermediária, consistente na atribuição, a agentes estatais qualificados, de um status jurídico especial, ensejando-lhes, com o reconhecimento das já mencionadas garantias de ordem meramente subjetiva, *a possibilidade de atuação funcional independente, sem que essa peculiaridade, contudo, importasse em correspondente outorga de autonomia institucional ao órgão a que pertencem.* (Grifos nossos)

Nesse viés, restou claro que, na ADI nº 789/DF, o Supremo Tribunal Federal advogou a tese de que a Constituição não laureou o Ministério Público de Contas com autonomia administrativo-financeira, porém, de outro lado, não firmou a Corte maior que a Constituição teria vedado tais garantias institucionais e, nesse sentido, seria permitido concluir que a opção legislativa tomada na Lei Orgânica do Tribunal de Contas da União não seria inconstitucional, uma vez que dentro de um feixe interpretativo possível da norma do art. 130 da Constituição Federal.

Estava decidida a ADI nº 789/DF,[15] que declarou como constitucional a Lei Orgânica do Tribunal de Contas da União que criou um

---

[15] "ADIN - LEI N. 8.443/92 - MINISTÉRIO PÚBLICO JUNTO AO TCU - INSTITUIÇÃO QUE NÃO INTEGRA O MINISTÉRIO PÚBLICO DA UNIÃO - TAXATIVIDADE DO ROL

Ministério Público de Contas próprio e inserido em sua intimidade estrutural.

Chegando até aqui, é importante abrir parênteses.

A decisão tomada na ADI nº 789/DF, a despeito de apresentar sinais claros de envelhecimento, como se mostrará ao longo deste trabalho, representou à época uma grande vitória do Ministério Público de Contas brasileiro, na medida em que este foi reconhecido como um órgão distinto do Ministério Público regular. À época eram pouquíssimos os procuradores de contas no país, e o movimento de absorção das funções ministeriais nos Tribunais de Contas pelo Ministério Público regular era esmagadoramente superior à minguada, porém combativa, resistência oferecida pela carreira de procuradores de contas existente. Os juízes possuem limitações fáticas que condicionam suas decisões.

INSCRITO NO ART. 128, I, DA CONSTITUIÇÃO - VINCULAÇÃO ADMINISTRATIVA A CORTE DE CONTAS - COMPETÊNCIA DO TCU PARA FAZER INSTAURAR O PROCESSO LEGISLATIVO CONCERNENTE A ESTRUTURAÇÃO ORGÂNICA DO MINISTÉRIO PÚBLICO QUE PERANTE ELE ATUA (CF, ART. 73, CAPUT, IN FINE) - MATÉRIA SUJEITA AO DOMÍNIO NORMATIVO DA LEGISLAÇÃO ORDINÁRIA - ENUMERAÇÃO EXAUSTIVA DAS HIPÓTESES CONSTITUCIONAIS DE REGRAMENTO MEDIANTE LEI COMPLEMENTAR - INTELIGÊNCIA DA NORMA INSCRITA NO ART. 130 DA CONSTITUIÇÃO - AÇÃO DIRETA IMPROCEDENTE. - O Ministério Público que atua perante o TCU qualifica-se como órgão de extração constitucional, eis que a sua existência jurídica resulta de expressa previsão normativa constante da Carta Política (art. 73, par. 2., I, e art. 130), sendo indiferente, para efeito de sua configuração jurídico-institucional, a circunstância de não constar do rol taxativo inscrito no art. 128, I, da Constituição, que define a estrutura orgânica do Ministério Público da União. - O Ministério Público junto ao TCU não dispõe de fisionomia institucional própria e, não obstante as expressivas garantias de ordem subjetiva concedidas aos seus Procuradores pela própria Constituição (art. 130), encontra-se consolidado na "intimidade estrutural" dessa Corte de Contas, que se acha investida - até mesmo em função do poder de autogoverno que lhe confere a Carta Política (art. 73, caput, in fine) - da prerrogativa de fazer instaurar o processo legislativo concernente a sua organização, a sua estruturação interna, a definição do seu quadro de pessoal e a criação dos cargos respectivos. - Só cabe lei complementar, no sistema de direito positivo brasileiro, quando formalmente reclamada a sua edição por norma constitucional explícita. A especificidade do Ministério Público que atua perante o TCU, e cuja existência se projeta num domínio institucional absolutamente diverso daquele em que se insere o Ministério Público da União, faz com que a regulação de sua organização, a discriminação de suas atribuições e a definição de seu estatuto sejam passíveis de veiculação mediante simples lei ordinária, eis que a edição de lei complementar é reclamada, no que concerne ao Parquet, tão-somente para a disciplinação normativa do Ministério Público comum (CF, art. 128, par. 5.). - A cláusula de garantia inscrita no art. 130 da Constituição não se reveste de conteúdo orgânico-institucional. Acha-se vocacionada, no âmbito de sua destinação tutelar, a proteger os membros do Ministério Público especial no relevante desempenho de suas funções perante os Tribunais de Contas. Esse preceito da Lei Fundamental da Republica submete os integrantes do MP junto aos Tribunais de Contas ao mesmo estatuto jurídico que rege, no que concerne a direitos, vedações e forma de investidura no cargo, os membros do Ministério Público comum" (STF, Tribunal Pleno. ADI nº 789. Rel. Min. Celso de Mello. Julg. 26.5.1994. *DJ*, 19 dez. 1994).

A realidade concreta tem inequívoco peso no caminho a ser tomado pelos tribunais. Era pouquíssimo provável que o Supremo Tribunal Federal conseguisse, a partir de uma penada judicial, criar do nada um órgão pulsante de controle externo, com autonomia administrativa e financeira que jamais tinha exercido. Foi o Supremo Tribunal Federal até onde aparentemente conseguiria ir. Há nítidos matizes pragmáticos na ADI nº 789/DF. Fechados estão os parênteses.

O precedente firmado na ADI nº 789/DF foi seguido pouco tempo depois no julgamento de mérito da ADI nº 160/TO.[16] Interessante destacar, para fins de contextualização, que, no bojo da ADI nº 160/TO, restou inscrito, na pena do Ministro Sepúlveda Pertence, que "é ínsita à noção de Ministério Público na Constituição brasileira a autonomia funcional, que nada mais significa que a independência em relação a instruções e ingerências dos Poderes do Estado".

Vê-se que, para o STF da época – frise-se, em momento pouco após a promulgação da Constituição de 1988 –, ao mesmo tempo que a independência funcional era característica indispensável do próprio conceito de Ministério Público, a independência administrativa e financeira, por sua vez, seria um regalo dispensável, uma característica não imanente.

Tal linha de pensamento ocasionava uma importante consequência interpretativa: se apenas a independência funcional dos membros é

---

[16] A autonomia financeira e administrativa dos Tribunais de Contas passou a ser inconteste com o julgado da ADI nº 1.194, cuja ementa segue adiante: "AÇÃO DIRETA DE INCONSTITUCIONALIDADE. §6º DO ARTIGO 74 E ARTIGO 279 DA CONSTITUIÇÃO DO ESTADO DO ESPÍRITO SANTO, COM A REDAÇÃO QUE LHE FOI CONFERIDA PELA EMENDA CONSTITUCIONAL N. 17/99. ARTIGOS 25, §§, 26, 27, CAPUT E PARÁGRAFO ÚNICO, 28, §§, TODOS DA LEI COMPLEMENTAR ESTADUAL N. 32/93, COM A REDAÇÃO QUE LHE FOI CONFERIDA PELA LC N. 142/99. TRIBUNAL DE CONTAS ESTADUAL. CRIAÇÃO DO CARGO DE SUBSTITUTO DE CONSELHEIRO. DISCREPÂNCIA DO MODELO DELINEADO NA CONSTITUIÇÃO DO BRASIL. VIOLAÇÃO DO DISPOSTO NOS ARTIGOS 73, 75, PARÁGRAFO ÚNICO, 96, INCISO II, ALÍNEA 'B', DA CONSTITUIÇÃO DO BRASIL. 1. Estrutura dos Tribunais de Contas Estaduais. Observância necessária do modelo federal. Precedentes. 2. Não é possível ao Estado-membro extinguir o cargo de Auditor na Corte de Contas estadual, previsto constitucionalmente, e substituí-lo por outro cuja forma de provimento igualmente divirja do modelo definido pela CB/88. 3. Vício formal de iniciativa no processo legislativo que deu origem à LC 142/99. A CB/88 estabelecendo que compete ao próprio Tribunal de Contas propor a criação ou extinção dos cargos de seu quadro, o processo legislativo não pode ser deflagrado por iniciativa parlamentar [arts. 73 e 96, inc. II, alínea b]. 4. Pedido julgado procedente para declarar inconstitucionais o §6º do artigo 74 e o artigo 279, ambos da Constituição do Estado do Espírito Santo, com a redação que lhes foi atribuída pela Emenda Constitucional n. 17/99, e toda a Lei Complementar n. 142/99, que promoveu alterações na Lei Complementar n. 32/93, do mesmo Estado-membro" (STF, Tribunal Pleno. ADI nº 1.994. Rel. Min. Eros Grau. Julg. 24.5.2006. DJ, 8 set. 2006).

ínsita ao conceito de Ministério Público, tudo que for além da independência funcional dos membros haverá de ser previsto expressamente. Foi esta a lógica que presidiu a confirmação da jurisprudência do Supremo Tribunal Federal nos anos posteriores: à míngua de previsão expressa, não seria o Ministério Público de Contas laureado com garantias institucionais.

É até natural que assim tenha perfilhado o Supremo, já que a independência funcional do *parquet* já era consagrada e consolidada muito antes do advento da Constituição de 1988, esta sim novidadeira no que pertine às autonomias administrativas e financeiras.

Para os julgadores de um momento recente ao fenômeno constituinte, parece inevitável que a falta de distanciamento temporal dificulte a percepção das muitas mudanças que o recém-inaugurado regime constitucional teria trazido. O advento de uma nova Constituição é muito mais que a adoção de um novo texto, trata-se, na verdade, do recalibramento de valores e princípios sociais que só poderão ser bem captados com o passar dos anos e um novo pálio constitucional. Tirar os óculos da Constituição anterior para pôr as novas lentes de 1988 leva tempo e demanda reflexões.

Outro ponto digno de se levar em consideração no julgamento da ADI nº 160/TO é que sequer a autonomia administrativa e financeira dos Tribunais de Contas era pacífica naquela ocasião, o que dificultava sobremaneira reconhecê-la aos quase inexistentes Ministérios Públicos de Contas.

A dúvida sobre a independência dos Tribunais de Contas é denunciada no voto do Ministro Sidney Sanches, ao afirmar que a Constituição do Estado de Tocantins teria ido longe demais, conferindo autonomia administrativa e financeira ao Tribunal de Contas do Estado, prerrogativa que, segundo ele, sequer o Tribunal de Contas da União teria. Ainda se imaginava por muitos naquela ocasião que os Tribunais de Contas eram órgãos subalternos do Legislativo.

Ressalte-se, ainda, que, na ADI nº 160/TO, o Supremo Tribunal Federal fez por exigir a replicação do modelo de Ministério Público de Contas atuante no Tribunal de Contas da União como obrigatório para os estados e para o Distrito Federal, privilegiando uma suposta "simetria constitucional" em desfavor do federalismo legislativo como fautor de experiências bem-sucedidas.

Não se conteve o Pretório Excelso em dar por constitucional a opção interpretativa do legislador federal, como vinculou-a a todas as unidades federativas.

É, no entanto, na ADI nº 160/TO que nasce a primeira dissidência resultando em voto em prol da autonomia administrativa e financeira dos Ministérios Públicos de Contas, ou, pelo menos, da desnecessidade de as unidades federativas seguirem o modelo federal. Tal voto é da lavra do Ministro Marco Aurélio, que, mudando seu posicionamento firmado na ADI nº 789/DF, aduziu:

> Atente-se para a relevante função do órgão a ser exercida perante as cortes de contas. Não se quis, simplesmente, ver agindo uma simples procuradoria. Partiu-se para a inserção, nesse meio, do próprio Ministério Público, objetivando, com isto, a atividade em tão sensível campo, *de órgão que gozasse não só de autonomia funcional, inerente a tal espécie de atuação, como também de autonomia administrativa. Aliás, não vejo como dissociá-las,* quando o que se busca, em última análise, é uma atuação equidistante, independente, daqueles que, a rigor, laboram, precipuamente, como fiscais da aplicação irrestrita do que se contém no arcabouço normativo. (Grifos nossos)

O Ministro Marco Aurélio rebateu com vigor a tese de cisão entre garantias subjetivas e objetivas que respaldou o *decisum* tomado na ADI nº 789/DF, fazendo questão de ressaltar que as mencionadas garantias são indissociáveis e que a vontade constitucional seria de construir para atuar nos Tribunais de Contas não uma simples procuradoria, mas sim o próprio Ministério Público com todas suas características imanentes.

Nessa toada, o Ministro Marco Aurélio entendeu como constitucional o texto da Constituição Estadual de Tocantins, que previa independência administrativa e financeira ao Ministério Público de Contas, já que não haveria subversão aos mandamentos da Constituição de 1988, e cumprir-se-ia de modo mais eficiente os desideratos constitucionais na criação de um Ministério Público de Contas.

O voto, no entanto, foi vencido, mantendo-se na ADI nº 160/TO,[17] julgada em 1998, desta vez por maioria, e não à unanimidade, o entendimento da ADI nº 789/DF, com o agravo de, sob a existência de

---

[17] "1 - MINISTÉRIO PÚBLICO ESPECIAL JUNTO AOS TRIBUNAIS DE CONTAS. Não lhe confere, a Constituição Federal, autonomia administrativa. Precedente: ADI 789. Também em sua organização, ou estruturalmente, não é ele dotado de autonomia funcional (como sucede ao Ministério Público comum), pertencendo, individualmente, a seus membros, essa prerrogativa, nela compreendida a plena independência de atuação perante os poderes do Estado, a começar pela Corte junto à qual oficiam (Constituição, artigos 130 e 75). 2 - TRIBUNAIS DE JUSTIÇA. A eles próprios compete (e não ao Governador) a nomeação dos Desembargadores cooptados entre os Juízes de carreira (Constituição, art. 96, I, c). Precedentes: ADI 189 e ADI 190. Inconstitucionalidade da previsão, pela Carta estadual, de percentual fixo (4/5), para o preenchimento das vagas destinadas aos

uma suposta exigência de simetria,[18] ter o Supremo Tribunal Federal vinculado os modelos estaduais do Ministério Público de Contas ao manejado pela União.

Ainda em 1998, no julgamento da ADI nº 1.791 MC/PE,[19] o STF pareceu avançar um pouco e chegou a admitir uma institucionalidade

---

oriundos da magistratura, pela possibilidade de choque com a garantia do provimento, do quinto restante, quando não for múltiplo de cinco o número de membros do Tribunal. Inconstitucionalidade, por igual, da dispensa de exigência, quanto aos lugares destinados aos advogados e integrantes do Ministério Público, do desempenho de dez anos em tais atividades. Decisões tomadas por maioria, exceto quanto à prejudicialidade, por perda de objeto, dos dispositivos transitórios referentes à instalação da Capital e à criação de municípios do Estado do Tocantins" (STF, Tribunal Pleno. ADI nº 160. Rel. Min. Octavio Gallotti. Julg. 23.4.1998. *DJ*, 20 nov. 1998).

[18] Dedicaremos maiores linhas ao suposto princípio da simetria mais à frente.

[19] "DIREITO CONSTITUCIONAL E ADMINISTRATIVO. AÇÃO DIRETA DE INCONSTI-TUCIONALIDADE: ART. 75 DA LEI Nº 10.651, DE 25/11/91, ALTERADA PELA LEI Nº 11.435, DE 28/05/97, DO ESTADO DE PERNAMBUCO. NOMEAÇÃO PARA OS CARGOS DE PROCURADOR-GERAL, PROCURADOR-GERAL ADJUNTO E PROCURADORES DO MINISTÉRIO PÚBLICO JUNTO AO TRIBUNAL DE CONTAS DO ESTADO DE PERNAMBUCO. ALEGAÇÃO DE VIOLAÇÃO DOS ARTS. 128, §3º, 129, §§2º E 3º, C/C ART. 130, E, AINDA, DOS ARTS. 75, 73, §2º, INC. I, DA CONSTITUIÇÃO FEDERAL. MEDIDA CAUTELAR. 1. O dispositivo questionado permite que seja investido, na Chefia do Ministério Público junto ao Tribunal de Contas do Estado, quem não integra a carreira, para a qual somente se ingressa por concurso público de provas e títulos, em aparente conflito com o disposto no art. 129, §§2º e 3º, c/c art. 130 da Constituição Federal. Aliás, em se tratando de investidura no cargo de Procurador-Geral, no Ministério Público junto ao Tribunal de Contas do Estado, ela há de observar, também, o disposto no §3º do art. 128 c/c art. 130, competindo à própria instituição a formação de lista tríplice para sua escolha, depois, por nomeação pelo Chefe do Poder Executivo, para mandato de dois anos, permitida uma recondução. 2. Permite, também, o texto impugnado, a nomeação de Procurador-Geral Adjunto e de cinco Procuradores, bastando, para isso, que sejam portadores de diploma idêntico ao exigido para Procurador-Geral, e sempre sem impor que a escolha recaia em membro do Ministério Público, nela ingressado por concurso. 3. Na ADI nº 1.545-1-SE, o Plenário do Supremo Tribunal Federal, por votação unânime, deferiu medida cautelar, para suspender a execução e aplicabilidade dos arts. 26 e 83 da Lei Complementar nº 04, de 12.11.1990, do Estado de Sergipe. Do art. 26, porque vincula 'a normas elaboradas pela Procuradoria Geral da Justiça', ou seja, à Chefia do Ministério Público comum do Estado, o Ministério Público junto ao Tribunal de Contas (fls. 10 e 18). Do art. 83, porque transferia, para o Ministério Público, como de Procuradores de Justiça, os cargos de Procurador da Fazenda Pública junto ao mesmo Tribunal (D.J. de 24.10.97, Ementário nº 1.888-01). 4. No caso presente, a nomeação para os cargos de Procurador-Geral, Procurador-Geral Adjunto e Procuradores do Ministério Público junto ao Tribunal de Contas do Estado de Pernambuco, poderia recair, não apenas sobre membros do Ministério Público do Estado, ou da Procuradoria do Estado, como até sobre pessoas estranhas à Administração Pública. E, além disso, mediante nomeação, não pelo Governador do Estado, mas pelo Presidente do Tribunal, com aprovação de pelo menos dois terços dos Conselheiros. Tudo em dissonância aparente com a Constituição Federal. 5. O Plenário, em precedente mais recente, na ADI nº 1.748- 9-RJ, suspendeu ato da Corregedoria Geral da Justiça do Estado do Rio de Janeiro, que determinou aos Juízes a nomeação de Promotores "ad hoc" ou seja, de pessoas estranhas ao Ministério Público estadual, para, em certas circunstâncias, exercer as funções constitucionais privativas deste

própria do Ministério Público de Contas, garantindo que cabe ao próprio *Parquet* de Contas ("à própria instituição", nos dizeres do relator) formular a lista tríplice dos nomes a serem escolhidos, pelo Chefe do Poder Executivo, a ascender ao cargo de Procurador-Geral, vedada qualquer interferência do Tribunal de Contas.

Na ADI nº 2.378/GO, julgada em 2004, além da reafirmação do voto do Ministro Marco Aurélio pela autonomia administrativa e financeira do Ministério Público de Contas,[20] aderiu a esse pensamento o Ministro Ayres Britto, que assim subscreveu:

> Pois bem, diante dessa pelo menos aparente diversificação de trato normativo-constitucional para as duas tipologias de Ministério Público, parece-me que os questionamentos centrais a fazer só podem ser estes: a Constituição Republicana parificou tão-somente os membros de ambas as espécies de Ministério Público, porque sua real intenção foi a de atribuir relevo sistêmico desigual às respectivas instituições, ou tal igualação não passou de uma simples opção legislativa pro uma estrutura de linguagem mais sintética, restando implícito que somente faz sentido conferir idêntico regime normativo aos membros do Ministério Público Especial se estes puderem atuar sob o guarda-chuva de uma instituição paritariamente forrada de prerrogativas quanto as que vigem para o Ministério Público geral? Creio que o segundo questionamento é que fala por si.[21]

Ayres Britto afirmou em seu voto que não foi intenção constitucional tratar diferentemente instituições com igual destinação de defensoras dos interesses sociais e coletivos pelo tão simples fato de

---

último (julgamento ocorrido a 15.12.97). 6. Há, portanto, "prima facie", uma aparente antinomia entre o dispositivo ora impugnado e as normas constitucionais focalizadas. 7. Está, igualmente, preenchido o requisito do 'periculum in mora', ou o da alta conveniência da Administração Pública, relacionada ao regular funcionamento, não só do Ministério Público, mas também do próprio Tribunal de Contas do Estado de Pernambuco, junto ao qual deve atuar. 8. Medida Cautelar deferida, para se suspender, 'ex nunc', até o julgamento final da ação, a eficácia do art. 75 da Lei nº 11.435, de 28.05.1997, do Estado de Pernambuco" (STF, Tribunal Pleno. ADI nº 1.791 MC. Rel. Min. Sydney Sanches. Julg. 23.4.1998. *DJ*, 11 set. 1998).

[20] "É certo que, no artigo 130 da Carta, ao versar prerrogativas dos membros do Ministério Público, há alusão apenas a direitos, vedações e forma de investidura. Mas, além dessa previsão, tendo em conta o objetivo buscado com as prerrogativas, com a atividade, com a autonomia do órgão, encontra-se a regra que diz respeito à instituição, o §2º do artigo 127, que entendo apropriada em se tratando também do Ministério Público que exerce atividades junto ao Tribunal de Contas. Em síntese, não vejo transgressão ao Diploma Maior, no que, numa opção político-legislativa, acima de tudo saudável, colou-se à Entidade as prerrogativas constantes do §7º do artigo 28da Constituição do Estado de Goiás".

[21] Trecho do voto do Ministro Ayres Britto proferido nos autos da ADI nº 2.378/GO.

um Ministério Público funcionar junto ao Poder Judiciário, e o outro junto aos Tribunais de Contas. Manteve-se, contudo e uma vez mais, a linha de decisão da ADI nº 789/DF e da ADI nº 160/TO.

Mais adiante, em julgados de 2009, precedentes do STF sinalizaram nova evolução ao atestarem, por exemplo, que o *Parquet* de Contas é "órgão dotado de estrutura própria que confere a mais ampla independência a seus membros", expressão referenciada na ADI nº 328/SC,[22] da relatoria do Ministro Ricardo Lewandovski.

Aliás, em parecer jurídico tratando do assunto, Juarez Freitas observa o seguinte:

> [...] o Relator da ADI 328/SC não parou na assertiva de que se trata de órgão com estrutura própria. Como que para não deixar dúvida e, ao que tudo indica, numa louvável evolução em relação às teses que a negavam, ou não a reconheciam por inteiro, acolheu a autonomia ampla do Ministério Público de Contas (distinta da independência funcional atinente aos seus membros). Isso porque, consta no voto do Min. Ricardo Lewandowski, com precisão certeira, que a Constituição catarinense, ao admitir que o Ministério Público junto ao Tribunal de Contas fosse exercido por Procuradores da Fazenda, atentou "contra a autonomia da instituição".[23]

Reconheceu-se, portanto, uma autonomia *institucional*.

O MS nº 27.339/DF, seguindo uma clara evolução no trato da matéria, manteve a linha de que os Ministérios Públicos de Contas

---

[22] "AÇÃO DIRETA DE INCONSTITUCIONALIDADE. CONSTITUIÇÃO DO ESTADO DE SANTA CATARINA. DISPOSITIVO SEGUNDO O QUAL OS PROCURADORES DA FAZENDA JUNTO AO TRIBUNAL DE CONTAS EXERCERÃO AS FUNÇÕES DO MINISTÉRIO PÚBLICO. INADMISSIBILIDADE. PARQUET ESPECIAL CUJOS MEMBROS INTEGRAM CARREIRA AUTÔNOMA. INCONSTITUCIONALIDADE RECONHECIDA. I. O art. 73, §2º, I, da Constituição Federal, prevê a existência de um Ministério Público junto ao Tribunal de Contas da União, estendendo, no art. 130 da mesma Carta, aos membros daquele órgão os direitos, vedações e a forma de investidura atinentes ao Parquet comum. II. Dispositivo impugnado que contraria o disposto nos arts. 37, II, e 129, §3º, e 130 da Constituição Federal, que configuram 'cláusula de garantia' para a atuação independente do Parquet especial junto aos Tribunais de Contas. III. Trata-se de modelo jurídico heterônomo estabelecido pela própria Carta Federal que possui estrutura própria de maneira a assegurar a mais ampla autonomia a seus integrantes. IV. Inadmissibilidade de transmigração para o Ministério Público especial de membros de outras carreiras. V. Ação julgada procedente" (STF, Tribunal Pleno. ADI nº 328. Rel. Min. Ricardo Lewandowski. Julg. 2.2.2009. *DJE*, 6 mar. 2009).

[23] FREITAS, Juarez. *Parecer jurídico em consulta formulada pela AMPCON*. Porto Alegre, 2 set. 2009. Disponível em: <http://mpc.tce.am.gov.br/wp-content/uploads/Parecer_Juarez_Freitas.pdf>. Acesso em: 28 maio 2015.

possuem fisionomia própria,[24] em contraponto direto e inequívoco ao decidido na ADI nº 789/DF.

Tais processos, contudo, não trataram diretamente da questão central da autonomia administrativa e financeira, já que seus pedidos e causas de pedir eram outras. Embora sinalizem uma evolução do entendimento do Supremo Tribunal Federal, não podem ser tidos como definidores de uma viragem jurisprudencial definitiva.

3 A independência funcional e a autonomia financeiro-administrativa como realidades indissociáveis (poderes implícitos)

Para negar autonomia financeira e administrativa aos Ministérios Públicos de Contas, o Supremo Tribunal Federal teve que enveredar numa inconsistente cisão entre garantias subjetivas dos procuradores de contas (asseguradas) e garantias objetivas do Ministério Público de Contas (negadas).

Contudo, independência funcional e independência institucional são, nas palavras do Ministro Marco Aurélio,[25] *indissociáveis*, ligadas que estão numa relação meio-fim absolutamente necessária.

Sem independência da instituição, nem o mais belo e recheado rol de direitos e garantias funcionais conferidas aos membros do *Parquet* de Contas será capaz de ganhar vida e sair do papel: faltar-lhe-á terreno fértil para florescer e dar frutos.

---

[24] "Mandado de segurança. Ato do Conselho Nacional do Ministério Público. Atuação de Procuradores de Justiça nos Tribunais de Contas. Ofensa à Constituição. 1. Está assente na jurisprudência deste Supremo Tribunal Federal que o Ministério Público junto ao Tribunal de Contas possui fisionomia institucional própria, que não se confunde com a do Ministério Público comum, sejam os dos Estados, seja o da União, o que impede a atuação, ainda que transitória, de Procuradores de Justiça nos Tribunais de Contas (cf. ADI nº 2.884, Relator o Ministro Celso de Mello, DJ de 20/5/05; ADI nº 3.192, Relator o Ministro Eros Grau, DJ de 18/8/06). 2. Escorreita a decisão do CNMP que determinou o imediato retorno de dois Procuradores de Justiça que oficiavam perante o Tribunal de Contas do Estado do Rio Grande do Sul às suas funções próprias no Ministério Público estadual, não sendo oponíveis os princípios da segurança jurídica e da eficiência, a legislação estadual ou as ditas prerrogativas do Procurador-Geral de Justiça ao modelo institucional definido na própria Constituição 3. Não se pode desqualificar decisão do Conselho Nacional do Ministério Público que, no exercício de suas atribuições constitucionais, identifica situação irregular de atuação de Procuradores de Justiça estaduais junto ao Tribunal de Contas, o que está vedado em julgados desta Corte Suprema. O argumento de que nasceu o exame de representação anônima, considerando a realidade dos autos, não malfere a decisão do colegiado que determinou o retorno dos Procuradores de Justiça às funções próprias do Ministério Público estadual. 4. Denegação da segurança" (STF, Tribunal Pleno. MS nº 27.339. Rel. Min. Menezes Direito. Julg. 2.2.2009. *DJE*, 6 mar. 2009).

[25] ADI nº 160/TO.

O membro do Ministério Público, seja o de Contas, ou o comum, só pode atuar com verdadeira independência no bojo de uma instituição igualmente independente, que lhe garanta todos os meios materiais necessários para a consecução de seus deveres/poderes funcionais, como também o resguarde da ingerência indevida de todos aqueles que possam investir em face de suas funções.

Por sinal, a necessidade de autonomia financeira e administrativa dos Ministérios Públicos de Contas mostra-se ainda mais pujante que a do Ministério Público comum, haja vista o *Parquet* de Contas ter como missão precípua e diária defender os interesses da sociedade na prestação de contas de todos os administradores públicos, entre eles as mais altas autoridades do Poder Público,[26] como os chefes do Poder Executivo e seus assessores diretos (ministros e secretários), os chefes das Casas Legislativas, do Poder Judiciário, do Ministério Público comum, da Defensoria Pública, e, também, do próprio Tribunal de Contas perante o qual os procuradores de contas oficiam.

Isto é, está no círculo cotidiano de seus afazeres verificar a legitimidade, a legalidade e a economicidade de todos os atos e contratos administrativos firmados pelos agentes que compõem o topo da pirâmide estatal, o que muitas vezes pode gerar (e gera!) incômodos na cúpula política do poder público em que atua.[27]

Os procuradores de contas são, assim, verdadeiros fautores do sistema republicano, já que funcionam como advogados da sociedade na prestação de contas de todos aqueles que vierem a gerir recursos públicos, missão mais que propensa a despertar antipatias e perseguições.

A se enfileirar pela tese de cisão entre as garantias subjetivas (referente ao membro) e objetivas (referente à instituição), conclui-se inevitavelmente que teria sido da vontade da Constituição dotar os procuradores de contas de delicadas e importantíssimas funções, bem como de direitos equivalentes aos dos membros do Ministério Público

---

[26] MINISTÉRIO Público de Contas rejeita contas do ex-governador de Alagoas, Teotônio Vilela. *Aqui Acontece*, 18 mar. 2015. Disponível em: <http://aquiacontece.com.br/noticia/2015/03/18/ministerio-publico-de-contas-rejeita-contas-do-exgovernador-de-alagoas-teotonio-vilela>. Acesso em: 28 maio 2015.

[27] Cf., por exemplo, notícia em que o Procurador de Contas do Ministério Público da União, Júlio Marcelo de Oliveira, visa impedir acordos de leniência do Executivo Federal com empresas ligadas a fraudes e superfaturamento na Petrobras, investigadas na famosa Operação Lava-Jato (MP quer impedir CGU de firmar acordos com empresas da Lava Jato. *G1*, 21 fev. 2015. Disponível em: <http://g1.globo.com/politica/noticia/2015/02/mp-quer-suspender-acordos-feitos-por-empresas-da-lava-jato-cgu.html>. Acesso em: 28 maio 2015).

comum, a serem exercidos e vivenciados com dependência direta e total dos Tribunais de Contas perante os quais oficiam, e que, em última instância, são responsáveis, até mesmo, por definir o valores de seus salários, a concessão ou não de férias, a autorização para viagens a serviço, a estruturação de seus gabinetes, o fornecimento de papel, a compra de computadores, a disponibilidade de internet.

Se essa é a interpretação correta, temos que rematar que a Constituição Federal não idealizou apenas um procurador de contas, mas sim um sobre-humano e destemido advogado da sociedade, dotado dos deveres e das competências mais relevantes, em ofício propenso a desafiar poderosíssimas autoridades políticas da República, mas despido da possibilidade de comprar papel para sua atuação, destinado a mendigar estrutura de trabalho, política remuneratória e independência funcional a outrem. Quase um Dom Quixote dos tempos modernos a vituperar sua condição de fiscal da lei e da sociedade, mas que sequer pode assinar os cheques que lhe pagam os salários.

E se está franqueado o uso de metáforas, o Ministério Público de Contas tracejado pela ADI nº 789/DF lembra muito um jovem de 18 anos, que grita a plenos pulmões sua maioridade civil e penal, e sua vasta esfera de direitos políticos, mas que, desempregado e sem renda, chega em casa e vive da mesada dos pais. Alguém faticamente incapaz de definir com independência real seu futuro e cumprir seu destino na vida.

Na verdade, o reconhecimento de um Ministério Público de Contas sem autonomia financeira e administrativa é a exaltação de um Ministério Público amputado, absolutamente incapaz de executar com efetividade máxima a portentosa e honrada missão que a Constituição lhe deferiu à míngua da gestão de recursos financeiros próprios.

Quem, uma vez mais, bem anotou essa percepção foi Carlos Ayres Britto, ao assinalar:

> um Ministério Público sem a compostura de um aparelho substante em si não passa de um aparelho administrativo tão burocrático quanto subalternamente hierarquizado, pra não dizer uma sonora mas quase ornamental nominalidade, uma vez que privado daquela dignidade institucional que tipifica o fenômeno da desconcentração política da autoridade.[28] (Grifos nossos)

---

[28] Trecho do voto do Ministro Ayres Britto no bojo da ADI nº 2.378/GO.

O permanente e imprescindível enlace entre independência funcional e autonomia financeira e administrativa *é* unânime na doutrina. Disserta sobre o assunto Hugo Nigro Mazzilli:

> *Com efeito, sem autonomia financeira, nem sequer haveria efetiva autonomia funcional.* A autonomia orçamentária é complemento necessário da autonomia e da independência funcional. Como anota, com razão, Eurico de Andrade Azevedo, "é evidente, porém, que essa independência funcional [...] só poderá ser exercida eficazmente, só será verdadeira e efetiva se estiver acompanhada de autonomia administrativa e financeira".[29] (Grifos nossos)

Aliás, Hugo Nigro Mazzilli, evoluindo seu pensamento, passou a reconhecer a confirmação constitucional de um Ministério Público de Contas próprio e assinalou sua autonomia financeira e administrativa como decorrência lógica do sistema constitucional:

> Se foi vontade do legislador constituinte criar um Ministério Público especial – e foi isso o que afirmou o Supremo Tribunal Federal – forçoso seria reconhecer que faltou ao sistema melhor explicitação dos necessários predicamentos de autonomia funcional, administrativa e financeira para essa instituição, assim como já detêm os demais Ministérios Públicos ditos comuns. *Não o tendo feito por expresso a Constituição de 1988, caberia às Cortes Judiciais, e especialmente à mais alta delas, dentro de uma interpretação sistemática da Lei Maior, reconhecer ao Ministério Público especial os atributos completos de autonomia funcional, administrativa e financeira, sob pena de termos um dos ramos do Ministério Público desfigurado da vocação institucional que a Constituição quis imprimir a essa instituição como um todo.*[30] (Grifos nossos)

Emerson Garcia, em obra específica sobre o Ministério Público brasileiro, assenta ser a autonomia financeira "verdadeira pedra angular da autonomia da instituição e da independência de seus membros, *isto porque certamente não passariam de vãos ideários acaso ausentes os recursos financeiros necessários à sua estruturação e manutenção*"[31] (grifos nossos).

---

[29] MAZZILLI, Hugo Nigro. *Regime jurídico do Ministério Público*. São Paulo: Saraiva, 2013. p. 166.

[30] MAZZILLI, Hugo Nigro. Os membros do Ministério Público junto aos Tribunais de Contas. In: ALVIM, Eduardo Arruda; TAVOLARO, Luiz Antonio. *Licitações e contratos administrativos*: uma visão atual à luz dos Tribunais de Contas. Curitiba: Juruá, 2007. p. 105-111.

[31] GARCIA, Emérson. *Ministério Público*: organização, atribuições e regime jurídico. 4. ed. São Paulo: Saraiva, 2014. p. 186.

Uadi Lâmego Bulos também disserta sobre o laço umbilical entre independência funcional e autonomia administrativa:

> O estudo dos atributos da autonomia institucional do "Ministério Público de Contas" demonstra a faculdade que os seus integrantes possuem para agir sem mordaças, medos, cabrestos ou receios de qualquer espécie. Se eles gozam dos mesmos direitos e vedações dos membros do *Parquet* comum, evidente que as suas responsabilidades, e deveres, promanam da magnitude de suas próprias funções institucionais. Suponhamos, a título ilustrativo, que um integrante do *Parquet* de Contas comece a ser perseguido por defender a observância da cláusula do devido processo legal e de seus respectivos desdobramentos. Perguntamos: a total liberdade de atuação, reconhecida pelo Supremo Tribunal desde a ADIn 160/TO, impediu a atrocidade sofrida pelo representante do "Ministério Público de Contas"? *Ora, não basta propalar a plena autonomia funcional do Parquet de Contas. É preciso mais que isso, porque sem autonomia administrativa, orçamentário-financeira, normativa e organizacional o órgão não desenvolverá o seu papel na grandiosidade da missão para a qual foi criado, colaborando, inclusive, no combate à corrupção e à imoralidade pública.* Também de nada adianta se reconhecer, num ângulo, que o *Parquet* de Contas é instituição autônoma em face do Ministério Público comum, da União ou dos Estados, ou do Distrito Federa, e, noutro, negar-lhe fisionomia institucional própria.[32] (Grifos nossos)

Uma vez mais, Carlos Ayres Britto:

> Está implícita no tracejamento de regime jurídico igual no plano subjetivo a outorga de prerrogativas iguais no plano objetivo (que já é de caráter institucional ou colegial). Pois na autonomia administrativa de uma Instituição *é que as prerrogativas funcionais de cada qual dos seus membros ganham plena possibilidade factual de expressão.* Uma coisa a manter com a outra identidade de natureza, como no dito popular de que "O vento que venta ali é o mesmo que venta aqui".[33] (Grifos nossos)

Igualmente dedicou estudo sobre a temática José Afonso da Silva:

> Confesso que tenho muita dificuldade de entender que os membros de um órgão tenham autonomia funcional, individualmente, prerrogativa que compreende a plena independência de atuação perante os poderes, inclusive perante a Corte junto à qual oficiam, sem que o próprio órgão

---

[32] BULOS, Uadi Lâmego. *Constituição Federal anotada.* São Paulo: Saraiva, 2012. p. 1213.

[33] Trecho do voto do Ministro Ayres Britto no bojo da ADI nº 2.378/GO.

seja igualmente dotado de tal prerrogativa. [...] *Pois, se não tiver autonomia administrativa, significa que fica subordinado à estrutura administrativa em que insere. Assim, se falta a autonomia administrativa, seus membros e seu pessoal ficam na dependência de outro órgão, e, conseqüentemente, carecerá daquelas prerrogativas que configuram a autonomia funcional* [...].[34] (Grifos nossos)

Além da vasta doutrina constitucional e administrativista, o próprio Supremo Tribunal Federal, por mais das vezes, reafirmou a indissociabilidade entre independência funcional do membro do Ministério Público e autonomia administrativa e financeira do *parquet*, em precedentes que restaram vencedores na sua jurisprudência.

A título de exemplo, veja-se o teor do julgado tomado na MC ADI nº 2.513/RN,[35] em 2002, na qual ficou lançado com tintas grossas

---

[34] SILVA, José Afonso. O Ministério Público junto aos Tribunais de Contas. *Interesse Público*, Belo Horizonte, v. 26, p. 255-264, jul./ago. 2004.

[35] "AÇÃO DIRETA DE INCONSTITUCIONALIDADE – CONTROLE INTERNO DO MINISTÉRIO PÚBLICO PELO PODER EXECUTIVO – IMPOSSIBILIDADE – AUTONOMIA INSTITUCIONAL COMO GARANTIA OUTORGADA AO MINISTÉRIO PÚBLICO PELA PRÓPRIA CONSTITUIÇÃO DA REPÚBLICA – SUSPENSÃO DE EFICÁCIA DAS EXPRESSÕES CONSTANTES DA NORMA IMPUGNADA – MEDIDA CAUTELAR DEFERIDA. - A alta relevância jurídico-constitucional do Ministério Público - qualificada pela outorga, em seu favor, da prerrogativa da autonomia administrativa, financeira e orçamentária - mostra-se tão expressiva, que essa Instituição, embora sujeita à fiscalização externa do Poder Legislativo, com o auxílio do respectivo Tribunal de Contas, dispõe de uma esfera própria de atuação administrativa, livre da ingerência de órgãos do Poder Executivo, aos quais falece, por isso mesmo, competência para sustar ato do Procurador-Geral de Justiça praticado com apoio na autonomia conferida ao 'Parquet'. A outorga constitucional de autonomia, ao Ministério Público, traduz um natural fator de limitação dos poderes dos demais órgãos do Estado, notadamente daqueles que se situam no âmbito institucional do Poder Executivo. A dimensão financeira dessa autonomia constitucional - considerada a instrumentalidade de que se reveste - responde à necessidade de assegurar-se, ao Ministério Público, a plena realização dos fins eminentes para os quais foi ele concebido, instituído e organizado. Precedentes. Doutrina. - Sem que disponha de capacidade para livremente gerir e aplicar os recursos orçamentários vinculados ao custeio e à execução de suas atividades, o Ministério Público nada poderá realizar, frustrando-se, desse modo, de maneira indevida, os elevados objetivos que refletem a destinação constitucional dessa importantíssima Instituição da República, incumbida de defender a ordem jurídica, de proteger o regime democrático e de velar pelos interesses sociais e individuais indisponíveis. - O Ministério Público - consideradas as prerrogativas constitucionais que lhe acentuam as múltiplas dimensões em que se projeta a sua autonomia - dispõe de competência para praticar atos próprios de gestão, cabendo-lhe, por isso mesmo, sem prejuízo da fiscalização externa, a cargo do Poder Legislativo, com o auxílio do Tribunal de Contas, e, também, do controle jurisdicional, adotar as medidas que reputar necessárias ao pleno e fiel desempenho da alta missão que lhe foi outorgada pela Lei Fundamental da República, sem que se permita, ao Poder Executivo, a pretexto de exercer o controle interno, interferir, de modo indevido, na própria intimidade dessa Instituição, seja pela arbitrária oposição de entraves burocráticos, seja pela formulação de exigências descabidas, seja, ainda, pelo abusivo retardamento de providências administrativas indispensáveis, frustrando-lhe, assim, injustamente, a

e à unanimidade pelo Supremo Tribunal Federal que a autonomia financeira e administrativa do Ministério Público é ferramenta imprescindível para uma atuação verdadeiramente independente dos seus membros.

Nessa toada, asseverou o Ministro Celso de Mello que "A autonomia do Ministério Público [...] visa a um só objetivo: conferir-lhe, em grau necessário, a possibilidade de livre atuação orgânico-administrativa e funcional, desvinculando-o, no quadro dos Poderes do Estado, de qualquer posição de subordinação [...]" (grifos nossos).

Continuando, o Ministro Celso de Mello referencia que:

> A outorga constitucional de autonomia, ao Ministério Público, traduz um natural fator de limitação dos poderes dos demais órgãos do Estado, notadamente daqueles que se situam no âmbito institucional do Poder Executivo. *A dimensão financeira dessa autonomia constitucional - considerada a instrumentalidade de que se reveste - responde à necessidade de assegurar-se, ao Ministério Público, a plena realização dos fins eminentes para os quais foi ele concebido, instituído e organizado.* (Grifos nossos)

Daí arremata o ministro de forma indisputável:

> *Sem que disponha de capacidade para livremente gerir e aplicar os recursos orçamentários vinculados ao custeio e à execução de suas atividades, o Ministério Público nada poderá realizar,* frustrando-se, desse modo, de maneira indevida, os elevados objetivos que refletem a destinação constitucional dessa importantíssima Instituição da República, incumbida de defender a ordem jurídica, de proteger o regime democrático e de velar pelos interesses sociais e individuais indisponíveis. (Grifos nossos)

De fato, como bem assinalou o Ministro Celso de Mello, sem que se disponha de orçamento próprio, o Ministério Público nada poderá realizar, frustrando-se, desse modo, sua missão constitucional.

É evidente que toda essa linha argumentativa, pela igualdade de razões, pode e deve ser transportada, sem qualquer prejuízo, para o Ministério Público de Contas.

---

realização de compromissos essenciais e necessários à preservação dos valores cuja defesa lhe foi confiada. - Suspensão, com eficácia 'ex nunc', da execução e da aplicabilidade das expressões 'e do Ministério Público' e 'e do Poder Executivo', constantes do §1º, do art. 55, da Constituição do Estado do Rio Grande do Norte. - A questão dos controles interno e externo da atividade financeira e orçamentária dos órgãos e entidades do Poder Público e a relação de complementaridade existente entre esses tipos de controle" (STF, Tribunal Pleno. ADI nº 2.513 MC. Rel. Min. Celso de Mello. Julg. 3.4.2002. *DJE*, 15 mar. 2011).

São oportunas as indagações de Michael Reiner:[36]

Caso se assente negativamente para o MPC (a autonomia institucional), o que impedirá que se desenvolva entendimento de que não se trata de uma garantia essencial (ontológica) do próprio Ministério Público, a exemplo do que ocorria em seu desenho anterior a 1988? O panorama aqui descrito reverbera, de fato, no discurso de unidade do Ministério Público brasileiro, recém noticiado?

Ou o Ministério Público que oficia no Controle Externo é uma locução equivocada da Constituição Cidadã e uma ilusão de ótica do STF, não se tratando, em desafio à objetividade jurídica, de Ministério Público?

Com efeito, se o Ministério Público comum não pode curar de seus deveres constitucionais sem orçamento próprio, por que haveria de conseguir esta façanha o Ministério Público de Contas?

Aliás, perfeitamente suscitável aqui a tese dos poderes implícitos (*implied powers*),[37] useira e vezeira na jurisprudência do Supremo Tribunal Federal, que consiste em reconhecer que, para o desencargo dos vultosos deveres constitucionais aos quais fora laureado o Ministério Público de Contas, deferiu a Constituição, mesmo que implicitamente, igual carga de poderes da qual a independência administrativa e financeira está marcada com a nota de imprescindibilidade.

Sem autonomia financeira e administrativa, a independência funcional vira obra de ficção científica, uma quimera do Supremo Tribunal Federal a empalidecer as funcionalidades e a própria razão de ser de um Ministério Público de Contas. O sistema de controle externo não encaixa, impossibilitando a plena efetividade da função ministerial no ofício perante os Tribunais de Contas em prejuízo à sociedade, ao erário e ao combate à corrupção.

---

[36] REINER, Michael Richard. Discussão estrutural detém o Ministério Público no combate à corrupção. *Revista Consultor Jurídico*, 8 abr. 2015. Disponível em: <http://www.conjur.com.br/2015-abr-08/michael-reiner-discussao-estrutural-detem-mp-combate-corrupcao>. Acesso em: 28 maio 2015.

[37] Alguns exemplos: STF, Tribunal Pleno. RE nº 570.392. Rel. Min. Cármen Lúcia. Julg. 11.12.2014. *DJE*, 19 fev. 2015; STF, Primeira Turma. AP nº 611. Rel. Min. Luiz Fux. Julg. 30.9.2014. *DJE*, 10 dez. 2014; Primeira Turma. RE nº 128.881. Rel. Min. Moreira Alves. Julg. 26.4.1994. *DJ*, 7 out. 1994.

4 A terminologia "Ministério Público" e o sistema constitucional ministerial

A falta de previsão constitucional expressa de autonomia financeira e administrativa do Ministério Público de Contas não é argumento que convença para sua negativa, ou, ainda pior, para sua proibição pelo Supremo Tribunal Federal.

Isso porque a mera terminologia empregada pela Constituição "Ministério Público" já faz por estender automaticamente o regime jurídico ministerial ao Ministério Público de Contas, na premissa de que a coincidência de nome revela uma coincidência de substância e de características. Afinal, para que serve nominar e rotular as coisas senão para identificá-las a partir de um conceito comum e próprio?

Hoje, a autonomia financeira e administrativa é dado essencial da própria caracterização e definição terminológica do Ministério Público brasileiro, e, por assim dizer, é pilastra inafastável para o exato uso do termo.

Falar de Ministério Público brasileiro, seja qual for seu ramo e atuação, sem autonomia financeira e administrativa, é exatamente o mesmo que designar de avião um veículo sem asas. Um disparate vernacular!

Se desejasse a Constituição um Ministério Público de Contas capenga e claudicante de garantias institucionais, seria o caso de abrir exceção expressa na norma, em redação que viesse a amputá-lo *inequivocamente* de autonomia administrativa e financeira, visto que toda norma de exceção há de ser interpretada restritivamente.[38]

Tendo usado o termo "Ministério Público", a presunção é que transferiu a Constituição a esse órgão ministerial o vasto regime jurídico que ela mesma havia delineado em relação ao sistema Ministério Público em geral.

Compondo tais características parte da conceituação do vocábulo, reiterá-las em relação ao Ministério Público de Contas apenas albergaria um enfadonho exercício de repetição normativa vã e inútil.

O que se verifica, no entanto, é que a vetusta jurisprudência do Supremo inverte a milenar lição interpretativa e acaba, no final das contas, por exigir que haja menção expressa à autonomia financeira

---

[38] STF é tributário desse ensinamento. Cf. STF, Tribunal Pleno. ADI nº 1.920 MC. Rel. Min. Nelson Jobim. Julg. 23.6.1999. *DJ*, 20 set. 2002.

e administrativa, quando tais caracteres já fazem parte do próprio conceito de Ministério Público inaugurado pela Constituição de 1988. Nada mais incorreto.

A regra geral da Constituição de 1988 é que *se é Ministério Público, é dotado de independência financeira e administrativa.* Aqui, eventual economia das palavras constitucionais milita em prol do *Parquet* de Contas, pelo simples fato de ser Ministério Público, jamais o contrário.

5 Interpretação constitucional e a autonomia do Ministério Público de Contas

A interpretação jurídica é a busca da excelente captação do texto normativo (ou outros elementos normativos) pelo aplicador do direito. A tarefa de interpretar um texto jurídico é tão fundamental para o direito, que hoje há certo consenso que a norma jurídica em si é o resultado da interpretação do jurista sobre o texto normativo. Isto é, só existe norma jurídica interpretada por ser exatamente a interpretação que transforma o texto normativo de um emaranhado de palavras em uma norma jurídica exigível que vai repercutir na vida das pessoas e cumprir sua função social.

Todo um ramo da ciência jurídica nasceu com o anseio de desvendar e estudar os meandros da interpretação jurídica, conferindo cientificidade a essa atividade essencial para o fenômeno jurídico. Estava criada a hermenêutica jurídica.

A consolidação do constitucionalismo como expressão máxima do direito nacional e da Constituição como centro gravitacional do sistema jurídico veio trazer importantes repercussões no estudo da hermenêutica jurídica, incentivando estudo voltado especificamente para a interpretação das normas constitucionais e sua exata captação, desenvolvendo-se a partir de então uma hermenêutica constitucional.

A própria estrutura da norma constitucional – normalmente de textura aberta e farta no manejo de princípios jurídicos e de conceitos jurídicos indeterminados – e a sua superior missão de levar o direito às relações políticas, disciplinando a partilha e o exercício do poder, bem como impondo o respeito aos direitos fundamentais e de cidadania,[39] impôs um novo pálio interpretativo que bem aproveitasse a

---

[39] BARROSO, Luís Roberto. *Curso de direito constitucional contemporâneo*: os conceitos fundamentais e a construção do novo modelo. 5. ed. São Paulo: Saraiva, 2015. p. 306.

potencialidade constitucional e a sua exata tradução normativa, cônscios de que essa tarefa, no âmbito constitucional, acaba por extrapolar os limites da mera argumentação jurídica, devendo trazer à baila considerações também sobre a separação dos poderes, os valores éticos da sociedade e a moralidade política.[40]

Neste ponto, toma-se como norte as lições de Juarez Freitas, que estatui:

> Ademais, nunca é demais salientar que o texto da Constituição apenas se torna significativo na sua interação com o intérprete, motivo pelo qual não deve ser visto como mero objeto, porém, antes, como significado resultante da construção a partir do texto. Precisamente: não se esposam posturas exclusivamente historicistas, nem disjuntivistas, monológicas ou de relativismo cético, em função do papel constitutivo do intérprete, especialmente do intérprete constitucional, na geração da identidade *e na decifração do que é o melhor para o sistema*.[41] (Grifos nossos)

A interpretação do art. 130[42] da Constituição Federal enquadra-se exatamente nessas peculiaridades das normas constitucionais, o que demanda um estudo específico através dos métodos, elementos e princípios de interpretação constitucional mais consagrados pela doutrina.

5.1 O método hermenêutico clássico e o direito do membro do Ministério Público de Contas de trabalhar numa instituição autônoma

Embora a hermenêutica constitucional tenha enveredado por métodos e princípios próprios, ela também se vale dos estudos já desenvolvidos no âmbito da hermenêutica jurídica clássica, com ênfase nos elementos de interpretação de Savigny – gramatical, histórico, lógico e sistemático – aos quais se agregou o elemento teleológico de Ihering.[43]

---

[40] BARROSO, Luís Roberto. *Curso de direito constitucional contemporâneo*: os conceitos fundamentais e a construção do novo modelo. 5. ed. São Paulo: Saraiva, 2015. p. 307.

[41] FREITAS, Juarez. *Parecer jurídico em consulta formulada pela AMPCON*. Porto Alegre, 2 set. 2009. Disponível em: <http://mpc.tce.am.gov.br/wp-content/uploads/Parecer_Juarez_Freitas.pdf>. Acesso em: 28 maio 2015.

[42] "Aos membros do Ministério Público junto aos Tribunais de Contas aplicam-se as disposições desta seção pertinentes a direitos, vedações e forma de investidura".

[43] SARMENTO, Daniel; SOUZA NETO, Cláudio Pereira de. *Direito constitucional*: teoria, história e métodos de trabalho. 2. ed. Belo Horizonte: Fórum, 2014. p. 413.

Debruçando-se sobre o teor da decisão tomada na ADI nº 789/DF, e recordando alguns de seus excertos já transcritos no tópico 2 deste artigo, percebe-se a proeminência de dois elementos interpretativos da hermenêutica clássica que tomaram a proa dos debates e acabaram prevalecendo: o gramatical e o histórico.

De fato, em razão de o art. 130 da Constituição Federal ter redação direcionada "*aos membros* do Ministério Público junto aos Tribunais de Contas", o Egrégio Supremo Tribunal Federal entendeu que os direitos e garantias só seriam extensíveis, efetivamente, *aos membros* do Ministério Público de Contas, mas não à instituição em si. Haveria ali uma extensão meramente subjetiva de prerrogativas.

Tal linha interpretativa resta meridianamente clara ao longo de todo acórdão, tomando-se a título de exemplo o excerto presente às fls. 275-276 do *decisum*:

> A extensão constitucional determinada pelo art. 130 da Carta Política, que tem por únicos destinatários os membros integrantes da Procuradoria que atua perante o Tribunal de Contas da União, não implicou, contudo, e no que se refere a esses servidores públicos, a necessidade formal de edição de lei complementar para a proclamação dos direitos, vedações e demais prerrogativas [...].

Ocorre que é sabida e consabida a insuficiência do elemento meramente gramatical na interpretação jurídica, havendo na literatura, como nos lembra Barroso, uma série de antológicas passagens acerca das limitações que a interpretação literal encerra.[44]

Na verdade, deve-se tomar o elemento gramatical como apenas o início da tarefa interpretativa, já que o texto servirá para delinear uma moldura de intelecções possíveis, sendo, entretanto, insuficiente tirar

---

[44] Cita Barroso o exemplo da saga Tristão e Isolda: "Tristão e Isolda eram apaixonados entre si; mas, por injunções diversas da vida, Isolda casou-se com o rei, e não com Tristão. Algum tempo depois, a paixão deles se reacendeu e eles se encontravam furtivamente. Isolda foi denunciada por traição e levada a um tribunal eclesiástico, onde seria interrogada. A mentira a levaria à morte. Isolda pediu a Tristão que, no dia da audiência, esperasse por ela à porta do Tribunal, vestido como um mendigo. Lá chegando em sua carruagem, dirigiu-se a ele e gritou: 'Você aí, leve-me no colo até o local do julgamento. Não quero sujar minhas roupas na poeira desse caminho'. Vestido como maltrapilho, Tristão obedeceu. Iniciada a audiência, Isolda é interrogada se traía o rei. E respondeu: 'Juro solenemente que jamais estive nos braços de outro homem que não os do meu marido e os desse mendigo que me trouxe até aqui'" (BARROSO, Luís Roberto. *Curso de direito constitucional contemporâneo*: os conceitos fundamentais e a construção do novo modelo. 5. ed. São Paulo: Saraiva, 2015. p. 327).

da gramática toda a potencialidade normativa. Como ensina Juarez Freitas, "A boa interpretação da Carta procura zelar pela vitalidade do sistema, sem desprezar o texto, mas indo além dele, quando necessário, como requer o próprio texto constitucional".[45]

Além do mais, o elemento gramatical ganha maiores dificuldades na interpretação constitucional, haja vista o manejo pelas normas constitucionais de termos e conceitos jurídicos indeterminados. O uso de termos vagos incrementa a participação do intérprete na criação da norma jurídica.

O art. 130 da Constituição Federal incide nessas peculiaridades ao utilizar-se de expressões como "direitos", "vedações" e "prerrogativas" que comportam significantes e significados mais ou menos elásticos.

Nessa senda, é perfeitamente extraível do texto constitucional que o principal direito de um membro do Ministério Público é trabalhar em uma *instituição autônoma* que lhe garanta o exercício excelente de suas funções *e o agasalhe contra investidas externas*, já que todos os direitos previstos na seção do Ministério Público são meramente ancilares a uma atuação independente de seus membros.

Assim se defende porque, pondo uma lupa no rol dos direitos dos membros do Ministério Público e da magistratura (extensível aos do Ministério Público em razão do §4º do art. 129 da Constituição Federal),[46] percebe-se que estão voltados todos, ou quase todos, a membros de uma instituição que tem a capacidade de *se autogerir e administrar*,[47] como não nos deixa mentir o rol a seguir:

---

[45] FREITAS, Juarez. *Parecer jurídico em consulta formulada pela AMPCON*. Porto Alegre, 2 set. 2009. Disponível em: <http://mpc.tce.am.gov.br/wp-content/uploads/Parecer_Juarez_Freitas.pdf>. Acesso em: 28 maio 2015

[46] "§4º Aplica-se ao Ministério Público, no que couber, o disposto no art. 93. (Redação dada pela Emenda Constitucional nº 45, de 2004)".

[47] "Art. 93. Lei complementar, de iniciativa do Supremo Tribunal Federal, disporá sobre o Estatuto da Magistratura, observados os seguintes princípios:
I - ingresso na carreira, cujo cargo inicial será o de juiz substituto, mediante concurso público de provas e títulos, com a participação da Ordem dos Advogados do Brasil em todas as fases, exigindo-se do bacharel em direito, no mínimo, três anos de atividade jurídica e obedecendo-se, nas nomeações, à ordem de classificação; (Redação dada pela Emenda Constitucional nº 45, de 2004)
II - promoção de entrância para entrância, alternadamente, por antigüidade e merecimento, atendidas as seguintes normas:
a) é obrigatória a promoção do juiz que figure por três vezes consecutivas ou cinco alternadas em lista de merecimento;
b) a promoção por merecimento pressupõe dois anos de exercício na respectiva entrância e integrar o juiz a primeira quinta parte da lista de antigüidade desta, salvo se não houver com tais requisitos quem aceite o lugar vago;

c) aferição do merecimento pelos critérios da presteza e segurança no exercício da jurisdição e pela freqüência e aproveitamento em cursos reconhecidos de aperfeiçoamento;

c) aferição do merecimento conforme o desempenho e pelos critérios objetivos de produtividade e presteza no exercício da jurisdição e pela freqüência e aproveitamento em cursos oficiais ou reconhecidos de aperfeiçoamento; (Redação dada pela Emenda Constitucional nº 45, de 2004)

d) na apuração da antigüidade, o tribunal somente poderá recusar o juiz mais antigo pelo voto de dois terços de seus membros, conforme procedimento próprio, repetindo-se a votação até fixar-se a indicação;

d) na apuração de antigüidade, o tribunal somente poderá recusar o juiz mais antigo pelo voto fundamentado de dois terços de seus membros, conforme procedimento próprio, e assegurada ampla defesa, repetindo-se a votação até fixar-se a indicação; (Redação dada pela Emenda Constitucional nº 45, de 2004)

e) não será promovido o juiz que, injustificadamente, retiver autos em seu poder além do prazo legal, não podendo devolvê-los ao cartório sem o devido despacho ou decisão; (Incluída pela Emenda Constitucional nº 45, de 2004)

III - o acesso aos tribunais de segundo grau far-se-á por antigüidade e merecimento, alternadamente, apurados na última ou única entrância; (Redação dada pela Emenda Constitucional nº 45, de 2004)

IV - previsão de cursos oficiais de preparação, aperfeiçoamento e promoção de magistrados, constituindo etapa obrigatória do processo de vitaliciamento a participação em curso oficial ou reconhecido por escola nacional de formação e aperfeiçoamento de magistrados; (Redação dada pela Emenda Constitucional nº 45, de 2004)

V - o subsídio dos Ministros dos Tribunais Superiores corresponderá a noventa e cinco por cento do subsídio mensal fixado para os Ministros do Supremo Tribunal Federal e os subsídios dos demais magistrados serão fixados em lei e escalonados, em nível federal e estadual, conforme as respectivas categorias da estrutura judiciária nacional, não podendo a diferença entre uma e outra ser superior a dez por cento ou inferior a cinco por cento, nem exceder a noventa e cinco por cento do subsídio mensal dos Ministros dos Tribunais Superiores, obedecido, em qualquer caso, o disposto nos arts. 37, XI, e 39, §4º;(Redação dada pela Emenda Constitucional nº 19, de 1998)

VI - a aposentadoria dos magistrados e a pensão de seus dependentes observarão o disposto no art. 40; (Redação dada pela Emenda Constitucional nº 20, de 1998)

VII - o juiz titular residirá na respectiva comarca;

VII - o juiz titular residirá na respectiva comarca, salvo autorização do tribunal; (Redação dada pela Emenda Constitucional nº 45, de 2004)

VIII - o ato de remoção, disponibilidade e aposentadoria do magistrado, por interesse público, fundar-se-á em decisão por voto da maioria absoluta do respectivo tribunal ou do Conselho Nacional de Justiça, assegurada ampla defesa; (Redação dada pela Emenda Constitucional nº 45, de 2004)

VIIIA - a remoção a pedido ou a permuta de magistrados de comarca de igual entrância atenderá, no que couber, ao disposto nas alíneas a, b, c e e do inciso II; (Incluído pela Emenda Constitucional nº 45, de 2004)

IX - todos os julgamentos dos órgãos do Poder Judiciário serão públicos, e fundamentadas todas as decisões, sob pena de nulidade, podendo a lei limitar a presença, em determinados atos, às próprias partes e a seus advogados, ou somente a estes, em casos nos quais a preservação do direito à intimidade do interessado no sigilo não prejudique o interesse público à informação; (Redação dada pela Emenda Constitucional nº 45, de 2004)

X - as decisões administrativas dos tribunais serão motivadas e em sessão pública, sendo as disciplinares tomadas pelo voto da maioria absoluta de seus membros; (Redação dada pela Emenda Constitucional nº 45, de 2004)

XI - nos tribunais com número superior a vinte e cinco julgadores, poderá ser constituído órgão especial, com o mínimo de onze e o máximo de vinte e cinco membros, para o exercício das atribuições administrativas e jurisdicionais delegadas da competência do tribunal pleno, provendo-se metade das vagas por antigüidade e a outra metade por eleição pelo tribunal pleno; (Redação dada pela Emenda Constitucional nº 45, de 2004)

1. a previsão da promoção de concurso próprio pela própria instituição para o ingresso na carreira (inc. I do art. 93);
2. a promoção de seus membros a ser definida pela própria instituição (inc. II do art. 93);
3. a previsão de cursos de aperfeiçoamento realizados por uma escola nacional (inc. IV do art. 93);
4. a fixação dos vencimentos de seus membros por iniciativa da instituição (inc. V do art. 93);
5. o regime previdenciário específico (inc. VI do art. 93);
6. regras de remoção (inc. VII do art. 93);
7. a necessidade de motivação de suas decisões administrativas (inc. X do art. 93);
8. a previsão de feriados, férias e expediente (inc. XI do art. 93);
9. a fixação do número de membros do órgão (inc. XII do art. 93) e
10. a delegação a servidores do órgão da execução de atos de administração (inc. XIV do art. 93).

São todos esses direitos citados aplicáveis aos membros do Ministério Público regular, e por conseguinte aos membros do Ministério de Contas, pressupondo todos eles a autoadministração e autogestão do órgão ministerial.

A rigor, é impensável a promoção de membros, a fixação de vencimentos, a edição de decisões administrativas e a delegação de atos de administração se o órgão não tem qualquer ingerência administrativa própria, agindo à ribalta de outrem, no caso, os Tribunais de Contas.

Reforça essa linha de pensamento o fato de as principais garantias dos membros dos Ministérios Públicos, como a inamovibilidade, a irredutibilidade do subsídio e a vitaliciedade, e as mais notáveis vedações, como a de não exercer a advocacia, serem objeto de ulterior regulamentação por intermédio de lei complementar de iniciativa dos

---

XII - a atividade jurisdicional será ininterrupta, sendo vedado férias coletivas nos juízos e tribunais de segundo grau, funcionando, nos dias em que não houver expediente forense normal, juízes em plantão permanente; (Incluído pela Emenda Constitucional nº 45, de 2004)

XIII - o número de juízes na unidade jurisdicional será proporcional à efetiva demanda judicial e à respectiva população; (Incluído pela Emenda Constitucional nº 45, de 2004)

XIV - os servidores receberão delegação para a prática de atos de administração e atos de mero expediente sem caráter decisório; (Incluído pela Emenda Constitucional nº 45, de 2004)

XV -a distribuição de processos será imediata, em todos os graus de jurisdição. (Incluído pela Emenda Constitucional nº 45, de 2004)".

procuradores-gerais[48] de cada Ministério Público, numa demonstração de que o usufruto das garantias e a incidência das vedações demandam uma iniciativa legislativa e de auto-organização ínsita a quem possui autonomia administrativa e financeira.

Ora, se tais garantias e vedações são estendidas plenamente aos membros do Ministério Público de Contas, parece claro que idêntica iniciativa legislativa e regulamentatória terão os procuradores-gerais de Contas. Há aqui uma extensão evidente da capacidade de auto-organização e de iniciativa legislativa, pressupostos de uma autonomia financeira e administrativa.

Além disso, é mais que sugestivo que as vedações e garantias estejam capituladas em incisos e alíneas do §5º do art. 128 da Constituição Federal, dispositivo que, por sua vez, consagra a capacidade de auto-organização dos Ministérios Públicos, como que para mostrar à toda evidência que só com capacidade de auto-organização é que poderão os membros dos Ministérios Públicos fruírem daqueles direitos e sofrerem aquelas vedações.

Na sua sabedoria, a Constituição mais uma vez deixou para quem quiser ver que todo o rol de garantias dos membros do Ministério Público só pode jorrar de uma entidade que detém o poder de

---

[48] "§5º Leis complementares da União e dos Estados, cuja iniciativa é facultada aos respectivos Procuradores-Gerais, estabelecerão a organização, as atribuições e o estatuto de cada Ministério Público, observadas, relativamente a seus membros:
I - as seguintes garantias:
a) vitaliciedade, após dois anos de exercício, não podendo perder o cargo senão por sentença judicial transitada em julgado;
b) inamovibilidade, salvo por motivo de interesse público, mediante decisão do órgão colegiado competente do Ministério Público, pelo voto da maioria absoluta de seus membros, assegurada ampla defesa; (Redação dada pela Emenda Constitucional nº 45, de 2004)
c) irredutibilidade de subsídio, fixado na forma do art. 39, §4º, e ressalvado o disposto nos arts. 37, X e XI, 150, II, 153, III, 153, §2º, I; (Redação dada pela Emenda Constitucional nº 19, de 1998)
II - as seguintes vedações:
a) receber, a qualquer título e sob qualquer pretexto, honorários, percentagens ou custas processuais;
b) exercer a advocacia;
c) participar de sociedade comercial, na forma da lei;
d) exercer, ainda que em disponibilidade, qualquer outra função pública, salvo uma de magistério;
e) exercer atividade político-partidária; (Redação dada pela Emenda Constitucional nº 45, de 2004)
f) receber, a qualquer título ou pretexto, auxílios ou contribuições de pessoas físicas, entidades públicas ou privadas, ressalvadas as exceções previstas em lei. (Incluída pela Emenda Constitucional nº 45, de 2004)".

se auto-organizar, da mesma maneira que os incs. I e II e suas alíneas jorram do §5º do art. 128.

Vê-se, portanto, que todos os direitos conferidos aos membros do Ministério Público acabam por se constituir em mera decorrência de um direito anterior e fundamental: o de funcionarem num órgão dotado do poder de autogestão e de autoadministração, isto é, com autonomia financeira e administrativa.

Por assim dizer, o grande direito dos membros de um Ministério Público é o de trabalhar numa instituição independente, que os proteja e os agasalhe para o bem desempenhar de suas funções e a preservação de suas independências funcionais.

Se é conhecida e reconhecida aos membros do Ministério Público de Contas a extensão de todos os direitos atribuíveis aos membros do Ministério Público comum, acompanha essa extensão, por óbvio, o mais importante deles: *o direito fundamental a trabalhar numa instituição independente*, todo o resto é ancilar, tudo que vem é decorrência desse direito primeiro e essencial.

5.2 Junto não é dentro. A interpretação gramatical só corrobora a autonomia dos MPCs

Ademais, se o caso é de se imiscuir na interpretação gramatical, é bem pertinente destacar que a Constituição cunhou os procuradores de contas como *membros* do Ministério Público de Contas. E o termo *membro* só faz sentido se disser respeito a uma parte integrante de uma instituição própria, autônoma e distinta de qualquer outra.

Por sinal, se o Ministério Público de Contas fosse parte integrante do Tribunal de Contas, haveria então de se concluir que os procuradores de contas são membros desses mesmos Tribunais de Contas, o que é afastado peremptoriamente pelo art. 73, que só menciona os ministros do TCU e conselheiros dos TCE como seus integrantes.[49]

---

[49] "Art. 73. O Tribunal de Contas da União, integrado por nove Ministros, tem sede no Distrito Federal, quadro próprio de pessoal e jurisdição em todo o território nacional, exercendo, no que couber, as atribuições previstas no art. 96.

§1º Os Ministros do Tribunal de Contas da União serão nomeados dentre brasileiros que satisfaçam os seguintes requisitos:

I - mais de trinta e cinco e menos de sessenta e cinco anos de idade;

II - idoneidade moral e reputação ilibada;

III - notórios conhecimentos jurídicos, contábeis, econômicos e financeiros ou de administração pública;

IV - mais de dez anos de exercício de função ou de efetiva atividade profissional que exija os conhecimentos mencionados no inciso anterior.

De igual modo, o art. 130 da Constituição Federal refere-se a um Ministério Público *junto* ao Tribunal de Contas. *Junto* é locução adverbial que traz a ideia de proximidade, mas jamais de pertencimento. O que está *junto* não está dentro, se é *junto* é porque são coisas distintas em arrabalde. *Junto* é termo nitidamente referencial de elementos autônomos em comunicação, e não de um corpo único. Ninguém pode estar junto de si mesmo.

Ayres Britto é preciso em destacar a importância hermenêutica dos termos "junto" e "membros" presentes no art. 130 da Constituição Federal:

> Essa locução adverbial, junto, foi repetida no artigo 130, debaixo da seguinte legenda: aos membros do Ministério Público, já no capítulo próprio do Poder Judiciário e na seção voltada para o Ministério Público. Aos membros do Ministério Público junto aos Tribunais de Contas, a locução adverbial, junto à, foi repetida, aplicam-se às disposições dessa seção pertinentes a direitos, vedações e formas de investidura. Curioso, na Constituição anterior não se falava de membros, se falava da instituição em si, Ministério Público, agora com imediatidade não se fala da instituição Ministério Público, e sim, de membros do Ministério Público. Isso me parece ter relevo, ter importância interpretativa, de monta. Quando a Constituição disse, junto à, quis resolver um impasse surgido com a legenda da Constituição anterior, porque se está junto é porque não está dentro, está ao lado, numa linguagem bem coloquial, ali no oitão da casa, mas não no interior dela, junto à, por duas vezes. E ao falar de membros, me parece que deixou claro, também, que quem é membro de uma instituição não pode ser membro da outra, só pode ser membro da própria instituição a que se vincula, gramaticalmente. A nova linguagem, membros do Ministério Público, dissipando a dúvida,

---

§2º Os Ministros do Tribunal de Contas da União serão escolhidos:

I - um terço pelo Presidente da República, com aprovação do Senado Federal, sendo dois alternadamente dentre auditores e membros do Ministério Público junto ao Tribunal, indicados em lista tríplice pelo Tribunal, segundo os critérios de antigüidade e merecimento;

II - dois terços pelo Congresso Nacional.

§3º Os Ministros do Tribunal de Contas da União terão as mesmas garantias, prerrogativas, impedimentos, vencimentos e vantagens dos Ministros do Superior Tribunal de Justiça e somente poderão aposentar-se com as vantagens do cargo quando o tiverem exercido efetivamente por mais de cinco anos.

§3º Os Ministros do Tribunal de Contas da União terão as mesmas garantias, prerrogativas, impedimentos, vencimentos e vantagens dos Ministros do Superior Tribunal de Justiça, aplicando-se-lhes, quanto à aposentadoria e pensão, as normas constantes do art. 40. (Redação dada pela Emenda Constitucional nº 20, de 1998)

§4º O auditor, quando em substituição a Ministro, terá as mesmas garantias e impedimentos do titular e, quando no exercício das demais atribuições da judicatura, as de juiz de Tribunal Regional Federal".

membro do Ministério Público é membro do Tribunal de Contas? Eu respondo que não, até porque os membros do Tribunal de Contas da União são assim literalmente grafados no artigo 102, inciso I, letra c, da Constituição Federal, a propósito da competência judicante do Supremo Tribunal Federal, da competência originária. Então, membros do Tribunal de Contas constitui uma realidade normativa, membros do Ministério Público de Contas, outra realidade normativa. Junto à ou junto ao, não pode ser dentro de. Se o Ministério Público de Contas está fora do Ministério Público tradicional, também está fora do próprio Tribunal de Contas, em que esse Ministério Público atua ou oficia. Essa mudança de linguagem me pareceu sintomática a nos desafiar para uma nova tese, reformular uma tese. Existe mesmo um Ministério Público de Contas, ou Especial, atuando não junto aos órgãos jurisdicionais, mas junto às Cortes ou Casas de Contas. Assim como o Ministério Público usual desempenha uma função essencial à jurisdição, o Ministério Público de Contas desempenha uma função essencial ao controle externo.[50]

A própria legislação referente ao Ministério Público da União é pródiga em utilizar a locução adverbial *junto* para se referir ao local de atuação de algum membro deste Ministério Público, como se percebe de vários excertos da Lei Complementar nº 75/93:

Art. 46. Incumbe ao Procurador-Geral da República exercer as funções do Ministério Público *junto* ao Supremo Tribunal Federal, manifestando-se previamente em todos os processos de sua competência.

Art. 47. O Procurador-Geral da República designará os Subprocuradores-Gerais da República que exercerão, por delegação, suas funções *junto* aos diferentes órgãos jurisdicionais do Supremo Tribunal Federal.

§1º As funções do Ministério Público Federal *junto* aos Tribunais Superiores da União, perante os quais lhe compete atuar, somente poderão ser exercidas por titular do cargo de Subprocurador-Geral da República. [...]

Art. 66. Os Subprocuradores-Gerais da República serão designados para oficiar *junto* ao Supremo Tribunal Federal, ao Superior Tribunal de Justiça, ao Tribunal Superior Eleitoral e nas Câmaras de Coordenação e Revisão. [...]

Art. 68. Os Procuradores Regionais da República serão designados para oficiar *junto* aos Tribunais Regionais Federais. [...]

Art. 70. Os Procuradores da República serão designados para oficiar *junto* aos Juízes Federais e junto aos Tribunais Regionais Eleitorais, onde não tiver sede a Procuradoria Regional da República. [...]

---

[50] BRITO, Carlos Ayres. *O regime jurídico do Ministério Público de Contas*. Disponível em: <http://www.tcm.ba.gov.br/tcm/DiretorioPublicacao/DoutrinaMPC/O%20Regime_Juridico_do_MPC_Carlos_Ayres_Brito.pdf>. Acesso em: 28 maio 2015.

Art. 72. Compete ao Ministério Público Federal exercer, no que couber, *junto* à Justiça Eleitoral, as funções do Ministério Público, atuando em todas as fases e instâncias do processo eleitoral. Art. 79. O Promotor Eleitoral será o membro do Ministério Público local que oficie *junto* ao Juízo incumbido do serviço eleitoral de cada Zona. [...] Art. 83. Compete ao Ministério Público do Trabalho o exercício das seguintes atribuições *junto* aos órgãos da Justiça do Trabalho: [...] Art. 90. Compete ao Procurador-Geral do Trabalho exercer as funções atribuídas ao Ministério Público do Trabalho *junto* ao Plenário do Tribunal Superior do Trabalho, propondo as ações cabíveis e manifestando-se nos processos de sua competência. [...] Art. 107. Os Subprocuradores-Gerais do Trabalho serão designados para oficiar *junto* ao Tribunal Superior do Trabalho e nos ofícios na Câmara de Coordenação e Revisão. Art. 110. Os Procuradores Regionais do Trabalho serão designados para oficiar *junto* aos Tribunais Regionais do Trabalho. [...] Art. 112. Os Procuradores do Trabalho serão designados para funcionar *junto* aos Tribunais Regionais do Trabalho e, na forma das leis processuais, nos litígios trabalhistas que envolvam, especialmente, interesses de menores e incapazes. [...] Art. 116. Compete ao Ministério Público Militar o exercício das seguintes atribuições *junto* aos órgãos da Justiça Militar: [...] Art. 123. Compete ao Procurador-Geral da Justiça Militar exercer as funções atribuídas ao Ministério Público Militar *junto* ao Superior Tribunal Militar, propondo as ações cabíveis e manifestando-se nos processos de sua competência. [...] Art. 140. Os Subprocuradores-Gerais da Justiça Militar serão designados para oficiar *junto* ao Superior Tribunal Militar e à Câmara de Coordenação e Revisão. [...] Art. 143. Os Procuradores da Justiça Militar serão designados para oficiar *junto* às Auditorias Militares. [...] Art. 175. Os Procuradores de Justiça serão designados para oficiar *junto* ao Tribunal de Justiça e nas Câmaras de Coordenação e Revisão. [...] Art. 178. Os Promotores de Justiça serão designados para oficiar *junto* às Varas da Justiça do Distrito Federal e Territórios. (Grifos nossos)

Ninguém em sã consciência defende que os procuradores do Ministério Público da União que atuam *junto* aos Tribunais e órgãos do Judiciário referidos na Lei Complementar nº 75/93 o fazem na qualidade de servidores destes Tribunais, ou de membros de um organismo pertencente à intimidade estrutural do Poder Judiciário.

Não há razão para crer que o uso da locução adverbial *junto* venha a minar a existência autônoma do Ministério Público de Contas.

5.3 Interpretação histórica e falta de intenção do constituinte em manietar os MPCs de autonomia

O outro elemento que preponderou no acórdão da ADI nº 789/DF foi o histórico.

O elemento interpretativo histórico consiste na busca da vontade do legislador ao editar o texto normativo a ser interpretado, com atenção sobre os antepassados normativos do instituto legislado.

A tese vencedora na ADI nº 789/DF argumentou que *aparentemente* a questão teria sido decidida no seio da Assembleia Constituinte, tendo preferido o legislador constitucional originário adotar uma posição intermediária e de compromisso: criou-se um Ministério Público de Contas especializado, mas não lhe outorgou autonomia financeira e administrativa, nos exatos moldes de como já acontecia antes de 1988.

Os constituintes, assim, teriam produzido um retrato em preto e branco do Ministério Público de Contas, fiel aos seus antepassados como organismo interno dos Tribunais de Contas. A este especializadíssimo Ministério Público estariam negados todos os avanços que a mesmíssima Constituição teria outorgado ao Ministério Público comum.

Antes de mais nada, é preciso fincar que o elemento interpretativo histórico que preponderou no seio da ADI nº 789/DF, se não pode ser tido como irrelevante, vem perdendo todo o seu prestígio na doutrina constitucional, em especial quando aumenta o intervalo de tempo entre o momento constituinte e a nova realidade fática a ser decidida.

A busca de uma vontade do legislador constituinte há sempre que ser encarada com reservas, sob pena de recairmos num originalismo[51] *démodé* que escraviza a intepretação constitucional a um tempo e a valores não condizentes com a atualidade.

---

[51] "Nessa ordem de considerações, impõe-se perceber as epistemológicas debilidades do 'originalismo' extremado e das premissas atadas ao interpretativismo estrito. Entre outras falácias, o originalismo exacerbado crê na idéia de que, naquele ponto em que o Direito parasse, nele o juiz deveria parar. Não é assim. Parte do pressuposto equivocado de que a ordem jurídica, em algum momento, poderia estar em completo repouso. Ora, o Direito encontra-se em incessante movimento, e reclama ser interpretado à vista dessa evidência solar. Mesmo o textualismo de Antonin Scalia, por exemplo, merece reparos centrais, seja por não assumir a circularidade hermenêutica – com a dialética tensão entre sujeito e objeto –, seja por não conseguir, em função disso, dar conta das ordens constitucionais que determinam ir além do texto (vide, para ilustrar, a Emenda IX à Constituição Norte-Americana e, no sistema brasileiro, o art. 5º, §2º, da CF). [...] Originalismo estrito à parte e respeitada em sua alteridade, a Constituição não intenta, nem de longe, excluir o MP de Contas da incidência de qualquer uma das normas atinentes a 'direitos, vedações e dispositivos sobre forma de investidura', consoante o rol que figura na mencionada

Nesse viés, Luís Roberto Barroso aponta que "à medida que a Constituição e as leis se distanciam no tempo da conjunta histórica em que foram promulgadas, a vontade subjetiva do legislador (*mens legislatoris*) vai sendo substituída por um sentido autônomo e objetivo da norma (*mens legis*) [...]".[52]

Por sinal, o STF, bem recentemente, na ADPF nº 132,[53] ao estender em boníssima hora os benefícios da união estável aos casais homoafetivos, decidiu expressamente por relevar o elemento histórico que apontava para uma decisão expressa do constituinte em vedar a possibilidade de união estável entre casais homoafetivos. Preferiu-se atualizar a jurisprudência do Supremo com os novos valores e anseios sociais, em prestígio à vontade da Constituição e não do constituinte.

Outrossim, é precioso assinalar da impossibilidade fática da extração de uma "vontade constituinte" una e coesa quando se está diante de um fenômeno constitucional marcadamente democrático, do qual de sua feitura centenas de pessoas participaram, representando cada uma distintas visões de vida e de ideologia muitas vezes contrárias.

É o que nos lembra Daniel Sarmento e Cláudio de Souza Neto:

> [...] a Constituição não é uma obra acabada, produzida por uma geração, mas um instrumento dinâmico, que deve se adaptar aos novos valores e expectativas sociais. Apontam, ainda, que sendo o texto constitucional uma obra coletiva, produzida por pessoas com propósitos e ideias diferentes, não há muitas vezes como se atribuir uma intenção subjetiva única ao constituinte. Ademais, a própria escolha pelo constituinte de cláusulas vagas exprimiria a sua intenção de permitir o seu preenchimento, no futuro, de acordo com concepções e valores das novas gerações a serem regidas pelo mesmo texto.[54]

Seção, alusiva ao Ministério Público em gênero. De sorte que não se admite que sejam ladeados aqueles dispositivos concernentes ao Ministério Público, já que, sem tautologia, o Ministério Público 'junto' (não atrelado, nem inerente, mas ligado e com autonomia) ao Tribunal de Contas, em que pesem atribuições e competências especializadas, não deixa de observar, no cerne, o regime autêntico do Ministério Público. Com os traços irrenunciáveis, indelegáveis e característicos de Carreira Autônoma de Estado, cuja autonomia jamais implica atitude antagonista ou insular" (FREITAS, Juarez. *Parecer jurídico em consulta formulada pela AMPCON*. Porto Alegre, 2 set. 2009. Disponível em: <http://mpc.tce.am.gov. br/wp-content/uploads/Parecer_Juarez_Freitas.pdf>. Acesso em: 28 maio 2015).

[52] BARROSO, Luís Roberto. *Curso de direito constitucional contemporâneo*: os conceitos fundamentais e a construção do novo modelo. 5. ed. São Paulo: Saraiva, 2015. p. 328.

[53] STF, Tribunal Pleno. ADPF nº 132. Rel. Min. Ayres Britto. Julg. 5.5.2011. *DJE*, 14 out. 2011.

[54] SARMENTO, Daniel; SOUZA NETO, Cláudio Pereira de. *Direito constitucional*: teoria, história e métodos de trabalho. 2. ed. Belo Horizonte: Fórum, 2014. p. 418.

O que se percebe, além da dificuldade de se extrair uma vontade do constituinte, é que tal suposta vontade perde força com o passar dos anos, na exata medida das transformações sociais, axiológicas e políticas.

Natural, contudo, numa decisão datada de 1994, pouco menos de 6 anos da promulgação da nova Constituição, que a ADI nº 789/DF deferisse largo espaço ao elemento histórico. Não parece, no entanto, que acertou o Supremo naquela ocasião em auferir uma suposta e inconteste vontade do constituinte em castrar o Ministério Público de Contas de autonomia financeira e administrativa.

Senão, vejamos os resumos constituintes sobre o tema de José Afonso da Silva:

> Foi, porém, a Constituição de 1988 que o erigiu (o Ministério Público de Contas) em instituição constitucional. Surgiu durante a elaboração constitucional, por meio de uma proposta de emenda do Constituinte Ézio Ferreira como um parágrafo do art. 89 do Projeto "A" de Constituição, projeto a ser discutido e votado no primeiro turno. A proposta veio assim redigida: "Ao Ministério Público junto aos Tribunais de contas, aplicam-se as disposições contidas no inciso VI do art. 113, no art. 114 e, nos parágrafos dos artigos 156 e 157, desta Constituição".
>
> Essas remissões estendiam ao Ministério Público junto aos Tribunais de Contas todas as prerrogativas e direitos que se previam para o Ministério Público em geral. Os arts. 156 e 157 do Projeto correspondem aos vigentes arts. 128 e 129. Houve também uma proposta de Emenda do Constituinte Oscar Corrêa, que mandava aplicar, no que coubesse, o disposto na seção ao Ministério Público junto ao Tribunal de Contas da União. Um acordo, na Seção de 8.4.1988, entre diversos Constituintes que apresentaram emendas ao capítulo do Ministério Público gerou a redação do art. 159 do projeto com o seguinte enunciado: "Ao Ministério Público junto aos Tribunais, aplicam-se às disposições desta seção pertinentes às garantias, vedações, forma de investidura nos respectivos cargos e aposentadoria".
>
> Esse texto, com o resto da matéria referente às funções essenciais à Justiça, foi aprovado na Seção constituinte do dia 13.4.88. Entrou, porém, no Projeto "B" de Constituição para o Segundo Turno, no art. 136, com pequena alteração na redação:
>
> "Ao Ministério Público junto aos Tribunais de Contas e Conselhos de Contas aplicam-se as disposições desta seção pertinentes a garantias, vedações e forma de investidura de seus membros".
>
> Não consegui apurar a origem dessas alterações.
>
> Assim foi a matéria ao Segundo Turno da Constituinte. Veja-se bem a redação aprovada: "Ao Ministério Público junto aos Tribunais de Contas

e Conselhos de Contas aplicam-se as disposições desta seção pertinentes a garantias, vedações e forma de investidura de seus membros". Na votação do Segundo Turno, acho até que indevidamente, as lideranças firmaram novo acordo que mudou a redação do art. 136, que passou a ser a seguinte: "Aos membros do Ministério Público junto aos Tribunais de Contas aplicam-se as disposições desta seção pertinentes a direitos, vedações e forma de investidura". O Constituinte Ibsen Pinheiro, que era e acho que ainda é Promotor de Justiça, justificou a mudança, dizendo que se dava ao art. 136, com arrimo regimental na correção, tinha em vista tão-somente compatibilizar as diversas tendências que se manifestaram ao longo do primeiro turno em produzir um texto consolidado que assegurasse aos membros do Ministério Público junto aos Tribunais de Contas todas as disposições da seção relativamente a direitos, vedações e forma de investidura, informa que "esta construção, além de ter envolvido todas as partes interessadas dos segmentos sociais, teve o apoio unânime das lideranças com assento na Casa" (DANC, p. 13213).

Foi, pois, em tais termos que a matéria foi aprovada e assim incluída no atual art. 130 da Constituição de 1988.[55]

Do relato, não é possível extrair dos debates constituintes a intenção deliberada de extirpar do Ministério Público de Contas as autonomias administrativa e financeira deferidas ao Ministério Público comum, e muito menos de inseri-lo na intimidade estrutural dos Tribunais de Contas.

Longe disso.

À míngua de maiores explicações constituintes, é até mais crível que a ausência de previsão expressa de autonomia financeira e administrativa tenha se dado em razão de uma lógica que o próprio sistema construído pela nova Constituição já impunha.

O ambiente constituinte de amplíssimo fortalecimento da instituição Ministério Público não permitia dúvidas sobre o máximo de autonomia a ser deferido a qualquer de seus ramos, inclusive o que oficiaria perante os Tribunais de Contas.

A rigor, o grande conflito sobre o Ministério Público de Contas indubitavelmente presente na Assembleia Constituinte estava longe do debate sobre sua autonomia financeira e administrativa, mas sim sobre o fato de constituir-se em carreira autônoma ou mera procuradoria especializada do Ministério Público comum.

---

[55] SILVA, José Afonso. O Ministério Público junto aos Tribunais de Contas. *Interesse Público*, Belo Horizonte, v. 26, p. 255-264, jul./ago. 2004.

Era essa a questão debatida, em torno dela era que gravitavam os conflitos.

Foi diante da controvérsia respeitante à existência ou não de uma carreira ministerial própria a atuar perante os Tribunais de Contas que aparenta ter preferido o constituinte originário não dar a palavra final sobre o tema, focalizando numa redação econômica e aberta do texto normativo, como que para deixar aos intérpretes constitucionais e aos legisladores infraconstitucionais a exata interpretação que viria a ter aquele recém-criado art. 130 da Constituição.

5.4 A geografia constitucional é reveladora da autonomia do Ministério Público de Contas

A própria topografia constitucional do órgão, inserido na seção do Ministério Público, e não na seção que trata dos Tribunais de Contas, é reveladora de sua vida própria e apartada dos Tribunais de Contas.

Se quisesse criar um apêndice dos Tribunais de Contas, mais natural que fosse o art. 130 da Constituição Federal um mero parágrafo do art. 73, e não uma disposição autônoma, encartada mais de 50 artigos à frente e enraizada na seção do Ministério Público.

Um apêndice, um órgão intestino que seja, jamais poderia sobreviver tão longe de seu corpo hospedeiro. A distância na geografia constitucional entre o Ministério Público de Contas e os Tribunais de Contas é até maior do que aquela que separa o Poder Judiciário do Ministério Público comum.

Essa distância é mais que sugestiva, é reveladora da independência do *Parquet* de Contas.

5.5 Interpretação sistemática e teleológica do art. 130 da Constituição Federal

O elemento sistemático ensina que as normas jurídicas não devem ser interpretadas isoladamente, mas em conjunto e em comunicação com as demais. Não se trata, apenas, de traçar uma conexão das partes com o todo (elemento lógico que para fins deste artigo será visto como parte integrante do elemento sistemático), mas de, verdadeiramente, delinear o laço invisível e interno que une todas as normas do ordenamento jurídico.

Diz respeito a um imperativo de coerência e de sistematicidade que o direito deve pretender, de modo a que não venha recair em contradições nem em lacunas. É solução de compromisso entre as diversas tendências e forças sociais que, em contraste permanente no mundo dos fatos, encontra sob a força irradiante da constituição uma saída jurídica de consenso.

O elemento sistemático está claramente ligado ao princípio da unidade da Constituição, que impõe o dever ao intérprete de harmonizar tensões e contradições, tendo como premissa que é a Constituição que dá unidade ao sistema e todos os seus valores devem se irradiar por todo o seu corpo, e também para fora dele.

Assim, a configuração constitucional do Ministério Público de Contas vai muito além do art. 130, e deve ter como inspiração todas as normas constitucionais com foco no direito fundamental à boa Administração Pública.

Sobre o assunto, anotou Juarez Freitas:

> A exegese sistemática da Constituição tem de promover a maior sinergia possível do Estado inteiro, respeitado o princípio da deferência e reforçada a autonomia das Carreiras de Estado como uma insuprimível condição para o cumprimento dos objetivos fundamentais da República, tais como estampados no art. 3º da CF. É que a boa interpretação favorece a defesa integrada dos direitos e garantias das Carreiras de Estado como maneira de preservar e assegurar, ao máximo, os direitos fundamentais em conjunto, notadamente o direito fundamental à boa administração pública. Nesse sentido, não cabe subtrair autonomia e independência para privilegiar esta ou aquela instituição de Estado, uma vez que a aludida sinergia é meta republicana, por excelência.[56]

Nesse diapasão, e tendo a Constituição enumerado nobres objetivos ao Estado brasileiro, que só podem ser cumpridos na exata medida do bom funcionamento das instituições públicas, é pouco crível que tenha idealizado um Ministério Público manietado de garantias para atuar na estratégica posição de guardião da lei e curador da sociedade nos processos em curso nos Tribunais de Contas.

Se a Constituição previu em seu art. 130 que perante os Tribunais de Contas, à maneira como ocorre com os Tribunais Judiciários, funcionaria um Ministério Público próprio, dotados os seus membros dos mesmos direitos e deveres outorgados aos membros do Ministério

---

[56] FREITAS, Juarez. *Parecer jurídico em consulta formulada pela AMPCON*. Porto Alegre, 2 set. 2009. Disponível em: <http://mpc.tce.am.gov.br/wp-content/uploads/Parecer_Juarez_Freitas.pdf>. Acesso em: 28 maio 2015.

Público atuante junto ao Poder Judiciário,[57] resta nítida e deliberada a intenção de lançar como modelo aos Tribunais e Ministérios Públicos de Contas o perfil já estatuído ao Poder Judiciário e ao Ministério Público de Justiça.[58] Uma espécie de espelho entre a dignidade e a estrutura do Poder Judiciário a refletir-se no controle externo, num recado do constituinte mais do que claro acerca do pareamento entre as instituições da justiça e as instituições do controle externo.

Igualados que estão em prerrogativas os Tribunais Judiciários e os Tribunais de Contas, o sistema jurídico não fecha ao se interpretar pela total e substancial desigualação entre o Ministério Público atuante perante o Judiciário e o Ministério Público atuante perante as Cortes de Contas.

A interpretação, nesse sentido, além de anti-isonômica, desconsidera toda a sistemática de amplas prerrogativas ministeriais inauguradas pela Constituição de 1988, e promove a disfuncionalidade dos Ministérios Públicos de Contas, na exata medida em que passam a ser simulacros de Ministério Público, um arremedo de *parquet* a vagar na intimidade estrutural de outrem.

Por sinal, é novamente Juarez Freitas que assinala a importância da maior otimização sistemática do texto constitucional, cabendo ao intérprete prezar pela busca de efetividade, *no mundo real*, do sistema constitucional:

> A boa interpretação sistemática constitucional precisa buscar a maior otimização possível do discurso normativo. Quer dizer, ao intérprete cumpre guardar vínculo com a efetividade, no mundo real, das finalidades da Carta. Além disso, tudo que se encontra na Constituição é visto como tendente à eficácia, como no caso do disposto no art. 130 da CF. De fato, nada há nos comandos da Lei Maior que não deva repercutir no sistema. Na dúvida, convém preferir, em lugar da leitura estéril ou ablativa eficacial, uma exegese conducente à plenitude vinculante e inclusiva dos princípios de caráter essencial, entre os quais o da autonomia institucional e o da independência funcional do Ministério Público de Contas.

---

[57] "Art. 130. Aos membros do Ministério Público junto aos Tribunais de Contas aplicam-se as disposições desta seção pertinentes a direitos, vedações e forma de investidura".

[58] Tanto que também equiparou os direitos dos membros dos Tribunais de Contas aos do Poder Judiciário de grau equivalente. "Art. 73 [...] §3º Os Ministros do Tribunal de Contas da União terão as mesmas garantias, prerrogativas, impedimentos, vencimentos e vantagens dos Ministros do Superior Tribunal de Justiça, aplicando-se-lhes, quanto à aposentadoria e pensão, as normas constantes do art. 40. §4º O auditor, quando em substituição a Ministro, terá as mesmas garantias e impedimentos do titular e, quando no exercício das demais atribuições da judicatura, as de juiz de Tribunal Regional Federal".

A boa interpretação sistemática constitucional é aquela que se faz, desde sempre, contemporânea. Quer dizer, o intérprete constitucional de modo precípuo, na linha do efetuado pelo Supremo Tribunal em julgamentos colacionados a seguir, tem de atuar como atualizador permanente do texto constitucional, dele extraindo as melhores possibilidades subjacentes à indeterminação, voluntária ou não, dos conceitos e das categorias.

A boa interpretação sistemática da Constituição só declara a inconstitucionalidade quando a afronta se revelar gritante e insanável, assim como sucedeu com a Constituição catarinense, ao não respeitar a Carreira Autônoma do MP de Contas, num vício estridente, tempestivamente escoimado pelo Supremo Tribunal Federal, em recente decisão, que não comportou qualquer modulação.[59]

Outro elemento da hermenêutica clássica de grande prestígio é o elemento teleológico.

Não se busca dar sentido às normas em vão. Dar sentido às normas constitucionais é sempre tarefa qualificada para conformar a vida social e cumprir os valores e finalidades constitucionais. O direito, assim, não é um fim em si mesmo. É instrumento de convivência harmônica entre as pessoas. Toda norma, portanto, possui uma finalidade específica que virá a agregar e contribuir com a finalidade geral do Estado.[60]

Demarcada a existência de uma finalidade normativa, o elemento teleológico é fundamental para qualquer interpretação jurídica, na medida em que visa extrair exatamente qual seria o intuito normativo do texto a ser interpretado, isto é, qual sua finalidade social.[61]

Nesse viés, a edição do art. 130 da Constituição Federal teve como finalidade justamente a de granjear a atuação dos membros dos Ministérios Públicos de Contas com o máximo de garantias possível, equivalentes às dos seus congêneres com atuação junto ao Poder Judiciário, de modo que atuem sem amarras e sem peias na destemida missão de zelar,

---

[59] FREITAS, Juarez. *Parecer jurídico em consulta formulada pela AMPCON*. Porto Alegre, 2 set. 2009. Disponível em: <http://mpc.tce.am.gov.br/wp-content/uploads/Parecer_Juarez_Freitas.pdf>. Acesso em: 28 maio 2015.

[60] Os objetivos gerais do Estado brasileiro estão assinalados no art. 3º da Constituição Federal: "Art. 3º Constituem objetivos fundamentais da República Federativa do Brasil: I - construir uma sociedade livre, justa e solidária; II - garantir o desenvolvimento nacional; III - erradicar a pobreza e a marginalização e reduzir as desigualdades sociais e regionais; IV - promover o bem de todos, sem preconceitos de origem, raça, sexo, cor, idade e quaisquer outras formas de discriminação".

[61] A Lei de Introdução às Normas do Direito Brasileiro prevê expressamente, em seu art. 5º, o elemento teleológico da interpretação: "Art. 5º Na aplicação da lei, o juiz atenderá aos fins sociais a que ela se dirige e às exigências do bem comum".

no âmbito dos Tribunais de Contas, pela defesa da ordem jurídica, do regime democrático e dos direitos sociais e individuais indisponíveis.

É dispositivo, portanto, umbilicalmente ligado ao direito fundamental à boa (e republicana) administração e à efetividade do controle externo, sendo pouco crível que logo na especializada jurisdição dos Tribunais de Contas, nevrálgica para a moralidade pública e para o republicanismo, seja intenção da Constituição fragilizar o *parquet* lá atuante, empalidecendo, por consequência inarredável, as próprias garantias outorgadas a seus membros.

O método teleológico há de ser inspirado pelos ares do princípio da efetividade da Constituição, que significa, em última instância, que o jurista deve prestigiar a interpretação que permita, na vida real, o alcance da vontade constitucional.[62]

Tudo que se refere à atuação dos membros do Ministério Público de Contas se envereda para um caminho de máxima liberdade de atuação, havendo de se ter como indevida interpretação que, advertida ou inadvertidamente, contribua para um *déficit* assecuratório da atuação de seus membros e do controle das verbas públicas.

A teleologia superior de otimizar o controle externo das contas públicas por intermédio de um Ministério Público de Contas forte, altivo, autônomo e garantidor do direito fundamental à boa administração é evidente, consoante argumenta Juarez Freitas:

> Por outras palavras, da exegese sistemática do art. 130 da CF, em sinapse com o todo constitucional, resulta que, insofismavelmente e sem prejuízo da especialidade "ratione materiae" do Ministério Público de Contas, seria lesivo às diretrizes hermenêuticas citadas, qualquer intelecção restritiva do alcance e do significado desse dispositivo constitucional que confere direitos.[63]

Ultrapassada a análise de todos os elementos tradicionais da hermenêutica jurídica, aplicáveis também à intepretação constitucional, passa-se aos métodos consagrados pela doutrina alemã e de grande prestígio da nova hermenêutica constitucional.

---

[62] BARROSO, Luís Roberto. Interpretação constitucional como interpretação específica. In: CANOTILHO, J. J. Gomes *et al.* (Coord.). *Comentários à Constituição do Brasil*. São Paulo: Saraiva/Almedina, 2013. p. 91-97.

[63] FREITAS, Juarez. *Parecer jurídico em consulta formulada pela AMPCON*. Porto Alegre, 2 set. 2009. Disponível em: <http://mpc.tce.am.gov.br/wp-content/uploads/Parecer_Juarez_Freitas.pdf>. Acesso em: 28 maio 2015.

5.6 O método tópico-problemático e a resolução de problemas de funcionalidade do Ministério Público de Contas

O método tópico-problemático, idealizado por Viewheg,[64] direciona suas atenções para o problema, para daí buscar a exata interpretação que melhor o equacione. A função do juiz será sempre apreender a melhor solução ao problema, podendo ir além do texto expresso, e a partir dele extrair uma solução razoável e proporcional do imbróglio. O direito seria, dessa forma, um elemento prático voltado para a resolução de problemas concretos.

Desde que não ultrapasse as possibilidades do texto, o método tópico-problemático vem sendo festejado pelos doutrinadores constitucionais, e reconhecido como importante método interpretativo.

Para melhor entender o método tópico-problemático, é imprescindível esclarecer a definição de *topos*, para o que nos valemos das lições de Sarmento e Souza Neto:

> O conceito de topos é fundamental para a tópica. O *topos* configura um "lugar comum" da argumentação, que não vincula necessariamente o intérprete, mas lhe apresenta uma alternativa possível para a solução de um problema. Os *topoi* (plural de topos) são diretrizes que podem eventualmente servir à descoberta de uma solução razoável para o caso concreto. Eles não são certos ou errados, mas apenas mais ou menos adequados para a solução do problema; mais ou menos capazes de fornecer uma resposta razoável para o caso, que se mostre persuasiva à comunidade de intérpretes.[65]

O método tópico-problemático, portanto, parte do pressuposto de que dentro da moldura normativa são permitidas determinadas linhas interpretativas, devendo prevalecer, ao cabo e ao fim, aquela que se mostrar mais adequada para a resolução do problema.

Pois bem.

Sendo incontestável que o art. 130 da Constituição Federal é uma norma de extensão dos vários direitos dos membros do Ministério Público comum aos membros do Ministério Público de Contas, tudo

---

[64] Cf. VIEHWEG, Theodor. *Tópica e jurisprudência*. Tradução de Kelly Susanen Alflen da Silva. 5. ed. Porto Alegre: Sergio Antonio Fabris, 2008.

[65] SARMENTO, Daniel; SOUZA NETO, Cláudio Pereira de. *Direito constitucional*: teoria, história e métodos de trabalho. 2. ed. Belo Horizonte: Fórum, 2014. p. 423.

com o fito de assegurar a atuação mais livre e desimpedida possível dos Procuradores de Contas no controle externo da Administração Pública, parece óbvio que, para o melhor equacionamento de problemas concernentes à independência funcional dos procuradores de contas, há de se reconhecer igual carga de independência institucional dos Ministérios Públicos de Contas.

Isso porque é até mesmo possível que os procuradores de contas se insurjam contra atos do próprio Tribunal de Contas perante o qual atuem, e, neste cenário, caso dependessem da Corte de Contas para receber seus salários, galgar promoções, fixar suas políticas remuneratórias e gozar de suas prerrogativas, poderiam ser tolhidos ou amedrontados para o desempenho de seus misteres constitucionais.

Por sinal, situações de franco e contundente desrespeito às prerrogativas funcionais dos procuradores de contas em represália às suas atuações não são raras no noticiário, tendo culminado em constantes judicializações.

Entre os vários fatos recentemente presentes no noticiário jornalístico, estão desde a intromissão do Tribunal de Contas na feitura da lista tríplice para a escolha do Procurador-Geral de Contas do Estado de São Paulo,[66] possivelmente em razão de representações promovidas por alguns procuradores que contestavam verbas pagas a magistrados,[67] até a edição de emenda à Constituição do Cearpa com o fito de reduzir o número de procuradores de contas, logo após representação de um membro do Ministério Público de Contas denunciando possível superfaturamento na contratação de artistas pelo Governo do Estado.[68] [69]

No Mato Grosso do Sul, chegou o Tribunal de Contas do Estado a ordenar a suspensão de procedimentos investigatórios promovidos

---

[66] O Supremo já proibiu tal prática na ADI nº 1.791/MC, em que deixou assente que "Aliás, em se tratando de investidura no cargo de Procurador-Geral, no Ministério Público junto ao Tribunal de Contas do Estado, ela há de observar, também, o disposto no §3º do art. 128 c/c art. 130, competindo à própria instituição a formação de lista tríplice para sua escolha, depois, por nomeação pelo Chefe do Poder Executivo, para mandato de dois anos, permitida uma recondução" (STF, Tribunal Pleno. ADI nº 1.791 MC. Rel. Min. Sydney Sanches. Julg. 23.4.1998. *DJ*, 11 set. 1998).

[67] TCE tira da disputa à Procuradoria quem pediu fim de auxílio. *Revista Exame*, 23 mar. 2015. Disponível: <http://exame.abril.com.br/brasil/noticias/tce-tira-da-disputa-a-procuradoria-quem-pediu-fim-de-auxilio>. Acesso em: 28 maio 2015.

[68] ASSEMBLEIA aprova PEC no Ceará que reduz número de procuradores. *G1*, 3 out. 2013. Disponível em: <http://g1.globo.com/ceara/noticia/2013/10/assembleia-aprova-pec-no-ceara-que-reduz-numero-de-procuradores.html>. Acesso em: 28 maio 2015.

[69] Em outra oportunidade, o governador do estado do Ceará chegou a resumir o Ministério Público de Contas "como um garoto que quer aparecer", em resposta à interposição de um recurso pelo membro de Ministério Público de Contas acerca uma contratação pública.

pelo Ministério Público de Contas local, o que culminou na recente impetração de mandado de segurança para a defesa de prerrogativas institucionais.[70]

Em São Paulo, o Tribunal de Contas vedou ao Ministério Público de Contas que remetesse ofício diretamente ao Ministério Público do Estado dando notícia de possíveis crimes de que tivesse conhecimento, embora tal prerrogativa seja um verdadeiro dever de todos os servidores públicos.[71][72] Na mesma toada, há seguidas tentativas de obstaculizar o poder investigatório do *Parquet* de Contas.[73]

É comum também, por parte de alguns Tribunais de Contas, vedar o uso do poder requisitório de informações[74] por parte dos membros dos Ministérios Públicos de Contas, o que chegou a gerar judicialização em *Alagoas*.[75]

Também em Alagoas, estamparam as manchetes dos jornais locais notícias de que o Ministério Público de Contas era sucateado pelo Tribunal de Contas local. O jornal alagoano *A Tribuna Independente*, de 29.9.2011,[76] trazia a seguinte manchete: "MP de Contas está sem estrutura para funcionar".

---

[70] TRIBUNAL de Contas barra investigação de contratos milionários do Detran. *Correio do Estado*, Campo Grande, 6 mar. 2015. Disponível em: <http://www.correiodoestado.com. br/cidades/tribunal-de-contas-barra-investigacao-de-contratos-milionarios-do/241148/>. Acesso em: 28 maio 2015.

[71] TCE-SP tenta limitar atuação de procuradores e abre crise. *Estadão*, São Paulo, 18 abr. 2013. Disponível em: <http://politica.estadao.com.br/noticias/geral,tce-sp-tenta-limitar-atuacao-de-procuradores-e-abre-crise,1022561>. Acesso em: 28 maio 2015.

[72] JUSTIÇA analisa acusação de censura no TCE de São Paulo. *Folha de São Paulo*, São Paulo, 3 maio 2013. Disponível em: <http://www1.folha.uol.com.br/poder/2013/05/1272584-justica-analisa-acusacao-de-censura-no-tce-de-sao-paulo.shtml>. Acesso em: 28 maio 2015.

[73] TCE barra investigação do Ministério Público sobre salários de secretários do governo Alckmin. *Estadão*, São Paulo, 7 jun. 2015. Disponível em: <http://politica.estadao.com.br/ noticias/geral,tce-barra-investigacao-do-ministerio-publico-sobre-salarios-de-secretarios-do-governo-alckmin,1701733>. Acesso em: 9 jun. 2015.

[74] Previsto constitucionalmente no art. 129, VI da CF/88: "Art. 129: São funções institucionais do Ministério Público: [...] VI - expedir notificações nos procedimentos administrativos de sua competência, requisitando informações e documentos para instruí-los, na forma da lei complementar respectiva".

[75] Sabiamente, e em lapidar voto do Desembargador Tumés Airan de Albuquerque Melo, o Tribunal de Justiça de Alagoas decidiu pelo amplo direito dos membros do *Parquet* de Contas em requisitar informações de autoridades públicas (TRIBUNAL de Contas não pode impedir MP de requerer documentos, diz TJ. *G1*, 21 out. 2014. Disponível em: <http:// g1.globo.com/al/alagoas/noticia/2014/10/tribunal-de-contas-nao-pode-impedir-mp-de-requerer-documentos-diz-tj.html>. Acesso em: 28 maio 2015).

[76] Edição nº 1.256.

ASSOCIAÇÃO NACIONAL DO MINISTÉRIO PÚBLICO DE CONTAS
MINISTÉRIO PÚBLICO DE CONTAS PERSPECTIVAS DOUTRINÁRIAS DO SEU ESTATUTO JURÍDICO

Em *Roraima*, a Portaria nº 418/2009, publicada em 17.7.2009, submeteu os procuradores de contas à correição[77] promovida por um dos conselheiros do Tribunal de Contas local, tipificando como falta impeditiva ao vitaliciamento a desobediência ou insubordinação do membro do Ministério Público às deliberações do Tribunal de Contas. De igual modo, no *Acre* também a Corregedoria do TCE, presidida por conselheiro, se imiscuiu nas atividades dos membros do Ministério Público de Contas.[78]

No *Paraná*, só através de mandado de segurança[79] que os procuradores de contas conseguiram afastar a aplicação de normas regimentais do TCE local que inibiam a atuação dos membros do Ministério Público e intervinham na independência funcional, ao limitar a interposição de recursos e sujeitar a atuação dos procuradores à correição dos conselheiros.

Praticamente todas as unidades do Ministério Público de Contas brasileiro têm histórico de agressões à independência funcional de seus membros por ato direto do Tribunal de Contas em que estão alocados administrativamente.

Esses são apenas alguns relatos de uma miríade que chegou ao conhecimento da grande mídia em que a ausência de independência institucional repercutiu diretamente na atuação dos membros do Ministério Público de Contas, seja impedindo a investigação de possíveis ilícitos, seja na não disponibilização de estrutura digna de trabalho, ou, ainda, pelo uso de ameaças como instrumento de intimidação da livre e desimpedida atuação dos procuradores de contas.

De outro lado, nas unidades federativas em que se optou por um modelo de Ministério Público de Contas autônomo e independente, em equivalência ao Ministério Público comum, o que se vê é justamente o contrário, uma atuação marcada pela harmonia e independência.

---

[77] Sobre a impossibilidade de correição dos membros do Ministério Público de Contas por outras autoridades que não procuradores de contas, cf. REINER, Michael Richard. O controle da Magistratura de Contas sobre o Ministério Público: reflexões em torno da criação conjunta do CNTC/MPjTC. *Interesse Público*, Belo Horizonte, ano 12, n. 60, mar./ abr. 2010.

[78] É o que prevê o art. 3ºC, IV, da LCE nº 38/93, com a redação dada pela LCE nº 192, de 31.12.2008.

[79] Mandado de Segurança nº 788.767-0, e por unanimidade declara inconstitucional artigos da Resolução nº 24/2010, que, ao aprovar a revisão Regimento Interno do Tribunal de Contas, institui dispositivos cerceando a autonomia funcional dos membros do Ministério Público de Contas.

A título de exemplo, no estado do *Pará*, onde a organização local previu um Ministério Público de Contas autônomo,[80] não se têm notícias de limitações impostas pelo Tribunal de Contas local.

Recentemente, por sinal, em sessão do Tribunal de Contas do Estado do Pará, realizada no dia 19.3.2015, foi lançada veemente exortação pelo Presidente do Tribunal de Contas, o Conselheiro Luís Cunha, pela autonomia dos Ministérios Públicos de Contas do país como medida necessária para a verdadeira independência de seus membros.

Eis a palavra do Presidente do Tribunal de Contas do Estado do Pará, Conselheiro Luís Cunha, que ao se referir à independência do Ministério Público de Contas local assim deixou assente:

> [...] eles precisavam conhecer melhor a experiência do Estado do Pará, *não tem como dar certo no resto do Brasil se não tiver independência, autonomia administrativa financeira, é por isso que o nosso é um sucesso aqui no estado do Pará e tem que ser dito para o Brasil.* A manifestação nossa hoje, como instituição dando um testemunho, confirmando que aqui deu certo, há respeito, autonomia, independência, a gente não teve conflito de relacionamento em nenhum momento durante esses anos, tem que dizer isso para o resto do Brasil, e como bem disse o conselheiro Cipriano que ele participou de vários congressos reuniões, e a gente ouvia reclamações de outros tribunais de contas, tanto da parte dos tribunais de contas, quanto também do Ministério Público de contas. Imaginemos o Ministério Público de um determinando estado o seu procurador, os seus membros tendo que se dirigir ao presidente daquela instituição para pedir autorização para uma diária para poder viajar a serviço do Ministério Público, isso é uma humilhação, para pedir autorização para comprar caneta, papel, para comprar computador para Ministério Público, e será que ao fazer isso o Ministério Público vai ficar independente? Eu tive a sensação em todos os momentos em que me deparei com a problemática do relacionamento institucional dos TCEs e do Ministério Público, que eles olhavam o Ministério Público como subordinados, e para muitos é importante que continue essa visão equivocada de subordinação, justamente para poder tentar conduzir o trabalho do Ministério Público, isso é um erro![81] (Grifos nossos)

São emblemáticas as palavras do Conselheiro Luís Cunha.

---

[80] Autonomia contestada recentemente na ADI nº 5.254/PA, proposta inesperada e justamente por quem deveria incentivar a franca autonomia de todos os Ministérios Públicos, o atual Procurador-Geral da República, Rodrigo Janot.

[81] TRIBUNAL DE CONTAS DO ESTADO DO PARÁ. *Ata nº 5.295.* Sessão Ordinária, 19 mar. 2015. p. 483-484. Disponível em: <http://www.tce.pa.gov.br/images/pdf/SP_atas/2015/2015-03-19-ata.pdf>. Acesso em: 28 maio 2015.

Está nelas fincada, com meridiana clareza, a ideia de que a resolução para boa parte dos problemas do recorrente tensionamento entre os Tribunais e Ministérios Públicos de Contas reside na outorga de independência institucional ao segundo, e que só assim ambos os órgãos conseguirão cumprir excelentemente suas missões constitucionais de salvaguardar o dinheiro público, já que independentes e harmônicos entre si.

É de se chamar a atenção o trecho em que o conselheiro chega a dizer que tem a impressão, *confirmada na sua experiência do controle externo*, de que de um modo geral, nas unidades federativas nas quais não se tem um Ministério Público de Contas independente, os Tribunais de Contas veem os procuradores de contas como seus subordinados, e não agentes independentes.

E vai além: ressalta ser *humilhante* que um procurador de contas dependa de anuência da administração do Tribunal de Contas para gozar de elementos básicos de sua atuação, como viajar a serviço, ou adquirir materiais essenciais para sua atuação, como papel, caneta e computador.

Na oportunidade da sessão do dia 19.3.2015, não só o Presidente do Tribunal de Contas do Estado do Pará, mas também todos os conselheiros então presentes,[82][83][84][85] abonaram unanimemente que somente

---

[82] Conselheiro Nélson Chaves: "[...] de maneira que se pode dizer aos demais ministérios que atuam junto aos Tribunais de Contas, que penso que o Estado do Pará, tem um relacionamento exemplar, de respeito de consideração, de atuação, não vejo nenhuma dificuldade que possa o MP ter criado, no sentido do embaraçamento das decisões do tribunal, muito pelo contrário o relacionamento com membros não se faz uma distinção no batente da porta, praticamente há uma integração, de forma que eu vejo esse fortalecimento. Tivemos aqui muitas vezes notícias de alguns estados em que o relacionamento é muito dificultado entre o Ministério Público de Contas que é indispensável para a tramitação para a consumação das nossas decisões de plenário, nós tivemos sempre relacionamento muito positivo além de ser harmônico, de ser prazeroso, de ser amigo, mas institucionalmente não temos nada a fazer de reparo [...] Eu não vejo nenhum tipo de relacionamento que precise ser aperfeiçoado, talvez os outros pudessem, mas fica até mais fácil porque são instituições independentes que comandam na mesma direção, o mérito da questão judicial não posso descer tanto, me faltam as ferramentas do advogado que sobram em todos, praticamente constitui o plenário, mas do ponto de vista operacional eu não vejo nenhum reparo, fizemos justiça ao longo desse tempo é testemunhado por todos e todas as nossas manifestações. Todos os nossos eventos que a gente busca o acompanhamento e trazer para essa forma de atuar, a sociedade, aqui na nossa Casa, no nosso auditório, trazendo nos mais variados níveis da sociedade, o Ministério Público de Contas tem sempre estado presente conosco de forma harmônica. Então eu tenho o meu desejo de expressar aqui nesse momento da luta, a solidariedade à causa que Vossa Excelência está expressando, está defendendo e espero que a luta de Vossa Excelência com os demais procuradores seja consagrada, mais o testemunho desse relacionamento, dessa atuação competente correta, não poderia deixar de fazer por uma questão absoluta de justiça".

com independência institucional é possível evitar *déficits* de funcionalidade tanto do Ministério Público de Contas quanto do Tribunal de Contas do Estado, o que culminou em *moção de apoio à manutenção da autonomia e independência administrativa e financeira do Ministério Público de Contas do Estado do Pará*,[86] subscrita em 19.3.2015 por todos os conselheiros e conselheiros-substitutos do Tribunal de Contas do Estado do Pará, em resposta à ADI nº 5.254/PA, que visa extirpar dos Ministérios Públicos de Contas do Pará a independência estabelecida há mais de vinte anos.

Curiosa e inesperadamente, a referida ação direta de inconstitucionalidade foi proposta por aquele que deveria se engajar pela maior autonomia possível aos Ministérios Públicos brasileiros, o

---

[83] Conselheiro Cipriano Sabino: "Então, essa independência, esse fortalecimento a liberdade ela quando é saudável ela traz essa independência e esse fortalecimento e essa independência, liberdade total independência que tem, faz com que ele possa fazer. Esse trabalho extraordinário que vem fazendo no estado do Pará o Ministério Público de Contas e tem a liberdade também de ter essa integração total com o Tribunal de Contas do Estado. [...] então é importante a gente tentar mostrar para a sociedade paraense e para o Brasil, que isto sim é o verdadeiro exemplo de instituição livre e independente e que esta independência permite esta integração, faz com que essa integração seja de forma grandiosa, produzindo um único resultado que a sociedade que é o nosso patrão e nos paga, na busca da melhoria da qualidade de vida da população isso aí é inquestionável. Então doutor Antônio Maria, e a todos integrantes do Ministério Público de Contas e também servidores do Ministério Público de Contas, já está se manifestando o conselheiro Nelson, não sei se os outros conselheiros vão se manifestar, no sentido de que para o Tribunal é importante essa constituição que foi feita, permaneça que isso tem dado resultado extraordinário para a sociedade é um modelo que deveria ser copiado e é um modelo que está funcionando muito bem, senhor presidente muito obrigado".

[84] Conselheiro André Dias: "Pugno [...] pela necessidade de que as nossas instituições tenham esta autonomia. Autonomia para se determinarem dentro de um conceito constitucional estabelecido em lei, mas se determinarem. Por isso, quando Vossa Excelência traz para a pauta de hoje a discussão de um tema que pode reduzir a autonomia de uma das instituições, ela se choca diretamente com a minha pregação como homem público. [...] E que o Pará em vez de ser a exceção ele seja o modelo, porque esta é a forma que eu idealizo por uma sociedade melhor".

[85] Conselheiro Odilon Inácio: "[...] autonomia conquistada, em nenhum momento interferiu no trabalho de nenhuma instituição ou muito menos, criou algum embaraço para que ambas as instituições pudessem trilhar os seus próprios caminhos e usar as suas atribuições e competências. E como bem frisou o conselheiro André é muito salutar que a autonomia exista, haja vista o compartilhamento do poder entre todos os gestores [...] Esse nosso sistema constitucional infelizmente ele ainda não amadureceu o suficiente em relação ao Ministério Público de Contas é preciso que isso ocorra, e tenha o meu apoio e minha solidariedade".

[86] Verificar nos documentos comprobatórios da ADI nº 5.254-PA. Rel. Min. Roberto Barroso. Disponível em: <http://redir.stf.jus.br/paginadorpub/paginador.jsp?docTP=TP&docID=8408759&ad=s#25%20-%20Documentos%20comprobat%F3rios%20-%20Documentos%20comprobat%F3rios%201>. Acesso em: 9 jun. 2015.

procurador-geral da República, o que foi objeto de crítica da doutrina especializada.[87] Em português simples: o Tribunal de Contas do Estado do Pará veio a público e atestou com todas as letras que apenas com independência institucional é que o Ministério Público de Contas poderá vencer suas gloriosas missões constitucionais.

São tais documentos uma comprovação inequívoca, vinda de atores diretamente interessados na funcionalidade do controle externo, de que, partindo-se das molduras interpretativas cabíveis a partir do art. 130 da Constituição Federal, a que melhor soluciona os problemas de achaque à independência funcional dos membros do Ministério Público de Contas é aquela que exatamente garante a independência da instituição.

5.7 Outros métodos de interpretação constitucional são pela independência do *Parquet* de Contas[88]

Diferentemente do método tópico-problemático, a hermenêutica-concretizadora, embora comungue da mesma preocupação na excelente resolução do problema, tem seu primado não nele, mas no texto constitucional.

Dessa maneira, para extrair o exato significado da norma, o intérprete deverá contextualizá-la faticamente, mensurando a repercussão que terá o acatamento de uma ou de outra possibilidade normativa, figurando como mediador entre o texto e as circunstâncias sobre as quais ele incide.

Nessa hipótese, há verdadeira confluência entre texto e contexto, ocorrendo o chamado "ir e vir hermenêutico", que resultará na escolha interpretativa que melhor concilie ambos. As normas, assim, trazem o início da solução, que deverá ser compreendida holisticamente com o complemento dos fatos.

Novamente, aqui o método hermenêutico-concretizador, depois repaginado para o jurídico-estruturante, corroborará a autonomia

---

[87] REINER, Michael Richard. Discussão estrutural detém o Ministério Público no combate à corrupção. *Revista Consultor Jurídico*, 8 abr. 2015. Disponível em: <http://www.conjur.com.br/2015-abr-08/michael-reiner-discussao-estrutural-detem-mp-combate-corrupcao>. Acesso em: 28 maio 2015.

[88] MENDES, Gilmar Ferreira; BRANCO, Paulo Gonet. *Curso de direito constitucional*. 8. ed. São Paulo: Saraiva, 2013. p. 91-93.

administrativa e financeira dos Ministérios Públicos de Contas, na exata medida em que a realidade social vem mostrando, com eloquentes exemplos, que os membros do *Parquet* de Contas não conseguem fruir da plena potencialidade de suas funções quando atuantes dentro de uma estrutura emprestada, alheios a sua gestão, dependentes (ou reféns, em alguns casos) da boa vontade alheia.

Já o método científico-espiritual conclama que, na interpretação, o jurista se aproxime dos valores culturais do povo subjacentes à Constituição, aproveitando a decisão para otimizar a axiologia constitucional. Nessa perspectiva, numa Constituição marcadamente republicana, pródiga na criação de instrumentos de controle da Administração Pública e de garantias para a boa gestão do erário, é muito mais condizente com seus valores, interpretação que prestigia a existência de um Ministério Público forte e independente perante os Tribunais de Contas.

6 O federalismo como um laboratório de experiências legislativas. A questão dos Ministérios Públicos de Contas estaduais autônomos

A federação é uma forma de Estado que envolve a partilha vertical do poder entre diversas entidades políticas autônomas, as quais coexistem no interior de um Estado soberano. Nesse passo, Sarmento e Souza Neto dizem que se trata de um modelo de organização política que possui elementos favoráveis aos valores do constitucionalismo democrático, porque busca aproximar o pluralismo e a diversidade, "ao preservar espaços para o poder local, que tende a ser mais receptivo às demandas e às peculiaridades das respectivas populações".[89]

No Brasil, a Federação materializou-se com a República – especificamente com o Decreto nº 1, de 15.11.1889, editado pelo Governo Provisório –, modelo que foi mantido em todas as Constituições brasileiras posteriores (art. 1º da Constituição de 1891; art. 1º da Constituição de 1934; arts. 1º e 3º da Constituição de 1937; art. 1º da Constituição de 1946; e art. 1º da Constituição de 1967).

Seguindo tal tradição, a Constituição de 1988 dispõe, no art. 1º, que o Brasil é uma República Federativa, voltando especial atenção para o tema da federação no Título III – Da Organização do Estado, em que arrola as regras de atuação e de convivência dos seus integrantes.

---

[89] SARMENTO, Daniel; SOUZA NETO, Cláudio Pereira de. *Direito constitucional*: teoria, história e métodos de trabalho. 2. ed. Belo Horizonte: Fórum, 2014. p. 303.

Convém assinalar, no entanto, que não existe um único modelo de federalismo. A federação, que surgiu nos Estados Unidos em 1787, é a forma de Estado adotada hoje por 24 países, cada um deles adotando um pacto federal que lhe é peculiar.[90] A título de exemplo, é suficiente lembrar que a descentralização das competências legislativas no federalismo norte-americano é muito maior do que no modelo brasileiro, que, por sua vez, incluiu os municípios no pacto federal.

Todavia, ainda na esteira de Sarmento e Souza Neto, pode-se dizer que há alguns elementos mínimos que devem ser observados sob pena de a federação descaracterizar-se ou de o pacto federativo ser posto em xeque. Assim, é preciso:

> a) que exista partilha constitucional de competências entre os entes da federação , de modo a assegurar a cada um uma esfera própria de atuação; b) *que tais entes desfrutem de efetiva autonomia política, que se expressa na prerrogativas do autogoverno, auto-organização e autoadministração*; c) que haja algum mecanismo de participação dos Estados-membros na formação da vontade nacional; e d) que os entes federais tenham fontes próprias de recursos para o desempenho dos seus poderes e competências, sem o que a autonomia, formalmente proclamada, será, na prática, inviabilizada.[91] (Grifos nossos)

Destarte, a federação exige que os seus entes possuam efetiva autonomia política, que se traduz pela *auto-organização* – a capacidade de produzir as suas próprias normas (autolegislação) –,[92] pelo *autogoverno* – a capacidade de eleger seus próprios governantes – e pela *autoadministração* – diretamente relacionada com a distribuição de competências legislativas e administrativas entre os entes da federação.

A originalidade da federação, portanto, está em fazer surgir um Estado soberano a partir de Estados autônomos,[93] que terão a capacidade de criar direito novo desde que compatível com a Constituição Federal.

---

[90] SARMENTO, Daniel; SOUZA NETO, Cláudio Pereira de. *Direito constitucional*: teoria, história e métodos de trabalho. 2. ed. Belo Horizonte: Fórum, 2014. p. 303.

[91] SARMENTO, Daniel; SOUZA NETO, Cláudio Pereira de. *Direito constitucional*: teoria, história e métodos de trabalho. 2. ed. Belo Horizonte: Fórum, 2014. p. 303-304.

[92] A União se auto-organiza pela Constituição Federal e pela legislação federal; os estados, pelas constituições estaduais e pela legislação estadual, conforme o art. 25, CF/88; os municípios, pelas leis orgânicas e pela legislação municipal, em consonância com o disposto no art. 29, CF/88; e o Distrito Federal, por sua Lei Orgânica e por sua legislação distrital, nos termos do art. 32, CF/88.

[93] ALMEIDA, Fernanda Dias Menezes de. Comentários ao art. 1º. In: CANOTILHO, J. J. Gomes *et al.* (Coord.). *Comentários à Constituição do Brasil*. São Paulo: Saraiva/Almedina, 2013. p. 110.

É na competência legislativa e na auto-organização dos Estados Federados que mais avulta a forma federal de Estado, transformando as unidades federativas em verdadeiros *laboratórios legislativos*, já que se tornam partícipes importantes do desenvolvimento do direito nacional, a atuar ativamente na construção de possíveis experiências que poderão ser adotadas por outros entes ou em todo território federal, como fez questão de assinalar bem recentemente o Supremo Tribunal Federal no julgamento da ADI nº 2.922, em abril de 2014.[94]

Antes mesmo de 2014, o STF já sinalizava que deveria auxiliar na arquitetura da autonomia estadual com

> uma verdadeira reconstrução jurisdicional da própria teoria do federalismo, afastando aquela anterior subordinação dos Estados-membros e dos Municípios ao denominado "standard federal" tão excessivamente centralizador da CF/69, na qual estabelecida uma concentração espacial do poder político na esfera da União.[95]

---

[94] "Ação Direta de Inconstitucionalidade. 2. Lei Estadual que disciplina a homologação judicial de acordo alimentar firmado com a intervenção da Defensoria Pública (Lei 1.504/1989, do Estado do Rio de Janeiro). 3. O Estado do Rio de Janeiro disciplinou a homologação judicial de acordo alimentar nos casos específicos em que há participação da Defensoria Pública, não estabelecendo novo processo, mas a forma como este será executado. Lei sobre procedimento em matéria processual. 4. A prerrogativa de legislar sobre procedimentos possui o condão de transformar os Estados em verdadeiros 'laboratórios legislativos'. Ao conceder-se aos entes federados o poder de regular o procedimento de uma matéria, baseando-se em peculiaridades próprias, está a possibilitar-se que novas e exitosas experiências sejam formuladas. Os Estados passam a ser partícipes importantes no desenvolvimento do direito nacional e a atuar ativamente na construção de possíveis experiências que poderão ser adotadas por outros entes ou em todo território federal. 5. Desjudicialização. A vertente extrajudicial da assistência jurídica prestada pela Defensoria Pública permite a orientação (informação em direito), a realização de mediações, conciliações e arbitragem (resolução alternativa de litígios), entre outros serviços, evitando, muitas vezes, a propositura de ações judiciais. 6. Ação direta julgada improcedente" (STF, Tribunal Pleno. ADI nº 2.922. Rel. Min. Gilmar Mendes. Julg. 3.4.2014. *DJE*, 30 out. 2014).

[95] "Ação Direta de Inconstitucionalidade. 2. Nomeação de Chefe de Polícia. Exigência de que o indicado seja não só delegado de carreira – como determinado pela Constituição Federal – como também que esteja na classe mais elevada. 3. Inexistência de vício de iniciativa. 4. Revisão jurisprudencial, em prol do princípio federativo, conforme ao art. 24, XVI, da Constituição Federal. 5. Possibilidade de os Estados disciplinarem os critérios de acesso ao cargo de confiança, desde que respeitado o mínimo constitucional. 6. Critério que não só se coaduna com a exigência constitucional como também a reforça, por subsidiar o adequado exercício da função e valorizar os quadros da carreira. 7. Ação julgada improcedente" (STF, Tribunal Pleno. ADI nº 3.062. Rel. Min. Gilmar Mendes. Julg. 9.9.2010. *DJE*, 12 abr. 2011).

Continuando sua viragem federalista, o Supremo Tribunal Federal na ADI nº 4.060/SC,[96] julgada em fevereiro de 2015, fez questão de frisar a necessidade de rever sua postura histórica, de modo a prestigiar iniciativas legislativas locais que se mostrassem potencializadoras dos valores constitucionais e concatenadas com o sistema de princípios da Lei Maior.

É o que deixou assente o voto do Ministro Relator Luiz Fux:

> A Corte destacou a necessidade de rever sua postura "prima facie" em casos de litígios constitucionais em matéria de competência legislativa, de forma a prestigiar as iniciativas regionais e locais, a menos que ofendam norma expressa e inequívoca da Constituição. Pontuou que essa diretriz se ajustaria à noção de federalismo como sistema que visaria a promover o pluralismo nas formas de organização política. [...] Frisou a necessidade de não se ampliar a compreensão das denominadas normas gerais, sob pena de se afastar a autoridade normativa dos entes regionais e locais para tratar do tema.

---

[96] Informativo nº 775, de 18 a 25.2.2015:
"Competência concorrente para legislar sobre educação
Lei editada por Estado-membro, que disponha sobre número máximo de alunos em sala de aula na educação infantil, fundamental e média, não usurpa a competência da União para legislar sobre normas gerais de educação (CF, art. 24, IX, e §3º). Com base nessa orientação, o Plenário julgou improcedente pedido formulado em ação direta de inconstitucionalidade ajuizada em face das alíneas a, b e c do inciso VII do art. 82 da LC 170/1998 do Estado de Santa Catarina. A Corte destacou a necessidade de rever sua postura "prima facie" em casos de litígios constitucionais em matéria de competência legislativa, de forma a prestigiar as iniciativas regionais e locais, a menos que ofendam norma expressa e inequívoca da Constituição. Pontuou que essa diretriz se ajustaria à noção de federalismo como sistema que visaria a promover o pluralismo nas formas de organização política. Asseverou que, em matéria de educação, a competência da União e dos Estados-membros seria concorrente. Aduziu que, com relação às normas gerais, os Estados-membros e o Distrito Federal possuiriam competência suplementar (CF, art. 24, §2º) e a eles caberia suprir lacunas. Frisou a necessidade de não se ampliar a compreensão das denominadas normas gerais, sob pena de se afastar a autoridade normativa dos entes regionais e locais para tratar do tema. Enfatizou que o limite máximo de alunos em sala de aula seria questão específica relativa à educação e ao ensino e, sem dúvida, matéria de interesse de todos os entes da federação, por envolver circunstâncias peculiares de cada região. Ademais, a sistemática normativa estadual também seria compatível com a disciplina federal sobre o assunto, hoje fixada pela Lei 9.394/1996, que estabelece 'as diretrizes e bases da educação nacional'. Em seu art. 25, a lei federal deixaria nítido espaço para atuação estadual e distrital na determinação da proporção professor e aluno dos sistemas de ensino. Possibilitaria, assim, que o sistema estadual detalhasse de que maneira a proporção entre alunos e professores se verificaria no âmbito local. Sob o prisma formal, portanto, a Lei 9.394/1996 habilitaria a edição de comandos estaduais como os previstos nas alíneas a, b, e c do inciso VII do art. 82 da LC 170/1998 do Estado de Santa Catarina. Sob o ângulo material, a lei catarinense ainda apresentaria evidente diretriz de prudência ao criar uma proporção aluno-professor que se elevaria à medida que aumentasse a idade dos alunos. ADI 4060/SC, rel. Min. Luiz Fux, 25.2.2015".

O reconhecimento pelo Supremo Tribunal Federal de que os estados são laboratórios de experiências legislativas é de suma importância, já que, além de conferir merecido prestígio ao princípio federativo, e, portanto, aos espaços de poder locais, desponta como verdadeira viragem de sua conservadora jurisprudência, que condenava as legislações estaduais a serem meras réplicas das leis federais, reduzindo quase à supressão o espaço de qualquer inventividade estadual

De fato, a auto-organização estadual como característica do federalismo era constantemente manietada pela jurisprudência histórica do Supremo Tribunal Federal, que, a pretexto de um "princípio da simetria" – cuja existência é fonte de fundadas dúvidas –,[97] amputava a criatividade legislativa estadual, exigindo que as leis estaduais fossem cópia fiel e incondicional dos padrões heteronomamente firmados pela própria União, como suposto fator de compulsória aplicação a todas as unidades federativas.

Na prática, vertia-se o Estado brasileiro numa unidade legislativa, capitaneada pela União e com obrigação de clonagem pelos estados, sob pena da pecha da inconstitucionalidade.

A possibilidade – agora reconhecida pelo Supremo Tribunal Federal – de os estados transformarem-se em laboratórios de experiências legislativas exitosas ganha especial relevo quando o assunto é a autonomia e a independência do Ministério Público de Contas.

---

[97] "Ao se analisar a jurisprudência do Supremo Tribunal Federal (STF) acerca da autonomia dos estados-membros e dos poderes que em nome dessa autonomia tais entes estariam autorizados a exercer, é notável a quantidade de julgados em que se fez uso de um hipotético postulado constitucional que a própria Corte convencionou denominar 'princípio da simetria'.
Sem explicitar a origem, a natureza ou mesmo o significado de tal 'princípio', aquele Tribunal da Federação aproveitou-se reiteradamente desse 'fundamento' para tornar sem efeito uma série de leis e atos normativos editados principalmente pelos poderes públicos estaduais, sem falar em incontáveis atos concretos das mesmas autoridades igualmente nulificados por 'desconformidade' com o referido postulado.
Ante a indefinição daquela Corte quanto à fixação de um sentido claro e uniforme para o 'princípio da simetria', uma parcela da doutrina constitucional, a pretexto de desvendar-lhe um significado supostamente oculto na jurisprudência, associa-o à ideia de que os estados, quando no exercício de suas competências autônomas, devem adotar tanto quanto possível os modelos normativos constitucionalmente estabelecidos para a União, ainda que esses modelos em princípio não lhes digam respeito por não lhes terem sido direta e expressamente endereçados pelo poder constituinte federal" (LEONCY, Léo Ferreira. Uma proposta de releitura do "princípio da simetria". *Consultor Jurídico*, 24 nov. 2012. Disponível em: <http://www.conjur.com.br/2012-nov-24/observatorio-constitucional-relei tura-principio-simetria>. Acesso em: 28 maio 2015).

Como já afirmamos nas linhas iniciais do presente trabalho, na ADI nº 789/DF, que representou o primeiro precedente acerca do perfil constitucional dos Ministérios Públicos de Contas, o Supremo Tribunal Federal julgou pela constitucionalidade da Lei Orgânica do Tribunal de Contas da União, que fez por prever um Ministério Público inserido na estrutura administrativa da Corte de Contas Federal, despido de autonomia administrativa e financeira.

Naquela oportunidade, o Supremo Tribunal Federal compreendeu que, entre as várias interpretações possíveis do art. 130 da Constituição Federal, seria legítima a adotada pelo legislador federal, que introduziu o Ministério Público de Contas da União na intimidade do Tribunal de Contas da União.

Já nas ADIs nºs 160/TO e 2.378/GO, o Supremo Tribunal Federal foi além: deu como inconstitucionais os arranjos organizacionais dados pelos estados do Tocantins e de Goiás na estruturação de seus Ministérios Públicos de Contas, na medida em que não seguiram o modelo federal ao preverem um *Parquet* de Contas *dotado de autonomia financeira e administrativa.*

Para o Supremo Tribunal Federal, as unidades federativas que assim enveredaram feriram o chamado "princípio da simetria". Isto é, sustentou o STF que, além de o fragilizado modelo de Ministério Público de Contas adotado pelo legislador federal ser constitucional, ele seria compulsório a todas unidades federativas!

Todavia, não parece que resista esse vetusto entendimento pretoriano aos novos ares federalistas que a Corte Suprema respira, e tendo em vista a intepretação de uma norma de tessitura aberta a diversas interpretações como o art. 130 da Constituição Federal.

Sarmento e Souza Neto, citando James Thayer, lembram que não é raro a norma Constitucional suscitar diversas interpretações, e nesses casos a lei maior não imporia nenhuma posição específica ao legislador, deixando variável liberdade de escolha do modelo a ser adotado. Consequência disso é reconhecer como constitucional escolha legislativa tomada pelos poderes constituídos desde que racionalmente esteja dentro do círculo hermenêutico possível.[98]

A lição parece caber como uma luva no que diz respeito às normas estaduais que deferem independência institucional ao Ministério Público de Contas.

---

[98] SARMENTO, Daniel; SOUZA NETO, Cláudio Pereira de. *Direito constitucional*: teoria, história e métodos de trabalho. 2. ed. Belo Horizonte: Fórum, 2014. p. 460-461.

Com efeito, se é para insistir que não se extrai do art. 130 da Constituição Federal preceito que estenda direta e inequivocamente todo arsenal de independência institucional do Ministério Público regular ao Ministério Público de Contas,[99] ao menos há de se admitir que foi deferido um espaço de discricionariedade legislativa conformatória aos poderes constituídos de cada unidade federativa, que, munidos da procuração de representantes eleitos do povo de cada Estado, acharão a saída que melhor atenda ao interesse público regional.

Reside aí nada menos, nada mais que a auto-organização dos Estados federados autônomos e os espaços locais de poder, base do federalismo.

De outra banda, nem a golpes duros de interpretação é possível concluir que o art. 130 da Constituição Federal teria vedado peremptoriamente ao Ministério Público de Contas sua independência.

Na pior das hipóteses, a cláusula extensiva de prerrogativas do art. 130 da Constituição Federal seria uma espécie de rol mínimo de direitos, uma pauta mínima existencial desse especializado *parquet*, e não um produto pronto e acabado de seu arranjo constitucional. Corrobora essa conclusão a lembrança que *o art. 130 da Constituição Federal é dispositivo ampliativo de direitos, e não cerceador deles.*

Logo, ainda que se entenda não ser extraível direta e automaticamente do art. 130 que aos Ministérios Públicos de Contas aplica-se a mesma independência institucional do Ministério Público regular, é impertinente caminhar em direção oposta para referendar que estaria naquele conciso artigo constitucional a pá de cal da possibilidade de intepretação pela independência do *Parquet* de Contas e do manejo dessa conformação pelos estados federados.

Melhor compreender que o art. 130 da Constituição Federal é uma pauta mínima de direitos passível de ser melhor debruçada, detalhada e recrudescida a partir dos processos políticos locais, que debateriam a melhor configuração do Ministério Público de Contas em cada unidade federativa.

Nesse horizonte, jamais restaria vedado aos estados criar um Ministério Público de Contas independente pelo simples fato de a opção da União ter sido outra, especialmente pelo fato de a escolha federal corresponder a modelo débil em garantias e comprovadamente comprometedor da funcionalidade constitucional do órgão.

---

[99] Nossa posição é a de que o art. 130 já confere diretamente autonomia institucional aos Ministérios Públicos de Contas, em razão da indissociabilidade das garantias objetivas e subjetivas.

Fincado que o art. 130 da Constituição Federal é uma pauta mínima de direitos, e não um teto deles, caberia ao Supremo Tribunal Federal, ao se debruçar sobre a organização do Ministério Público de Contas de determinada unidade federativa, analisar se estaria violada a pauta mínima de direitos do art. 130, incorrendo em inconstitucionalidade a lei local apenas e tão somente quando o rol de direitos básicos delineados pela Constituição Federal não fosse contemplado na legislação local.

Sem embargo, tendo a lei local oferecido um modelo ainda mais recheado de garantias e propenso a uma melhor funcionalidade do órgão, estaria refutada qualquer pecha de inconstitucionalidade.

Logo, qualquer distinção entre o modelo federal e o estadual haveria de passar pelo crivo de constitucionalidade, não pelo pálio da necessidade da completa coincidência normativa federal-estadual, mas sim da obediência dos direitos mínimos estampados no art. 130.

Nesse sentido – e não custa repetir –, arranjos organizacionais locais que venham a criar um Ministério Público de Constas dotado de prerrogativas institucionais e com independência perante a Corte na qual oficiam, longe de degenerar os valores republicanos que motivaram a previsão de um Ministério Público de Contas na Constituição Federal, vêm, ao contrário, a reforçá-los e são, portanto, constitucionais.

Iniciativas estaduais desse jaez devem ser recebidas com entusiasmo pelo Pretório Excelso, e não com a pecha de inconstitucionalidade, já que muito mais condizentes com o regime geral do Ministério Público inaugurado pela Constituição Federal de 1988 e consentâneas com a esperada eficiência dos órgãos de controle externo. Nesse diapasão, o Supremo Tribunal Federal atuaria com fortes pendores federalistas, fazendo jus ao Federal que carrega na alcunha e que está presente indelevelmente no espírito da Constituição.

Para que não nos limitemos ao campo teórico, e naquelas boas oportunidades em que teoria e prática se encontram, pegue-se o exemplo marcante do Ministério Público de Contas do Estado do Pará, referenciado nas primeiras linhas deste trabalho e que goza de autonomia administrativa e financeira desde 1992, com a edição de sua Lei Complementar nº 9/92.

O modelo paraense do Ministério Público de Contas é realidade que permeia o controle externo local há mais de 23 anos e é tido pelo próprio Tribunal de Contas local como um exemplo a ser seguido pelas outras unidades federativas, como fez questão de salientar recentemente o presidente do Egrégio Tribunal de Contas do Estado do Pará, Conselheiro Luis Cunha, em excerto já transcrito acima.

Na oportunidade, o sr. conselheiro-presidente tecia críticas à ADI nº 5.254/PA, proposta pelo procurador-geral da República e que impugna a constitucionalidade da legislação do Pará que granjeou com autonomia administrativa e financeira seus Ministérios Públicos de Contas (tanto o do estado quanto os dos municípios).

A opinião de que o melhor modelo de Ministério Público de Contas é o que alberga o máximo de garantias institucionais, paralela e complementarmente às garantias funcionais, não foi isolada do presidente daquela Corte de Contas, mas sim seguida à unanimidade por seus pares, e culminou, até mesmo, em divulgação de *moção de apoio à manutenção da autonomia e independência administrativa e financeira do Ministério Público de Contas do Estado do Pará*, subscrita em 19.3.2015, por todos os conselheiros e conselheiros-substitutos do Tribunal de Contas do Estado do Pará.

Aqui resta mais que evidente e palpável a ideia de laboratório de experiências legislativas exitosas. Não há nessas incursões legislativas estaduais, incrementadoras da eficiência dos Ministérios Públicos de Contas, qualquer ofensa expressa e inequívoca à Constituição Federal.

Corrobora esses matizes o princípio da presunção de constitucionalidade das leis e atos normativos, um dos princípios da hermenêutica constitucional e que faz presumir que os atos dos normativos do Poder Público, oriundos de agentes públicos eleitos e no pleno gozo de legitimidade democrática, são constitucionais na medida em que são editados como resultado de sua intelecção de que são o melhor caminho para prover o interesse público.[100]

Como se sabe, a tarefa de interpretar as leis não é exclusiva do Poder Judiciário. Os poderes Legislativo e Executivo também interpretam a Constituição diariamente, e a interpretação que esses atores estatais conferem ao texto constitucional é digna de ser tida em alta conta pelas Cortes Judiciais, exatamente por traduzirem a intenção dos representantes eleitos do sistema democrático.

Ensina Barroso[101] que do princípio hermenêutico da presunção de constitucionalidade das leis surgem três consequências práticas relevantes: 1) a inconstitucionalidade não será declarada *se não for patente e inequívoca, havendo tese jurídica razoável que abrigue a intepretação dada pelo*

---

[100] BARROSO, Luís Roberto. *Curso de direito constitucional contemporâneo*: os conceitos fundamentais e a construção do novo modelo. 5. ed. São Paulo: Saraiva, 2015. p. 335.

[101] BARROSO, Luís Roberto. *Curso de direito constitucional contemporâneo*: os conceitos fundamentais e a construção do novo modelo. 5. ed. São Paulo: Saraiva, 2015. p. 336.

Legislativo e o Executivo; 2) não será declarada a inconstitucionalidade se for possível decidir a questão por outro fundamento, evitando-se a invalidação do ato normativo; e 3) não será inconstitucional a norma, se for possível conferir uma interpretação a ela compatível com a Constituição.

Todas essas lições são perfeitamente aplicáveis às normas estaduais que deferem autonomia aos Ministérios Públicos de Contas, visto que se movimentam dentro de um espaço hermenêutico possível do art. 130 da Constituição Federal, e nem de perto podem ser tidas como lesivas aos valores constitucionais, pelo que hão de se presumir e de se confirmar como constitucionais.

Nem se diga ainda que o art. 75 da Constituição Federal[102] imporia um centralismo do modelo federal de Ministério Público de Contas a todos os estados federados. Isso porque a norma em comento – além de se referir aos Tribunais de Contas, e não aos Ministérios Públicos de Contas – é expressa em estender aos estados e ao Distrito Federal os preceitos respeitantes à organização do Tribunal de Contas da União *presentes* na seção da fiscalização contábil, financeira e orçamentária da Constituição.

Ocorre que, na mencionada seção constitucional, não há uma linha qualquer sobre o perfil do Ministério Público de Contas, instituição que foi referida muitos artigos depois, já dentro da seção atinente ao Ministério Público.

Permite-se até inferir disso, e valendo-se de interpretação *a contrario sensu*, que, se a Constituição vinculou a organização dos Tribunais de Contas locais ao modelo federal apenas nos pontos mencionados na multicidada seção de fiscalização contábil, financeira e orçamentária, é conclusão indisputável que nos pontos dos quais não tratou a Constituição Federal estaria aberta a liberdade de conformação dos legislativos estaduais.

O art. 75 da Constituição seria dispositivo inundado de federalismo, ao abrir margens para a criatividade do legislador estadual no tocante à organização de seus Tribunais de Contas nas matérias não tratadas pela seção de fiscalização contábil, financeira e orçamentária.

---

[102] "Art. 75. As normas estabelecidas nesta seção aplicam-se, no que couber, à organização, composição e fiscalização dos Tribunais de Contas dos Estados e do Distrito Federal, bem como dos Tribunais e Conselhos de Contas dos Municípios.

Parágrafo único. As Constituições estaduais disporão sobre os Tribunais de Contas respectivos, que serão integrados por sete Conselheiros".

Por fim, tratando-se o Ministério Público de Contas de um integrante da família do Ministério Público brasileiro, como se admitiu na própria ADI nº 789/DF, e relembrando que foi o próprio Supremo Tribunal Federal que reconheceu, também na ADI nº 789/DF, *ser irrelevante o fato de os Ministérios Públicos de Contas não constarem no rol do art. 128 da Constituição Federal*, é mais do que razoável concluir que sua organização há de ser feita nos moldes referenciados no §5º deste mesmo art. 128,[103] que reforça as competências locais de organização dos Ministérios Públicos, por intermédio de lei complementar de iniciativa dos procuradores-gerais, em federalismo que permeia as instituições ministeriais.

7 Mutação constitucional, Convenção de Mérida e o imprescindível reposicionamento do Ministério Público de Contas

É consenso que a Constituição pode sofrer processo de mudanças formais ou informais. As mudanças formais se dão pela via das emendas constitucionais, proposições legislativas com quórum qualificado de votação (3/5 de ambas as casas) e procedimento especial (dois turnos de votação tanto na Câmara quanto no Senado).[104]

---

[103] "Art. 128. [...] §5º Leis complementares da União e dos Estados, cuja iniciativa é facultada aos respectivos Procuradores-Gerais, estabelecerão a organização, as atribuições e o estatuto de cada Ministério Público, observadas, relativamente a seus membros:
I - as seguintes garantias:
a) vitaliciedade, após dois anos de exercício, não podendo perder o cargo senão por sentença judicial transitada em julgado;
b) inamovibilidade, salvo por motivo de interesse público, mediante decisão do órgão colegiado competente do Ministério Público, pelo voto da maioria absoluta de seus membros, assegurada ampla defesa; (Redação dada pela Emenda Constitucional nº 45, de 2004)
c) irredutibilidade de subsídio, fixado na forma do art. 39, §4º, e ressalvado o disposto nos arts. 37, X e XI, 150, II, 153, III, 153, §2º, I; (Redação dada pela Emenda Constitucional nº 19, de 1998)".

[104] "Art. 60. A Constituição poderá ser emendada mediante proposta: I - de um terço, no mínimo, dos membros da Câmara dos Deputados ou do Senado Federal; II - do Presidente da República; III - de mais da metade das Assembléias Legislativas das unidades da Federação, manifestando-se, cada uma delas, pela maioria relativa de seus membros. §1º A Constituição não poderá ser emendada na vigência de intervenção federal, de estado de defesa ou de estado de sítio. §2º A proposta será discutida e votada em cada Casa do Congresso Nacional, em dois turnos, considerando-se aprovada se obtiver, em ambos, três quintos dos votos dos respectivos membros. §3º A emenda à Constituição será promulgada pelas Mesas da Câmara dos Deputados e do Senado Federal, com o respectivo número de ordem. §4º Não será objeto de deliberação a proposta de emenda tendente a abolir: I - a forma federativa de Estado; II - o voto direto, secreto, universal e periódico; III - a

Por sua vez, as mudanças informais se dão por via da chamada *mutação constitucional* e consistem na alteração dos sentidos dados ao texto constitucional, com consequências diretas no alcance da norma constitucional. Isto é, mudança de percepção sobre o texto a despeito da permanência de seus exatos termos gramaticais. A mutação constitucional pressupõe um entendimento preexistente sobre a norma,[105] modificado após novo pálio atualizante sobre ele.

Sendo a intepretação constitucional o produto do seu tempo, é mais que natural que a percepção sobre as normas jurídicas sofra o influxo e refluxo da constante metamorfose social e de seus valores. A repaginação da estrutura social demanda, por consequência lógica, uma nova leitura constitucional.

Na seara constitucional, é mais fácil e frequente esse fenômeno, na justa medida em que a peculiar estrutura das normas constitucionais, pródigas em conceitos jurídicos indeterminados e na fixação de locuções abertas, funciona como portas e janelas abertas para a circulação de novos ares jurídicos, sociais e políticos, como que para espantar mofos interpretativos afixados e renitentes.

A mutação ocorre por força, por assim dizer, de um poder constituinte difuso e permanente, vivo no cotidiano da sociedade e que revela uma constituição igualmente viva (*living Constitution*), a que faz menção a doutrina americana.

A descoberta de um novo sentido à norma constitucional é resultado da mobilidade do direito, que, embora muitas vezes em atraso, tenta acompanhar a mobilidade social.[106] Mobilidade social quase supersônica em tempos de moderníssimas tecnologias de informação e comunicação. A mutação é, desta feita, consequência da plasticidade das normas da constituição somada à constante alteração da percepção jurídica da sociedade e dos tribunais.

Sarmento e Souza Neto frisam quem a possibilidade de mutação constitucional decorre exatamente da dissociação entre norma e texto:

---

separação dos Poderes; IV - os direitos e garantias individuais. §5º A matéria constante de proposta de emenda rejeitada ou havida por prejudicada não pode ser objeto de nova proposta na mesma sessão legislativa".

[105] Cabe distinguir a mutação constitucional das interpretações construtivas e evolutivas. Enquanto a mutação constitucional pressupõe a alteração de um sentido preexistente, a interpretação construtiva estende a aplicação de uma norma a uma situação que poderia ter sido prevista, mas não o foi, e a intepretação evolutiva estende a uma circunstância que sequer poderia ter sido prevista na época da produção do texto constitucional.

[106] Sem negar que também o direito pode estar à frente, causando, ele mesmo, a mudança de valores sociais.

Se a norma constitucional não se confunde com o seu texto, abrangendo também o fragmento da realidade sobra a qual esse incide, é evidente que nem toda mudança na Constituição supõe alteração textual. Mudanças significativas da sociedade – seja no quadro fático, seja no universo dos valores compartilhados pelos cidadãos –, podem também provocar câmbios constitucionais, sem que haja qualquer mudança formal no texto magno.[107]

Barroso, citando Bruce Ackerman, chega a citar que a mutação constitucional foi responsável pelas principais modificações constitucionais americanas, muito além das alcançadas pelas alterações formais, em especial quando pautas de valores humanos e sociais importantes não contavam com força de movimentação político-legislativa suficiente.[108]

Os limites da legitimidade da mutação constitucional estão demarcados no ponto de equilíbrio que deve haver entre dois dos conceitos mais importantes à teoria constitucional, mas que guardam certa tensão entre si: o de rigidez constitucional (apanágio de sua supremacia) e o da plasticidade de suas normas.[109]

Nesse diapasão, só será legítima a mutação constitucional que respeite os limites semânticos do texto e que, ao mesmo tempo, preserve os valores fundamentais da Constituição.

O Supremo Tribunal Federal já teve a oportunidade de reconhecer a mutação constitucional em diversos casos, em algumas das suas mais relevantes decisões.

Cita-se como exemplo sempre lembrado a viragem de 180º acerca da intepretação dada à extensão do foro por prerrogativa de função na hipótese de saída do réu do cargo ou função que ocupava, quando o Supremo Tribunal Federal se moveu da admissão da extensão (entendimento sumulado sob o nº 394 dos enunciados de jurisprudência) para a sua negativa expressa.[110]

---

[107] SARMENTO, Daniel; SOUZA NETO, Cláudio Pereira de. *Direito constitucional*: teoria, história e métodos de trabalho. 2. ed. Belo Horizonte: Editora Fórum, 2014. p. 341.

[108] BARROSO, Luís Roberto. *Curso de direito constitucional contemporâneo*: os conceitos fundamentais e a construção do novo modelo. 5. ed. São Paulo: Saraiva, 2015. p. 160.

[109] BARROSO, Luís Roberto. *Curso de direito constitucional contemporâneo*: os conceitos fundamentais e a construção do novo modelo. 5. ed. São Paulo: Saraiva, 2015. p. 162.

[110] "DIREITO CONSTITUCIONAL E PROCESSUAL PENAL. PROCESSO CRIMINAL CONTRA EX-DEPUTADO FEDERAL. COMPETÊNCIA ORIGINÁRIA. INEXISTÊNCIA DE FORO PRIVILEGIADO. COMPETÊNCIA DE JUÍZO DE 1º GRAU. NÃO MAIS DO SUPREMO TRIBUNAL FEDERAL. CANCELAMENTO DA SÚMULA 394. 1. Interpretando ampliativamente normas da Constituição Federal de 1946 e das Leis nºs 1.079/50 e 3.528/59, o Supremo Tribunal Federal firmou jurisprudência, consolidada na Súmula 394, segunda

De igual forma, a mudança acerca da constitucionalidade do regime integralmente fechado para os condenados por crimes hediondos, que de constitucional passou a ser tido como ofensivo à Constituição pelo Supremo Tribunal Federal.[111] Digna de nota também foi a alteração dada pelo Supremo Tribunal Federal acerca da funcionalidade do mandado de injunção, que era tido como instrumento de pouca ou quase nenhuma eficácia, mas, após o *writ* constitucional, tornou-se instrumento dotado de poderosa carga concretizante dos valores constitucionais.[112][113][114]

---

a qual, 'cometido o crime durante o exercício funcional, prevalece a competência especial por prerrogativa de função, ainda que o inquérito ou a ação penal sejam iniciados após a cessação daquele exercício'. 2. A tese consubstanciada nessa Súmula não se refletiu na Constituição de 1988, ao menos às expressas, pois, no art. 102, I, 'b', estabeleceu competência originária do Supremo Tribunal Federal, para processar e julgar 'os membros do Congresso Nacional', nos crimes comuns. Continua a norma constitucional não contemplando os ex-membros do Congresso Nacional, assim como não contempla o ex-Presidente, o ex-Vice-Presidente, o ex-Procurador-Geral da República, nem os ex-Ministros de Estado (art. 102, I, 'b' e 'c'). Em outras palavras, a Constituição não é explícita em atribuir tal prerrogativa de foro às autoridades e mandatários, que, por qualquer razão, deixaram o exercício do cargo ou do mandato. Dir-se-á que a tese da Súmula 394 permanece válida, pois, com ela, ao menos de forma indireta, também se protege o exercício do cargo ou do mandato, se durante ele o delito foi praticado e o acusado não mais o exerce. Não se pode negar a relevância dessa argumentação, que, por tantos anos, foi aceita pelo Tribunal. Mas também não se pode, por outro lado, deixar de admitir que a prerrogativa de foro visa a garantir o exercício do cargo ou do mandato, e não a proteger quem o exerce. Menos ainda quem deixa de exercê-lo. Aliás, a prerrogativa de foro perante a Corte Suprema, como expressa na Constituição brasileira, mesmo para os que se encontram no exercício do cargo ou mandato, não é encontradiça no Direito Constitucional Comparado. Menos, ainda, para ex-exercentes de cargos ou mandatos. Ademais, as prerrogativas de foro, pelo privilégio, que, de certa forma, conferem, não devem ser interpretadas ampliativamente, numa Constituição que pretende tratar igualmente os cidadãos comuns, como são, também, os ex-exercentes de tais cargos ou mandatos. 3. Questão de Ordem suscitada pelo Relator, propondo cancelamento da Súmula 394 e o reconhecimento, no caso, da competência do Juízo de 1º grau para o processo e julgamento de ação penal contra ex-Deputado Federal. Acolhimento de ambas as propostas, por decisão unânime do Plenário. 4. Ressalva, também unânime, de todos os atos praticados e decisões proferidas pelo Supremo Tribunal Federal, com base na Súmula 394, enquanto vigorou" (STF, Tribunal Pleno. Inq nº 687 QO. Rel. Min. Sydney Sanches. Julg. 25.8.1999. *DJ*, 9 nov. 2001).

[111] "PENA - REGIME DE CUMPRIMENTO - PROGRESSÃO - RAZÃO DE SER. A progressão no regime de cumprimento da pena, nas espécies fechado, semi-aberto e aberto, tem como razão maior a ressocialização do preso que, mais dia ou menos dia, voltará ao convívio social. PENA - CRIMES HEDIONDOS - REGIME DE CUMPRIMENTO - PROGRESSÃO - ÓBICE - ARTIGO 2º, §1º, DA LEI Nº 8.072/90 - INCONSTITUCIONALIDADE - EVOLUÇÃO JURISPRUDENCIAL. Conflita com a garantia da individualização da pena - artigo 5º, inciso XLVI, da Constituição Federal - a imposição, mediante norma, do cumprimento da pena em regime integralmente fechado. Nova inteligência do princípio da individualização da pena, em evolução jurisprudencial, assentada a inconstitucionalidade do artigo 2º, §1º, da Lei nº 8.072/90" (STF, Tribunal Pleno. HC nº 82.959. Rel. Min. Marco Aurélio. Julg. 23.2.2006. *DJ*, 1º set. 2006).

[112] "MANDADO DE INJUNÇÃO. ART. 5º, LXXI DA CONSTITUIÇÃO DO BRASIL. CONCESSÃO DE EFETIVIDADE À NORMA VEICULADA PELO ARTIGO 37, INCISO VII, DA CONSTITUIÇÃO DO BRASIL. LEGITIMIDADE ATIVA DE ENTIDADE SINDICAL. GREVE DOS TRABALHADORES EM GERAL [ART. 9º DA CONSTITUIÇÃO DO BRASIL]. APLICAÇÃO DA LEI FEDERAL N. 7.783/89 À GREVE NO SERVIÇO PÚBLICO ATÉ QUE SOBREVENHA LEI REGULAMENTADORA. PARÂMETROS CONCERNENTES AO EXERCÍCIO DO DIREITO DE GREVE PELOS SERVIDORES PÚBLICOS DEFINIDOS POR ESTA CORTE. CONTINUIDADE DO SERVIÇO PÚBLICO. GREVE NO SERVIÇO PÚBLICO. ALTERAÇÃO DE ENTENDIMENTO ANTERIOR QUANTO À SUBSTÂNCIA DO MANDADO DE INJUNÇÃO. PREVALÊNCIA DO INTERESSE SOCIAL. INSUBSISTÊNCIA DO ARGUMENTO SEGUNDO O QUAL DAR-SE-IA OFENSA À INDEPENDÊNCIA E HARMONIA ENTRE OS PODERES [ART. 2º DA CONSTITUIÇÃO DO BRASIL] E À SEPARAÇÃO DOS PODERES [art. 60, §4º, III, da Constituição do Brasil]. INCUMBE AO PODER JUDICIÁRIO PRODUZIR A NORMA SUFICIENTE PARA TORNAR VIÁVEL O EXERCÍCIO DO DIREITO DE GREVE DOS SERVIDORES PÚBLICOS, CONSAGRADO NO ARTIGO 37, VII, DA CONSTITUIÇÃO DO BRASIL. 1. O acesso de entidades de classe à via do mandado de injunção coletivo é processualmente admissível, desde que legalmente constituídas e em funcionamento há pelo menos um ano. 2. A Constituição do Brasil reconhece expressamente possam os servidores públicos civis exercer o direito de greve – artigo 37, inciso VII. A Lei n. 7.783/89 dispõe sobre o exercício do direito de greve dos trabalhadores em geral, afirmado pelo artigo 9º da Constituição do Brasil. Ato normativo de início inaplicável aos servidores públicos civis. 3. O preceito veiculado pelo artigo 37, inciso VII, da CB/88 exige a edição de ato normativo que integre sua eficácia. Reclama-se, para fins de plena incidência do preceito, atuação legislativa que dê concreção ao comando positivado no texto da Constituição. 4. Reconhecimento, por esta Corte, em diversas oportunidades, de omissão do Congresso Nacional no que respeita ao dever, que lhe incumbe, de dar concreção ao preceito constitucional. Precedentes. 5. Diante de mora legislativa, cumpre ao Supremo Tribunal Federal decidir no sentido de suprir omissão dessa ordem. Esta Corte não se presta, quando se trate da apreciação de mandados de injunção, a emitir decisões desnutridas de eficácia. 6. A greve, poder de fato, é a arma mais eficaz de que dispõem os trabalhadores visando à conquista de melhores condições de vida. Sua auto-aplicabilidade é inquestionável; trata-se de direito fundamental de caráter instrumental. 7. A Constituição, ao dispor sobre os trabalhadores em geral, não prevê limitação do direito de greve: a eles compete decidir sobre a oportunidade de exercê-lo e sobre os interesses que devam por meio dela defender. Por isso a lei não pode restringi-lo, senão protegê-lo, sendo constitucionalmente admissíveis todos os tipos de greve. 8. Na relação estatutária do emprego público não se manifesta tensão entre trabalho e capital, tal como se realiza no campo da exploração da atividade econômica pelos particulares. Neste, o exercício do poder de fato, a greve, coloca em risco os interesses egoísticos do sujeito detentor de capital – indivíduo ou empresa – que, em face dela, suporta, em tese, potencial ou efetivamente redução de sua capacidade de acumulação de capital. Verifica-se, então, oposição direta entre os interesses dos trabalhadores e os interesses dos capitalistas. Como a greve pode conduzir à diminuição de ganhos do titular de capital, os trabalhadores podem em tese vir a obter, efetiva ou potencialmente, algumas vantagens mercê do seu exercício. O mesmo não se dá na relação estatutária, no âmbito da qual, em tese, aos interesses dos trabalhadores não correspondem, antagonicamente, interesses individuais, senão o interesse social. A greve no serviço público não compromete, diretamente, interesses egoísticos do detentor de capital, mas sim os interesses dos cidadãos que necessitam da prestação do serviço público. 9. A norma veiculada pelo artigo 37, VII, da Constituição do Brasil reclama regulamentação, a fim de que seja adequadamente assegurada a coesão social. 10. A regulamentação do exercício do direito de greve pelos servidores públicos há de ser peculiar, mesmo porque 'serviços ou atividades essenciais' e 'necessidades inadiáveis da coletividade' não se superpõem a 'serviços públicos'; e vice-versa. 11. Daí porque não deve ser aplicado ao exercício do direito de greve no âmbito da Administração tão-somente o disposto na Lei n. 7.783/89. A esta Corte impõe-se traçar os

Outros exemplos de grande repercussão dizem respeito à titularidade dos mandatos eletivos,[115] a vedação aos prefeitos itinerantes[116] e o reconhecimento da união estável homoafetiva[117] já referenciada em linhas pretéritas, em que o Supremo Tribunal Federal chegou a destacar que seu novo entendimento se opunha à opção deliberada do constituinte de 1988, decorrente das mudanças valorativas no seio social desde então.

---

parâmetros atinentes a esse exercício. 12. O que deve ser regulado, na hipótese dos autos, é a coerência entre o exercício do direito de greve pelo servidor público e as condições necessárias à coesão e interdependência social, que a prestação continuada dos serviços públicos assegura. 13. O argumento de que a Corte estaria então a legislar – o que se afiguraria inconcebível, por ferir a independência e harmonia entre os poderes [art. 2º da Constituição do Brasil] e a separação dos poderes [art. 60, §4º, III] – é insubsistente. 14. O Poder Judiciário está vinculado pelo dever-poder de, no mandado de injunção, formular supletivamente a norma regulamentadora de que carece o ordenamento jurídico. 15. No mandado de injunção o Poder Judiciário não define norma de decisão, mas enuncia o texto normativo que faltava para, no caso, tornar viável o exercício do direito de greve dos servidores públicos. 16. Mandado de injunção julgado procedente, para remover o obstáculo decorrente da omissão legislativa e, supletivamente, tornar viável o exercício do direito consagrado no artigo 37, VII, da Constituição do Brasil" (STF, Tribunal Pleno. MI nº 712. Rel. Min. Eros Grau. Julg. 25.10.2007. *DJE*, 31 out. 2008).

113 Cf. MESQUITA, Patrick Bezerra. *Aspectos normativos do mandado de injunção e sua evolução jurisprudencial*. 2008. 71f. Trabalho de conclusão de Curso (Bacharelado) – Faculdade de Direito, Universidade Federal do Ceará, Fortaleza, 2008.

114 Cf. BARROSO, Luís Roberto. Mandado de injunção: o que foi sem nunca ter sido: uma proposta de reformulação. In: BARROSO, Luís Roberto. *Estudos em homenagem ao Prof. Caio Tácito*. Rio de Janeiro: Renovar, 1997. p. 429-436.

115 "CONSTITUCIONAL. ELEITORAL. MANDADO DE SEGURANÇA. FIDELIDADE PARTIDÁRIA. DESFILIAÇÃO. PERDA DE MANDATO. ARTS. 14, §3º, V E 55, I A VI DA CONSTITUIÇÃO. CONHECIMENTO DO MANDADO DE SEGURANÇA, RESSALVADO ENTENDIMENTO DO RELATOR. SUBSTITUIÇÃO DO DEPUTADO FEDERAL QUE MUDA DE PARTIDO PELO SUPLENTE DA LEGENDA ANTERIOR. ATO DO PRESIDENTE DA CÂMARA QUE NEGOU POSSE AOS SUPLENTES. CONSULTA, AO TRIBUNAL SUPERIOR ELEITORAL, QUE DECIDIU PELA MANUTENÇÃO DAS VAGAS OBTIDAS PELO SISTEMA PROPORCIONAL EM FAVOR DOS PARTIDOS POLÍTICOS E COLIGAÇÕES. ALTERAÇÃO DA JURISPRUDÊNCIA DO SUPREMO TRIBUNAL FEDERAL. MARCO TEMPORAL A PARTIR DO QUAL A FIDELIDADE PARTIDÁRIA DEVE SER OBSERVADA [27.3.07]. EXCEÇÕES DEFINIDAS E EXAMINADAS PELO TRIBUNAL SUPERIOR ELEITORAL. DESFILIAÇÃO OCORRIDA ANTES DA RESPOSTA À CONSULTA AO TSE. ORDEM DENEGADA. 1. Mandado de segurança conhecido, ressalvado entendimento do Relator, no sentido de que as hipóteses de perda de mandato parlamentar, taxativamente previstas no texto constitucional, reclamam decisão do Plenário ou da Mesa Diretora, não do Presidente da Casa, isoladamente e com fundamento em decisão do Tribunal Superior Eleitoral. 2. A permanência do parlamentar no partido político pelo qual se elegeu é imprescindível para a manutenção da representatividade partidária do próprio mandato. Daí a alteração da jurisprudência do Tribunal, a fim de que a fidelidade do parlamentar perdure após a posse no cargo eletivo. 3. O instituto da fidelidade partidária, vinculando o candidato eleito ao partido, passou a vigorar a partir da resposta do Tribunal Superior Eleitoral à Consulta n. 1.398, em 27 de março de 2007. 4. O abandono de legenda enseja a extinção do mandato

do parlamentar, ressalvadas situações específicas, tais como mudanças na ideologia do partido ou perseguições políticas, a serem definidas e apreciadas caso a caso pelo Tribunal Superior Eleitoral. 5. Os parlamentares litisconsortes passivos no presente mandado de segurança mudaram de partido antes da resposta do Tribunal Superior Eleitoral. Ordem denegada" (STF, Tribunal Pleno. MS nº 26.602. Rel. Min. Eros Grau. Julg. 4.10.2007. *DJE*, 17 out. 2008).

[116] "RECURSO EXTRAORDINÁRIO. REPERCUSSÃO GERAL. REELEIÇÃO. PREFEITO. INTERPRETAÇÃO DO ART. 14, §5º, DA CONSTITUIÇÃO. MUDANÇA DA JURISPRUDÊNCIA EM MATÉRIA ELEITORAL. SEGURANÇA JURÍDICA. I. REELEIÇÃO. MUNICÍPIOS. INTERPRETAÇÃO DO ART. 14, §5º, DA CONSTITUIÇÃO. PREFEITO. PROIBIÇÃO DE TERCEIRA ELEIÇÃO EM CARGO DA MESMA NATUREZA, AINDA QUE EM MUNICÍPIO DIVERSO. O instituto da reeleição tem fundamento não somente no postulado da continuidade administrativa, mas também no princípio republicano, que impede a perpetuação de uma mesma pessoa ou grupo no poder. O princípio republicano condiciona a interpretação e a aplicação do próprio comando da norma constitucional, de modo que a reeleição é permitida por apenas uma única vez. Esse princípio impede a terceira eleição não apenas no mesmo município, mas em relação a qualquer outro município da federação. Entendimento contrário tornaria possível a figura do denominado 'prefeito itinerante' ou do "prefeito profissional", o que claramente é incompatível com esse princípio, que também traduz um postulado de temporariedade/alternância do exercício do poder. Portanto, ambos os princípios – continuidade administrativa e republicanismo – condicionam a interpretação e a aplicação teleológicas do art. 14, §5º, da Constituição. O cidadão que exerce dois mandatos consecutivos como prefeito de determinado município fica inelegível para o cargo da mesma natureza em qualquer outro município da federação. II. MUDANÇA DA JURISPRUDÊNCIA EM MATÉRIA ELEITORAL. SEGURANÇA JURÍDICA. ANTERIORIDADE ELEITORAL. NECESSIDADE DE AJUSTE DOS EFEITOS DA DECISÃO. Mudanças radicais na interpretação da Constituição devem ser acompanhadas da devida e cuidadosa reflexão sobre suas consequências, tendo em vista o postulado da segurança jurídica. Não só a Corte Constitucional, mas também o Tribunal que exerce o papel de órgão de cúpula da Justiça Eleitoral devem adotar tais cautelas por ocasião das chamadas viragens jurisprudenciais na interpretação dos preceitos constitucionais que dizem respeito aos direitos políticos e ao processo eleitoral. Não se pode deixar de considerar o peculiar caráter normativo dos atos judiciais emanados do Tribunal Superior Eleitoral, que regem todo o processo eleitoral. Mudanças na jurisprudência eleitoral, portanto, têm efeitos normativos diretos sobre os pleitos eleitorais, com sérias repercussões sobre os direitos fundamentais dos cidadãos (eleitores e candidatos) e partidos políticos. No âmbito eleitoral, a segurança jurídica assume a sua face de princípio da confiança para proteger a estabilização das expectativas de todos aqueles que de alguma forma participam dos prélios eleitorais. A importância fundamental do princípio da segurança jurídica para o regular transcurso dos processos eleitorais está plasmada no princípio da anterioridade eleitoral positivado no art. 16 da Constituição. O Supremo Tribunal Federal fixou a interpretação desse artigo 16, entendendo-o como uma garantia constitucional (1) do devido processo legal eleitoral, (2) da igualdade de chances e (3) das minorias (RE 633.703). Em razão do caráter especialmente peculiar dos atos judiciais emanados do Tribunal Superior Eleitoral, os quais regem normativamente todo o processo eleitoral, é razoável concluir que a Constituição também alberga uma norma, ainda que implícita, que traduz o postulado da segurança jurídica como princípio da anterioridade ou anualidade em relação à alteração da jurisprudência do TSE. Assim, as decisões do Tribunal Superior Eleitoral que, no curso do pleito eleitoral (ou logo após o seu encerramento), impliquem mudança de jurisprudência (e dessa forma repercutam sobre a segurança jurídica), não têm aplicabilidade imediata ao caso concreto e somente terão eficácia sobre outros casos no pleito eleitoral posterior. III. REPERCUSSÃO GERAL. Reconhecida a repercussão geral das questões constitucionais atinentes à (1) elegibilidade para o cargo de Prefeito de cidadão que já exerceu dois mandatos consecutivos em cargo da mesma natureza em Município diverso (interpretação do art. 14, §5º, da Constituição) e (2) retroatividade ou aplicabilidade imediata no curso do período eleitoral da decisão

do Tribunal Superior Eleitoral que implica mudança de sua jurisprudência, de modo a permitir aos Tribunais a adoção dos procedimentos relacionados ao exercício de retratação ou declaração de inadmissibilidade dos recursos repetitivos, sempre que as decisões recorridas contrariarem ou se pautarem pela orientação ora firmada. IV. EFEITOS DO PROVIMENTO DO RECURSO EXTRAORDINÁRIO. Recurso extraordinário provido para: (1) resolver o caso concreto no sentido de que a decisão do TSE no RESPE 41.980-06, apesar de ter entendido corretamente que é inelegível para o cargo de Prefeito o cidadão que exerceu por dois mandatos consecutivos cargo de mesma natureza em Município diverso, não pode incidir sobre o diploma regularmente concedido ao recorrente, vencedor das eleições de 2008 para Prefeito do Município de Valença-RJ; (2) deixar assentados, sob o regime da repercussão geral, os seguintes entendimentos: (2.1) o art. 14, §5º, da Constituição, deve ser interpretado no sentido de que a proibição da segunda reeleição é absoluta e torna inelegível para determinado cargo de Chefe do Poder Executivo o cidadão que já exerceu dois mandatos consecutivos (reeleito uma única vez) em cargo da mesma natureza, ainda que em ente da federação diverso; (2.2) as decisões do Tribunal Superior Eleitoral que, no curso do pleito eleitoral ou logo após o seu encerramento, impliquem mudança de jurisprudência, não têm aplicabilidade imediata ao caso concreto e somente terão eficácia sobre outros casos no pleito eleitoral posterior" (STF, Tribunal Pleno. RE nº 637.485. Rel. Min. Gilmar Mendes. Julg. 1.8.2012. *DJE*, 21 maio 2013).

[117] "1. ARGUIÇÃO DE DESCUMPRIMENTO DE PRECEITO FUNDAMENTAL (ADPF). PERDA PARCIAL DE OBJETO. RECEBIMENTO, NA PARTE REMANESCENTE, COMO AÇÃO DIRETA DE INCONSTITUCIONALIDADE. UNIÃO HOMOAFETIVA E SEU RECONHECIMENTO COMO INSTITUTO JURÍDICO. CONVERGÊNCIA DE OBJETOS ENTRE AÇÕES DE NATUREZA ABSTRATA. JULGAMENTO CONJUNTO. Encampação dos fundamentos da ADPF nº 132-RJ pela ADI nº 4.277-DF, com a finalidade de conferir 'interpretação conforme à Constituição' ao art. 1.723 do Código Civil. Atendimento das condições da ação. 2. PROIBIÇÃO DE DISCRIMINAÇÃO DAS PESSOAS EM RAZÃO DO SEXO, SEJA NO PLANO DA DICOTOMIA HOMEM/MULHER (GÊNERO), SEJA NO PLANO DA ORIENTAÇÃO SEXUAL DE CADA QUAL DELES. A PROIBIÇÃO DO PRECONCEITO COMO CAPÍTULO DO CONSTITUCIONALISMO FRATERNAL. HOMENAGEM AO PLURALISMO COMO VALOR SÓCIO-POLÍTICO-CULTURAL. LIBERDADE PARA DISPOR DA PRÓPRIA SEXUALIDADE, INSERIDA NA CATEGORIA DOS DIREITOS FUNDAMENTAIS DO INDIVÍDUO, EXPRESSÃO QUE É DA AUTONOMIA DE VONTADE. DIREITO À INTIMIDADE E À VIDA PRIVADA. CLÁUSULA PÉTREA. O sexo das pessoas, salvo disposição constitucional expressa ou implícita em sentido contrário, não se presta como fator de desigualação jurídica. Proibição de preconceito, à luz do inciso IV do art. 3º da Constituição Federal, por colidir frontalmente com o objetivo constitucional de 'promover o bem de todos'. Silêncio normativo da Carta Magna a respeito do concreto uso do sexo dos indivíduos como saque da kelseniana 'norma geral negativa', segundo a qual 'o que não estiver juridicamente proibido, ou obrigado, está juridicamente permitido'. Reconhecimento do direito à preferência sexual como direta emanação do princípio da 'dignidade da pessoa humana': direito a auto-estima no mais elevado ponto da consciência do indivíduo. Direito à busca da felicidade. Salto normativo da proibição do preconceito para a proclamação do direito à liberdade sexual. O concreto uso da sexualidade faz parte da autonomia da vontade das pessoas naturais. Empírico uso da sexualidade nos planos da intimidade e da privacidade constitucionalmente tuteladas. Autonomia da vontade. Cláusula pétrea. 3. TRATAMENTO CONSTITUCIONAL DA INSTITUIÇÃO DA FAMÍLIA. RECONHECIMENTO DE QUE A CONSTITUIÇÃO FEDERAL NÃO EMPRESTA AO SUBSTANTIVO 'FAMÍLIA' NENHUM SIGNIFICADO ORTODOXO OU DA PRÓPRIA TÉCNICA JURÍDICA. A FAMÍLIA COMO CATEGORIA SÓCIO-CULTURAL E PRINCÍPIO ESPIRITUAL. DIREITO SUBJETIVO DE CONSTITUIR FAMÍLIA. INTERPRETAÇÃO NÃO-REDUCIONISTA. O caput do art. 226 confere à família, base da sociedade, especial proteção do Estado. Ênfase constitucional à instituição da família. Família em seu coloquial ou proverbial significado de núcleo doméstico, pouco importando se formal ou informalmente constituída, ou se integrada por casais heteroafetivos ou por pares homoafetivos. A Constituição de 1988, ao utilizar-se

da expressão 'família', não limita sua formação a casais heteroafetivos nem a formalidade cartorária, celebração civil ou liturgia religiosa. Família como instituição privada que, voluntariamente constituída entre pessoas adultas, mantém com o Estado e a sociedade civil uma necessária relação tricotômica. Núcleo familiar que é o principal lócus institucional de concreção dos direitos fundamentais que a própria Constituição designa por "intimidade e vida privada" (inciso X do art. 5º). Isonomia entre casais heteroafetivos e pares homoafetivos que somente ganha plenitude de sentido se desembocar no igual direito subjetivo à formação de uma autonomizada família. Família como figura central ou continente, de que tudo o mais é conteúdo. Imperiosidade da interpretação não-reducionista do conceito de família como instituição que também se forma por vias distintas do casamento civil. Avanço da Constituição Federal de 1988 no plano dos costumes. Caminhada na direção do pluralismo como categoria sócio-político-cultural. Competência do Supremo Tribunal Federal para manter, interpretativamente, o Texto Magno na posse do seu fundamental atributo da coerência, o que passa pela eliminação de preconceito quanto à orientação sexual das pessoas. 4. UNIÃO ESTÁVEL. NORMAÇÃO CONSTITUCIONAL REFERIDA A HOMEM E MULHER, MAS APENAS PARA ESPECIAL PROTEÇÃO DESTA ÚLTIMA. FOCADO PROPÓSITO CONSTITUCIONAL DE ESTABELECER RELAÇÕES JURÍDICAS HORIZONTAIS OU SEM HIERARQUIA ENTRE AS DUAS TIPOLOGIAS DO GÊNERO HUMANO. IDENTIDADE CONSTITUCIONAL DOS CONCEITOS DE 'ENTIDADE FAMILIAR' E 'FAMÍLIA'. A referência constitucional à dualidade básica homem/mulher, no §3º do seu art. 226, deve-se ao centrado intuito de não se perder a menor oportunidade para favorecer relações jurídicas horizontais ou sem hierarquia no âmbito das sociedades domésticas. Reforço normativo a um mais eficiente combate à renitência patriarcal dos costumes brasileiros. Impossibilidade de uso da letra da Constituição para ressuscitar o art. 175 da Carta de 1967/1969. Não há como fazer rolar a cabeça do art. 226 no patíbulo do seu parágrafo terceiro. Dispositivo que, ao utilizar da terminologia 'entidade familiar', não pretendeu diferenciá-la da 'família'. Inexistência de hierarquia ou diferença de qualidade jurídica entre as duas formas de constituição de um novo e autonomizado núcleo doméstico. Emprego do fraseado 'entidade familiar' como sinônimo perfeito de família. A Constituição não interdita a formação de família por pessoas do mesmo sexo. Consagração do juízo de que não se proíbe nada a ninguém senão em face de um direito ou de proteção de um legítimo interesse de outrem, ou de toda a sociedade, o que não se dá na hipótese sub judice. Inexistência do direito dos indivíduos heteroafetivos à sua não-equiparação jurídica com os indivíduos homoafetivos. Aplicabilidade do §2º do art. 5º da Constituição Federal, a evidenciar que outros direitos e garantias, não expressamente listados na Constituição, emergem 'do regime e dos princípios por ela adotados', verbis: 'Os direitos e garantias expressos nesta Constituição não excluem outros decorrentes do regime e dos princípios por ela adotados, ou dos tratados internacionais em que a República Federativa do Brasil seja parte'. 5. DIVERGÊNCIAS LATERAIS QUANTO À FUNDAMENTAÇÃO DO ACÓRDÃO. Anotação de que os Ministros Ricardo Lewandowski, Gilmar Mendes e Cezar Peluso convergiram no particular entendimento da impossibilidade de ortodoxo enquadramento da união homoafetiva nas espécies de família constitucionalmente estabelecidas. Sem embargo, reconheceram a união entre parceiros do mesmo sexo como uma nova forma de entidade familiar. Matéria aberta à conformação legislativa, sem prejuízo do reconhecimento da imediata auto-aplicabilidade da Constituição. 6. INTERPRETAÇÃO DO ART. 1.723 DO CÓDIGO CIVIL EM CONFORMIDADE COM A CONSTITUIÇÃO FEDERAL (TÉCNICA DA 'INTERPRETAÇÃO CONFORME'). RECONHECIMENTO DA UNIÃO HOMOAFETIVA COMO FAMÍLIA. PROCEDÊNCIA DAS AÇÕES. Ante a possibilidade de interpretação em sentido preconceituoso ou discriminatório do art. 1.723 do Código Civil, não resolúvel à luz dele próprio, faz-se necessária a utilização da técnica de 'interpretação conforme à Constituição'. Isso para excluir do dispositivo em causa qualquer significado que impeça o reconhecimento da união contínua, pública e duradoura entre pessoas do mesmo sexo como família. Reconhecimento que é de ser feito segundo as mesmas regras e com as mesmas consequências da união estável heteroafetiva" (STF, Tribunal Pleno. ADPF nº 132. Rel. Min. Ayres Britto. Julg. 5.5. 2011. *DJE*, 14 out. 2011).

A rigor, o que deve guiar o intérprete constitucional não é determinada *concepção* embutida no bojo da Constituição, mas o *conceito* que a lei maior traz em si. Quem muito bem explica a distinção entre concepção e conceito é Dworkin,[118] ao narrar a história de um pai que aconselha os filhos a sempre obedecerem à equidade na vida. O que o pai exorta não é a sua concepção pessoal e temporal de equidade, mas que cada filho busque ser equânime em compasso com suas próprias concepções e com o desenvolvimento que o tempo dará ao conceito de equidade.

É por isso que um conceito pode ter determinada concepção num momento histórico e passar a outra concepção diametralmente distinta em outra época.

Tudo isso calha bem de vir à tona quando se trata de pensar numa mutação constitucional a respeito dos Ministérios Públicos de Contas e o reconhecimento de sua autonomia financeira e administrativa pela Constituição, ou, pelo menos, da não proibição que venham a usufruí-las por obra da auto-organização estadual/distrital e do princípio.

Todos os elementos que dão azo a uma mutação constitucional que altere a interpretação do Supremo Tribunal Federal acerca do alcance do art. 130 da Constituição Federal estão presentes.

A repaginação de um Ministério Público de Contas autônomo, por intermédio de intepretação atualizadora, incrementa sobremaneira a independência funcional de seus membros na atuação de fiscal da lei e na condição de representante da sociedade nos processos em trâmite nos Tribunais de Contas.

É compartilhado pela comunidade jurídica em geral, e até mesmo em eloquentes decisões do Supremo Tribunal Federal, que o usufruto de independência funcional plena só pode se dar quando o membro do Ministério Público está inserido numa estrutura institucional independente e que se autoadministre. A ideia de um Ministério Público de Contas autônomo e independente, assim sendo, é mais que aceita pela comunidade jurídica, é tida como premente.

De outra banda, é nos Tribunais de Contas que o princípio republicano de prestar contas ganha contornos mais relevantes, desembocando nesta Corte minudente e estratégico material acerca da legalidade e moralidade dos gastos do erário.

---

[118] Cf. DWORKIN, Ronald. *Taking rights seriously*, p. 134 *apud* SARMENTO, Daniel; SOUZA NETO, Cláudio Pereira de. *Direito constitucional*: teoria, história e métodos de trabalho. 2. ed. Belo Horizonte: Fórum, 2014. p. 356.

A jurisdição do Tribunal de Contas é, portanto, fundamental para o efetivo combate à corrupção e o exato controle da Administração Pública, o que induz que deve atuar nessa importante jurisdição de controle externo um Ministério Público tão forte e independente quanto o que funciona perante o Poder Judiciário.

A necessidade de fortalecer os órgãos de controle na luta contra os malfeitos ao erário é premissa que quase monopoliza os anseios populares e está consagrada como verdadeira pretensão coletiva.[119] De fato, pulsam na moderna sociedade brasileira clamores pela probidade pública, com a detecção e punição dos responsáveis por atos de improbidade administrativa. Está na pauta do dia das discussões nacionais a eficiência no combate à corrupção, como um dos objetivos

---

[119] "O fortalecimento dos órgãos de controle é uma tendência das sociedades desenvolvidas modernas. Isso porque contribui para o desenvolvimento de uma Administração Pública proba, impessoal, eficiente e transparente. E tal circunstância, em última análise, colabora com a efetivação dos direitos fundamentais de que a sociedade tanto necessita. Veja-se o exemplo da Defensoria Pública, que, embora não seja um órgão de controle, também contribui com o desenvolvimento do Estado Democrático de Direito. Há pouco tempo o órgão inseria-se na intimidade do Poder Executivo e não desfrutava de mínima estrutura. Atualmente, por outro lado, o órgão possui autonomia administrativa e financeira consagrada na Constituição da República, havendo se tornado um poderoso instrumento de promoção da cidadania e inclusão social.
Da mesma forma, conferir-se autonomia plena ao Ministério Público de Contas, através de leitura constitucional contemporânea, certamente transformará o órgão numa referência em fiscalização dos gastos públicos e combate à corrupção. Isso resultará em preservação do erário e incentivo à boa gestão da coisa pública.
No atual contexto histórico, não é possível conceber que um órgão de controle externo possua autonomia funcional sem autonomia administrativa e financeira. Seguramente a ausência destas últimas acabaria por tornar sem efeito a primeira. De fato, a retenção de recursos para o custeio de despesas essenciais poderia servir de instrumento de pressão para coibir a atuação independente dos membros do órgão de controle.
Imagine-se que o Ministério Público da União ou que o Ministério Público dos Estados se encontrasse inserido na estrutura orgânica do Poder Executivo, sendo por este custeado. Provavelmente, nessa hipótese, a atuação do órgão não seria marcada, como hoje, pela defesa incondicional e independente do Estado Democrático de Direito.
De igual modo, o Ministério Público de Contas tem mitigada sua atuação em virtude da falta de reconhecimento de sua autonomia plena. Isso compromete o controle efetivo dos gastos públicos, tão reclamado pela sociedade contemporânea. Portanto, o texto constitucional deve ser lido à luz das necessidades sociais, de forma a conferir ao Ministério Público de Contas os instrumentos necessários à sua atuação efetiva.
O Ministério Público de Contas é uma instituição essencial à função de controle externo das contas públicas, cuja atuação primordial dá-se mediante a fiscalização contábil, financeira, orçamentária, operacional e patrimonial da Administração Pública. O órgão é mencionado expressamente nos arts. 73, §2º, II, e 130 da Constituição da República de 1988" (MASSARIA, Glaydson. O Ministério Público de Contas e a evolução social: uma releitura 26 anos após a promulgação da Constituição da República de 1988. Jus Navigandi, Teresina/PI, nov. 2014. Disponível em: <http://jus.com.br/artigos/33516/o-ministerio-publico-de-contas-e-a-evolucao-social-uma-releitura-26-anos-apos-a-promulgacao-da-constituicao-da-republica-de-1988>. Acesso em: 28 maio 2015).

fundamentais do Estado. Mote que vem levando milhões de brasileiros às ruas, em instigante capacidade de mobilização poucas vezes vistas na história brasileira.[120]

Basta singela atenção ao noticiário nacional para se verificar que grande parte do espaço jornalístico[121] [122] [123] [124] é destinado ao tema anticorrupção e em prol da moralidade administrativa, reforçando que há sinergia de valores e condutas na efetivação do direito fundamental à administração pública proba e eficiente.

Portanto, interpretação em prol da independência do Ministério Público de Contas se amolda à perfeição aos objetivos mais relevantes da sociedade brasileira, em deferência clara aos valores sociais unânimes por um Estado eficiente e probo.

Outro ponto de grande destaque que alimenta a necessidade de mutação do entendimento pretoriano é a adesão brasileira à Convenção das Nações Unidas contra a Corrupção, adotada pela Assembleia Geral das Nações Unidas em 31.10.2003 e assinada pelo Brasil em 9.12.2003, mais conhecida como a *Convenção de Mérida*.

Dito instrumento internacional tem como foco o combate à corrupção e foi internalizada ao ordenamento jurídico brasileiro por intermédio do Decreto Presidencial nº 5.687, de 31.1.2006. Em seu art. 6º, item 2, a Convenção de Mérida estatui que os Estados signatários deverão prover seus órgãos de combate à corrupção com a independência necessária para o bom desempenho de suas funções.

É preciso sublinhar: a Convenção de Mérida exige a independência do *órgão* de combate à corrupção, não se contentando com a independência de determinada categoria de servidores públicos.

A propósito, convém transcrever esse dispositivo do tratado internacional:

---

[120] COMBATE à corrupção motivou os protestos, diz Datafolha. *Valor Econômico*, 17 mar. 2015. Disponível em: <http://www.valor.com.br/politica/3958246/combate-corrupcao-motivou-protestos-no-domingo-diz-datafolha>. Acesso em: 28 maio 2015.

[121] EXECUTIVO e Judiciário fecham acordo contra a corrupção. *Brasil 247*, 25 mar. 2015. Disponível em: <http://www.brasil247.com/pt/247/brasil/174635/Executivo-e-Judici%C3% A1rio-fecham-acordo-contra-a-corrup%C3%A7%C3%A3o.htm>. Acesso em: 28 maio 2015.

[122] DILMA Rousseff divulga detalhes do pacote de combate à corrupção. *G1*, 18 mar. 2015. Disponível em: <http://g1.globo.com/jornal-hoje/noticia/2015/03/dilma-rousseff-divulga-detalhes-do-pacote-de-combate-corrupcao.html>. Acesso em: 28 maio 2015.

[123] PRESIDENTE da OAB entrega a Dilma plano de combate à corrupção. *G1*, 17 mar. 2015. Disponível em: <http://g1.globo.com/politica/noticia/2015/03/presidente-da-oab-entrega-dilma-plano-de-combate-corrupcao.html>. Acesso em: 28 maio 2015.

[124] PGR apresenta dez propostas para melhorar o combate à corrupção. *G1*, 20 mar. 2015. Disponível em: <http://g1.globo.com/jornal-nacional/noticia/2015/03/pgr-apresenta-dez-propostas-para-melhorar-o-combate-corrupcao.html>. Acesso em: 28 maio 2015.

Artigo 6
Órgão ou órgãos de prevenção à corrupção

1. Cada Estado Parte, de conformidade com os princípios fundamentais de seu ordenamento jurídico, garantirá a existência de um ou mais órgãos, segundo procede, encarregados de prevenir a corrupção com medidas tais como:

a) A aplicação das políticas as quais se faz alusão no Artigo 5 da presente Convenção e, quando proceder, a supervisão e coordenação da prática dessas políticas;

b) O aumento e a difusão dos conhecimentos em matéria de prevenção da corrupção.

2. Cada Estado Parte outorgará ao órgão ou aos órgãos mencionados no parágrafo 1 do presente Artigo a independência necessária, de conformidade com os princípios fundamentais de seu ordenamento jurídico, para que possam desempenhar suas funções de maneira eficaz e sem nenhuma influência indevida. Devem proporcionar-lhes os recursos materiais e o pessoal especializado que sejam necessários, assim como a capacitação que tal pessoal possa requerer para o desempenho de suas funções.

Sabendo-se que na doutrina brasileira os tratados internacionais ingressam, via de regra, com o *status* de lei ordinária, e recapitulando que na ADI nº 789/DF o Supremo Tribunal Federal reconheceu que, entre as interpretações constitucionais possíveis, a opção interpretativa constante na Lei nº 8.443/92 (Lei Orgânica do Tribunal de Contas da União) de inserir o Ministério Público de Contas dependente do Tribunal de Contas da União era possível e legítima, parece bem claro que, com a internalização da Convenção de Mérida, houve revogação parcial da Lei Orgânica do Tribunal de Contas da União nesta matéria, de modo que outra opção legislativa – perfeitamente compatível com a Constituição, diga-se – tomou corpo e veio a prevalecer: a de granjear o Ministério Público de Contas da União – órgão nato de combate à corrupção – com a independência necessária a que se refere o item 2 do art. 6º da Convenção de Mérida.

Aqui, a norma posterior – a da Convenção de Mérida – prevalece sobre a anterior – a da Lei Orgânica do Tribunal de Contas da União –, em homenagem ao consagrado critério cronológico,[125] posto

---

[125] Lei de Introdução ao Direito Brasileiro: "Art. 2º. Não se destinando à vigência temporária, a lei terá vigor até que outra a modifique ou revogue. (Cf. Lei nº 3.991, de 1961)
§1º A lei posterior revoga a anterior quando expressamente o declare, quando seja com ela incompatível ou quando regule inteiramente a matéria de que tratava a lei anterior".

ser incompatível a independência necessária do órgão a qual se refere a Convenção de Mérida, com sua subordinação administrativa a uma estrutura alheia.

É até de se cogitar que, nesse ponto, a Convenção de Mérida de combate à corrupção traz forte imbricação com os direitos humanos,[126] na medida em que visa assegurar que os esforços e poupanças públicas sejam direcionados em benefício de todos, e não em favor do governante de ocasião e seus apaniguados. Exatamente por isso que o combate à corrupção estatal está inserido no conceito de direitos humanos desde a Declaração de Direitos do Homem e do Cidadão de 1789,[127] um dos primeiros e mais notáveis marcos da ideia moderna de direitos humanos.

Sobre a ligação íntima entre corrupção e desrespeito aos direitos humanos, é eloquente a fala de Navy Pillay, Alta Comissária da ONU para Direitos Humanos:

> A corrupção é um enorme obstáculo à realização de todos os direitos humanos – civis, políticos, econômicos, sociais e culturais, bem como o direito ao desenvolvimento. A corrupção viola os princípios fundamentais de direitos humanos da transparência, responsabilização, não discriminação e participação significativa em todos os aspectos da vida da comunidade. Correspondentemente, estes princípios, quando garantidos e implementados, são o meio mais eficaz para combater a corrupção.[128]

Nesse diapasão, não seria exagero enveredar pela linha de pensamento de que a Convenção de Mérida seria dotada da supralegalidade conferida a todos os tratados internacionais de direitos humanos,[129] posto ser tributária do aperfeiçoamento estatal no combate à corrupção.

---

[126] Cf. CASIMIRO, Tatiane. Os efeitos da corrupção sobre os direitos humanos. *Relações Internacionais*, 7 abr. 2015. Disponível em: <http://relacoesinternacionais.com.br/politica-interna cional/os-efeitos-da-corrupcao-sobre-os-direitos-humanos/>. Acesso em: 28 maio 2015.

[127] "Art. 12º. A garantia dos direitos do homem e do cidadão necessita de uma força pública. Esta força é, pois, instituída para fruição por todos, e não para utilidade particular daqueles a quem é confiada".

[128] Navi Pillay, durante a 22ª Sessão do Conselho de Direitos Humanos da ONU, em 2013.

[129] "PRISÃO CIVIL. Depósito. Depositário infiel. Alienação fiduciária. Decretação da medida coercitiva. Inadmissibilidade absoluta. Insubsistência da previsão constitucional e das normas subalternas. Interpretação do art. 5º, inc. LXVII e §§1º, 2º e 3º, da CF, à luz do art. 7º, §7, da Convenção Americana de Direitos Humanos (Pacto de San José da Costa Rica). Recurso improvido. Julgamento conjunto do RE nº 349.703 e dos HCs nº 87.585 e nº 92.566. É ilícita a prisão civil do depositário infiel, qualquer que seja a modalidade do depósito" (STF, Tribunal Pleno. RE nº 466.343. Rel. Min. Cezar Peluso. Julg. 3.12.2008. *DJE*, 5 jun. 2009).

Corrupção estatal conhecida e reconhecida como um dos maiores obstáculos à efetivação dos direitos humanos, notadamente em países de grandes desigualdades sociais como o Brasil.

Sublinhe-se que, seja qual for o *status* da Convenção de Mérida no Brasil – se equivalente ao de lei ordinária, ou dotada de supralegalidade –, o advento de novas normatizações infraconstitucionais muito pode e deve influenciar a hermenêutica constitucional, porquanto a interpretação dada pelos órgãos legislativos à determinada solução de conformação constitucional merece respeito especial das Cortes Supremas.

Não é por outro motivo que Barroso,[130] citando Bruce Ackerman, relembra que boa parte da conquista dos direitos civis pelos negros, na década de 60, ocorreu em virtude do advento de legislação ordinária que veio a repercutir na interpretação da própria Constituição, mobilizando uma mutação constitucional.

A Convenção de Mérida é um reforço do que pode representar a "aquisição de direitos civis" do Ministério Público de Contas brasileiro.

Vê-se, portanto, que mutação constitucional que reconheça a independência do Ministério Público de Contas passa bem por todos os requisitos lançados pela doutrina e jurisprudência para a ocorrência de uma mutação constitucional, funcionando a exegese atualizadora como antena de captação para as novas exigências, necessidades e transformações resultantes dos processos sociais, econômicos e políticos que caracterizam, em seus múltiplos e complexos aspectos, a sociedade contemporânea.

Por outro lado, além de preenchidos os requisitos para a mutação constitucional, não se constata qualquer óbice para que ela ocorra.

Isso porque mutação constitucional atualizadora da feição institucional do Ministério Público de Contas é perfeitamente conciliável com o texto normativo presente no art. 130 da Constituição Federal, seja por serem indissociáveis as garantias subjetivas deferidas aos membros do Ministério Público de Contas das garantias objetivas do próprio órgão, seja pelo próprio texto conter indicativos claros de que o Ministério Público de Contas é uma institucionalidade própria e distinta do Tribunal perante o qual atua.

A mutação constitucional, neste ponto, jamais enveredaria por interpretação constitucional fora das possibilidades apresentadas pelo texto normativo.

---

[130] BARROSO, Luís Roberto. *Curso de direito constitucional contemporâneo*: os conceitos fundamentais e a construção do novo modelo. 5. ed. São Paulo: Saraiva, 2015. p. 168-169.

A intelecção de um Ministério Público independente, ademais, é muito mais consentânea com os princípios constitucionais que regeram a nova feição que o Ministério Público em geral recebeu da Constituição de 1988, não apenas preservando os valores e a identidade da Constituição Federal, mas como potencializando-os. Interpretação atualizadora nessa linha é prestigiosa e respeitadora do sistema constitucional como um todo.

Finalmente, declarar a independência do Ministério Público de Contas, longe de ofender quaisquer das cláusulas pétreas, é agente catalizador delas, uma vez que, ao reforçar o controle externo da administração pública, automaticamente presta-se tributo ao sistema federativo como um laboratório de experiências legislativas exitosas, rendem-se loas ao exercício responsável dos direitos políticos, incrementa-se substancialmente a separação dos poderes com a fragmentação de poder entre órgãos autônomos a protagonizarem o sistema de pesos e contrapesos e, finalmente e em especial, reforça-se substancialmente o direito individual e difuso a uma administração pública proba e eficiente.

Conclusão

O Ministério Público de Contas é instituição permanente, essencial ao controle externo, responsável por promover na jurisdição dos Tribunais de Contas a função de defensor da ordem jurídica, do regime democrático e dos interesses sociais e individuais indisponíveis.

Encarregado da responsabilidade de exercer a missão de *custos legis* e de *custos constitutionis* na estratégica jurisdição dos Tribunais de Contas, já seria intuitivo concluir que a este órgão ministerial se deve guardar o mesmo rol de independência institucional que alcançou seu congênere com atuação perante o Poder Judiciário. Até porque é na jurisdição dos Tribunais de Contas que avulta cotidianamente a defesa do republicanismo e da moralidade administrativa como bandeiras da própria razão de ser do controle externo brasileiro.

Seria no mínimo estranho e máximo contraditório imaginar que a Constituição Federal, ao idealizar um Ministério Público com atuação perante os Tribunais de Contas, tenha desejado manietar esse mesmo órgão ministerial das características essenciais que definem o Ministério Público brasileiro.

É como se a Lei Maior, num átimo de esquizofrenia constitucional, dissesse: " és, mas não és". Uma contradição que longe de trazer à tona um reflexivo "ser ou não ser" de Hamlet, provoca um "ser ou não ser" paralisante, obstáculo quase que intransponível para o pleno aproveitamento social das potencialidades de um Ministério Público de Contas.

O Ministério Público de Contas, tracejado pela ADI nº 789/DF, sofre do mal da falta de identidade. Tenta equilibrar-se na confusão interpretativa que impera sobre si e que impede que seja o que constitucionalmente é: um Ministério Público igual a todos os outros ramos do Ministério Público brasileiro.

Na mesma medida em que sonha e briga por bem executar suas atividades de advogado da sociedade no combate à corrupção, frustra-se inevitavelmente diante dos limites que a ausência de autonomia lhe impõe. O Ministério Público de Contas parecer ser aquele que foi, sem nunca ter sido, só para parafrasear um marcante artigo jurídico que ajudou a mudar o rumo do mandado de injunção no país.[131]

E, nesse dilema de identificação, perde-se muito de sua funcionalidade, esbarrando a todo instante em acrobacias jurídicas sempre voltadas para embaraçar o seu funcionamento e o cumprimento de seu destino constitucional. É o que aconteceu em diversas hipóteses citadas ao longo deste trabalho, que culminaram, invariavelmente, na retaliação ao poder investigativo dos Ministérios Públicos de Contas, na mitigação de sua faculdade recursal, ou na simples e escancarada amputação de estrutura administrativa.

A rigor, se não fosse a notável disposição ao combate de boa parte de seus membros, é bem possível que os Ministérios Públicos de Contas se tornassem aquilo que há mais de cem anos previu Rui Barbosa sobre instituições de controle sem autonomia: um ornato aparatoso e inútil. Um parecerista de luxo, bem remunerado, pouco relevante e sem tarimba para a investigação.

Recusa-se a extrair do art. 130 da Constituição Federal interpretação tão tacanha.

Proclamar um Ministério Público de Contas pertencente à intimidade estrutural da Corte perante a qual atua, mesmo que com a ressalva da independência funcional de seus membros, é linha interpretativa que, na prática, fulmina a atuação livre e desimpedida dos procuradores de contas. Isso porque ninguém é verdadeiramente livre se mora de favor ou se precisa do cheque alheio para dar conta de seus gastos. Liberdade sem disponibilidade financeira é o pior dos cárceres. Sequer são necessárias grades.

---

[131] BARROSO, Luís Roberto. Mandado de injunção: o que foi sem nunca ter sido: uma proposta de reformulação. In: BARROSO, Luís Roberto. *Estudos em homenagem ao Prof. Caio Tácito*. Rio de Janeiro: Renovar, 1997. p. 429.

Vimos neste trabalho que o enlace imprescindível entre autonomia financeira e administrativa do Ministério Público com a independência funcional de seus membros é mais do que conhecido e reconhecido pelo Supremo Tribunal Federal. Não há razões jurídicas para excepcionar o Ministério Público de Contas dessa conclusão, logo o Ministério Público de Contas, sempre tão sensível à toda série de perseguições por funcionar numa jurisdição voltada a atuar em nome do republicanismo, num país de tradição clientelista e patrimonialista.

Na verdade, por qualquer ângulo que se ponha a questão, e seja qual for a metodologia, os princípios, os elementos ou as técnicas interpretativas usadas, a conclusão não pode ser outra que não reconhecer que, se foi criado um Ministério Público com atuação nos Tribunais de Contas, gozará este, até por imperativo terminológico, das mesmas características essenciais do Ministério Público com atuação no Poder Judiciário. Do contrário, não haveria razão de nominá-lo de Ministério Público, nem haveria motivo de prevê-lo na seção do Ministério Público em vez de situá-lo da seção referente aos Tribunais de Contas.

Não há *déficit* de normatividade sobre a independência dos Ministérios Público de Contas, o *déficit* é de interpretatividade do alcance do art. 130 da Constituição Federal. Se é inconteste que todos os direitos dos membros do Ministério Público de Justiça são extensíveis aos membros do Ministério Público de Contas, deve-se incluir neste rol, por óbvio, o mais importante desses direitos: o de trabalhar numa instituição autônoma que agasalhe, promova e proteja sua atuação funcional independente.

De outra banda, ainda que num exercício interpretativo mais tímido e descompromissado com a efetividade venha a se definir que a Constituição Federal não teria deferido automaticamente os atributos de autonomia administrativa e financeira aos Ministérios Públicos de Contas, nem o mais apocalíptico dos intérpretes constitucionais chegaria ao ponto de afirmar que essa mesma Constituição teria, além de tudo, vedado que o legislador infraconstitucional pudesse deferir tais prerrogativas institucionais ao órgão ministerial de contas, como se, além da queda, viesse o coice.

Ora, se repousa no princípio federalista uma das bases fundamentais do constitucionalismo brasileiro, e diante da norma ampliativa de direitos que é o art. 130 da Constituição Federal, parece evidente ao menos que resta franqueado aos entes federativos, com fulcro nos seus poderes auto-organizativos, ampla margem legislativa acerca do modelo de *Parquet* de Contas, que só recairá em inconstitucionalidade caso prejudique e degenere a boa atuação do órgão. Por outro vértice, não há inconstitucionalidade em se fortalecer o Ministério Público de Contas. Nada mais constitucional que fortalecer órgãos de controle e de combate à corrupção.

Dito de outra maneira: ainda que se entenda que a Constituição não tenha tornado obrigatória a autonomia institucional do Ministério Público de Contas, é inadmissível ancorar em linha interpretativa contrária, e virar o leme no sentido da vedação absoluta de autonomia, proibindo-se aos entes federativos a outorga a seus Ministérios Públicos de Contas do máximo aparato de independência *institucional* possível, potencializadora e concretizadora da independência funcional de seus membros.

À míngua de norma proibitiva, é perfeitamente cabível, e muito mais alinhada aos valores constitucionais, a interpretação local que confira independência aos seus Ministérios Públicos de Contas.

Em tempos em que o combate à corrupção é um dos principais motes de atuação do Poder Público, pôr abaixo as armas de um importante protagonista desta luta – os Ministérios Públicos de Contas –, é mais que fogo amigo, é verdadeira interpretação infiel aos desideratos moralizadores da Constituição.

A bem da verdade, a decisão tomada na ADI nº 789/DF, embora tenha sido de extrema importância nos idos de 1994 para a sobrevivência de um Ministério Público especializado na jurisdição de contas – um verdadeiro marco de sua existência –, envelheceu com o tempo, desbotou diante de 21 anos de desafios que se apresentaram à efetivação dos Ministérios Públicos de Contas brasileiros e tornou-se insuficiente para o desempenho das atividades ministeriais nos Tribunais de Contas.

Uma mutação constitucional urge. Seja para reconhecer que o art. 130 da Constituição Federal diretamente prescreve independência institucional ao Ministério Público de Contas, seja para, ao menos, reconhecer que fica no espaço de conformação legislativa local a possibilidade de as unidades federativas adotarem um Ministério Público de Contas dotado de autonomia financeira e administrativa, em franca homenagem ao *princípio federativo como laboratório de experiências legislativas exitosas*.

Ser ou não ser Ministério Público, eis a questão.

"Dormir... Talvez sonhar: eis onde surge o obstáculo".[132]

---

[132] "Ser ou não ser, eis a questão: será mais nobre / Em nosso espírito sofrer pedras e flechas / Com que a Fortuna, enfurecida, nos alveja, / Ou insurgir-nos contra um mar de provocações /

Referências

ALMEIDA, Fernanda Dias Menezes de. Comentários ao art. 1º. In: CANOTILHO, J. J. Gomes *et al.* (Coord.). *Comentários à Constituição do Brasil*. São Paulo: Saraiva/Almedina, 2013.

ASSEMBLEIA aprova PEC no Ceará que reduz número de procuradores. *G1*, 3 out. 2013. Disponível em: <http://g1.globo.com/ceara/noticia/2013/10/assembleia-aprova-pec-no-ceara-que-reduz-numero-de-procuradores.html>. Acesso em: 28 maio 2015.

BARROSO, Luís Roberto. *Curso de direito constitucional contemporâneo*: os conceitos fundamentais e a construção do novo modelo. 5. ed. São Paulo: Saraiva, 2015.

BARROSO, Luís Roberto. Interpretação constitucional como interpretação específica. In: CANOTILHO, J. J. Gomes *et al.* (Coord.). *Comentários à Constituição do Brasil*. São Paulo: Saraiva/Almedina, 2013.

BARROSO, Luís Roberto. Mandado de injunção: o que foi sem nunca ter sido: uma proposta de reformulação. In: BARROSO, Luís Roberto. *Estudos em homenagem ao Prof. Caio Tácito*. Rio de Janeiro: Renovar, 1997.

BRITO, Carlos Ayres. *O regime jurídico do Ministério Público de Contas*. Disponível em: <http://www.tcm.ba.gov.br/tcm/DiretorioPublicacao/DoutrinaMPC/O%20Regime_Juridico_do_MPC_Carlos_Ayres_Brito.pdf>. Acesso em: 28 maio 2015.

BULOS, Uadi Lâmego. *Constituição Federal anotada*. São Paulo: Saraiva, 2012.

CASIMIRO, Tatiane. Os efeitos da corrupção sobre os direitos humanos. *Relações Internacionais*, 7 abr. 2015. Disponível em: <http://relacoesinternacionais.com.br/politica-internacional/os-efeitos-da-corrupcao-sobre-os-direitos-humanos/>. Acesso em: 28 maio 2015.

CHEKER, Monique. *Ministério Público junto ao Tribunal de Contas*. Belo Horizonte: Fórum, 2009.

COMBATE à corrupção motivou os protestos, diz Datafolha. *Valor Econômico*, 17 mar. 2015. Disponível em: <http://www.valor.com.br/politica/3958246/combate-corrupcao-motivou-protestos-no-domingo-diz-datafolha>. Acesso em: 28 maio 2015.

DILMA Rousseff divulga detalhes do pacote de combate à corrupção. *G1*, 18 mar. 2015. Disponível em: <http://g1.globo.com/jornal-hoje/noticia/2015/03/dilma-rousseff-divulga-detalhes-do-pacote-de-combate-corrupcao.html>. Acesso em: 28 maio 2015.

E em luta pôr-lhes fim? Morrer... dormir: não mais. / Dizer que rematamos com um sono a angústia / E as mil pelejas naturais-herança do homem: / Morrer para dormir... é uma consumação / Que bem merece e desejamos com fervor. / Dormir... Talvez sonhar: eis onde surge o obstáculo: / Pois quando livres do tumulto da existência, / No repouso da morte o sonho que tenhamos / Devem fazer-nos hesitar: eis a suspeita / Que impõe tão longa vida aos nossos infortúnios. / Quem sofreria os relhos e a irrisão do mundo, / O agravo do opressor, a afronta do orgulhoso, / Toda a lancinação do mal-prezado amor, / A insolência oficial, as dilações da lei, /Os doestos que dos nulos têm de suportar / O mérito paciente, quem o sofreria, / Quando alcançasse a mais perfeita quitação / Com a ponta de um punhal? Quem levaria fardos,/ Gemendo e suando sob a vida fatigante, / Se o receio de alguma coisa após a morte, −Essa região desconhecida cujas raias / Jamais viajante algum atravessou de volta − / Não nos pusesse a voar para outros, não sabidos?" (SHAKESPEARE, William. *Hamlet*. Tradução de Péricles Eugênio da Silva Ramos. São Paulo: Abril, 1976).

EXECUTIVO e Judiciário fecham acordo contra a corrupção. *Brasil 247*, 25 mar. 2015. Disponível em: <http://www.brasil247.com/pt/247/brasil/174635/Executivo-e-Judici%C3%A1rio-fecham-acordo-contra-a-corrup%C3%A7%C3%A3o.htm>. Acesso em: 28 maio 2015.

FREITAS, Juarez. *Parecer jurídico em consulta formulada pela AMPCON*. Porto Alegre, 2 set. 2009. Disponível em: <http://mpc.tce.am.gov.br/wp-content/uploads/Parecer_Juarez_Freitas.pdf>. Acesso em: 28 maio 2015.

GARCIA, Emerson. *Ministério Público*: organização, atribuições e regime jurídico. 4. ed. São Paulo: Saraiva, 2014.

JUSTIÇA analisa acusação de censura no TCE de São Paulo. *Folha de São Paulo*, São Paulo, 3 maio 2013. Disponível em: <http://www1.folha.uol.com.br/poder/2013/05/1272584-justica-analisa-acusacao-de-censura-no-tce-de-sao-paulo.shtml>. Acesso em: 28 maio 2015.

LEONCY, Léo Ferreira. Uma proposta de releitura do "princípio da simetria". *Consultor Jurídico*, 24 nov. 2012. Disponível em: <http://www.conjur.com.br/2012-nov-24/observatorio-constitucional-releitura-principio-simetria>. Acesso em: 28 maio 2015.

MASSARIA, Glaydson. O Ministério Público de Contas e a evolução social: uma releitura 26 anos após a promulgação da Constituição da República de 1988. *Jus Navigandi*, Teresina/PI, nov. 2014. Disponível em: <http://jus.com.br/artigos/33516/o-ministerio-publico-de-contas-e-a-evolucao-social-uma-releitura-26-anos-apos-a-promulgacao-da-constituicao-da-republica-de-1988>. Acesso em: 28 maio 2015.

MAZZILLI, Hugo Nigro. Os membros do Ministério Público junto aos Tribunais de Contas. In: ALVIM, Eduardo Arruda; TAVOLARO, Luiz Antonio. *Licitações e contratos administrativos*: uma visão atual à luz dos Tribunais de Contas. Curitiba: Juruá, 2007.

MAZZILLI, Hugo Nigro. *Regime jurídico do Ministério Público*. São Paulo: Saraiva, 1989.

MENDES, Gilmar Ferreira; BRANCO, Paulo Gonet. *Curso de direito constitucional*. 8. ed. São Paulo: Saraiva, 2013.

MESQUITA, Patrick Bezerra. *Aspectos normativos do mandado de injunção e sua evolução jurisprudencial*. 2008. 71f. Trabalho de conclusão de Curso (Bacharelado) – Faculdade de Direito, Universidade Federal do Ceará, Fortaleza, 2008.

MINISTÉRIO Público de Contas rejeita contas do ex-governador de Alagoas, Teotônio Vilela. *Aqui Acontece*, 18 mar. 2015. Disponível em: <http://aquiacontece.com.br/noticia/2015/03/18/ministerio-publico-de-contas-rejeita-contas-do-exgovernador-de-alagoas-teotonio-vilela>. Acesso em: 28 maio 2015.

MP quer impedir CGU de firmar acordos com empresas da Lava Jato. *G1*, 21 fev. 2015. Disponível em: <http://g1.globo.com/politica/noticia/2015/02/mp-quer-suspender-acordos-feitos-por-empresas-da-lava-jato-cgu.html>. Acesso em: 28 maio 2015.

PGR apresenta dez propostas para melhorar o combate à corrupção. *G1*, 20 mar. 2015. Disponível em: <http://g1.globo.com/jornal-nacional/noticia/2015/03/pgr-apresenta-dez-propostas-para-melhorar-o-combate-corrupcao.html>. Acesso em: 28 maio 2015.

PRESIDENTE da OAB entrega a Dilma plano de combate à corrupção. *G1*, 17 mar. 2015. Disponível em: <http://g1.globo.com/politica/noticia/2015/03/presidente-da-oab-entrega-dilma-plano-de-combate-corrupcao.html>. Acesso em: 28 maio 2015.

REINER, Michael Richard. Discussão estrutural detém o Ministério Público no combate à corrupção. *Revista Consultor Jurídico*, 8 abr. 2015. Disponível em: <http://www.conjur.com.br/2015-abr-08/michael-reiner-discussao-estrutural-detem-mp-combate-corrupcao>. Acesso em: 28 maio 2015.

REINER, Michael Richard. O controle da Magistratura de Contas sobre o Ministério Público: reflexões em torno da criação conjunta do CNTC/MPjTC. *Interesse Público*, Belo Horizonte, ano 12, n. 60, mar./abr. 2010.

SARMENTO, Daniel; SOUZA NETO, Cláudio Pereira de. *Direito constitucional*: teoria, história e métodos de trabalho. 2. ed. Belo Horizonte: Fórum, 2014.

SHAKESPEARE, William. *Hamlet*. Tradução de Péricles Eugênio da Silva Ramos. São Paulo: Abril, 1976.

SILVA, José Afonso. O Ministério Público junto aos Tribunais de Contas. *Interesse Público*, Belo Horizonte, v. 26, p. 255-264, jul./ago. 2004.

TCE barra investigação do Ministério Público sobre salários de secretários do governo Alckmin. *Estadão*, São Paulo, 7 jun. 2015. Disponível em: <http://politica.estadao.com.br/noticias/geral,tce-barra-investigacao-do-ministerio-publico-sobre-salarios-de-secretarios-do-governo-alckmin,1701733>. Acesso em: 9 jun. 2015.

TCE tira da disputa à Procuradoria quem pediu fim de auxílio. *Revista Exame*, 23 mar. 2015. Disponível: <http://exame.abril.com.br/brasil/noticias/tce-tira-da-disputa-a-procuradoria-quem-pediu-fim-de-auxilio>. Acesso em: 28 maio 2015.

TCE-SP tenta limitar atuação de procuradores e abre crise. *Estadão*, São Paulo, 18 abr. 2013. Disponível em: <http://politica.estadao.com.br/noticias/geral,tce-sp-tenta-limitar-atuacao-de-procuradores-e-abre-crise,1022561>. Acesso em: 28 maio 2015.

TRIBUNAL de Contas barra investigação de contratos milionários do Detran. *Correio do Estado*, Campo Grande, 6 mar. 2015. Disponível em: <http://www.correiodoestado.com.br/cidades/tribunal-de-contas-barra-investigacao-de-contratos-milionarios-do/241148/>. Acesso em: 28 maio 2015.

TRIBUNAL DE CONTAS DO ESTADO DO PARÁ. *Ata nº 5.295*. Sessão Ordinária, 19 mar. 2015. Disponível em: <http://www.tce.pa.gov.br/images/pdf/SP_atas/2015/2015-03-19-ata.pdf>. Acesso em: 28 maio 2015.

TRIBUNAL de Contas não pode impedir MP de requerer documentos, diz TJ. *G1*, 21 out. 2014. Disponível em: <http://g1.globo.com/al/alagoas/noticia/2014/10/tribunal-de-contas-nao-pode-impedir-mp-de-requerer-documentos-diz-tj.html>. Acesso em: 28 maio 2015.

VIEHWEG, Theodor. *Tópica e jurisprudência*. Tradução de Kelly Susanen Alflen da Silva. 5. ed. Porto Alegre: Sergio Antonio Fabris, 2008.

Informação bibliográfica deste texto, conforme a NBR 6023:2002 da Associação Brasileira de Normas Técnicas (ABNT):

MESQUITA, Patrick Bezerra. Ministério Público de Contas brasileiro: ser ou não ser, eis a questão. In: ASSOCIAÇÃO NACIONAL DO MINISTÉRIO PÚBLICO DE CONTAS. *Ministério Público de Contas*: perspectivas doutrinárias do seu estatuto jurídico. Belo Horizonte: Fórum, 2017. p. 169-256. ISBN 978-85-450-0183-6.

PODER DE REQUISIÇÃO DO MINISTÉRIO PÚBLICO DE CONTAS

DIOGO ROBERTO RINGENBERG

Instituição secular no Brasil, o Ministério Público junto ao Tribunal de Contas, também denominado Ministério Público Especial, Especializado ou, como adotamos, *Ministério Público de Contas*,[1] é órgão coetâneo do surgimento do Tribunal de Contas da União, havendo previsão expressa de sua instituição no art. 19 do Decreto nº 1.166, de 17.10.1892.

É certo que, desde a criação do primeiro Tribunal de Contas no Brasil, sempre houve a obrigação de instituir um órgão de Ministério Público especializado, para oficiar nas demandas sujeitas à competência das Cortes de Contas.

Apesar de se fazer presente por mais de cem anos na legislação ordinária brasileira, somente com a promulgação da Constituição Federal de 1988 o Ministério Público de Contas foi erigido à instituição de estatura constitucional, como parte integrante e indissociável da organização do Estado e dos poderes da República Federativa do Brasil.

---

[1] Denominação estabelecida pelo item 1 da Primeira Carta de Curitiba, elaborada por ocasião do I Fórum Nacional de Procuradores de Contas, promovido pela Associação Nacional do Ministério Público de Contas (AMPCON) e realizado na cidade de Curitiba nos dias 3 e 4.9.2003. A denominação *Ministério Público de Contas* também é utilizada em diversos julgados do Supremo Tribunal Federal e legislações estaduais, sendo consagrada também pelos juristas Carlos Ayres Britto, Presidente do STF, e Uadi Lammêgo Bulos, constitucionalista baiano de expressão nacional.

No Título IV (Organização dos Poderes), Capítulo IV (Das funções essenciais à Justiça), Seção I (Do Ministério Público), da Carta Política de 1988, o constituinte plasmou em dispositivo autônomo e específico que "aos membros do Ministério Público junto aos Tribunais de Contas aplicam-se as disposições desta seção pertinentes a direitos, vedações e forma de investidura" (art. 130 da CRFB).

Na ordem constitucional vigente (art. 130 c/c art. 71 da CR), incumbe ao Ministério Público de Contas a relevante e precípua missão de promover a defesa da ordem jurídica, do regime democrático e dos interesses sociais e individuais indisponíveis junto aos Tribunais de Contas do Brasil, tutelando a supremacia e indisponibilidade do interesse público por meio da fiscalização contábil, financeira, orçamentária, operacional e patrimonial da Administração Pública do Estado.

Dessarte, é imprescindível a atuação do *parquet* em todos os processos que tramitam perante a Corte de Contas, em especial os relativos às competências de emissão de pareceres prévios, julgamentos de contas e análise da legalidade dos atos de aposentadoria e admissão de pessoal, entre outras previstas no texto constitucional (art. 71 e incisos da CRFB).

Além disso, cumpre ao Ministério Público provocar a atuação das Cortes de Contas, por meio de representações, o que equivale, naqueles foros administrativos, às denúncias no âmbito do direito penal ou a ação civil pública para o direito civil, apresentadas às cortes judiciais, bem como recorrer contra decisões proferidas pelo Tribunal de Contas ou seus membros.

No exercício do seu mister constitucional, o Ministério Público de Contas, a exemplo dos demais ministérios públicos, dispõe de prerrogativas e garantias tanto de cunho institucional como funcional dos seus membros. Entre elas se realça com especial relevo a independência funcional e seus consectários instrumentais, tais como o dever-poder de instaurar procedimentos administrativos para apurar eventual lesão ao patrimônio público, bem como requisitar informações e documentos necessários a instruí-lo.

Nessa quadra da história, em que a transparência da Administração Pública foi galgada à condição de obrigação incontestável e, até mesmo, de indicador de qualidade desta, *vide* Lei nº 12.527, de 18.11.2011,[2] e Lei Complementar nº 131/2009,[3] e o acesso a informação erguido à altura

---

[2] A Lei Federal nº 12.527/2011, também conhecida como Lei de Acesso à Informação, regula o acesso a informações e dá outras providências.

[3] A Lei Complementar nº 131/2009 é conhecida como Lei da Transparência e altera a redação da Lei de Responsabilidade Fiscal (LRF) no que se refere à transparência da

de direito fundamental dos cidadãos,[4] parece pouco crível que teses mirabolantes no sentido de obstar o acesso por parte de autoridades públicas a informações não protegidas por qualquer espécie de sigilo ainda sejam sustentadas.

É válido ressaltar, neste ponto, que a Lei de Acesso à Informação e a Lei da Transparência surgiram como importantes instrumentos de controle dos gastos públicos e têm por objeto a construção de uma administração mais transparente e acessível a todos.

Por vezes, porém, discussões têm sido suscitadas no âmbito judicial ou administrativo das Cortes de Contas, sobre o poder de requisitar documentos a gestores de dinheiros públicos por parte do Ministério Público de Contas e de seus membros.

Tal pode ser exemplificado no acórdão proferido pelo Órgão Especial do Tribunal de Justiça do Estado do Ceará, com a seguinte ementa:

> MANDADO DE SEGURANÇA. MINISTÉRIO PÚBLICO DO TRIBUNAL DE CONTAS DO ESTADO DO CEARÁ. ATRIBUIÇÕES DA PROCURADORIA DE CONTAS. *PLEITO DE REQUISIÇÃO DIRETA DE DOCUMENTOS AOS JURISDICIONADOS. AUSÊNCIA DE PREVISÃO LEGAL. ATO QUE DEVE SER REALIZADO POR MEIO DO PRESIDENTE DA CORTE DE CONTAS OU DOS DEMAIS CONSELHEIROS. AUSÊNCIA DE PRERROGATIVA FUNCIONAL.* NÃO SUBMISSÃO DO MP DE CONTAS AO REGIME JURÍDICO DO MP COMUM. DENEGAÇÃO DA SEGURANÇA. 1. CEDIÇO QUE O CONTROLE EXTERNO DA ATIVIDADE ADMINISTRATIVA É REALIZADO PELO PODER LEGISLATIVO, COM O AUXÍLIO DOS TRIBUNAIS DE CONTAS, E NÃO DO MINISTÉRIO PÚBLICO DE CONTAS, CONFORME PREVISÃO EXPRESSA DOS ARTS. 70 E 71 C/C ART. 75 DA CONSTITUIÇÃO FEDERAL, ALÉM DO ART. 76 DA CONSTITUIÇÃO ESTADUAL. 2. EVENTUAIS REQUERIMENTOS DEVEM SER DIRIGIDOS AO PRESIDENTE DA CORTE DE CONTAS, OU AOS DEMAIS CONSELHEIROS RELATORES DOS PROCESSOS QUE ALI TRAMITAM, E NÃO DIRETAMENTE aos jurisdicionados do Tribunal, sob pena de usurpação de competência legal. 3. A representação do Tribunal de Contas incumbe ao seu Conselheiro Presidente, nos moldes do art. 11, II e VI, do Regimento Interno do TCE-CE. 4. É de se

---

gestão fiscal. O texto inova e determina que sejam disponíveis, em tempo real, informações pormenorizadas sobre a execução orçamentária e financeira da União, dos estados, do Distrito Federal e dos municípios.

[4] O art. 3º da Lei Federal nº 12.527/2011 prescreve: "Os procedimentos previstos nesta Lei destinam-se a assegurar o direito fundamental de acesso à informação e devem ser executados em conformidade com os princípios básicos da administração pública [...]".

esclarecer ainda que o Ministério Público do Tribunal de Contas não se submete ao mesmo regime jurídico do Ministério Público comum, conforme previsão do §2º do art. 73 da Constituição Estadual. 5. *Não há que se falar em aplicar ao Ministério Público de Contas os dispositivos legais que tratam do poder de requisição do Ministério Público, mormente pelo fato de não existir, no ordenamento jurídico pátrio, norma que confira ao Ministério Público com atuação perante o TCE-CE o poder de requisição pretendido* (e-STJ, Fls. 251).[5]

O *decisum* de segundo grau não reconheceu a prerrogativa de o Ministério Público Especial de Contas requerer informações diretamente aos órgãos, entidades e agentes submetidos ao controle externo estadual. Deveria, no entendimento do Tribunal de Justiça cearense, promover tais requerimentos ao presidente do Tribunal de Contas local e este, julgando o requerimento, processaria ou não a remessa ao gestor público.

O caso concreto teve origem quando um membro do Ministério Público de Contas do Estado do Ceará formulou requerimento de cópias de um convênio ao Secretário Estadual de Esportes, tendo a unidade gestora prontamente atendido ao requerimento. O questionamento sobre a legitimidade daquele requerimento coube, espontaneamente, ao Presidente do Tribunal de Contas do Estado do Ceará, que, de ofício, recebeu a resposta do Secretário de Estado, não repassou ao órgão ministerial especial, e, sem qualquer comunicação ou anúncio prévios, levou a resposta a plenário, sob autuação processual, votando pelo arquivamento da resposta mediante o argumento de ausência de poderes do Ministério Público de Contas para formular qualquer sorte de requerimento para além dos muros da Corte de Contas. Determinou ainda que fossem comunicados ao governador do estado, a todos os secretários de governo e ao procurador-geral do estado que estas autoridades não precisariam responder a qualquer ofício expedido diretamente pelo órgão ministerial de contas.

No Tribunal de Contas do Distrito Federal chegou-se a instaurar procedimento administrativo com o mesmo objeto,[6] sem que, contudo, atos concretos de cerceamento do poder requisitório fossem praticados.

---

[5] CEARÁ. Tribunal de Justiça. *Processo nº 0000888-73.2013.8.06.0000* – Mandado de Segurança Coletivo. Disponível em: <www.tj.ce.jus.br/>. Acesso em: 15 set. 2016.

[6] DISTRITO FEDERAL. Tribunal de Contas. *Processo nº 19.377/2009*. Decisão 24/2011. Relator do voto do Revisor, Conselheiro Renato Rainha. Disponível em: <https://www.tc.df.gov.br/app/mesaVirtual/implementacao/?a=consultaPublica&f=pesquisaPublicaDocumento&filter[numero]=24&filter[ano]=2011&pesquisarDocumento=Enviar&filter[idtipodocumento]=13#detalhesModal>. Acesso em: 28 jun. 2016.

Em Santa Catarina, a Procuradoria Geral do Estado – PGE – também intentou iniciativa da mesma qualidade, concluindo parecer ementado nos seguintes termos:

> Ministério Público junto ao Tribunal de Contas. Atribuições administrativas. Atuação junto a Corte de Contas (*sic*). Instrução Processual que cabe ao conselheiro relator. Impossibilidade de requisitar diretamente documentos e informações à autoridades públicas (*sic*).[7]

Para a PGE catarinense, a prerrogativa de requisição de documentos conferida ao Ministério Público comum pela Lei da Ação Civil Pública e pela Lei Orgânica Nacional do Ministério Público não seria aplicável ao Ministério Público Especial, já que este atua somente na esfera extrajudicial.

Neste caso, embora difundida referida "orientação" no âmbito da Administração Pública estadual, incluindo o próprio Tribunal de Contas do Estado, nenhum gestor negou atendimento às requisições formuladas pelo Ministério Público de Contas catarinense.

O Tribunal de Contas do Estado de Alagoas emitiu, em 2012, "nota técnica" com vistas a impedir a requisição de informações e documentos pelo Ministério Público de Contas.

O Ministério Público que atua perante as Cortes de Contas é órgão de extração constitucional, dessa forma, qualquer apreciação teleológica a respeito de suas funções institucionais deve ser realizada à luz da Constituição.

O art. 130 da Constituição Federal é cristalino ao assegurar independência ao Ministério Público de Contas, nos mesmos moldes com que guarda o Ministério Público comum de ingerências extrínsecas, no desempenho de suas funções institucionais.

Ressalte-se, inicialmente, que são assegurados aos membros do Ministério Público de Contas, a exemplo dos demais órgãos ministeriais, prerrogativas e garantias funcionais. Com efeito, anote-se a seguinte previsão disposta na Constituição da República:

> Art. 130. Aos membros do Ministério Público junto aos Tribunais de Contas aplicam-se as disposições desta seção pertinentes a direitos, vedações e forma de investidura.

---

[7] SANTA CATARINA. Procuradoria Geral do Estado. *Parecer nº 235/15.*

Mas como, nos dizeres de H. L. A. Hart – e posteriormente expressão utilizada pelo Min. Moreira Alves –, "A lei ou a Constituição é o que a Corte diz que ela é",[8] cumpre investigar o que é entendido pelo guardião da Constituição a propósito do art. 130.

No julgamento da ADI nº 2.378, o relator, Ministro Maurício Correia, foi enfático ao estabelecer:

> não há dúvidas de que aos membros do Ministério Público junto ao Tribunal de Contas da União, inicialmente considerados, aplicam-se as disposições constitucionais pertinentes ao direitos, vedações e forma de investidura do Ministério Público que atua perante o Poder Judiciário.[9]

A simetria do Ministério Público de Contas com o Ministério Público ordinário é reconhecida a tal ponto de garantir a prerrogativa de foro aos membros do Ministério Público junto ao Tribunal de Contas da União no julgamento de crimes comuns:

> Competência – Crime doloso contra a vida – Procurador de Corte de Contas de Estado – Tribunal de Justiça. A competência do Tribunal do Júri para o julgamento dos crimes dolosos contra a vida é mitigada pela própria Carta da República, no que prevista prerrogativa de foro, tendo em conta a dignidade de certos cargos e a relevância destes para o Estado. Simetria a ser observada, visto que o Diploma Maior local rege o tema em harmonia com a Carta Federal, no que esta revela a competência do STJ para julgar, nos crimes comuns, os membros do Ministério Público junto ao TCU. Precedentes: HC 78.168, Segunda Turma, Rel. Min. Néri da Silveira e HC 69.325, Pleno, no qual fui designado Relator.[10]

> RHC - CONSTITUCIONAL - PROCESSUAL PENAL - MEMBRO DO MINISTÉRIO PÚBLICO - JUÍZO NATURAL - NULIDADE - A Constituição da República estatui ser da competência do STJ processar e julgar os membros do Ministério Público da União que oficiem perante Tribunais (art. 105, I, a). Aos membros do Ministério Público, junto aos Tribunais de Contas, *aplicam-se as disposições da referida seção (art. 130).* Em consequência, *o Procurador que atua no Tribunal de Contas do Estado tem, como juízo natural, o Tribunal de Justiça do Estado.*[11] (Grifos nossos)

---

[8] HART, H. L. A. *The concept of law.* Oxford: Clarendon, 1961. p. 136

[9] BRASIL. Supremo Tribunal Federal, Plenário. ADI nº 2.378. Rel. Min. Maurício Correia. Relator para o acórdão Min. Celso de Mello. Julg. 19.5.2004. *DJ,* 2 jun. 2004.

[10] BRASIL. Supremo Tribunal Federal, Segunda Turma. HC nº 79.212. Rel. Min. Marco Aurélio. Julg. 29.6.1999. *DJ,* 17.9.1999.

[11] BRASIL. Superior Tribunal de Justiça. RHC nº 2.226-0-PB. Rel. Desig. Min. Luiz Vicente Cernicchiaro. Julg. 2.2.93. *RSTJ,* n. 46, p. 401-487.

O voto do Ministro Pedro Acioli, no recurso acima ementado, ilustra o raciocínio incorporado pelo Superior Tribunal de Justiça:

> Se, por um lado, a falta de fundamentação do ato constritivo era plenamente evidenciada, por outro lado, e agora, com maior razão, a sua condição de Procurador do Tribunal de Contas, nos termos do art. 130 da Constituição Federal, e art. 14 da Lei Estadual nº 3.627/70, c/c o art. 73, §6º, da Constituição Estadual, assegura-lhe o foro privilegiado, ratione personae, devendo, na hipótese, ser processado e julgado nos exatos termos do art. 104, XIII, letra b, da Carta Estadual, portanto, perante o E. Tribunal de Justiça do Estado da Paraíba.[12]

Outro exemplo a demonstrar o uníssono posicionamento do Supremo Tribunal Federal envolve a questão das vantagens político-eleitorais atinentes aos membros do *parquet*. Neste caso o STF estendeu as situações previstas constitucionalmente (arts. 128, §5º, II, "e" e 130, além do art. 29, §3º, do ADCT) ao membro do Ministério Público junto ao Tribunal de Contas do Estado do Rio de Janeiro, que pleiteava sua candidatura a prefeito de uma cidade naquele estado.[13]

À luz desses entendimentos, o Supremo Tribunal Federal asseverou que

> a cláusula de garantia inscrita no art. 130 da Constituição [...] acha-se vocacionada, no âmbito de sua destinação tutelar, a proteger os membros do Ministério Público especial no relevante desempenho de suas funções perante os Tribunais de Contas. *Esse preceito da Lei Fundamental da República submete os integrantes do MP junto aos Tribunais de Contas ao mesmo estatuto jurídico que rege, no que concerne a direitos, vedações e forma de investidura no cargo, os membros do Ministério Público comum.*[14] (Grifos nossos)

Cabe mencionar que a Suprema Corte acentuou que o Ministério Público Especial necessita de plena independência de atuação perante os poderes do Estado, a começar pela Corte junto à qual oficiam:

---

[12] BRASIL. Superior Tribunal de Justiça. RHC nº 2.226-0-PB. Rel. Desig. Min. Luiz Vicente Cernicchiaro. Julg. 2.2.93. *RSTJ*, n. 46, p. 401-487.

[13] BRASIL. Supremo Tribunal Federal. *Recurso Extraordinário nº 127.246-DF* Rel. Min. Moreira Alves.

[14] BRASIL. Supremo Tribunal Federal. *ADI nº 789-DF*. Rel. Celso de Mello. Julg. 26.5.1994. Disponível em: <www.stf.jus.br>. Acesso em: 27 jun. 2016.

1 - MINISTÉRIO PÚBLICO ESPECIAL JUNTO AOS TRIBUNAIS DE CONTAS. Não lhe confere, a Constituição Federal, autonomia administrativa. Precedente: ADI 789. Também em sua organização, ou estruturalmente, não é ele dotado de autonomia funcional (como sucede ao Ministério Público comum), *pertencendo, individualmente, a seus membros, essa prerrogativa, nela compreendida a plena independência de atuação perante os poderes do Estado, a começar pela Corte junto* à *qual oficiam (Constituição, artigos 130 e 75).* 2 - TRIBUNAIS DE JUSTIÇA. A eles próprios compete (e não ao Governador) a nomeação dos Desembargadores cooptados entre os Juízes de carreira (Constituição, art. 96, I, c). Precedentes: ADI 189 e ADI 190. Inconstitucionalidade da previsão, pela Carta estadual, de percentual fixo (4/5), para o preenchimento das vagas destinadas aos oriundos da magistratura, pela possibilidade de choque com a garantia do provimento, do quinto restante, quando não for múltiplo de cinco o número de membros do Tribunal. Inconstitucionalidade, por igual, da dispensa de exigência, quanto aos lugares destinados aos advogados e integrantes do Ministério Público, do desempenho de dez anos em tais atividades. Decisões tomadas por maioria, exceto quanto à prejudicialidade, por perda de objeto, dos dispositivos transitórios referentes à instalação da Capital e à criação de municípios do Estado do Tocantins.[15] (Grifos nossos)

Merece destaque, na ação direta acima, o seguinte excerto do voto do Ministro Sepúlveda Pertence:

Não se pode compreender o Ministério Público junto ao Tribunal de Contas, enquanto o Ministério Público, não dotado de uma independência funcional, o que significa a sua não sujeição a qualquer forma de hierarquia, quer ao próprio Tribunal de Contas, quer a outro órgão *da Administração.* Do contrário, não teriam os seus membros as condições de exercer, com *prerrogativas de Ministério Público que* é, *a missão precípua de fiscal da lei.* A autonomia funcional tem, aqui uma correspondência de independência funcional. [...]

Se o art. 130 da Constituição confere, desde logo, aos membros do Ministério Público junto ao Tribunal de Contas *independência funcional,* por serem membros do Ministério Público, *não se pode entender que a instituição a que pertencem,* enquanto tal, embora sem autonomia administrativa, *não esteja também dotada de independência funcional, que importa autonomia funcional.*[16] (Grifos nossos)

---

[15] BRASIL. Supremo Tribunal Federal. *ADI nº 160-TO*. Rel. Octavio Gallotti. Julg. 20.11.1998. Disponível em: <www.stf.jus.br>. Acesso em: 27 jun. 2016.

[16] BRASIL. Supremo Tribunal Federal. *ADI nº 160-TO*. Rel. Octavio Gallotti. Julg. 20.11.1998. Disponível em: <www.stf.jus.br>. Acesso em: 27 jun. 2016.

Na mesma toada pronunciou-se o Supremo Tribunal Federal ao examinar a ADI nº 3.160-CE:

> [...] O MINISTÉRIO PÚBLICO ESPECIAL JUNTO AOS TRIBUNAIS DE CONTAS NÃO SE CONFUNDE COM OS DEMAIS RAMOS DO MINISTÉRIO PÚBLICO COMUM DA UNIÃO E DOS ESTADOS-MEMBROS.
>
> - O Ministério Público especial junto aos Tribunais de Contas - que configura uma indiscutível realidade constitucional - qualifica-se como órgão estatal dotado de identidade e de fisionomia próprias que o tornam inconfundível e inassimilável à instituição do Ministério Público comum da União e dos Estados-membros. - Não se reveste de legitimidade constitucional a participação do Ministério Público comum perante os Tribunais de Contas dos Estados, pois essa participação e atuação acham-se constitucionalmente reservadas aos membros integrantes do Ministério Público especial, a que se refere a própria Lei Fundamental da República (art. 130). - *O preceito consubstanciado no art. 130 da Constituição reflete uma solução de compromisso adotada pelo legislador constituinte brasileiro, que preferiu não outorgar, ao Ministério Público comum, as funções de atuação perante os Tribunais de Contas, optando, ao contrário, por atribuir esse relevante encargo a agentes estatais qualificados, deferindo-lhes um "status" jurídico especial e ensejando-lhes, com o reconhecimento das já mencionadas garantias de ordem subjetiva, a possibilidade de atuação funcional exclusiva e independente perante as Cortes de Contas.*[17] (Grifos nossos)

E, novamente, as mesmas diretrizes são confirmadas por ocasião do julgamento da ADI nº 328-SC:

> AÇÃO DIRETA DE INCONSTITUCIONALIDADE. CONSTITUIÇÃO DO ESTADO DE SANTA CATARINA. DISPOSITIVO SEGUNDO O QUAL OS PROCURADORES DA FAZENDA JUNTO AO TRIBUNAL DE CONTAS EXERCERÃO AS FUNÇÕES DO MINISTÉRIO PÚBLICO. INADMISSIBILIDADE. *PARQUET ESPECIAL CUJOS MEMBROS INTEGRAM CARREIRA AUTÔNOMA.* INCONSTITUCIONALIDADE RECONHECIDA.
>
> I. O art. 73, §2º, I, da Constituição Federal, prevê a existência de um Ministério Público junto ao Tribunal de Contas da União, estendendo, no art. 130 da mesma Carta, aos membros daquele órgão os direitos, vedações e a forma de investidura atinentes ao Parquet comum.
>
> II. Dispositivo impugnado que contraria o disposto nos arts. 37, II, e 129, §3º, e 130 da Constituição Federal, que configuram "clausula de

---

[17] BRASIL. Supremo Tribunal Federal. *ADI nº 3.160-CE*. Rel. Celso de Mello. Julg. 25.10.2007. Disponível em: <www.stf.jus.br>. Acesso em: 27 jun. 2016.

garantia" para a atuação independente do Parquet especial junto aos Tribunais de Contas.

III. Trata-se de modelo jurídico heterônomo estabelecido pela própria Carta Federal que possui estrutura própria de maneira a assegurar a mais ampla autonomia a seus integrantes.

IV. Inadmissibilidade de transmigração para o Ministério Público especial de membros de outras carreiras. V. Ação julgada procedente.[18] (Grifos nossos)

A possibilidade de investigação autônoma em relação ao Tribunal de Contas, portanto, por parte do Ministério Público de Contas, sem que se possa criar óbices normativos ao conhecimento do que for necessário apurar, observadas, sempre, as hipóteses de reservas constitucionais de jurisdição, é conclusão que se impõe sem maiores dificuldades.

Negar a um órgão de Ministério Público, no contexto de uma República, acesso a informações necessárias para o desempenho de seu múnus, equivaleria a subverter a ordem jurídica constitucional que a consagra.

Sob outro viés, considerar viável a subordinação ministerial, ao órgão, judicial ou administrativo, perante o qual atua, viola o conjunto de interpretações jurisdicionais do Superior Tribunal de Justiça, que asseguraram a independência funcional do Ministério Público contra diversos ataques políticos e legislativos casuísticos que, verdadeiramente, tencionavam reduzir o poder de investigação do órgão ministerial.

Vale destacar que em recente precedente (RE nº 593.727), o Supremo Tribunal Federal assegurou interpretação ampla dos poderes de investigação do Ministério Público, estendendo-os, inclusive, para apuração de crimes, quando for o caso. Trata-se de garantia constitucional, que não pode ser restringida por lei estadual, muito menos por exegeses que derroguem a força normativa da Constituição.

Instrumento de grande valia tem sido manejado pelo Supremo Tribunal Federal nos casos em que a norma positivada não minudencia à exaustão todas as questões relacionadas ao instrumental colocado à disposição de órgãos constituídos. Trata-se da "teoria dos poderes implícitos", desenvolvida originalmente por Marshal a partir do caso *MacCulloch vs. Maryland*. Tal teoria inocula a interpretação dos textos constitucionais pelo princípio de que quando a Constituição quer

---

[18] BRASIL. Supremo Tribunal Federal. *ADI nº 328-SC*. Rel. Ricardo Lewandowski. Julg. 2.2.2009. Disponível em: <www.stf.jus.br>. Acesso em: 27 jun. 2016.

alcançar um fim (no caso, o controle financeiro e o orçamentário), propicia, ainda que implicitamente, os meios necessários a ele.[19]
Na mesma linha:

> Ora, é princípio basilar da hermenêutica constitucional o dos poderes implícitos, segundo o qual, quando a Constituição Federal concede os fins, dá os meios. Se a atividade fim – promoção da ação penal pública – foi outorgada ao *Parquet* em foro de privatividade, não se concebe como não lhe oportunizar a colheita de prova para tanto, já que o CPP autoriza que peças de informação embasem a denúncia. 8. Cabe ressaltar, que, no presente caso, os delitos descritos na denúncia teriam sido praticados por policiais, o que, também, justifica a colheita dos depoimentos das vítimas pelo Ministério Público. 9. Ante o exposto, denego a ordem de habeas corpus.[20]

Aplicando aquela teoria com o mesmo vetor exegético, decidiu o Superior Tribunal de Justiça que "a teoria dos poderes implícitos (*implied powers*) acarreta a inequívoca conclusão de que o Ministério Público tem poderes para realizar diligências investigatórias e instrutórias na medida em que configuram atividades decorrentes da titularidade da ação penal".[21]
No mesmo sentido:

> CRIMINAL. RMS. PENAL E PROCESSUAL. CRIME CONTRA A ORDEM TRIBUTÁRIA. ATOS INVESTIGATÓRIOS PRATICADOS PELO MINISTÉRIO PÚBLICO. POSSIBILIDADE. LEI Nº 10.174/01. RETROATIVIDADE. QUEBRA DE SIGILO BANCÁRIO E FISCAL. PROTEÇÃO NÃO ABSOLUTA. DECISÃO ADEQUADAMENTE FUNDAMENTADA NA NECESSIDADE DA MEDIDA PARA A INVESTIGAÇÃO CRIMINAL. PREVALÊNCIA DO INTERESSE PÚBLICO. RECURSO DESPROVIDO. *O entendimento consolidado desta Corte é no sentido de que são válidos, em princípio, os atos investigatórios realizados pelo Ministério Público. A interpretação sistêmica da Constituição e a aplicação dos poderes implícitos do Ministério Público conduzem à preservação dos poderes investigatórios deste Órgão, independentemente da*

---

[19] BRASIL. Supremo Tribunal Federal. RP nº 1.174/PE. Rel. Min. Moreira Alves. *RTJ*, n. 125. p. 477 *apud* GOULART, Celestino; GUIMARÃES, Fernando Augusto Mello. O Ministério Público Especial e seus princípios fundamentais. *Revista do Tribunal de Contas do Estado do Rio Grande do Sul (TCE-RS)*, v. 13, n. 23, p. 137-152, jul./dez. 1995. p. 141.

[20] BRASIL. Supremo Tribunal Federal, Segunda Turma. *HC nº 91.661/PE*. Rel. Min. Ellen Gracie. Julg. 10.3.2009.

[21] BRASIL. Superior Tribunal de Justiça, Primeira Turma. AP nº 611. Rel. Min. Luiz Fux. Julg. 30.9.2014. *DJe*, n. 241. Divulg. 9.12.2014. Public. 10.12.2014.

investigação policial. O Supremo Tribunal Federal decidiu que a vedação dirigida ao Ministério Público é quanto a presidir e realizar inquérito policial. Esta Corte tem se orientado pela possibilidade de retroação da Lei 10.174/01, para atingir fatos geradores verificados anteriormente à sua vigência. A proteção aos sigilos bancário e fiscal não é direito absoluto, podendo ser quebrado quando houver a prevalência do direito público sobre o privado, na apuração de fatos delituosos ou na instrução dos processos criminais. Precedentes. Recurso desprovido.[22] (Grifos nossos)

A teoria dos poderes implícitos, consagrada de fato em diversas oportunidades tanto pelo Supremo Tribunal Federal como pelo Superior Tribunal de Justiça, não pode ser afastada da interpretação que circunda o caso.

A Constituição, equiparando os membros do Ministério Público de Contas aos do Ministério Público comum, no que tange a direitos, vedações e forma de investidura (art. 130), assegurou-lhes o dever-poder de expedir notificações nos procedimentos administrativos de sua competência, requisitando informações e documentos para instruí-los, sempre que tal medida se revelar importante para o exercício do múnus fiscalizatório, não podendo o intérprete cercear os mecanismos necessários à realização desse mister institucional.

O Superior Tribunal de Justiça tem o posicionamento firme de que o Ministério Público de Contas pode requisitar informações e documentos, pois tal prerrogativa é necessária ao desempenho de suas atividades:

PROCESSUAL PENAL. RECURSO ORDINÁRIO EM HABEAS CORPUS. PECULATO, CORRUPÇÃO ATIVA, CORRUPÇÃO PASSIVA, DISPENSA INDEVIDA DE LICITAÇÃO, ENTRE OUTROS. OPERAÇÃO "RODIN". *ILICITUDE DE PROVA DECORRENTE DE TROCA DE INFORMAÇÕES ENTRE MINISTÉRIO PÚBLICO FEDERAL E MINISTÉRIO PÚBLICO JUNTO AO TRIBUNAL DE CONTAS. INOCORRÊNCIA. ALEGAÇÃO DE AUSÊNCIA DE AUTORIZAÇÃO DA CORTE DE CONTAS. PRESCINDIBILIDADE.* RECURSO ORDINÁRIO DESPROVIDO. I - *Embora o Ministério Público perante Tribunal de Contas não possua autonomia administrativa e financeira, são asseguradas, aos seus membros, as mesmas garantias e prerrogativas dos membros do Ministério Público, tais como requisição de documentos, informações e diligências, sem qualquer submissão à Corte de Contas.* II - Assim, aos membros do

---

[22] BRASIL. Superior Tribunal de Justiça, Quinta Turma. RMS nº 17.884/SC. Rel. Min. Gilson Dipp. Julg. 17.11.2005. *DJ,* 19 dez. 2005. p. 444.

Ministério Público perante as Cortes de Contas, individualmente, é conferida a prerrogativa de independência de atuação perante os poderes do Estado, a começar pela Corte junto à qual oficiam (ADI n. 160/TO, Tribunal Pleno, Rel. Min. Octavio Gallotti, DJ de 20/11/1998).

III - Dessarte, não há que se falar em ilicitude de provas decorrente da troca de informações entre Ministério Público Federal e Ministério Público de Contas, uma vez que a característica extrajudicial da atuação do Ministério Público de Contas não o desnatura, mas tão somente o identifica como órgão extremamente especializado no cumprimento de seu mister constitucional. Recurso ordinário desprovido.[23] (Grifos nossos)

Perscrutando o voto vencedor desse precedente do Superior Tribunal de Justiça, percebe-se exatamente a discussão a respeito da validade das investigações criminais levadas a efeito pelo Ministério Público comum em razão de requisições de informações e atuação conjunta com o Ministério Público de Contas.

O voto do relator recorre ao precedente da ADI nº 789-DF, o mesmo costumeira e não raramente suscitado para sustentar entendimentos orientados a limitar o poder requisitório do Ministério Público de Contas:

Isso porque não se verifica qualquer ilegalidade no v. acórdão recorrido, que *bem ressaltou que aos membros do Ministério Público atuante no Tribunal de Contas, muito embora este* órgão *não possua autonomia administrativa e financeira, são asseguradas as mesmas garantias e prerrogativas dos membros do MP, tais como requisição de documentos, informações e diligências, sem qualquer submissão* à *Corte de Contas.* [...]

Dos referidos julgados, pois, tem-se que o Ministério Público de Contas, apesar de não possuir autonomia administrativa e financeira, possui reconhecida autonomia funcional, que confere a seus membros as mesmas garantias e vedações atribuídas aos membros do Ministério Público comum, e possibilitam a execução de seu mister junto aos Tribunais de Contas, como órgão *notadamente especializado. Dessarte, insta consignar que a atuação dos membros do Ministério Público perante os Tribunais de Contas revela-se, conforme preconizado pelo col. Supremo Tribunal Federal, plenamente independente perante todos os poderes do Estado, a começar pela Corte onde oficiam.*[24] (Grifos nossos)

---

[23] BRASIL. Superior Tribunal de Justiça. *Recurso em Habeas Corpus nº 35.556/RS*. Rel. Felix Fischer. Julg. 18.11.2014. Disponível em: <www.stj.jus.br>. Acesso em: 28 jun. 2016.

[24] BRASIL. Superior Tribunal de Justiça. *Recurso em Habeas Corpus nº 35.556/RS*. Rel. Felix Fischer. Julg. 18.11.2014. Disponível em: <www.stj.jus.br>. Acesso em: 28 jun. 2016.

Na mesma linha o seguinte precedente daquela Corte Superior:

ADMINISTRATIVO. RECURSO ORDINÁRIO EM MANDADO DE SEGURANÇA. REQUISIÇÕES FORMULADAS À CORTE DE CONTAS. FOLHAS DE PAGAMENTO APRESENTADAS PELA SECRETARIA DE ADMINISTRAÇÃO. INSUFICIÊNCIA DOS DOCUMENTOS APRESENTADOS PARA VERIFICAR A DIFERENÇA ENTRE OS RELATÓRIOS DE GESTÃO FISCAL DA CORTE DE CONTAS. INTERESSE DE AGIR. SUBSISTÊNCIA. *OBRIGATORIEDADE NO ATENDIMENTO DAS REQUISIÇÕES DO MINISTÉRIO PÚBLICO JUNTO AO TRIBUNAL DE CONTAS NECESSÁRIAS AO DESEMPENHO DE SUAS ATRIBUIÇÕES.* 1. As folhas de pagamento, com a discriminação dos valores relacionados ao Imposto de Renda Retido na Fonte, documentos estes exibidos pela Secretaria de Administração, não se apresentam como registros iguais ao demonstrativo de cálculo da despesa com pessoal que serviria de base à elaboração do Relatório de Gestão Fiscal do Tribunal de Contas do Estado do Rio Grande do Norte, no qual, deve vir também consignado, além dos números relacionados às folhas de pagamento, os dispêndios e as deduções efetuadas por rubrica. 2. Do mesmo modo, com relação à requisição objeto do processo n. 8.636/04-TC, a informação constante do Ofício n. 304/2004GP/TCE, enviado pelo Presidente do TCRN é insuficiente em face da totalidade do pedido ministerial porque não dispõe sobre a habilitação dos servidores ali elencados, o treinamento oferecido e sua lotação dentro de cada área na Corte de Contas. 3. Nesse sentido, evidente está o interesse ministerial de agir relativamente ao cumprimento das requisições por ele formuladas à Corte de Contas estadual, a fim de se ter condições de avaliar, fiscalizar, investigar os números lançados pelo Tribunal no seu Relatório de Gestão Fiscal do 1º quadrimestre de 2004. 4. O art. 32 da Lei Complementar estadual n. 121/1994 e do art. 3º, p. ún., da Lei Complementar estadual n. 178/2000 obriga os órgãos da Administração direta ou indireta dos Estados e dos Municípios, bem como as demais entidades, de direito público ou privado, que administrem ou apliquem dinheiros públicos a atenderem as requisições do Ministério Público junto ao Tribunal de Contas necessárias ao desempenho de suas atribuições e a lhe exibirem, para o mesmo fim, seus livros e registros, tudo a fim de fiscalizar a administração e a boa e regular aplicação dos dinheiros públicos, e, como é o caso dos autos, para avaliar, fiscalizar, investigar os números lançados pelo Tribunal no seu Relatório de Gestão Fiscal do 1º quadrimestre de 2004. 5. Recurso ordinário em mandado de segurança provido.[25]

---

[25] BRASIL. Superior Tribunal de Justiça, Segunda Turma. *RMS nº 22.591/RN*. Rel. Mauro Campbell. Julg. 2.12.2010. Disponível em: <www.stj.jus.br>. Acesso em: 27 jun. 2016.

No caso retromencionado da intervenção do Tribunal de Contas do Estado do Ceará recomendando a agentes públicos que não atendessem aos requerimentos formulados pelo Ministério Público de Contas ingressou-se com recurso ordinário[26] em face da decisão proferida pelo E. Tribunal de Justiça cearense. Tal recurso encontra-se pendente de julgamento, mas já conta com parecer do Ministério Público Federal pelo seu provimento. Assim manifestou-se o procurador da República que funcionou na ação:

> O recurso merece prosperar.
>
> Em primeiro lugar, o Ministério Público de contas não é um órgão de criação legal, mas sim de extração constitucional. Dessa forma, qualquer apreciação teleológica a respeito de suas funções institucionais há de ser realizada à luz da Carta Maior.
>
> Nesse sentido, o artigo 130 da Constituição republicana é cristalino ao assegurar independência ao MP de contas, nos mesmos moldes com que guarda o MP comum de ingerências extrínsecas, no desempenho de suas funções institucionais, o que inevitavelmente perpassa pela possibilidade de investigação autônoma, sem que se possa criar óbices normativos ao conhecimento do que for necessário apurar, observadas, sempre, as hipóteses de reservas constitucionais de jurisdição.
>
> Na presente demanda, a questão circunscreve-se à exigência legal do parquet de contas em ver subordinadas as suas requisições à chancela do Presidente do Tribunal de Contas, de forma que não possa solicitar diretamente aos órgão públicos documentos e informações necessários à instrução e elucidação de feitos de sua competência (*sic*).
>
> Negar a essa Instituição republicana tal faculdade seria subverter a ordem jurídica constitucional que a consagra, porquanto não se está, conforme sobredito, diante de cláusulas de reserva jurisdicional, tampouco de questões que interfiram diretamente nas liberdades fundamentais individuais, estas sim, blindadas ao exercício direto dos órgãos ministeriais, por força de determinação constitucional.
>
> Noutro ponto, considerar regular essa subordinação ministerial, sugerida pelo Tribunal 'a quo', viola o conjunto de interpretações jurisdicionais do Superior Tribunal de Justiça, que asseguraram nos últimos tempos a independência funcional do Ministério Público [...].[27]

---

[26] BRASIL. Superior Tribunal de Justiça. *RMS nº 51.841/CE 11*. Rel. Regina Helena Costa. Disponível em: <www.stj.jus.br>. Acesso em: 15 set. 2016.

[27] BRASIL. Ministério Público Federal. *Parecer nº 46.177/GB*. Sub-Procurador Geral da República Geraldo Brindeiro. Disponível em: <www.stj.jus.br/>. Acesso em: 15 set. 2016.

No Distrito Federal, o desrespeito ao poder requisitório do Ministério Público de Contas justificou o patrocínio pelo Ministério Público do Distrito Federal e Territórios de ação de improbidade administrativa em razão da apresentação de informações inverídicas e omissão de informações essenciais requisitadas pelo Ministério Público de Contas do Distrito Federal referentes à utilização do Autódromo Internacional Nelson Piquet, notadamente em relação a reformas, uso do espaço ou qualquer outra informação concernente ao evento Fórmula Indy.[28]

Em Alagoas, da mesma forma, o Ministério Público daquele estado ingressou com ações penais por desobediência em face do prefeito municipal de Penedo por descumprimento de requisições do Ministério Público de Contas.[29] Em uma das ações, em que a remessa de cópia de um procedimento licitatório foi recusada pelo prefeito, assim assentou o membro do *parquet* alagoano:

> Urge salientar que o Ministério Público de Contas possui poder de requisição em relação à Administração Pública Municipal, exercido em face dos gestores públicos municipais, conforme expresso nos arts. 129, VI e 130 da Constituição Federal de 1988, bem como do teor do art. 6º, I, b, da Lei Complementar Estadual nº 15/1996 e arts. 1º e 8º Lei nº 12.527/2011.[30]

Outra denúncia foi formulada pela Ministério Público estadual contra o mesmo gestor, pelas mesmas razões. Neste caso o prefeito aceitou a transação penal.[31]

A noção de integridade, básica e indispensável para a compreensão do direito posto, de forma harmoniosa, no conjunto do ordenamento vigente, é objeto da doutrina de Ronald Dworkin:

---

[28] DISTRITO FEDERAL. Tribunal de Justiça do Distrito Federal e Territórios. *Processo nº 2015.01.1.006471-8.* Disponível em: <http://cache-internet.tjdft.jus.br/cgi-bin/tjcgi1?NXTPGM=tjhtml105&SELECAO=1&ORIGEM=INTER&CIRCUN=1&CDNU PROC=20150110064718>. Acesso em: 18 set. 2016.

[29] RIBEIRO, Janaina. Prefeito de Penedo é denunciado pelo Ministério Público Estadual por crime de desobediência contra requisições do MP de Contas. *Ministério Público do Estado de Alagoas,* 6 jul. 2016. Disponível em: <http://www.mpal.mp.br/index.php?option=com_con tent&view=article&id=2987%3Aprefeito-de-penedo-e-denunciado-pelo-ministerio-publico-estadual-por-crime-de-desobediencia-contra-requisicoes-do-mp-de-contas-&catid=10%3Anoticias-em-destaque&Itemid=6>.

[30] ALAGOAS. Tribunal de Justiça. *Processo nº 0500003-08.2016.8.02.0000.* Rel. Des. Sebastião Costa Filho. Disponível em: <http://www.tjal.jus.br/>. Acesso em: 15 set. 2016.

[31] ALAGOAS. Tribunal de Justiça. *Processo nº 0500007-45.2016.8.02.0000.* Rel. Des. Otávio Leão Praxedes. Disponível em: <http://www.tjal.jus.br/>. Acesso em: 15 set. 2016.

A integridade também contribui para a eficiência do direito no sentido que assinalamos aqui. Se as pessoas aceitam que são governadas não apenas por regras explícitas, estabelecidas por decisões políticas tomadas no passado, mas por quaisquer outras regras que decorrem dos princípios que essas decisões pressupõem, *então o conjunto de norma públicas reconhecidas pode expandir-se e contrair-se organicamente, À MEDIDA QUE AS PESSOAS SE TORNEM MAIS SOFISTICADAS EM PERCEBER E EXPLORAR AQUILO QUE OS PRINCÍPIOS EXIGEM SOB NOVAS CIRCUNSTÂNCIAS, SEM A NECESSIDADE DE UMA DETALHAMENTO DA LEGISLAÇÃO OU DA JURISPRUDÊNCIA DE CADA UM DOS POSSÍVEIS PONTOS DE CONFLITO.*[32] (Grifos nossos)

Na esteira de tal raciocínio, pontue-se que o Ministério Público de Contas, no uso de suas atribuições constitucionais e legais, pode requisitar documentos, informações e diligências, sem qualquer submissão ao Tribunal de Contas.

A eventual falta de literal autorização legal para que aos membros do Ministério Público de Contas expeçam ofícios e/ou requeiram documentos não autoriza amesquinhar a atuação do órgão ministerial de contas, cujos instrumentos necessários para o exercício do seu múnus, ao fim e ao cabo, extraem-se da Constituição Federal.

Perfilhando o arrazoado disposto nas decisões transcritas acima, o Tribunal de Justiça do Estado de Goiás exarou o seguinte acórdão:

MANDADO DE SEGURANÇA. MINISTÉRIO PÚBLICO JUNTO AO TCE. DIREITO CONSTITUCIONAL À INFORMAÇÃO. REGULAMENTAÇÃO PELA LEI Nº 12.527/11 (LEI DE ACESSO À INFORMAÇÃO). 1. LEGITIMIDADE ATIVA.

Aplica-se ao Ministério Público junto ao Tribunal de Contas do Estado de Goiás os princípios institucionais da unidade, da indivisibilidade e da independência funcional, competindo-lhe, dentre outras funções, fiscalizar e zelar pela administração dos recursos públicos. Daí, por se tratar de informações necessárias ao exercício de sua missão institucional, resta evidente sua legitimidade para impetrar este mandado de segurança.

2. PRELIMINAR DE INEXISTÊNCIA DE DIREITO LÍQUIDO E CERTO.

A alegação de inexistência de direito líquido e certo é matéria que se confunde com o mérito da ação, devendo, pois, ser examinada em conjunto com ele.

---

[32] DWORKIN, Ronald. *O império do direito*. Tradução de Jefferson Luiz Camargo. São Paulo: Martins Fontes, 2005. p. 229.

3. DIREITO À INFORMAÇÃO.

O direito constitucional de obter informações dos órgãos públicos foi regulamentado pela Lei nº 12.527.11; constituindo afronta a tal a omissão e ou recusa do Impetrado em disponibilizar os documentos e informações solicitadas pelo Impetrante, integralmente, conf. alinhavado no pedido. SEGURANÇA CONCEDIDA.[33] (Grifos nossos)

O caso antes mencionado, ocorrido no estado de Alagoas, em que a Corte de Contas local editara "nota técnica" sustentando a ilegitimidade do Ministério Público de Contas para fins de requisição de documentos junto a jurisdicionados daquele estado foi levado à apreciação do Poder Judiciário.

Na oportunidade, o desembargador da Corte de Justiça de Alagoas, Tutmés Airan de Albuquerque, destacou que o ato emanado pelo TCE/AL representava "verdadeira aula magna de ilegalidade". Nesse passo, retira-se o seguinte excerto da aludida decisão:

> Os fundamentos constitucionais expostos no ato coator servem exatamente para demonstrar a sua própria desarrazoabilidade, pois vai de encontro a toda a sistemática dos princípios constitucionais e suas inovações democráticas posteriores. Não bastassem o princípio republicano e os setoriais da administração pública, legalidade, impessoalidade, moralidade, publicidade e eficiência, a ordem jurídica brasileira condiciona, ainda, os atos do poder público aos princípios da finalidade e da informação, dentre outros.
>
> *Quando aduz que ao Órgão do Ministério Público Especial, que oficia perante o Tribunal de Contas, "carece de embasamento legal que determine a sua competência e atribuições", o ato coator parece se apoiar em alguma ordem jurídica alienígena, sem qualquer respaldo na progressista e republicana ordem jurídica pátria.* [...].
>
> *Considerando os termos do ato impugnado, o que se verifica é que a eufemisticamente denominada "Nota Técnica", editada pelo Tribunal de Contas do Estado de Alagoas, é uma verdadeira aula magna de ilegalidade.*
>
> O Estado de Alagoas mais uma vez se apresenta como um laboratório político de aberrações jurídicas, o que deve ser exemplarmente obstado, fazendo da aplicação do Direito uma atividade genuinamente racional que combine a legitimidade do processo democrático com a lucidez das Ciências que embasam, teoricamente, a efetividade da prestação jurisdicional.

---

[33] GOIÁS. Tribunal de Justiça. *MS nº 70390-18.2013.8.09.0000.* Rel. Olavo Junqueira de Andrade. Julg. 12.11.2015. Disponível em: <www.tjgo.jus.br>. Acesso em: 29 jun. 2016.

Dessa forma, somado aos fundamentos robustos do bom direito do impetrante, reconheço a presença dos requisitos legais para o deferimento da medida liminar na forma como pleiteada pelo impetrante, ou seja, tanto repressiva quanto preventivamente.[34] (Grifos nossos)

Discussão sobre o mesmo tema no âmbito do Tribunal de Contas do Distrito Federal culminou com a Decisão nº 24/2011, a qual firmou o entendimento de que, ao Ministério Público de Contas, são asseguradas, entre outras, as funções de requisitar informações e documentos ou diligenciar, diretamente, perante quaisquer autoridades, órgãos ou entidades jurisdicionadas:

> O TC/DF, por maioria, de acordo com o voto do Revisor, Conselheiro RENATO RAINHA, decidiu, com fundamento no art. 130 da Constituição Federal e na Lei Orgânica Nacional do Ministério Público, *firmar o entendimento de que aos Membros do Ministério Público junto a esta Corte*, observadas as competências do Tribunal de Contas definidas na Constituição Federal, na Lei Orgânica do Distrito Federal e na Lei Orgânica do Tribunal de Contas do Distrito Federal, *são asseguradas, entre outras, as funções de requisitar informações e documentos ou diligenciar, diretamente, perante quaisquer autoridades, órgãos ou entidades jurisdicionadas*, sendo responsáveis pelo uso indevido das informações e documentos que requisitarem, inclusive nas hipóteses legais de sigilo.[35] (Grifos nossos)

Sobre o assunto, Juarez Freitas sublinha que providências dessa ordem não apenas são lícitas como impositivas para o cioso cumprimento dos deveres funcionais, na proteção da coisa pública.[36]

Reforçando essa assertiva, Juarez de Freitas, ao responder consulta formulada pela Associação Nacional do Ministério Público de Contas, acresce:

---

[34] ALAGOAS. Tribunal de Justiça. *MS nº 2012.008833-1*. Rel. Des. Tutmés Airan de Albuquerque Melo. Julg. 27.11.2012. Disponível em: www.tjal.jus.br. Acesso em: 29 jun. 2016.

[35] DISTRITO FEDERAL. Tribunal de Contas. *Processo nº 19377/2009*. Decisão nº 24/2011. Rel. do voto do Revisor Cons. Renato Rainha. Disponível em: <https://www.tc.df.gov.br/app/mesaVirtual/implementacao/?a=consultaPublica&f=pesquisaPublicaDocumento&filter[numero]=24&filter[ano]=2011&pesquisarDocumento=Enviar&filter[idtipodocumento]=13#detalhesModal>. Acesso em: 28 jun. 2016.

[36] FREITAS, Juarez. *Parecer*. Disponível em: <http://mpc.tce.am.gov.br/wp-content/uploads/Parecer_Juarez_Freitas.pdf>. Acesso em: 28 jun. 2016.

(d) *no que concerne ao quarto quesito, relativo* à *admissibilidade da expedição de ofícios diretamente pelos Procuradores de contas* à *autoridades e demais pessoas sujeitas* à *jurisdição do Tribunal de Contas, a resposta é cabalmente afirmativa no tocante* à *prerrogativa que deveria ser pacificada,* já como resultado da cogência direta e imediata (independente das regras legais) do princípio da independência funcional e do poder implícito (*implied power*) associado, já pela aplicação análoga de dispositivo expresso da Lei Orgânica do Ministério Público. Quer dizer, por um ou por outro modo de argumentar, trata-se de poder seguramente respaldado nos arts. 130 e 129, II e IV, assim como no art. 26, I, "b", da Lei Federal nº 8.3625/93, sem embargo das disposições a respeito nas respectivas Leis Orgânicas do Ministério Público Estadual. Exemplos concretos, ademais, evidenciam que tais providências podem ser extremamente benéficas à guarda, em tempo útil, da coisa pública. (Grifos nossos)

Cumpre ressaltar que a atuação do Ministério Público de Contas não se restringe à elaboração de pareceres em processos e à interposição de recursos em face das decisões neles proferidas. Segundo Uadi Lammêgo Bulos, os procuradores de contas também têm por função:

a) bradarem para que constem da lista de inelegíveis, remetidas à Justiça Eleitoral, os gestores de contas julgadas irregulares; *b) comparecerem em inspeções, audiências, oitivas, requisitando dados e informações, em nome de uma prestação jurisdicional mais célere, concretizando, assim, o princípio da razoável duração do processo (CF, art. 5º, LXXVIII);* c) encaminharem às autoridades competentes, inclusive aos Conselhos Profissionais e ao Ministério Público comum, documentos que revelem indícios de irregularidades e práticas *contra legem*, exigindo, no próprio seio dos Tribunais de Contas, que se proceda a distinção entre contas de governo e contas de gestão; [...].[37] (Grifos nossos)

Como se pode notar, a doutrina e a jurisprudência são uníssonas ao consignar que o Ministério Público de Contas pode requisitar dados, informações e documentos.

Com fulcro em todo o exposto, entende-se que as argumentações deduzidas por aqueles que não reconhecem o poder requisitório do Ministério Público de Contas no âmbito dos feitos em que atua, sejam aqueles iniciados pela atividade fiscalizadora do Tribunal perante o qual funcionam, sejam aqueles iniciados pelo próprio órgão ministerial, desafiam o bom senso.

---

[37] BULOS, Uadi Lammêgo. *Constituição Federal anotada.* 10. ed. São Paulo: Saraiva, 2012. p. 1212.

É evidente que se qualquer interessado pode requisitar informações com amparo no ordenamento constitucional[38] e infraconstitucional,[39] com mais razão poderá o Ministério Público de Contas, por meio dos seus membros, posto tratar-se de órgão de extração constitucional, que age no desempenho de atribuições impostas pela *Carta Maior* e leis inferiores, exatamente com foco na promoção da fiscalização da administração pública.

Não faria sentido, por óbvio, obrigar ao membro do Ministério Público de Contas se desvestir do cargo público, cujas prerrogativas são ínsitas, para agir em nome próprio, como cidadão, e somente assim obter informações imprescindíveis ao exercício do mister ministerial.

A propósito, foi esta a conclusão da desembargadora Maria Nailde Pinheiro Nogueira:

> *Ora, desafia o bom senso, a argumentação deduzida pela autoridade impetrada de que o MPC, enquanto instituição/organismo integrante do Estado do Ceará, não poderia requerer/solicitar os informes e documentos que compreender necessários para o desempenho de suas funções e que a mesma finalidade possa ser atingida quando dado membro do MPC, assim como qualquer outro servidor público, o faça na condição cidadão.* Trata-se de entendimento que, ao meu sentir, em última análise, confere tratamento mais benéfico ao cidadão individualmente compreendido, do que à coletividade, do que a uma instituição que, frise-se, encontra seu fundamento de existência inegavelmente na Constituição Federal de 1988 [vide art. 130 da CF88].[40] (Grifos nossos)

E continua seu raciocínio a magistrada:

> Por fim, tendo vista os fundamentos acima expostos, constata-se que, ao se admitir a perpetuação dos efeitos do ato administrativo impugnado,

---

[38] "Art. 5º Todos são iguais perante a lei, sem distinção de qualquer natureza, garantindo-se aos brasileiros e aos estrangeiros residentes no País a inviolabilidade do direito à vida, à liberdade, à igualdade, à segurança e à propriedade, nos termos seguintes: [...] XXXIII - todos têm direito a receber dos órgãos públicos informações de seu interesse particular, ou de interesse coletivo ou geral, que serão prestadas no prazo da lei, sob pena de responsabilidade, ressalvadas aquelas cujo sigilo seja imprescindível à segurança da sociedade e do Estado".

[39] Lei Federal nº 12.527/2011 – Lei de Acesso à Informação: "Art. 10 qualquer interessado poderá apresentar pedido de acesso a informações aos órgãos e entidades referidos no art. 1º desta Lei, por qualquer meio legítimo, devendo o pedido conter a identificação do requerente e a especificação da informação requerida".

[40] CEARÁ. Tribunal de Justiça. *Processo nº 0000888-73.2013.8.06.0000*. Rel. D. Maria Nailde Pinheiro Nogueira, 25.4.2013. Disponível em: <www.tjce.jus.br>. Acesso em: 29 jun. 2016.

nos termos em que ele foi prolatado, estar-se-ia obstando ao MPC de, através de métodos aparentemente legítimo e legais, instrumentalizar sua atuação e, assim, funcionar com maior efetividade e eficiência. Essa última, diga-se de passagem, desde a promulgação da Emenda nº 19/98 à Constituição Federal de 1988, alçada a categoria de princípio constitucional aplicável a toda Administração uma vez que passou a integrar o caput do art. 37 da CF/88, *verbis*:

Art. 37. A administração pública direta e indireta de qualquer dos Poderes da União, dos Estados, do Distrito Federal e dos Municípios obedecerá aos princípios de legalidade, impessoalidade, moralidade, publicidade e eficiência e, também, ao seguinte:

Tenho para mim, portanto, que o ato combatido caminha no sentido inverso do princípio constitucional mencionado acima, ao exigir que o MPC – órgão integrante do Estado do Ceará e alocado dentro de uma estrutura cujo objetivo principal é auxiliar o Poder Legislativo Estadual nas atividades de controle externo – tenha de submeter, previamente, à Presidência do TCECE os expedientes destinados a obtenção de informações/esclarecimentos que, por sua vez, encontram-se em poder de órgãos que também integram o Estado do Ceará, e são imprescindíveis para o desempenho de suas funções.[41] (Grifos nossos)

A característica extrajudicial da atuação do Ministério Público de Contas não o desnatura, mas tão somente o identifica como órgão extremamente especializado.

Esse é, pois, o entendimento do Conselho Nacional do Ministério Público:[42]

MINISTÉRIO PÚBLICO JUNTO AOS TRIBUNAIS DE CONTAS. CONSULTA. CONTROLE EXTERNO PELO CONSELHO NACIONAL DO MINISTÉRIO PÚBLICO. NATUREZA JURÍDICA. FUNÇÕES INSTITUCIONAIS. GARANTIAS E VEDAÇÕES DOS MEMBROS. AUTONOMIA FUNCIONAL JÁ RECONHECIDA. AUTONOMIA ADMINISTRATIVA E FINANCEIRA EM PROCESSO DE CONSOLIDAÇÃO. CONSULTA RESPONDIDA POSITIVAMENTE.

I. Considerando que as funções institucionais reservadas ao Ministério Público de Contas – MPC identificam-se plenamente às previstas no art. 127 da Constituição Federal, e que seus membros foram contemplados com as mesmas garantias e vedações relativas aos membros das demais unidades e ramos do Ministério Público (CF, art. 130), impõe-se reconhecer ao MPC a natureza jurídica de órgão do Ministério Público brasileiro.

---

[41] CEARÁ. Tribunal de Justiça. *Processo nº 0000888-73.2013.8.06.0000*. Rel. D. Maria Nailde Pinheiro Nogueira, 25.4.2013. Disponível em: <www.tjce.jus.br>. Acesso em: 29 jun. 2016.

[42] BRASIL. Conselho Nacional do Ministério Público. *Consulta nº 0.00.000.000843/2013-39*. Rel. Cons. Taís Schilling Ferraz. Julg. 7.8.2013. Disponível em: <www.cnmp.mp.br>. Acesso em: 28 jun. 2016.

II. A característica extrajudicial da atuação do MPC não o desnatura, apenas o identifica como órgão extremamente especializado. Outros ramos do MP brasileiro são especializados e todos exercem atribuição extrajudicial ao lado das funções perante o Poder Judiciário.

III. A já reconhecida autonomia funcional dos membros do MPC, em sucessivos precedentes do Supremo Tribunal Federal deve ser acompanhada da gradual aquisição da autonomia administrativa e financeira das unidades, de forma a ter garantido o pleno e independente exercício de sua missão constitucional.

IV. A carência da plena autonomia administrativa e financeira não é óbice ao reconhecimento da natureza jurídica ministerial do MPC, antes é fator determinante da necessidade do exercício, por este Conselho Nacional, de uma de suas funções institucionais (CF, art. 130-A, §2º, I), zelando "pela autonomia funcional e administrativa do Ministério Público, podendo expedir atos regulamentares no âmbito de sua competência ou recomendar providências". Esta atual carência é conseqüência de um histórico de vinculação, a ser superado, e não pode ser trazida como a causa para negar-se ao MPC a condição de órgão do MP brasileiro. Conclusão diferente levaria ao questionamento da natureza jurídica do MP Eleitoral, que, como amplamente sabido, além de não figurar no art. 128 da Constituição Federal, não dispõe de estrutura, sequer de um quadro permanente de membros.

V. Situação de gradual aquisição de autonomia já vivenciada pelos demais órgãos do Ministério Público que, historicamente, dependeram, em maior ou menor medida, das estruturas dos tribunais e nunca tiveram, por essa razão, sua condição de Ministério Público questionada. *Consulta respondida positivamente para reconhecer ao Ministério Público de Contas a natureza jurídica de órgão do Ministério Público brasileiro e, em conseqüência, a competência do CNMP para zelar pelo cumprimento dos deveres funcionais dos respectivos membros e pela garantia da autonomia administrativa e financeira das unidades, controlando os atos já praticados de forma independente em seu âmbito, e adotando medidas tendentes a consolidar a parcela de autonomia de que ainda carecem tais órgãos.* (Grifos nossos)

À vista disso, forçoso concluir que o Conselho Nacional do Ministério Público compartilha da ideia de que deve ser garantido ao *Parquet* de Contas o pleno e independente exercício de sua missão constitucional.

No mesmo trilhar, percebe-se que o próprio Conselho Nacional do Ministério Público reconheceu ao Ministério Público de Contas a natureza jurídica de órgão ministerial, o que enseja, por consequência, a aplicação da Lei nº 8.625/1993.[43]

---

[43] A Lei Federal nº 8.625/1993 instituiu a Lei Orgânica Nacional do Ministério Público.

De igual sorte, vê-se o posicionamento do Conselho Superior do Ministério Público de Santa Catarina:

> Homologação de Arquivamento. Moralidade Administrativa. Inquérito civil. Notícia de irregularidades em atuação de membro do Ministério Público junto ao Tribunal de Contas do Estado de Santa Catarina. Expedição de "notificações recomendatórias". Aplicação da Lei Orgânica Nacional do Ministério Público aos membros do MPjTC. Cumprimento das obrigações previstas no art. 27, parágrafo único, inciso IV, da referida lei. Inexistência de ato de improbidade administrativa. Promoção de arquivamento. Homologação.[44]

A propósito, não se pode olvidar que, ainda que o Ministério Público de Contas não detenha competência para interpor ações judiciais, este órgão é legitimado a propor representações no âmbito do Tribunal de Contas. Em consequência, faz-se necessária a requisição de documentos e informações, a fim de subsidiar as peças de representação e, ainda, para o esclarecimento de determinado fato.

É relevante assinalar, também, que o poder de requisição não está previsto somente na Lei Orgânica Nacional do Ministério Público e na Lei de Ação Civil Pública, conforme quis dar a entender a Procuradoria Geral do Estado de Santa Catarina. Nesse contexto, impõe-se rememorar que a própria Constituição da República traz tal previsão:

> Art. 129. São funções institucionais do Ministério Público: [...]
>
> VI - expedir notificações nos procedimentos administrativos de sua competência, requisitando informações e documentos para instruí-los, na forma da lei complementar respectiva.

Assim, torna-se evidente que a requisição de documentos e informações não objetiva exclusivamente a propositura de ações perante o Poder Judiciário, até mesmo porque a atuação dos órgãos do Ministério Público, comum ou de contas, não se restringe à via judicial.

Para a consecução da independência funcional dos seus membros e autonomia do próprio *parquet*, a atuação do Ministério Público de Contas deve ser pautada em procedimento administrativo formal, no qual cabe a prerrogativa instrumental de requisitar informações e

---

[44] SANTA CATARINA. Ministério Público. *Inquérito Civil nº 06.2015.0001387-5*. Julg. 23.2.2016. Disponível em: <www.mpsc.mp.br>. Acesso em: 30 jun. 2016.

documentos às autoridades e pessoas sujeitas à jurisdição do Tribunal de Contas.

Do contrário, ao Ministério Público de Contas estaria sendo renegada a sua missão constitucional de defensor da ordem jurídica perante os Tribunais de Contas, reduzindo-o a mero órgão de assessoramento jurídico das Cortes de Contas, o que, obviamente, não foi o desígnio do Constituinte que erigiu o Ministério Público de Contas à estatura de órgão constitucional e dotou seus membros dos mesmos direitos, garantias, deveres e impedimentos dos demais órgãos do Ministério Público.

Acrescente-se que a prática de atos orientados a promover a defesa da ordem jurídica, do regime democrático e dos interesses sociais e individuais indisponíveis junto aos Tribunais de Contas do Brasil, tutelando a supremacia e indisponibilidade do interesse público por meio da fiscalização contábil, financeira, orçamentária, operacional e patrimonial da Administração Pública do Estado, não é uma faculdade atribuída aos membros do Ministério Público de Contas, razão pela qual se faz necessária a requisição de documentos e informações, com vistas a dar suporte ao trabalho desenvolvido.

Informação bibliográfica deste texto, conforme a NBR 6023:2002 da Associação Brasileira de Normas Técnicas (ABNT):

RINGENBERG, Diogo Roberto. Poder de requisição do Ministério Público de Contas. In: ASSOCIAÇÃO NACIONAL DO MINISTÉRIO PÚBLICO DE CONTAS. *Ministério Público de Contas*: perspectivas doutrinárias do seu estatuto jurídico. Belo Horizonte: Fórum, 2017. p. 257-281. ISBN 978-85-450-0183-6.

O TRIBUNAL DE CONTAS E O MINISTÉRIO PÚBLICO QUE NELE ATUA, À LUZ DA CONSTITUIÇÃO FEDERAL

GABRIEL GUY LÉGER

É comum ouvirmos manifestações de parlamentares estaduais e federais enxergando os Tribunais de Contas como órgãos auxiliares, enquanto vereadores temem suas decisões, os veem como órgãos repressores a lhes impor sanções, entre elas a de condenação em devolução de subsídios e a inclusão na lista de inelegíveis, o que, em última análise, representaria o fim de toda pretensão a uma carreira política. Ambas as ideias estão equivocadas. O primeiro erro decorre de uma inadequada interpretação da Constituição Federal, cuja redação infelizmente não preza pela clareza e objetividade que seria de se esperar da norma constitucional.

Refiro-me ao texto do *caput* do art. 71 da Constituição Federal, logo após o art. 70 dizer que

> a fiscalização contábil, financeira, orçamentária, operacional e patrimonial da União e das entidades da administração direta e indireta, quanto à legalidade, legitimidade, economicidade, aplicação das subvenções e renúncia de receitas, será exercida pelo Congresso Nacional, mediante controle externo, e pelo sistema de controle interno de cada Poder.

Prescreve o citado art. 71 que "o controle externo, a cargo do Congresso Nacional, será exercido com o auxílio do Tribunal de Contas da União, ao qual compete", arrolando em seguida, nos incisos subsequentes, as atribuições das Cortes de Contas.

Sim, é fato que *a fiscalização contábil, financeira, orçamentária, operacional e patrimonial da União e das entidades da administração direta e indireta* compete ao *Congresso Nacional*.

Mas também é fato que no âmbito do controle externo a única "atribuição de julgar" cometida pela Constituição ao Legislativo é a das contas anuais do chefe do Executivo, contas estas que não poderão ser apreciadas senão após a emissão de parecer prévio pelo Tribunal de Contas. Neste ponto é necessário fazer uma leitura conjugada do art. 49, inc. IX da Constituição Federal com o disposto no art. 71, inc. I.

Significa dizer: o Tribunal de Contas emite opinativo técnico denominado "parecer prévio" (art. 71, I, CF) e o Congresso Nacional "julga" as contas anuais (art. 49, IX, CF).

Todas as demais competências referidas nos incs. II a IX, do art. 71 da Constituição Federal são privativas das Cortes de Contas e não se confundem com a competência para o julgamento dos "crimes de responsabilidade" a que se refere o art. 52, em seus incs. I e II, a qual é atribuída ao Senado Federal, não ao Congresso Nacional.

O Congresso Nacional, conforme prescreve o art. 44 da Constituição Federal, compõe-se da Câmara dos Deputados e do Senado Federal, cada qual com atribuições e competências específicas. É o chamado sistema bicameral, o qual não se repete nos estados e municípios onde o Poder Legislativo é representado pela Assembleia Legislativa e pela Câmara de Vereadores, respectivamente.

Mas o que importa destacar desde logo é que a Constituição Federal consagra o chamado "princípio da simetria", segundo o qual os poderes e os órgãos no âmbito estadual se estruturam à semelhança dos federais, observadas as competências delimitadas na própria Constituição Federal.

Note-se que no âmbito municipal não há previsão da existência de um Poder Judiciário, mas à Câmara Municipal é dado o direito de julgar o prefeito, seja por ocasião do exame das contas anuais, desde que observado o disposto no art. 31, §§1º e 2º, da Constituição Federal, seja nas infrações político-administrativas, conforme expressa previsão do art. 4º do Decreto-Lei nº 201, de 27.2.2007.

Também no âmbito dos Tribunais de Contas se aplica o "princípio da simetria", por expressa disposição do art. 75 da Constituição Federal.

Mas antes de se fazer considerações acerca do que prescreve o art. 75, convém destacar as seguintes expressões contidas no art. 73: "O Tribunal [...] tem sede [...] quadro próprio de pessoal e jurisdição em todo o território nacional, exercendo, no que couber, as atribuições previstas no art. 96".

E o que diz o art. 96 da Constituição Federal? Dispõe acerca das competências privativas dos Tribunais que integram o Poder Judiciário. Algumas conclusões podem ser extraídas desde logo.

A primeira é de que os Tribunais de Contas têm jurisdição e, portanto, julgam; a segunda é que possuem o poder de se auto-organizar.

Outra constatação é a de que possuem quadros próprios de pessoal, portanto desvinculados de qualquer Poder Legislativo, municipal, estadual ou federal.

Os Tribunais de Contas se estruturam à semelhança dos tribunais integrantes do Poder Judiciário, inclusive com equiparação de seus membros em garantias, prerrogativas, impedimentos, vencimentos e vantagens.

A distinção básica entre as Cortes de Contas e as Corte Judiciais se dá na forma de investidura de seus membros, sendo que a magistratura nacional é organizada em carreira, reservando-se, na forma do art. 94 da Constituição, um quinto dos lugares dos Tribunais Regionais Federais, dos Tribunais dos Estados, e do Distrito Federal a membros do Ministério Público e advogados com mais de dez anos de carreira, de notório saber jurídico e de reputação ilibada; enquanto que os Tribunais de Contas Estaduais são compostos de sete conselheiros, sendo que, a teor da Súmula nº 653 do STF, quatro devem ser escolhidos pela Assembleia Legislativa e três pelo governador, cabendo a este indicar um entre os auditores e outro entre os membros do Ministério Público, e um terceiro de sua livre escolha, igualmente com os requisitos de dez anos de carreira, de notório saber jurídico e de reputação ilibada.

Se possuem jurisdição, quadros próprios e seus membros se equiparam aos órgãos superiores do Poder Judiciário, se aplicando a eles o art. 96 da Constituição Federal, por óbvio não são meros órgãos auxiliares do Poder Legislativo.

A interpretação sistemática da Constituição Federal exige que se compreenda que o controle externo é atribuição tanto do Poder Legislativo quanto dos Tribunais de Contas, ressalvando que a estes são atribuídas competências específicas, uma das quais é a emissão do parecer prévio que irá subsidiar o julgamento político das contas anuais de governo prestadas pelo chefe do Poder Executivo.

Não há aqui qualquer elemento que permita concluir haver subordinação técnica ou funcional; de sorte que é totalmente fora de propósito qualquer linha de argumentação que considere os Tribunais de Contas órgãos auxiliares do Legislativo. Prestam auxílio, mas sem qualquer relação de subalternidade. E prestam auxílio aos três níveis de governo. Prestam auxílio aos legislativos federal, estadual e municipal.

Também prestam auxílio aos demais poderes, Executivo e Judiciário, bem como ao Ministério Público e demais órgãos da Administração direta e indireta, quando apontam o correto a proceder, quando orientam sobre aspectos relativos à sua área de competência.

Relativamente ao controle externo há que se ressaltar a força vinculante do parecer prévio emitido pelo Tribunal de Contas em relação ao Legislativo Municipal. Para que a Câmara Municipal desconsidere o opinativo técnico contido no parecer prévio emitido pelo Tribunal de Contas é necessário que ele seja rejeitado por uma maioria qualificada de dois terços (art. 31, §2º, CF), restrição esta que não se dá no âmbito federal ou estadual.

Significa dizer que prevalecerá a decisão do Tribunal de Contas sempre que o parecer prévio não for rejeitado por dois terços da Câmara Municipal, seja este no sentido da aprovação ou desaprovação das contas. O parecer prévio somente poderá ser desconsiderado se dois terços dos membros do Legislativo Municipal o rejeitarem.

Tem-se aí um aspecto de fundamental importância para os vereadores de modo geral. Consiste em perceber o Tribunal de Contas como aliado para o exercício da atribuição de fiscalização do município, posto que é um órgão ao qual a Constituição Federal incumbe a atribuição precípua do controle externo.

Por controle externo entenda-se aquele realizado por quem não faz parte da Administração direta ou indireta.

Diz a Constituição Federal de modo muito claro em seu art. 31, §1º que o controle externo da Câmara Municipal será exercido com o auxílio dos Tribunais de Contas. Com o auxílio, não em substituição. Câmaras Municipais e Tribunais de Contas exercem concomitantemente o controle externo, cada qual no âmbito das competências que lhe foram atribuídas pela Constituição Federal e por normas infraconstitucionais.

E o Ministério Público, onde é que ele aparece? Qual a sua função?

Bem, de início é preciso destacar que o Ministério Público que atua junto ao Tribunal de Contas é absolutamente distinto e independente do Ministério Público que atua na comarca em que se insere o município.

Para reafirmar essa distinção e sua atuação restrita ao âmbito de competências dos Tribunais de Contas é que os seus integrantes passaram a adotar a denominação "Ministério Público de Contas", que já é aceita nos meios técnicos e acadêmicos

Acerca dessa distinção convém transcrever o entendimento do Supremo Tribunal Federal, proferido no Mandado de Segurança nº 27.339/DF, em que foi relator o Ministro Menezes Direito:

> Mandado de segurança. Ato do Conselho Nacional do Ministério Público. Atuação de Procuradores de Justiça nos Tribunais de Contas. Ofensa à Constituição. 1. Está assente na jurisprudência deste Supremo Tribunal Federal que o Ministério Público junto ao Tribunal de Contas possui fisionomia institucional própria, que não se confunde com a do Ministério Público comum, sejam os dos Estados, seja o da União, o que impede a atuação, ainda que transitória, de Procuradores de Justiça nos Tribunais de Contas (cf. ADI nº 2.884, Relator o Ministro Celso de Mello, DJ de 20/5/05; ADI nº 3.192, Relator o Ministro Eros Grau, DJ de 18/8/06). 2. Escorreita a decisão do CNMP que determinou o imediato retorno de dois Procuradores de Justiça que oficiavam perante o Tribunal de Contas do Estado do Rio Grande do Sul às suas funções próprias no Ministério Público estadual, não sendo oponíveis os princípios da segurança jurídica e da eficiência, a legislação estadual ou as ditas prerrogativas do Procurador-Geral de Justiça ao modelo institucional definido na própria Constituição. 3. Não se pode desqualificar decisão do Conselho Nacional do Ministério Público que, no exercício de suas atribuições constitucionais, identifica situação irregular de atuação de Procuradores de Justiça estaduais junto ao Tribunal de Contas, o que está vedado em julgados desta Corte Suprema. (*DJe*, n. 43, 5 mar. 2009, publicado 6 mar. 2009)

A participação do Ministério Público no Tribunal de Contas já é centenária, consoante previsão do art. 5º do Decreto nº 392, de 8.12.1896, que reorganizou a estrutura do Tribunal de Contas, instituído nos termos do art. 89 da primeira Constituição Republicana, de 1891, e instalado em 17.1.1893.

Na atual Constituição está expressamente prevista sua existência, no art. 130, o qual consigna que "aos membros do Ministério Público junto aos Tribunais de Contas aplicam-se as disposições desta seção pertinentes a direitos, vedações e forma de investidura", especialmente no que se refere aos princípios institucionais da unidade, da indivisibilidade e da independência funcional.

Sua função é a de promover a defesa da ordem jurídica, do regime democrático e dos interesses sociais e individuais indisponíveis, requerendo as medidas de interesse da justiça, da administração e do erário.

Em outras palavras, o Ministério Público de Contas é o fiscal da lei, atua em favor da sociedade, podendo inclusive se contrapor às decisões do próprio Tribunal, apresentar recursos e pedidos de rescisão.

É o Ministério Público de Contas, portanto, órgão de fundamental importância para o aperfeiçoamento da jurisdição de contas, sendo imprescindível a sua participação em todos os processos decorrentes do exercício da competência atribuída às Cortes de Contas pelo art. 71 da Constituição Federal.

A não participação do Ministério Público de Contas nos processos acima mencionados, seja mediante acesso aos autos ou presença na sessão de julgamento dos órgãos colegiados, implica nulidade da decisão proferida pela Cortes de Contas.

Esse simples fato é suficiente para dar a dimensão da importância da participação do Ministério Público de Contas, cuja atuação, enquanto fiscal da lei e representante da sociedade, mereceu destaque específico do legislador constitucional.

Cabe ao órgão ministerial, assim considerado o procurador que atua no processo, analisar os fatos noticiados e as irregularidades apontadas, extraindo-lhes as consequências jurídicas que considerar adequadas e pertinentes, ainda que em discordância com o teor da manifestação das unidades técnicas dos Tribunais.

A atuação e intervenção do Ministério Público de Contas é imprescindível para a exequibilidade das decisões dos Tribunais de Contas.

Significa dizer que uma decisão administrativa do Tribunal de Contas, na qual se tenha imputado débito, ou aplicado multa, possa ser executada judicialmente, revestindo-se da natureza de título executivo extrajudicial conforme expressa previsão do art. 71, §3º, da Constituição Federal, necessário é que tenha havido a atuação do Ministério Público de Contas.

Certo é que mesmo com a intervenção do Ministério Público de Contas é possível que as decisões das Cortes de Contas ainda se ressintam de falhas formais, a ensejar a atuação do Poder Judiciário que deverá ser provocado por aquele que se sentir prejudicado ou atingido pela decisão administrativa.

Contudo, cabe alertar que o próprio Supremo Tribunal Federal tem limitado esta insurgência aos vícios de forma, via de regra por ofensa aos preceitos do art. 5º, inc. LV, da Constituição Federal, não admitindo a revisão do "mérito administrativo" da decisão do Tribunal de Contas.

Isso porque os atos administrativos possuem em sua essência a presunção *iuris tantum* de legitimidade; ou seja, presunção relativa de que foram editados em conformidade com a lei.

Por fim, é necessário destacar a ampla evolução que se constata na atuação das Cortes de Contas, o que se acentuou a partir da edição da Lei de Responsabilidade Fiscal.

Nem por isso são as Cortes de Contas órgão imunes às vicissitudes decorrentes de sua composição heterogênea prevista nos arts. 73 e 75 da Constituição Federal, mas neste caso há que se destacar que as falhas são integralmente debitáveis ao descumprimento dos preceitos constitucionais quando do procedimento de escolha de seus membros.

Mas cabe justamente aos jurisdicionados, e entre estes de fundamental importância a atuação crítica dos integrantes dos parlamentos municipais, provocar e convocar as Cortes de Contas a uma atuação mais consentânea com suas atribuições republicanas e constitucionais, inclusive para, se for o caso, lhes auxiliar na fiscalização ao Poder Executivo, de sorte que a população perceba e receba de modo efetivo e eficiente a adoção das políticas públicas enunciadas nas leis orçamentárias, as quais devem traduzir a contraprestação pelos tributos recolhidos.

Informação bibliográfica deste texto, conforme a NBR 6023:2002 da Associação Brasileira de Normas Técnicas (ABNT):

LÉGER, Gabriel Guy. O Tribunal de Contas e o Ministério Público que nele atua, à luz da Constituição Federal. In: ASSOCIAÇÃO NACIONAL DO MINISTÉRIO PÚBLICO DE CONTAS. *Ministério Público de Contas:* perspectivas doutrinárias do seu estatuto jurídico. Belo Horizonte: Fórum, 2017. p. 283-289. ISBN 978-85-450-0183-6.

DECISÃO

CONSULTA Nº 0.00.000.000843/2013-39 – CONSELHO NACIONAL DO MINISTÉRIO PÚBLICO – CNMP

RELATORA: Taís Schilling Ferraz

REQUERENTE: Associação Nacional do Ministério Público de Contas – AMPCON

MINISTÉRIO PÚBLICO JUNTO AOS TRIBUNAIS DE CONTAS. CONSULTA. CONTROLE EXTERNO PELO CONSELHO NACIONAL DO MINISTÉRIO PÚBLICO. NATUREZA JURÍDICA. FUNÇÕES INSTITUCIONAIS. GARANTIAS E VEDAÇÕES DOS MEMBROS. AUTONOMIA FUNCIONAL JÁ RECONHECIDA. AUTONOMIA ADMINISTRATIVA E FINANCEIRA EM PROCESSO DE CONSOLIDAÇÃO. CONSULTA RESPONDIDA POSITIVAMENTE.

1 Considerando que as funções institucionais reservadas ao Ministério Público de Contas – MPC identificam-se plenamente às previstas no art. 127 da Constituição Federal, e que seus membros foram contemplados com as mesmas garantias e vedações relativas aos membros das demais unidades e ramos do Ministério Público (CF, art. 130), impõe-se reconhecer ao MPC a natureza jurídica de órgão do Ministério Público brasileiro.

2 A característica extrajudicial da atuação do MPC não o desnatura, apenas o identifica como órgão extremamente especializado. Outros ramos do MP brasileiro são especializados e todos exercem atribuição extrajudicial ao lado das funções perante o Poder Judiciário.

3 A já reconhecida autonomia funcional dos membros do MPC, em sucessivos precedentes do Supremo Tribunal Federal, deve ser acompanhada da gradual aquisição da autonomia administrativa e financeira das unidades, de forma a ter garantido o pleno e independente exercício de sua missão constitucional.

4 A carência da plena autonomia administrativa e financeira não é óbice ao reconhecimento da natureza jurídica ministerial do MPC, antes é fator determinante da necessidade do exercício, por este Conselho Nacional, de uma de suas funções institucionais (CF, art. 130-A, §2º, I), zelando "pela autonomia funcional e administrativa do Ministério Público, podendo expedir atos regulamentares no âmbito de sua competência ou recomendar providências". Esta atual carência é consequência de um histórico de vinculação, a ser superado, e não pode ser trazida como a causa para negar-se ao MPC a condição de órgão do MP brasileiro. Conclusão diferente levaria ao questionamento da natureza jurídica do MP Eleitoral, que, como amplamente sabido, além de não figurar no art. 128 da Constituição Federal, não dispõe de estrutura, sequer de um quadro permanente de membros.

5 Situação de gradual aquisição de autonomia já vivenciada pelos demais órgãos do Ministério Público que, historicamente, dependeram, em maior ou menor medida, das estruturas dos tribunais e nunca tiveram, por essa razão, sua condição de Ministério Público questionada.

Consulta respondida positivamente para reconhecer ao Ministério Público de Contas a natureza jurídica de órgão do Ministério Público brasileiro e, em consequência, a competência do CNMP para zelar pelo cumprimento dos deveres funcionais dos respectivos membros e pela garantia da autonomia administrativa e financeira das unidades, controlando os atos já praticados de forma independente em seu âmbito, e adotando medidas tendentes a consolidar a parcela de autonomia de que ainda carecem tais órgãos.

Relatório

A Conselheira Taís Schilling Ferraz (relatora):

Trata-se de consulta formulada pela Associação Nacional do Ministério Público de Contas (AMPCON), na qual se questiona se os Ministérios Públicos de Contas e seus membros estão sujeitos ao controle exercido pelo Conselho Nacional do Ministério Público.

A requerente narrou que este Conselho, ao examinar a matéria anteriormente, por ocasião da questão de ordem suscitada pela

Conselheira Janice Ascari no Processo nº 004/2005-19, concluiu ser incompetente para controlar ato administrativo proveniente do Ministério Público de Contas do Rio Grande do Norte, ao fundamento de que tal instituição não integra o art. 128 da Constituição Federal e não possui autonomia administrativa e financeira.

Sustentou, porém, que o reexame do tema é medida que se impõe, em virtude da nova realidade institucional do MPC. Aduziu que, no julgamento das ADIs nºs 3.160 e 328 pelo STF, o órgão foi reconhecido como um Ministério Público especial, com estrutura própria e autonomia. Asseverou, ainda, que, no plano fático, em diversas unidades da Federação, houve avanços consideráveis na consolidação da autonomia dos MPCs, que, no entendimento da postulante, praticam, em sua rotina, atos de gestão que demandam o controle do CNMP.

Acostou aos autos parecer sobre a matéria subscrito pelo jurista e ex-Ministro do Supremo Tribunal Federal Dr. José Néri da Silveira (fls. 07/57). Embora não seja impositiva a solicitação de informações nos procedimentos de consulta instaurados neste Conselho, entendi que a ampliação democrática do debate se fazia necessária, razão pela qual oportunizei a manifestação do Conselho Nacional dos Procuradores-Gerais (CNPG), da Associação dos Membros dos Tribunais de Contas do Brasil (ATRICON), da Associação Nacional dos Membros do Ministério Público (CONAMP), da Associação Nacional dos Procuradores da República (ANPR), da Associação Nacional dos Procuradores do Trabalho (ANPT), da Associação Nacional do Ministério Público Militar (ANMPM) e da Associação do Ministério Público do Distrito Federal e Territórios (AMPDFT).

A ANPT, a AMPDFT, a ANPR, a ANMPM e a CONAMP manifestaram-se favoravelmente à submissão das unidades do Ministério Público de Contas ao controle exercido pelo CNMP.

A ATRICON não manifestou no interregno assinalado.

Ao conferir o prazo de 15 (quinze) dias para a manifestação, presumi que tal lapso transcorria antes da sessão de julgamento de agosto, na medida em que os ofícios foram expedidos em 10.7.2013. Contudo, o retorno do AR referente ao ofício enviado ao CNPG ocorreu apenas em 29.7.2013, razão pela qual o prazo para essa entidade se escoará em 13.8.2013.

Não obstante, considerando a iminência do término do meu mandato como conselheira, a se efetuar em 9.8.2013, determinei a inclusão do feito na pauta da 12ª Sessão Ordinária, a fim de possibilitar o seu julgamento, e contatei por telefone o Presidente do CNPG, Dr. Oswaldo Trigueiro do Valle Filho, para informá-lo acerca dessa circunstância. É o relatório.

Voto

A Conselheira Taís Schilling Ferraz (relatora):

Inicialmente, cumpre ressaltar que este Conselho já teve a oportunidade de examinar o tema ora sob apreciação, qual seja, a possibilidade de controle pelo CNMP dos atos de gestão administrativa emanados das unidades do Ministério Público junto aos Tribunais de Contas (MPCs) e do cumprimento dos deveres funcionais de seus membros.

Essa análise ocorreu em setembro de 2005, por ocasião do exame de questão de ordem suscitada no julgamento do Processo CNMP nº 004/2005-19, de relatoria da Conselheira Janice Ascari. Confira-se, por oportuno, o teor da ementa do referido julgado:

> Pedido de providências sobre a demora na nomeação de candidatos aprovados em concurso público para provimento de cargos do Ministério Público junto ao Tribunal de Contas do Estado do Rio Grande do Norte.

> Questão de ordem suscitada pela Relatora, para definir a natureza do Ministério Público junto aos Tribunais de Contas. Inteligência dos artigos 127 e 130-A da Constituição Federal.

> O Ministério Público junto aos Tribunais de Contas constitui carreira pública instituída pelas respectivas leis orgânicas dos Tribunais de Contas da União e dos Estados. Não integra o Ministério Público da União nem dos Estados, não sendo instituição autônoma e não possuindo as mesmas prerrogativas constitucionais, tendo suas atribuições restritas aos Tribunais de Contas.

> Aplicação do artigo 130 da Constituição Federal apenas quanto aos direitos (inamovibilidade, irredutibilidade de vencimentos e vitaliciedade), vedações (recebimento de honorários ou porcentagens a qualquer título, bem como de auxílios ou contribuições, participação em sociedade, exercícios da advocacia, de outra função pública e de atividade político-partidária) e forma de investidura (concurso público de provas e títulos).

> Incompetência do Conselho Nacional do Ministério Público para assuntos relativos aos Ministérios Públicos junto aos Tribunais de Contas, dos Estados ou da União, por não integrarem estes a organização prevista no artigo 128 da Constituição Federal. Precedentes do Supremo Tribunal Federal. Ademais, os atos de gestão administrativa e financeira, dada a

ausência de autonomia do Ministério Público especial, são de atribuição do próprio Tribunal de Contas, escapando, portanto, à competência do CNMP.

Pedido não conhecido.

Naquela oportunidade, este Conselho decidiu não conhecer de pedido formulado por candidata aprovada no concurso para o ingresso na carreira do Ministério Público junto ao Tribunal de Contas do Estado do Rio Grande do Norte, no qual se requereu a fiscalização das nomeações levadas a efeito no órgão, em virtude da notícia de que estariam acontecendo atrasos decorrentes de problemas nas relações institucionais entre o Tribunal e o Ministério Público.

Tal decisão foi amparada no fundamento de que o CNMP não seria competente para dirimir questões atinentes aos atos administrativos praticados no âmbito dos MPCs, na medida em que estes não integrariam o Ministério Público brasileiro e não seriam dotados de autonomia administrativa e financeira, submetendo-se ao controle do próprio Tribunal de Contas perante os quais atuam.

Contudo, não vislumbro a ocorrência de coisa julgada administrativa a obstar o julgamento da presente consulta.

Isso porque, primeiramente, segundo dispõe o inc. III, do art. 469, do Código de Processo Civil, não faz coisa julgada "a apreciação da questão prejudicial, decidida incidentalmente no processo".

Em atenção a tal regra processual, não estaria acobertado pelo manto da coisa julgada administrativa o reconhecimento da incompetência do CNMP para controlar atos emanados dos MPCs, uma vez que a incompetência não é matéria de mérito, mas processual, e foi decidida em sede de questão de ordem suscitada pela relatora do Processo nº 004/2005-19, e não em procedimento autônomo, como ocorre com a presente consulta.

Ainda que assim não fosse, conforme registrou a associação requerente na inicial, a realidade do Ministério Público junto aos Tribunais de Contas sofreu importantes alterações no curso dos quase oito anos que transcorreram desde a citada decisão.

Com efeito, não apenas é possível vislumbrar a realização de medidas concretas rumo à consolidação da autonomia administrativa e financeira de tal instituição, como também a própria percepção acerca do tema vem se alterando no âmbito do Supremo Tribunal Federal e da "comunidade jurídica" pátria, consoante será analisado adiante.

Ora, sob pena da mitigação da eficácia de suas decisões, não pode o CNMP adotar postura resistente às alterações verificadas na realidade fática, reflexos da evolução que se opera constantemente na sociedade brasileira, cujo dinamismo e complexidade se refletem na redefinição da estrutura e das funções dos órgãos públicos nela instituídos.

Conheço, portanto, da presente consulta e passo ao exame do seu objeto.

Em uma breve digressão histórica, constata-se que, após a instituição do Tribunal de Contas da União no ordenamento jurídico brasileiro, ocorrida por força do art. 89 da Constituição Federal de 1891, os Decretos nº 1.166/1892 e nº 392/1896 dispuseram acerca de sua organização, prevendo, pela primeira vez, a atuação do Ministério Público perante a Corte de Contas.

O Decreto nº 2.409, de 23.12.1896, delineou a missão dessa unidade do Ministério Público e a sua autonomia institucional, conferindo ao seu representante plena liberdade de ação e o dever de zelar pelo fiel cumprimento das leis fiscais e dos interesses da Fazenda Pública, conforme se extrai da leitura do art. 81 daquele ato normativo, que a seguir transcrevo:

> Art. 81. O representante do Ministério Público é o guarda da observância das leis fiscais e dos interesses da Fazenda perante o Tribunal de Contas. Conquanto represente os interesses da publica administração, não é todavia delegado especial e limitado desta, antes tem personalidade própria, e no interesse da lei, da justiça e da Fazenda Pública tem *inteira liberdade de ação*. (Grifos nossos)

Muito tempo depois, a Carta de 1969 estabeleceu, em seu art. 72, §5º, a possibilidade de provocação da Corte de Contas pelo Ministério Público, sem delinear a existência do MPC como unidade independente dos demais ramos. Essa circunstância não obstou, contudo, a implantação de órgãos autônomos em alguns estados, conforme registra Hugo Nigro Mazzilli.[1]

A Constituição de 1988, por sua vez, tratou do MPC somente no art. 72, §3º, inc. I, em que estabelece a necessidade da indicação de membro de tal órgão para a composição do Tribunal de Contas da União, e no art. 130, por meio do qual determinou serem aplicáveis aos seus membros os direitos, as vedações e a forma de investidura estabelecidos na seção do texto constitucional pertinente ao *parquet*.

---

[1] MAZZILLI, Hugo Nigro. *Regime jurídico do Ministério Público*. 6. ed. São Paulo: Saraiva, 2007. p. 160-161.

A instituição não foi contemplada nos incisos do art. 128, que identificam os órgãos abrangidos pelo Ministério Público brasileiro, quais sejam, os Ministérios Públicos dos estados e o Ministério Público da União, compreendidos os seus quatro ramos.

Não mais pairam dúvidas quanto ao fato de que o MPC não integra a estrutura dos MPEs e do MPU, nem configura simples representação destes perante os Tribunais de Contas dos Estados e da União, cuidando-se de unidade com existência própria e atuação exclusiva junto a tais Cortes. Há muito, inclusive, o Supremo Tribunal Federal passou a se referir ao MPC como um Ministério Público "especial", a fim de demarcar sua distinção em relação ao Ministério Público "comum", nomenclatura utilizada para designar as unidades enumeradas no art. 128 da Constituição Federal.

Portanto, o cerne da controvérsia em pauta reside na possibilidade de identificação do MPC como Ministério Público e passível de submissão ao controle externo que incumbe ao CNMP por força do art. 130-A, §2º, da Constituição Federal.

Inicialmente, verifico que as atribuições incumbidas ao MPC se inserem no escopo atribuído a todo o Ministério Público pelo art. 127 da CF, qual seja, a defesa da ordem jurídica, do regime democrático e dos interesses sociais e individuais indisponíveis.

De fato, a fiscalização do cumprimento das normas financeiras e orçamentárias pertinentes às contas públicas pelo MPC amolda-se integralmente à missão dos membros dos MPEs e do MPU na qualidade de *custos legis*, extrapolando, ainda, a elaboração de pareceres em processos e a interposição de recursos em face das decisões neles proferidas. Segundo Uadi Lammêgo Bulos, os procuradores de contas também têm por função:

> a) bradarem para que constem da lista de inelegíveis, remetidas à Justiça Eleitoral, os gestores de contas julgadas irregulares; b) comparecerem em inspeções, audiências, oitivas, requisitando dados e informações, em nome de uma prestação jurisdicional mais célere, concretizando, assim, o princípio da razoável duração do processo (CF, art. 5º, LXXVIII); c) encaminharem às autoridades competentes, inclusive aos Conselhos Profissionais e ao Ministério Público comum, documentos que revelem indícios de irregularidades e práticas contra *legem*, exigindo, no próprio seio dos Tribunais de Contas, que se proceda a distinção entre contas de governo e contas de gestão [...].[2]

---

[2] BULOS, Uadi Lammêgo. *Constituição Federal anotada*. 10 ed. São Paulo: Saraiva, 2012. p. 1212.

Vê-se, aqui, idêntica responsabilidade na proteção da ordem jurídica como guardião da lei, destacando-se apenas o fato de que o objeto de apreciação é exclusivamente extrajudicial, vinculado ao controle externo efetuado pelos Tribunais de Contas, especialização esta que não desnatura a essência do Ministério Público nem mitiga a relevância de sua missão institucional.

A especialização técnica não é novidade. Assim funcionam o MPT, o MPM e o Ministério Público Eleitoral. É, ao revés, necessária ao competente desenvolvimento dos serviços exigidos do *Parquet* de Contas. Nesse sentido, em artigo elaborado por ocasião do centenário da existência do Ministério Público junto ao Tribunal de Contas da União, o eminente jurista Jorge Ulisses Jacoby Fernandes destacou que "a ênfase sobre o aspecto da legalidade no âmbito dos Tribunais de Contas demanda conhecimento profundo dos subtemas do Direito Financeiro e impõe a especialização como necessidade inafastável do serviço",[3] razão pela qual não se deveria cogitar da mera representação do Ministério Público "comum" perante a Corte de Contas.

É certo, outrossim, que a tutela das finanças e do patrimônio público realizada pelo MPC mediante a apuração dos elementos apresentados às Cortes de Contas integra a defesa dos interesses sociais difusos, máxime no que concerne à devida aplicação dos recursos públicos e à regularidade das despesas governamentais, em observância aos princípios administrativos.

A Associação dos Membros do Ministério Público do Distrito Federal e Territórios (AMPDFT), à qual foi conferida a oportunidade de se manifestar nos presentes autos, destacou que o MPC/DF constantemente desenvolve trabalhos conjuntos com as Promotorias do MPDFT. Asseverou que "a colaboração entre as duas instituições nas áreas da saúde e do patrimônio público, como exemplo, é repleta de resultados positivos relevantes na melhoria da gestão pública e no ressarcimento aos cofres públicos de recursos desviados ou mal versados" (fl. 86), o que reforça a identidade indissociável entre as missões do Ministério Público "comum" e do Ministério Público "especial".

Não se pode olvidar que os Tribunais de Contas não exercem atividade jurisdicional, tratando-se de órgãos de controle externo integrantes da estrutura do Poder Legislativo. Essa circunstância é

---

[3] FERNANDES, Jorge Ulisses Jacoby. Ministério Público junto ao Tribunal de Contas. *R. Inf. Legislativa*, n. 119, jul./set. 1993. p. 238. Disponível em: <http://www2.senado.leg.br/bdsf/bitstream/handle/id/ 176181/000483914.pdf?sequence=3>.

determinante na referida denominação do MPC como um Ministério Público "especial", em virtude de sua atuação se dar exclusivamente perante um órgão administrativo, extrajudicialmente, portanto.

Todavia, a natureza de Ministério Público que caracteriza intrinsecamente os MPCs não pode ser afastada apenas em decorrência de não exercerem suas atribuições perante órgão com atribuições jurisdicionais. Com efeito, embora as unidades referidas no art. 128 da CF sejam competentes para atuar em processos que tramitam no Poder Judiciário, o que define sua essência de Ministério Público não é essa missão específica, mas a guarda precípua dos valores estabelecidos no art. 127 e os atributos que a CF confere aos seus membros.

Corroboram essa conclusão as relevantes atribuições do *parquet* "comum" que não envolvem o desempenho de atividades perante órgão jurisdicional, como o controle externo da atividade policial, a curadoria de fundações, a fiscalização dos cadastros de adoção e das entidades integrantes da política de atendimento a crianças e adolescentes, e a promoção do inquérito civil, que, como se sabe, não necessariamente leva à provocação do Poder Judiciário, podendo exaurir seus fins com o êxito no cumprimento dos termos de ajustamento de conduta eventualmente firmados.

Ressalte-se, ainda, a atuação do Ministério Público Eleitoral, cuja existência não está contemplada no art. 127 da CF, mas é reconhecida por toda a comunidade jurídica, tratando-se de realidade institucional inquestionável, não obstante a ausência de estrutura administrativa própria. Nessa seara, parcela das medidas promovidas pelo Ministério Público envolvem atividades administrativas, não dizendo respeito diretamente a medidas com reflexos jurisdicionais, como o acompanhamento da regular realização dos procedimentos eleitorais e o oferecimento de parecer em consultas formuladas à Justiça Eleitoral.

Nesse panorama, verifica-se que, apesar de não ter sido incluído no rol constitucional das unidades pertencentes ao Ministério Público "comum", deve o MPC ser considerado Ministério Público em sua tarefa institucional de fiscalizar, com independência, o cumprimento das leis atinentes às contas públicas. Resta evidente que a semelhança entre as instituições não reside apenas no nome com o qual foram batizadas, embora tenha sido opção do legislador fazê-lo, consistindo no próprio fundamento com fulcro no qual foram criadas.

E, assim sendo, afigura-se possível, em tese, a submissão de sua atividade-meio à atuação do CNMP, a fim de que exerça o controle sobre a sua autonomia funcional, administrativa e financeira, resguardando-as, matéria que ora passo a analisar.

No STF, relevantes debates sobre o tema podem ser observados no julgamento da ADI nº 789/DF, em 26.5.1994, na qual o relator, Ministro Celso de Mello, destacou a inquestionável existência jurídica do MPC e a natureza das disposições do art. 130 da CF como

> cláusulas de garantia de ordem meramente subjetiva, desprovidas de conteúdo orgânico-institucional, e vocacionadas, no âmbito de sua destinação tutelar, a proteger os integrantes do Ministério Público – e a estes, somente – no relevante desempenho de suas funções junto aos Tribunais de Contas.

Nos votos proferidos nas ADIs nº 2.884/RJ e 3.160/CE, o Ministro Celso de Mello reiterou os fundamentos antes esposados, enfatizando que "os membros que integram o Ministério Público especial junto ao Tribunal de Contas – que claramente se distingue do Ministério Público comum ou ordinário – acham-se investidos de elevado grau de autonomia funcional".

De forma semelhante, no julgamento da ADI nº 160/TO, ocorrido em 23.4.1998, de relatoria do Ministro Octavio Gallotti, embora tenha sido repelida a autonomia administrativa e funcional do MPC, 14 de 31 Consulta nº 0.00.000.000843/2013-39 reconheceu-se que

> a seus membros, isto sim, são assegurados, sem dúvida, pelo art. 130 da Constituição da República, os mesmos direitos que os conferidos aos do Ministério Público junto ao Poder Judiciário, aí compreendida a plena independência funcional de cada um perante os Poderes do Estado, a começar pelo próprio Tribunal de Contas, em face do qual atuam.

No mesmo acórdão, o Ministro Sepúlveda Pertence, por sua vez, destacou que

> é ínsita à noção de Ministério Público na Constituição Brasileira a autonomia funcional, que nada mais significa que a independência em relação a instruções e ingerências dos Poderes de Estado e, no caso específico do Ministério Público junto ao Tribunal de Contas, também ao próprio Tribunal de Contas.

O Ministro José Néri da Silveira – que, aposentado, subscreveu o parecer que acompanha a inicial do presente procedimento –, em 16.12.1998, no julgamento da medida cautelar na ADI nº 1.858, de relatoria do Ministro Ilmar Galvão, ponderou a necessidade de se conferir autonomia funcional ao MPC, de forma a, inclusive, impedir que seus membros fiquem subordinados disciplinarmente à direção do Tribunal de Contas. Confira-se:

> Mas é importante ficar destacado que esse Ministério Público compõe um corpo com autonomia funcional, porque, do contrário, não poderia entendê-lo com a competência para opinar a respeito das contas dos ordenadores de despesas, de dirigentes de repartições, com a independência, enfim, que se faz mister, inclusive tomando a iniciativa de algumas medidas indispensáveis para o controle de contas, iniciativa essa que a nossa ordem jurídica assegura aos membros do Ministério Público, em geral. Então, *se Ministério Público é, os seus membros hão de ter garantida, sem dúvida, uma independência funcional e administrativa. Eles não podem ficar subordinados, administrativa e funcionalmente, ou disciplinarmente, à Presidência do Tribunal de Contas ou à Direção deste, porque eles hão de ter, além disso, a independência para censurar atos, resoluções do próprio Tribunal de Contas.* (Grifos nossos)

Com efeito, não há como se admitir a relação de dependência ou hierarquia entre os membros MPC e o Tribunal de Contas perante o qual atuam, na medida em que a existência de vinculação desvirtuaria a missão do *parquet*. Seja no Ministério Público "comum" ou no "especial", afigura-se imprescindível o afastamento de ingerências externas no desempenho das atividades finalísticas, máxime quando tais influências são potencialmente exercidas por parte do órgão em cujos procedimentos será realizada a fiscalização quanto ao fiel cumprimento da lei e da ordem jurídica.

No mesmo sentido, macularia a razão de existir dos MPCs a admissão de que seus membros fossem submetidos às sanções disciplinares deliberadas por órgãos superiores da Administração do Tribunal de Contas junto aos quais atuam, pois tal medida poderia tolher o livre exercício da função de acompanhar a regularidade dos feitos que tramitam na Corte.

Conclui-se, assim, que deve ser assegurada independência funcional dos membros do MPC e, em consequência, autonomia funcional ao órgão, mormente em face do disposto no art. 130 da CF, que estabelece a correspondência de direitos entre os membros do Ministério Público "comum" e "especial".

Por conseguinte, vislumbro a competência deste Conselho para fiscalizar o cumprimento dos deveres funcionais e a observância das garantias asseguradas aos membros dos MPCs, tendo em vista as atribuições dispostas no art. 130-A, *caput* e §1º, da Constituição Federal,[4] que não limitam a fiscalização aos membros dos Ministérios Públicos dos estados e da União.

Resta examinar, assim, a autonomia administrativa e financeira do MPC.

Embora permaneçam intensas discussões, vislumbra-se gradual evolução no sentido da implementação e do reconhecimento da autonomia administrativa.

Não se desconhece que, no cenário atual, essa autonomia ainda não pode ser verificada plenamente no contexto de qualquer dos MPCs existentes nas unidades federativas. No entanto, são verificadas na organização dessas instituições cada vez mais competências que apontam para a sua sucessiva desvinculação da estrutura dos Tribunais de Contas.

De início, destaca-se o pacífico entendimento acerca da existência de uma carreira própria e autônoma de membro do Ministério Público junto aos Tribunais de Contas. Nesse sentido, o Ministro Ricardo Lewandowski, no voto condutor do julgamento da ADI nº 328-3/SC, ocorrido em 3.2.2009, asseverou que "os integrantes do Parquet especial que oficiam junto aos Tribunais integram carreira exclusiva, que não admite o ingresso de outras carreiras da Administração Estatal, ainda que nelas tenham ingressado por concurso público". No corpo do voto, há, ainda, outro interessante trecho concernente à estrutura própria do órgão, que ora transcrevo:

> O Plenário do Supremo Tribunal Federal, de seu turno, firmou entendimento no sentido de que tais dispositivos [arts. 73, §2º, I, e 130 da CF], aplicáveis também aos Tribunais de Contas dos Estados, destinam-se a assegurar que os membros desse Parquet especial possam atuar com plena autonomia. *Essa garantia é reforçada pela previsão de que integrem um* órgão *dotado de estrutura própria, que não se confunde com a de outras carreiras do serviço público.* (Grifos nossos)

Em alguns estados da Federação, o MPC já possui avançada fisionomia institucional, contando com efetiva autonomia administrativa e financeira.

---

[4] "Art. 130-A. [...] §2º. Compete ao Conselho Nacional do Ministério Público o controle da atuação administrativa e financeira do Ministério Público e do cumprimento dos deveres funcionais, cabendo-lhe: I - zelar pela autonomia funcional e administrativa do Ministério Público, podendo expedir atos regulamentares, no âmbito de sua competência, ou recomendar providências".

Por exemplo, no estado do Pará, a organização do Ministério Público de Contas foi disciplinada pela primeira vez em 1959, configurando objeto específico da Lei Estadual nº 1.843, que já discriminava o serviço desempenhado como autônomo e contemplava quadro próprio de servidores para o órgão. A LC nº 9/92, por sua vez, instituiu a Lei Orgânica do MPC/PA, conferindo-lhe expressamente autonomia administrativa e financeira, com dotação orçamentária global própria. Tal lei foi substituída pela LC nº 86/2013, que manteve os mesmos atributos do MPC.

A Constituição do Estado do Mato Grosso, por sua vez, em seu art. 51, estabeleceu a criação do MPC local e também lhe conferiu expressa autonomia administrativa, deixando assentado, no art. 47 do ADCT, que o órgão possuiria orçamento próprio no ano subsequente ao de sua implementação, o que veio a ocorrer por meio da Lei nº 9.710/2012. A estrutura organizacional de cargos e carreiras do MPC/MT está disciplinada na Lei Estadual nº 9.884/2013.

No âmbito do Tribunal de Contas da União, a sua Lei Orgânica (Lei nº 8.443/92), no art. 80, consagra a aplicação dos princípios da unidade, da indivisibilidade e da independência funcional aos membros do Ministério Público que atua junto à Corte, todos nomeados pelo presidente da República, após a aprovação em concurso público de provas e títulos. Percebe-se, assim, que o ingresso na carreira ocorre mediante forma de seleção própria.

O art. 84, por sua vez, estabelece a aplicação, no que couber, das disposições da Lei Orgânica do Ministério Público da União, no tocante a "direitos, garantias, prerrogativas, vedações, regime disciplinar e forma de investidura no cargo inicial da carreira", o que evidencia a proximidade entre as instituições.

O Regimento Interno do TCU, em seu art. 58, §6º, assegura ao procurador-geral do MPC a competência para baixar o edital para o provimento do cargo de procurador de contas e homologar o resultado final do certame, sendo que o art. 62, §2º, lhe confere as atribuições de "avocar, quando julgar necessário, processo que esteja sob exame de qualquer dos membros do Ministério Público". O art. 64, por sua vez, estabelece:

> o Procurador-Geral baixará as instruções que julgar necessárias, definindo as atribuições dos subprocuradores-gerais e procuradores, disciplinando os critérios de promoção dos procuradores e os serviços internos do Ministério Público junto ao Tribunal.

Todos esses elementos são indicativos da relevante parcela de autonomia administrativa conferida ao MPC e se afiguram passíveis de controle por este Conselho, no exercício de sua competência constitucional.

É necessário destacar, porém, que o art. 83 da Lei Orgânica do TCU estabelece que "o Ministério Público contará com o apoio administrativo e de pessoal da secretaria do Tribunal, conforme organização estabelecida no Regimento Interno". Não há, portanto, quadro de servidores exclusivo para o atendimento do MPC da União, o que fragiliza até hoje sua autonomia administrativa.

Entretanto, o fato de, no momento de transição pelo qual passam, os MPCs ainda não serem órgãos plenamente autônomos, possuindo parte de sua estrutura integrada à do Tribunal de Contas perante o qual atuam, não pode representar óbice a que este Conselho exerça seu precípuo controle sobre os atos de gestão administrativa praticados por aqueles órgãos, nem a que promova, mediante a adoção de medidas concretas, o incentivo à imprescindível consolidação da autonomia administrativa efetiva e integral.

Conclusão diversa representaria a persistência de raciocínio que, em uma perspectiva hermenêutica, inverte causa e consequência, de forma a impedir que o CNMP zele pela guarda da autonomia administrativa dos MPCs em decorrência das próprias deficiências e dificuldades existentes na conquista dessa garantia essencial a qualquer unidade do Ministério Público.

Autonomia nada mais é do que um instrumento necessário ao exercício das funções atribuídas a determinado órgão. Decorre, ou deveria decorrer, da condição de ser Ministério Público, e não o contrário.

A ausência de autonomia administrativa e financeira do MPC decorre do próprio histórico da instituição, que, embora exista há mais de um século no ordenamento jurídico pátrio, por muito tempo teve – e continua a ter, em diversos casos – sua estrutura completamente integrada à dos Tribunais de Contas junto aos quais desenvolve suas funções, não obstante a relevância e a independência destas.

A presença de autonomia plena não é condição para o reconhecimento da condição de Ministério Público do MPC, e sim consequência de um histórico de dependência.

Ressalte-se que não há, na Constituição Federal, qualquer norma que estabeleça a interligação entre as estruturas administrativas do Tribunal de Contas e do Ministério Público que nele oficia, mas apenas, como já mencionado, determinação de que os membros deste integrem a composição do TCU, nos moldes do conhecido "quinto" constitucional, e de que lhes sejam estendidos os direitos, vedações e forma de investidura aplicáveis aos integrantes das carreiras do Ministério Público "comum", dispositivos que reforçam a autonomia que deve ser assegurada ao MPC.

É importante lembrar, nesse contexto, que as próprias unidades do Ministério Público "comum" passaram por evolução histórica semelhante à do MPC, na medida em que também dependiam da estrutura dos Tribunais para o seu funcionamento. Até recentemente, estavam inseridos na organização estrutural do Poder Judiciário, exercendo uma espécie de autonomia "temperada", como ainda ocorre com os MPCs.

Na própria origem do Ministério Público, no seio do direito francês, a figura do procurador do rei surgiu e se desenvolveu no âmbito do Poder Judiciário, sendo que o termo *parquet* é expressão derivada da posição ocupada por tais procuradores, que se dirigiam aos magistrados do mesmo assoalho – *parquet*, em francês – em que estavam sentados, com a diferença de o fazerem de pé, razão pela qual a categoria era conhecida como uma "magistratura de pé".

A pendência de dificuldades na implementação da autonomia plena das unidades do *parquet* "comum" nunca foi justificativa suficiente a permitir o questionamento de sua condição de Ministério Público, nem os entraves observados nos avanços e na consolidação dessa autonomia se revelaram impeditivos à atuação deste Conselho, desde a sua criação, mesmo porque não pode se evadir de uma das missões que lhe foram incumbidas pelo Constituinte derivado, qual seja, "zelar pela autonomia funcional e administrativa do Ministério Público" (art. 130-A, §2º, I, da CF).

Ora, sem a diligente atuação do CNMP na fiscalização da gestão já realizada e no auxílio do estabelecimento de diretrizes a fim de assegurar a plena autonomia institucional, a jornada rumo ao necessário fortalecimento dos MPCs será ainda mais morosa. Portanto, a submissão ao controle por este Conselho faz-se não apenas devida, como também necessária, em virtude, inclusive, dos entraves ainda encontrados no processo de implementação da autonomia dos MPCs, e não a despeito dessa realidade.

Ademais, não se pode conceber a convivência da efetiva garantia da independência funcional dos procuradores de contas – já pacificada, conforme exposto – com a ausência de autonomia administrativa dos órgãos ministeriais que integram, principalmente em relação às Cortes perante as quais desenvolvem suas atividades.

De fato, a dependência de outra instituição para a prática de atos de gestão – dos mais complexos, como a realização de concursos públicos próprios para o preenchimento dos cargos e o julgamento de recursos administrativos, aos mais rotineiros, como o controle de frequência dos servidores e a emissão de seus contracheques – cria temerosas possibilidades de ingerência externa e retaliações por parte dos responsáveis pela apreciação dos procedimentos cuja legalidade será fiscalizada, de forma a coibir a verdadeira assunção do nobre papel de guardião da lei que incumbe ao MPC, que deve ser desenvolvido de forma plenamente livre, em atenção à própria natureza do Ministério Público como instituição republicana.

Não é diverso o entendimento de José Afonso da Silva,[5] cuja lição transcrevo a seguir:

> [...] não vejo como ter autonomia funcional sem autonomia administrativa. Pois, se não tiver autonomia administrativa, significa que fica subordinado à estrutura administrativa em que insere. Assim, *se falta a autonomia administrativa, seus membros e seu pessoal ficam na dependência de outro* órgão, *e, consequentemente, carecerá daquelas prerrogativas que configuram a autonomia funcional* [...].
>
> Este [o Ministério Público] é dotado de autonomia administrativa exatamente porque um corpo destituído de qualquer referência ou vinculação de ordem institucional, e essa autonomia teria porventura frustrado a eficácia de sua atuação? Evidentemente que não. Ao contrário, o Ministério Público em geral é hoje muito mais forte, atua de modo muito mais eficaz, porque se administra a si próprio, sem depender de qualquer outra estrutura administrativa.
>
> Sobretudo, *não compreendo como o Ministério Público pode integrar a organização administrativa do Tribunal junto do qual exerce o custos legis.* Seria como submeter a Procuradoria-Geral da República à organização administrativa do Supremo Tribunal Federal, ou as Procuradorias-Gerais de Justiça à organização administrativa dos Tribunais de Justiça perante os quais oficiam, por exemplo. Coisa absolutamente impensável. Quando o Ministério Público junto ao Tribunal de Contas era previsto apenas nas leis de organização desse Tribunal ainda seria admissível que ele ficasse dependente da estrutura administrativa deste. Mas, com sua institucionalização pela Constituição, no contexto normativo da organização dos Ministérios Públicos em todas as suas manifestações, não se pode entender a situação jurídica do mesmo modo. *A inserção do art. 130 na seção do Ministério Público em geral significa que tem de ser*

---

5 SILVA, José Afonso da. *O Ministério Público junto aos Tribunais de Contas.* Disponível em: <http://www1.tce.pr.gov.br/conteudo/artigos-selecionados-do-ministerio-publico/62>.

entendido sistemática e teleologicamente. Sistematicamente porque o art. 130 há de estar também impregnado da mesma intencionalidade das demais normas daquele conjunto normativo. Teleologicamente porque instituições idênticas têm que estar orientadas aos mesmos fins, segundo suas peculiaridades. (Grifos nossos)

Quanto à autonomia financeira, é certo que ainda não é possível vislumbrá-la na maioria das unidades do Ministério Público junto aos Tribunais de Contas, na medida em que não recebem dotação própria nem possuem capacidade de elaboração de sua proposta orçamentária, permanecendo seus orçamentos vinculados aos dos Tribunais de Contas perante os quais oficiam.

Não obstante, prevalece, nesse ponto, o mesmo raciocínio antes exposto: a transitória ausência de autonomia financeira, tão relevante para o desenvolvimento livre da elevada missão dos MPCs, não pode servir de argumento para impedir que este Conselho efetue o controle dos atos que já sejam praticados de maneira independente por tais órgãos e auxilie na promoção de sua autonomia, em todas as vertentes.

Com efeito, em face dos princípios da unidade e do efeito integrador das normas constitucionais, não se pode admitir que a Carta Maior contemple a existência de um Ministério Público junto aos Tribunais de Contas sem que lhe confira os atributos indispensáveis ao cumprimento fiel e desimpedido de suas funções e razão de existir, ao contrário da ideia que uma interpretação literal e demasiadamente formalista do texto constitucional possa induzir. Destarte, não há como se conceber a existência de Ministério Público desprovido de completa autonomia dos poderes instituídos em nosso ordenamento, principalmente diante dos próprios Tribunais junto aos quais atuam, sob pena de se esvaziar o propósito para o qual o Constituinte originário idealizou a instituição.

Sobre o tema, são valiosas as reflexões do professor Uadi Lammêgo Bulos, que sintetiza a necessidade de admissão da autonomia dos Ministérios Públicos junto aos Tribunais de Contas em sua plenitude, insurgindo-se, inclusive, contra a imprecisa nomenclatura conferida a tais órgãos. Confira-se:

> Diante disso, parece-nos que "Ministério Público junto aos Tribunais de Contas" é som impreciso, porquanto revestido de iniludível ambiguidade. Muito mais apropriado seria o uso da terminologia "Ministério Público de Contas", afinal *o Ministério Público que atua no* âmbito *das Cortes de Contas não se encontra submisso ou preso* à *instituição onde desempenha suas atribuições funcionais. Trata-se de Carreira Autônoma de Estado, com*

letra maiúscula, e não órgão secundário ou de menor importância institucional, como se fosse "cabide de empregos". [...]

Concebido em sua dimensão literal, o art. 130 da Constituição inculte, na mente do intérprete, a tese de que os membros do "Parquet de Contas" formam determinada categoria funcional, a dos procuradores que oficiam perante os Tribunais de Contas, sendo agentes estatais qualificados com um status jurídico especial, mas sem as garantias conferidas aos membros do Ministério Público tradicional. [...]

De nossa parte, optamos por uma postura ampla, pujante, sistêmica, grandiosa para se interpretar o art. 130 da Carta Política, com todas as conexões de sentido daí decorrentes. Entendemos que se aplica à espécie o princípio da eficácia integradora, também chamado de princípio do efeito integrador. Resultado: não se pode ler o art. 130, tomado de per si, deixando de cotejar-lhe com outros dispositivos constitucionais, a exemplo dos arts. 73, §2º, I, 127, I e II etc.

Se concebermos, pois, o art. 130 do Texto Magno, numa ótica grandiosa, producente, contextualizada, levando em conta a pujança do todo, constataremos: 1) os Procuradores de Contas gozam, sim, de garantias objetivas, à semelhança daquelas titularizadas pelos membros do Ministério Público comum, porquanto integram uma Carreira de Estado; 2) o "Parquet de Contas" possui fisiologia institucional própria, não se inserindo na "intimidade estrutural de nenhum órgão; e 3) além da autonomia funcional que possui, a Carta de 1988, vista na plenitude de suas normas, conferiu-lhe autonomia institucional. [...]

Referida autonomia exterioriza-se mediante as seguintes capacidades distintas: *(i) capacidade de livre exercício funcional* [...]; *(ii) capacidade de autoadministração* – advém do art. 127 §2º, 1ª parte, da Carta Maior. Trata-se da autonomia administrativa propriamente dita, por meio da qual compete ao Parquet de Contas gerir seus próprios negócios; *(iii) capacidade de autolegislação* – dessume-se do art 127, §2º, 2ª parte, do Texto Magno, revelando a autonomia de o "Parquet de Contas" fazer iniciar, por ato próprio, processo de formação de leis que venham a criar ou extinguir seus cargos e serviços auxiliares; *(iv) capacidade orçamentário-financeira* – decorre do art. 127, §3º, da Lex Mater, pois é dado ao "Parquet de Contas" possuir dotação orçamentária própria, devendo receber, todo mês, parte dos recursos angariados no orçamento (CF, 168); e *(v) capacidade auto-organização* – promana do referido art. 127, §3º, da Carta e Outubro, equivalendo à *autonomia organizacional*, pois ao exercitar a sua capacidade orçamentáriofinanceira, o Ministério Público de Contas poderá organizar a sua estrutura, elaborando inclusive normas estatutárias para reger, internamente, a conduta de seus membros. [...]

O estudo dos atributos da autonomia institucional do "Ministério Público de Contas" demonstra a faculdade que os seus integrantes possuem para agir sem mordaças, medos, cabrestos ou receios de qualquer espécie. Se eles gozam dos mesmos direitos e vedações dos membros do Parquet comum, evidente que as suas responsabilidades, e deveres, promanam da magnitude de suas próprias funções institucionais. [...] *Ora, não basta propalar a plena autonomia funcional do Parquet de Contas.* É *preciso mais que isso, porque sem autonomia administrativa, orçamentário-financeira, normativa e organizacional o órgão não desenvolverá o seu papel na grandiosidade da missão para a qual foi criado, colaborando, inclusive, no combate à corrupção e à imoralidade pública.*

Também de nada adianta se reconhecer, num ângulo, *que o Parquet de Contas* é *instituição autônoma em face do Ministério Público comum, da União ou dos Estados, ou do Distrito Federal, e, noutro, negar-lhe fisionomia institucional própria.*[6] (Grifos nossos)

Por fim, é importante ressaltar que a totalidade das manifestações colhidas nos presentes autos foi favorável ao reconhecimento da competência do CNMP para o objeto apurado, em consonância com os argumentos expostos neste voto.

Conclui-se, assim, que, embora ainda não se constate a concretização completa da autonomia administrativa e financeira dos MPCs, a realidade institucional vem se alterando gradualmente e, no que se revelar cabível, os referidos órgãos devem ser submetidos ao controle externo exercido por este Conselho.

Impõe-se destacar, porém, a seguinte ressalva: os atos de gestão a serem controlados pelo CNMP são apenas aqueles já praticados pelos próprios MPCs, nos limites da autonomia que exercem na respectiva unidade da Federação. Conquanto deva este Conselho atuar no sentido de promover a real implementação da autonomia de tais unidades do Ministério Público, a competência ora admitida não se estende aos atos ainda praticados pela Administração do Tribunal de Contas que tenham reflexos diretos ou indiretos sobre a organização dos *Parquets* de Contas, sob pena de indevida extrapolação das atribuições dispostas no art. 130-A da CF.

Ante o exposto, o voto é no sentido de reconhecer a competência do CNMP para zelar pelo cumprimento dos deveres funcionais dos membros e pela garantia da autonomia dos Ministérios Públicos junto aos Tribunais de Contas, bem como para controlar os atos que já são praticados de forma independente em seu âmbito e adotar medidas tendentes a consolidar a parcela de autonomia de que ainda carecem tais órgãos.

Voto, ainda, no sentido de dar ciência da presente decisão às associações que se manifestaram, ao CNPG e à ATRICON, e por encaminhar

---

[6] BULOS, Uadi Lammêgo. *Constituição Federal anotada.* 10 ed. São Paulo: Saraiva, 2012. p. 1211-1213.

cópia à Comissão de Preservação da Autonomia do Ministério Público deste Conselho Nacional.

Brasília (DF), 7 de agosto de 2013.

Informação bibliográfica deste texto, conforme a NBR 6023:2002 da Associação Brasileira de Normas Técnicas (ABNT):

FERRAZ, Taís Schilling. Consulta nº 0.00.000.000843/2013-39 – Conselho Nacional do Ministério Público – CNMP. In: ASSOCIAÇÃO NACIONAL DO MINISTÉRIO PÚBLICO DE CONTAS. *Ministério Público de Contas:* perspectivas doutrinárias do seu estatuto jurídico. Belo Horizonte: Fórum, 2017. p. 293-312. ISBN 978-85-450-0183-6.

PROPOSTAS RELACIONADAS AO APRIMORAMENTO DO SISTEMA DE CONTROLE EXTERNO

PROPOSTA DE ALTERAÇÃO CONSTITUCIONAL

MICHAEL RICHARD REINER

Ref.: Proposta/estudo de um Ministério Público Nacional

Prezados colegas procuradores do Ministério Público de Contas,

O estudo aqui apresentado, em atenção à deliberação adotada na Assembleia Geral da AMPCON realizada em Porto Alegre, no dia 4.11.2015, tem por objetivo fornecer uma opção, a qual se julga mais viável sob os pontos de vista político e jurídico, a respeito da estruturação do Ministério Público de Contas, em face do reconhecimento do esgotamento do modelo atual.

Parte-se, como anunciado, de uma visão de *carreira nacional* do MPC.

Por conseguinte, buscou-se abordar, nas justificativas (*interna corporis*), as opções adotadas no texto de "Proposta de Emenda à Constituição", sem se descuidar de possíveis variantes de redação ou soluções inicialmente sugeridas.

Crê-se que a visão de um MPC Nacional, além de fortalecer o Ministério Público brasileiro e o papel que tem a desempenhar no controle externo, surge como forma de maximizar a defesa do interesse público nas matérias que lhe são afetas, constituindo importante reforço na prevenção e no combate à corrupção.

Agradeço, por fim, a todos que colaboraram para o início desse debate, em especial aos Drs. Rafael Neubern (SP), que fez um levantamento de custos do MPC brasileiro, Juliana Sternadt Reiner (PR), Daniel Guimarães (MG), Eduardo Souza Lemos (CE), Demóstenes Tres Albuquerque (DF), Élida Graziane Pinto (SP), Júlio Marcelo de Oliveira (União), Diogo Roberto Ringenberg (SC) e Geraldo Costa da Camino (RS).

Curitiba, 23 de novembro de 2015.

PROPOSTA DE EMENDA À CONSTITUIÇÃO Nº___, DE 2015

Altera a estrutura do Ministério Público de Contas brasileiro e dá outras providências.

As Mesas da Câmara dos Deputados e do Senado Federal, nos termos do §3º do art. 60 da Constituição Federal, promulgam a seguinte emenda ao texto constitucional:

Art. 1º É acrescentada no inc. I do art. 128, da Constituição Federal, a alínea e, nos seguintes termos:

"Art. 128. ....

I - ....

e) o Ministério Público de Contas;"

Art. 2º Inclua-se um inciso, a ser enumerado como IX com a redação seguinte, passando o atual inc. IX para inc. X, no art. 129 da Constituição Federal:

"Art. 129. ....

IX - atuar no controle externo da Administração Pública;"

Art. 3º Fica revogado o art. 130 da Constituição Federal.

Art. 4º Passam os atuais procuradores do Ministério Público de Contas que oficiam junto aos Tribunais de Contas da União, dos Estados, do Distrito Federal, dos Municípios e de Municípios, onde houver, a integrar o ramo de que trata o art. 128, I, e, da Constituição Federal, respeitadas as garantias previstas no seu §5º, aplicando-se, no que couber, enquanto não sobrevenha a regulamentação legal de sua estrutura, a forma de organização dos demais ramos do Ministério Público da União.

Parágrafo único. Fica assegurada, até a implementação da estrutura substitutiva de que trata este artigo, a prestação dos serviços auxiliares existentes, ao encargo dos órgãos de origem.

Art. 5º Enquanto lei complementar não disciplinar novo limite de despesa total com pessoal do Ministério Público da União decorrente da modificação promovida por esta emenda constitucional, fica ele acrescido, para os fins do disposto no *caput* do art. 169 da Constituição, da alíquota de 0,08% (zero vírgula zero oito por cento).

Art. 6º Esta emenda constitucional entra em vigor na data da sua publicação.

POR UM MINISTÉRIO PÚBLICO DE CONTAS NACIONAL: PEC DO COMBATE À CORRUPÇÃO NA ADMINISTRAÇÃO PÚBLICA E DO FORTALECIMENTO DO CONTROLE EXTERNO

1 Introdução

A preservação e a efetivação de direitos fundamentais exigem constante aperfeiçoamento das instituições. Neste particular, a autonomia *funcional* e *política* do Ministério Público põe-se como uma das bases fundantes para a *eficiente defesa dos interesses sociais*.

Sob este viés, ganha cada vez mais força e relevância a concepção do Ministério Público como uma *instituição nacional*, posição de indubitável valor para as matérias afetas ao controle externo da Administração Pública. A uma, por sua natural atribuição no *combate à malversação de recursos públicos*. A duas, porque, hodiernamente, a consecução das *políticas públicas* e o lastro para a *implementação de direitos fundamentais* passa, necessariamente, pela higidez financeira e orçamentária estatal, cuja repercussão, no sistema de composição governamental brasileiro, espraia-se pela própria estabilidade e planejamento do país como *nação*.

Não por acaso, o Texto Fundamental trata as bases da legislação orçamentária e financeira – com especial destaque para a Lei de Responsabilidade Fiscal – como matérias de *caráter nacional*, que devem ser fiscalizadas por um sistema de controle externo com a mesma característica, nele inserido o Ministério Público de Contas, como um de seus agentes autônomos.

Esta foi a expressa vontade constituinte: *que o Ministério Público brasileiro funcione como um dos protagonistas do controle externo* (arts. 130 e 73, §2º, I, da CRFB).

2 Federação – finanças públicas – caráter nacional da responsabilidade fiscal[1]

A repartição de competências estabelecida na Constituição da República (arts. 23 e 24) aponta para a configuração, em nosso país, de um "federalismo de cooperação" (art. 23, p.u.).[2][3] A par das discussões que colocam a necessidade de se readequar alguns pontos desta distribuição, nota-se, por outro lado, que as questões atinentes às *finanças públicas*, aos *orçamentos* e à consequente *responsabilidade fiscal* assumem, cada vez mais, aspectos de soberania e *relevância nacional*, e reafirmam a razão intrínseca da *abrangência* dessas normatizações por toda a Federação.[4]

E os fundamentos são variados: seja porque, no cumprimento uniforme das disposições financeiras é que se alcançam os próprios objetivos da República (entre estes a *redução de desigualdades sociais e regionais* e a promoção do *desenvolvimento nacional*); seja porque, num outro viés, situam-se nessa área, de forte regulamentação constitucional,[5] *as bases para o desenvolvimento de políticas públicas sensíveis,* de fomento ao

---

[1] As considerações que seguem foram, em grande medida, baseadas no artigo *O caráter nacional da LRF e sua aplicação compartimentada pelos Tribunais de Contas brasileiros: diagnóstico e perspectivas* (REINER; REINER, 2016).

[2] Consoante o escólio de Uadi Lammêgo Bulos (2012, p. 579), "O que justifica a competência comum é a descentralização de encargos em assuntos de enorme relevo para a vida do Estado federal. São matérias imprescindíveis ao funcionamento das instituições, motivo pelo qual se justifica a convocação dos entes federativos para, numa ação conjunta e unânime, arcar, zelar, proteger e resguardar as responsabilidades recíprocas de todos".

[3] Aqui se inserindo o que Weder de Oliveira (2013, p. 1075-1080) denomina de "condomínio legislativo".

[4] Carlos Pinto Coelho Motta e Jorge Ulisses Jacoby Fernandes (2001, p. 53) bem resumem a complexidade aqui abordada: "Ainda que se extraia com objetividade parâmetros para definir os limites do termo finanças públicas, sempre haverá possibilidade de questionamentos, porque não depende só de saber se a norma de direito financeiro compete à União, mas se o seu conteúdo é de norma geral, ou de qualquer das outras matérias reguladas no art. 163".

[5] As finanças públicas e os orçamentos são regulamentados em pormenores pela Constituição Federal (*vide* todo o seu Capítulo II, "Das Finanças Públicas"), bem como as matérias que com eles têm direto e estreito relacionamento, de que são exemplo a previdência dos servidores públicos, a contratação de pessoal (concursos e cargos comissionados), os sistemas remuneratórios, as políticas públicas, as licitações e contratos etc., as quais, via de regra, submetem-se à ação fiscalizatória do controle externo da Administração Pública.

desenvolvimento econômico (mercados interno e externo), de controle da *dívida pública* e, reflexamente, da própria contenção *inflacionária*.

Temas que, a toda evidência, para *além* de demandarem forte relação intergovernamental (muitas vezes dependentes do elemento político ou de articulação pessoal), reclamam a utilização de *mecanismos* e a *atuação de instituições* que colaborem para a operacionalização destes fins *nacionais*, dentro da inarredável unidade de planejamento e coordenação característica das *contas públicas*,[6] *sobressaindo, pois, o papel do Ministério Público brasileiro*.

A necessária solidariedade administrativa e financeira que se extrai da repartição constitucional de competências (em que há áreas "concorrentes" e "comuns") configura, portanto, uma clara *opção cooperativa entre os entes federados na consecução das atividades definidas pela própria Constituição*, cujo desenlace, em caso de sobreposição ou de omissão de atribuições estatais (conflitos de competência), não pode ficar refém de implementação, em prejuízo do interesse social.

Num outro giro, a relevância das finanças públicas no cenário nacional, sedimentada que está como pressuposto para a efetivação das multicitadas políticas públicas e para o *desenvolvimento econômico integrado*, tem por termômetro também o fato de que *uma* das mais extremas formas de sanção político-administrativa, previstas na CRFB, encontra-se aqui imbricada.

Trata-se da possibilidade da *intervenção* (federal e estadual). Nesta figura, os temas relacionados com a *gestão orçamentária e financeira* podem ser identificados nas seguintes hipóteses de descumprimento: 1) suspensão do pagamento da dívida fundada; 2) não transferência de receitas tributárias; 3) não prestação de contas públicas; 4) não aplicação de índices mínimos de gastos nas áreas da saúde e educação; e 5) não execução da legislação federal, com especial destaque para as que tratem sobre os itens aqui implicados: LC nº 101/00 (responsabilidade fiscal); Lei nº 4320/64 (contabilidade e orçamentos públicos); LC nº 141/12 (aplicação de recursos na saúde); LF nº 11.494/07 (FUNDEB); LF nº 8.080/90 (SUS); LF nº 8666/93 (licitações e contratos); LF nº 11.079/04 (PPP); LF nº 12.527/11 (Lei de Acesso à Informação) etc.

No que se refere, especialmente, à Lei de Responsabilidade Fiscal, a transparência, o planejamento, o equilíbrio das contas públicas, a ges-

---

6 Que devem, inclusive, ser consolidadas nacionalmente, consoante disciplina o art. 51 e parágrafos da LC nº 101/00.

tão responsável dos recursos, a *sustentabilidade financeira*,[7] entre outros, são avanços permanentes e cujo encargo fiscalizatório, na dimensão integrada do Estado, recai igualmente sobre o *Parquet*.

Os objetivos fundamentais da LC nº 101/00 foram, já no ano de sua edição, assim magistralmente pontuados pelo Ministro José Augusto Delgado (2000, p. 33):

> A Lei de Responsabilidade Fiscal está formada por linhas centrais que objetivam modificar a conduta de agentes públicos, em razão de os fatos comprovarem que eles arrecadam mal e gastam sem qualquer planejamento e, em muitas ocasiões, sem vinculação com o *interesse nacional*. [...] Busca, pelas modificações introduzidas, que a eficiência administrativa na gestão fiscal imponha equilíbrio nas contas públicas, a fim de que se abra espaço para que as atividades administrativas voltem-se ao atendimento das necessidades de saúde, educação, segurança, amparo à velhice, proteção à infância, ser erradicada a pobreza, surgindo assim o *desenvolvimento que a cidadania reclama*. (Grifos nossos)

Pela absoluta pertinência com que a LRF é colocada no conjunto do *controle externo da gestão fiscal*, bem assim diante do *escopo* que alcança no sistema de *cooperação federativo*, convêm destacar, com o Ministro José Augusto Delgado (2000, p. 34-35), outras características essenciais desta legislação e da fiscalização que inaugura sua aplicação: o estabelecimento de *princípios essenciais* e de "*normas gerais* de finanças públicas, além de definir o que deve ser acatado como gestão fiscal responsável"; a implementação de "um *tipo de controle* das despesas que acabe com o déficit público"; "uma *política tributária* estável e previsível"; "contenção e delimitação da *dívida pública*"; "*prudência* na gestão financeira e patrimonial"; "*transparência* de todos os gastos públicos"; "medidas para *evitar desvios da política* de equilibrar as contas públicas"; "vias de *restrição ao endividamento público*"; "conduta administrativa que obrigue *compensar despesas* de longo prazo com a redução de outras despesas ou aumento de receitas"; "um rígido *regulamento para o inter-relacionamento fiscal* dos entes da Federação"; "consolidação de uma cultura de que a *máquina pública do Estado deve servir ao cidadão* e não aos governantes"; a adoção da "*estabilidade fiscal*, de forma gradativa, proporcionando

---

[7] Conforme elucida Fernando Scaff (2014, p. 45), sustentabilidade financeira "é um termo mais amplo que equilíbrio orçamentário, na leitura contábil-matemática do termo. Para que ocorra sustentabilidade financeira é necessário que seja estabelecido um período de tempo de médio e longo prazo, e que todos os elementos financeiros que estejam à disposição daquele ente público sejam analisados de forma conjunta [...]".

tempo para que seja encontrada solução para o desequilíbrio das contas públicas, reduzindo, assim os impactos negativos que esse desencontro de contas provoca sobre os *investimentos públicos básicos* (saúde, educação, segurança, proteção ao meio ambiente, lazer)" e "sobre a capacidade de as empresas aumentarem a *oferta de empregos*"; ser uma estratégia adotada "para sair da crise financeira que atualmente impede o *desenvolvimento econômico da Nação*"; redução do déficit público "para evitar o *aumento dos juros*, a diminuição dos *investimentos* e, consequentemente, a redução do *crescimento dos setores empresariais*"; bem como para que o "*Brasil volte a crescer sem depender da poupança externa*" (grifos nossos).[8]

Não obstante, para a eficiente fiscalização e aplicação dessas legislações (bem assim do conjunto das demais normas constitucionais referenciadas), com a obtenção de resultados cada vez mais sólidos sob o aspecto da sempre presente *diretriz nacional*, é que sobressai como a opção que mais atende ao interesse público a estruturação de uma carreira nacional do MPC, sob o influxo da organização já existente nos demais ramos do MPU, notadamente daqueles que, como aqui, são *especializados*.

3 Fiscalização coordenada – o MP é uno e indivisível – não é ente federado – a vocação do MPU para as matérias de finanças públicas

Por certo, as informações contábeis e fiscais do setor público brasileiro, oriundas de um universo que compreende 5.564 municípios, 26 estados, o Distrito Federal e a União, ganham melhor enfoque se pensadas de forma integrada.

---

[8] Cumprindo destacar que a *competência* legislativa dessa norma *nacional* transita e se confunde entre aspectos *privativos* e *concorrentes* pois: 1) "nos limites definidos pelo art. 24, inc. I, da Constituição Federal, exerce a competência concorrente da União em matéria de Direito Financeiro"; 2) "nos limites definidos no art. 24, §1º, da Constituição Federal, a competência da União limita-se ao poder de editar normas gerais"; 3) "nos limites definidos pelo art. 163, inc. I, da Constituição Federal, exerce competência privativa da União para, mediante Lei Complementar, regular as finanças públicas no País"; 4) "nos limites definidos pelo art. 163, inc. II, III e IV, da Constituição Federal, a competência da União, exercida por meio de Lei Complementar, é privativa para definir a dívida pública interna e externa, as concessões de garantia e a emissão e resgate de títulos da dívida pública" (MOTTA; FERNANDES, p. 53). Com a Emenda Constitucional nº 40/2003, acrescente-se ao rol de atenções a nova redação do art. 163, V: "Art. 163. Lei complementar disporá sobre: [...] V - fiscalização financeira da Administração Pública direta e indireta".

Sob este fundamento, conforme já se afirmou, é que exsurge a necessidade da reordenação da carreira ministerial com ofício perante o controle externo da Administração Pública (*também* desempenhado *no* e *pelos* Tribunais de Contas), em razão do que se propõe a mencionada *adição* de uma *carreira nacional do Ministério Público de Contas dentro* do Ministério Público da União (embora se possa entender, a partir da *presente* conformação constitucional, que esta *já* foi a opção da CRFB para o MPC, conforme será referenciado adiante).

De partida, frise-se que a arquitetura constitucional na matéria de atribuições do Ministério Público segue uma *principiologia* diversa daquela fixada para a organização dos poderes executivos e legislativos. Enquanto estes são estruturados, necessariamente, segundo o *princípio federativo*, o Ministério Público tem *caráter nacional*, informado pelos *princípios da unidade e indivisibilidade*. Ou seja, a atuação ministerial insere-se na federação sem, entretanto, ser uma instituição de necessária organização federativa, ainda que a *conveniência* aponte, em alguns casos, para a distribuição de trabalhos sob este referencial. Vê-se, inclusive, que a fixação de atribuições pode, também, dar-se em razão da *matéria tutelada*, independente da esfera de governo/poder fiscalizada ou da natureza dos órgãos de decisão a serem demandados.

Daí ser enfática a sentença de Emerson Garcia: "A estrutura do Ministério Público brasileiro apresenta uma nítida distinção em relação à forma federativa do Estado".[9]

Veja-se, a propósito, que um dos aspectos da unidade do Ministério Público localiza-se, justamente, no fato de que as *funções* a ele estabelecidas são exatamente as *mesmas* (art. 127, *caput*),[10] independentemente do ramo a que pertença, apenas diferenciando-se em razão da *divisão estrutural de atribuições dada pela lei*.

Conforme leciona Eduardo Cambi:

> Aliás, o exercício dessas funções, desde que exista pertinência de atribuições, pode ser desempenhado perante qualquer órgão [...]. Tanto é assim que o artigo 5º, par 5º, da Lei 7.347/85 admite, expressamente, o litisconsórcio facultativo entre os Ministérios Públicos da União, do

---

[9] GARCIA, Emerson. *A unidade do Ministério Público*: essência, limites e relevância pragmática. Disponível em: <http://www.conamp.org.br/pt/convenios/dynamus/item/769-a-unidade-do-ministerio-publico-essencia-limites-e-relevancia-pragmatica.html>.

[10] Leia-se: "a defesa da ordem jurídica, do regime democrático e dos interesses sociais e individuais indisponíveis".

Distrito Federal e dos Estados, na defesa dos interesses e dos direitos coletivos lato sensu.[11]

Neste sentir, várias interdependências podem ser citadas: o controle, pelo MPU, da constitucionalidade de normas estaduais; a competência do MPF para acompanhar recurso extraordinário das decisões da Justiça dos estados nas representações de inconstitucionalidade; a atuação de promotores estaduais na Justiça Eleitoral (União); a representação do MPF para fins de intervenção federal nos estados; a substituição processual entre ramos ministeriais; o manejo de recursos processuais pelos MPs estaduais perante os Tribunais Superiores; o incidente de deslocamento de competência para a Justiça Federal nas hipóteses de grave violação de direitos humanos etc.

Por fim, a mais emblemática interação: mesmo tratando-se de um *ente federativo* distinto da União (art. 18, CRFB), no Distrito Federal tem atuação um ramo do MPU (art. 127, I, *d*, CRFB), sem que a isso se imponha a pecha de qualquer inconformidade.

Portanto, a natureza jurídica do Ministério Público não é extraída da natureza jurídica dos órgãos perante os quais oficia ou da localização em que se encontra.

O Ministério Público é uma *instituição nacional* que se reporta a si mesma e não à divisão estrutural do Poder Executivo/Legislativo na forma federada. Tanto é que não há um MP municipal, por exemplo, e isso não desabona a intervenção ministerial, seja federal, seja estadual. De igual sorte, convergem na figura do procurador-geral da República *não só* a representação junto à mais alta Corte e de chefe do MPU, mas, também, a de presidente do Conselho Nacional do Ministério Público. A atribuição administrativa do CNMP, em sua composição federal, também alcança todos os demais ramos do MP, seja na União, seja nos estados, o que destaca o caráter unitário e nacional do *Parquet* e a inter-relação entre as esferas.

A própria razão de ser do CNMP demonstra a preocupação da Constituição em reforçar a unidade nacional do Ministério Público.

E isso, como dito, em nada interfere na opção constitucional de distribuição de tarefas de um MP nacional em ramos, *maximizando a sua eficiência* e evitando duplicidades ou sobreposições, conforme disponha a lei.

---

[11] CAMBI, Eduardo. *Caráter nacional do Ministério Público*. Disponível em: <http://www.ceaf. mppr.mp.br/arquivos/File/Carater_Nacional_do_Ministerio_Publico_1.pdf>.

E a *eficiência* – princípio constitucional – é outro vetor que direciona a formatação de uma *carreira* única e *nacional para o Ministério Público de Contas*. Não só porque as matérias envolvidas – predominantemente de *cunho nacional* – ganham um tratamento condigno por parte do MP brasileiro, mas, também, sob o aspecto estrutural, porque emerge como a *opção mais razoável administrativa e economicamente*, considerando que, atualmente, não conta o país com mais de 160 procuradores investidos nessa função *especializada*.

A carência de uma atuação ministerial mais altiva e independente no controle externo traduz, entrementes, um esgotamento do atual modelo.[12] Os caminhos possíveis seriam: a) o seu fortalecimento, dentro da *unidade temática* que lhe dá coesão, como a inserção aqui defendida do MPC como ramo do MPU; ou b) a criação de MPCs autônomos dentro de cada esfera da federação em que haja um Tribunal de Contas, resultando em MPC da União, MPCs dos Estados, MPC dos Municípios e MPC de Município (onde houver), solução que em princípio não se alinharia, no pensamento exposto, aos princípios que informam o Ministério Público e a eficiência administrativa (muito embora guarde a sua validade em face do atual quadro de inexistência de independência).

Outro ponto de forte destaque é que o sensível campo de atuação do Ministério Público de Contas, com a sua integração no MPU, tem a virtude de galgar um patamar de *independência política* às esferas fiscalizadas – em reforço à *autonomia funcional* –, aspecto de *essencial importância* para o exercício desimpedido e equidistante do *mister fiscalizatório*, notadamente quando em jogo matérias afetas ao orçamento, direito financeiro, direito previdenciário, direito administrativo etc.[13] Pode-se mesmo dizer que esta é a *pedra fundamental* para que o Ministério Público possa bem atuar no ramo das finanças públicas, que, destaque-se, a teor do art. 163, V, da CRFB, reclama *estrutura federativa de nível nacional*.[14]

---

[12] A atual composição do Ministério Público com ofício perante os Tribunais de Contas é heterogênea e fruto dos rumos que aqui se busca reparar. Varia desde a mais completa submissão a outras esferas administrativas (maioria), passando por estruturas temperadas (dotações orçamentárias precárias), à mais completa autonomia (exceções).

[13] A configuração constitucional prevista para o controle externo – titularizado pelo Poder Legislativo – encerra, atualmente, dois órgãos imprescindíveis para a sua colimação: os Tribunais de Contas e o Ministério Público de Contas. De partida, frise-se que se trata de *equívoco comum* apenas pensar-se no "controle externo" como sendo os Tribunais de Contas (ou os legislativos), assim como o é conceituar a "Justiça" identificando-a com o Poder Judiciário.

[14] "Art. 163. Lei complementar disporá sobre: [...] V - fiscalização financeira da Administração Pública direta e indireta" (*de toda a federação* – União; estados; Distrito Federal e municípios).

De forma absolutamente conexa e integradora deste modo de pensar, vê-se que a LC nº 75/93 dispõe que cabe ao Ministério Público da União *zelar pela observância dos princípios constitucionais relativos às finanças públicas* (art. 5º, II, *b*) *e* à *ordem econômica e financeira* (6º, XIV, *b*). Corroborando esta linha, o *Texto Constitucional*, conforme já aludido, *faz referência categórica* à *existência não de Ministérios Públicos (plurais) junto aos Tribunais de Contas* (como o faz em relação aos Ministérios Públicos dos Estados no art. 128, II), *mas, contrariamente, reporta-se ao Ministério Público (um só, tal qual os demais ramos especializados do art. 128, I), com ofício perante as Cortes de Contas (estas, sim, múltiplas, consoante a sua disciplina fundante). Há, portanto, nesta leitura, uma incisiva opção constitucional, no art. 130, de um* único *Ministério Público de Contas*, que o aloca, naturalmente, na sistemática daqueles outros ramos especializados afetos ao MPU (PINTO, 2015).

Por todo o exposto é que surge o *Ministério Público brasileiro* como órgão habilitado para a atuação intragovernamental e sinérgica em face da implicação que o respeito à legislação orçamentário-financeira tem no fluxo de recursos e promoção das políticas públicas *nacionais* e, assim, incidentes sobre *toda* a federação. E a Constituição Federal, entende-se, vocaciona o Ministério Público da União para esta seara *integradora*. As contas públicas, repise-se, têm essa indelével marca nacional.

4 Revogação do art. 130 – integração das funções no art. 129, ix – normas de transição da carreira e estrutura

A proposta de alteração constitucional aqui referenciada fez previsão da integração do Ministério Público de Contas (MPC) no art. 128, I, *e*, do Texto Maior, instituindo-se uma *carreira nacional* (a qual abarca, portanto, as atuações perante o TCU, TCEs, TCDF, TCMs e eventuais TCs municipais). Desta sorte, passa o *novel* MPC a ser conformado segundo a estruturação de que trata o art. 128, §5º da Constituição. Com efeito, para não ficar a atuação ministerial *imobilizada*, na dependência da edição de lei, em prejuízo da defesa do interesse público (sob o argumento de uma eventual *eficácia contida*), o art. 4º da emenda assegura, *no que couber*, a *forma* de estrutura e de organização existente nos demais ramos *especializados* do Ministério Público da União, *enquanto* não sobrevier a norma integradora no conjunto de sua lei orgânica. De semelhante modo, trata o dispositivo da *transposição das carreiras*, passando os atuais procuradores do Ministério Público de Contas a integrar o ramo mencionado no art. 128, I, *e*, da Constituição, *em reforço* às *garantias* – já aplicáveis – da *vitaliciedade,* da *inamovibilidade* (direito de permanecer oficiando perante o tribunal em que se encontra) e *irredutibilidade de subsídios.*[15] Ato contínuo, o *parágrafo* único afiança a não paralização dos *trabalhos* durante a referida transição, ao garantir a continuidade da prestação dos *serviços auxiliares* existentes, *ao encargo dos* órgãos *de origem,* até que venham a ser substituídos. Trata-se, pois, de dispositivos de indiscutível relevância subjetiva e institucional, voltados que estão para a colimação do interesse público que encerra a atividade fiscalizatória do Ministério Público de Contas.

Em arremate, objetivando a plena *organicidade* do Ministério Público no texto constitucional, optou-se pela *revogação* do atual *art. 130* da CRFB (art. 3º da proposta), em razão do que, quanto ao *imperativo de integração dessa matéria* nas *funções institucionais* no MP, propôs-se, *em contrapartida,* a inserção de um inciso no art. 129 do Texto Magno (art. 2º da minuta), que passa a prever a *atuação* do MP no *controle externo da Administração Pública,* antes referenciada no artigo abolido (ou seja, a capacidade postulatória; interveniente e de agente do *controle externo,* ao lado e junto dos seus demais protagonistas).

No art. 5º da PEC adentra-se no sensível campo da previsão dos limites de despesa com pessoal. Levantamento efetuado (constante das planilhas Excel) mostra que, atualmente, o MPU encontra-se *aquém* do seu limite percentual da RCL (receita corrente líquida). De outro lado, verifica-se que o custo de um MPC nacional, com largueza, pode ser absorvido, *por este viés,* no Ministério Público da União, sem que se faça extrapolar quaisquer desses parâmetros.[16] De outra sorte, *não parece razoável* deixar-se de prever uma *majoração* de alíquota, em face de não ter sido considerado, em sua origem, o presente ramo ministerial, havendo,

---

[15] Como alternativa à necessária fixação de uma estrutura mínima em face do número de membros das Cortes de Contas (não contemplada na redação por entender tratar-se de matéria a ser resolvida na legislação), consulte-se a seguinte redação: "Art. 4º Passam os atuais procuradores do Ministério Público de Contas que oficiam junto aos Tribunais de Contas da União, dos Estados, do Distrito Federal, dos Municípios e de Municípios, onde houver, a integrar o ramo de que trata o art. 128, I, e, da Constituição Federal, respeitadas as garantias previstas no seu §5º, aplicando-se, no que couber, enquanto não sobrevenha a regulamentação legal de sua estrutura, a forma de organização dos demais ramos do Ministério Público da União, *garantindo-se a previsão de membros correspondente, no mínimo, ao número de componentes das carreiras da magistratura de contas.*"

[16] O MPU tem a previsão de gasto de 0,6% da RCL (Receita Corrente Líquida), fazendo atual uso de 0,43%. Há, portanto, uma diferença de 0,17% para se chegar ao limite de gastos. Superestimando as despesas com o MPC nacional teríamos uma alíquota aproximada de 0,06%, passando o total de despesas do MPU para 0,49% da RCL, remanescendo uma "sobra" de 0,11%. A majoração da alíquota do MPU em 0,08% (zero vírgula zero oito por cento) é, portanto, apenas sugestiva para um debate com os agentes envolvidos.

certamente, legítimos pleitos contidos entre os ramos do MPU e que não podem ser prejudicados. Não obstante, qualquer alteração nesse sentido ou implica majoração do *percentual global* aplicável à União[17] ou a dedução percentual aplicável aos gastos do Poder Executivo.[18] Optou-se, no texto, por não adentrar no *mérito* desse desdobramento (que pode ser objeto de norma infraconstitucional), mas de apenas garantir as contrapartidas logicamente implicadas (nas notas de rodapé 17 e 18 encontram-se redações alternativas, em destaque). Por fim, apesar de, sob o prisma da *coesão do sistema*, demandar-se a alteração do art. 130-A,[19] julga-se *inoportuna tal abordagem*, inclusive para os fins de *viabilidade* de discussão do texto aqui em análise.

5 Aprimoramento da fiscalização financeira da Administração Pública, do controle externo e da prevenção e combate à corrupção

A proposta aqui rascunhada e sob rudimentos objetiva, portanto, o *fortalecimento* do controle externo da Administração Pública sob a ótica de um de seus agentes (o Ministério Público), o que, reflexamente, acaba por enaltecer a atuação que detêm os Tribunais de Contas brasileiros.

A importância que possuem as contas públicas (bem como as matérias diretamente implicadas e relacionadas nos arts. 71 e 163 e ss. da CRFB) e a missão do Ministério Público na defesa dessa *ordem jurídica nacional* perante os Conselhos de Contas (*de modo integrado e sistêmico*) consagram, portanto, a relevância da temática para o desenvolvimento do *Estado brasileiro*, bem como representa um corajoso

---

[17] "Enquanto lei complementar não disciplinar novo limite de despesa total com pessoal do Ministério Público da União decorrente da modificação promovida por esta Emenda Constitucional, fica ele acrescido, para os fins do disposto no caput do art. 169 da Constituição, da alíquota de 0,08% (zero virgula zero oito por cento), *com a respectiva majoração percentual global aplicável à União*".

[18] "Enquanto lei complementar não disciplinar novo limite de despesa total com pessoal do Ministério Público da União decorrente da modificação promovida por esta Emenda Constitucional, fica ele acrescido, para os fins do disposto no caput do art. 169 da Constituição, da alíquota de 0,08% (zero virgula zero oito por cento), *com a respectiva dedução percentual aplicável ao Poder Executivo*".

[19] Procedendo-se, por exemplo, à alteração de quatro para cinco (inc. II) e de três para quatro (inc. III), as representações dos Ministérios Públicos da União e dos estados, respectivamente, no Conselho Nacional do Ministério Público (em razão da inserção da alínea *e* no art. 128, I, da Constituição Federal e da necessidade de reequilíbrio da representatividade no que concerne aos Ministérios Públicos Estaduais – passando o *caput* a prever o total de dezesseis membros).

passo para o efetivo *combate* à *corrupção* a partir dessa realidade, e, sobretudo, para a sua *prevenção*[20] (uma vez que se situa na *fiscalização externa da Administração* uma das mais incisivas atuações de contenção à malversação de recursos e de *inibição* de condutas ímprobas). Tudo a coroar, em arremate, os compromissos internacionais assumidos pela nação brasileira, na linha referenciada pelo Decreto nº 5.687, de 31.1.2006, que encampou a Convenção das Nações Unidas contra a Corrupção.[21]

Referências

BULOS, Uadi Lammêgo. *Constituição Federal anotada*. 10. ed. São Paulo: Saraiva, 2012.

CAMBI, Eduardo. *Caráter nacional do Ministério Público*. Disponível em: <http://www.ceaf.mppr.mp.br/arquivos/File/Carater_Nacional_do_Ministerio_Publico_1.pdf>.

DELGADO, José Augusto. A Lei de Responsabilidade Fiscal e os Tribunais de Contas. *Interesse Público – IP*, Belo Horizonte, ano 2, n. 7, jul./set. 2000.

GARCIA, Emerson. *A unidade do Ministério Público*: essência, limites e relevância pragmática. Disponível em: <http://www.conamp.org.br/pt/convenios/dynamus/item/769-a-unidade-do-ministerio-publico-essencia-limites-e-relevancia-pragmatica.html>.

MOTTA, Carlos Pinto Coelho; FERNANDES, Jorge Ulisses Jacoby. *Responsabilidade Fiscal*: Lei Complementar 101 de 4/5/2000. 2. ed. rev., atual. e ampl. Belo Horizonte: Del Rey, 2001.

OLIVEIRA, Werder de. *Curso de Responsabilidade Fiscal*: direito, orçamento e finanças públicas. Belo Horizonte: Fórum, 2013.

REINER, J. S.; REINER, M. R. O caráter nacional da LRF e sua aplicação compartimentada pelos Tribunais de Contas brasileiros: diagnóstico e perspectivas. In: COÊLHO, Marcus Vinicius Furtado; ALLEMAND, Luiz Claudio; ABRAHAM, Marcus (Org.). *Responsabilidade Fiscal*: análise da Lei Complementar nº 101/2000. Brasília: OAB, Conselho Federal, 2016.

SCAFF, Fernando Facury. Equilíbrio orçamentário, sustentabilidade financeira e justiça intergeracional. *Interesse Público – IP*, Belo Horizonte, ano 16, n. 85, maio/jun. 2014.

---

[20] Consoante estabelece o Decreto nº 5.687/06 (Convenção de Mérida) em seu preâmbulo: "Convencidos, ainda, de que a disponibilidade de assistência técnica pode desempenhar um papel importante para que os Estados estejam em melhores condições de poder prevenir e combater eficazmente a corrupção, entre outras coisas, fortalecendo suas capacidades e criando instituições" e art. 5, item 2: "Cada Estado Parte procurará estabelecer e fomentar práticas eficazes encaminhadas a prevenir a corrupção".

[21] Art. 6, 2: "Cada Estado Parte outorgará ao órgão ou aos órgãos mencionados no parágrafo 1 do presente Artigo a independência necessária, de conformidade com os princípios fundamentais de seu ordenamento jurídico, para que possam desempenhar suas funções de maneira eficaz e sem nenhuma influência indevida. Devem proporcionar-lhes os recursos materiais e o pessoal especializado que sejam necessários, assim como a capacitação que tal pessoal possa requerer para o desempenho de suas funções".

Informação bibliográfica deste texto, conforme a NBR 6023:2002 da Associação Brasileira de Normas Técnicas (ABNT):

REINER, Michael Richard. Proposta de alteração constitucional. In: ASSOCIAÇÃO NACIONAL DO MINISTÉRIO PÚBLICO DE CONTAS. *Ministério Público de Contas:* perspectivas doutrinárias do seu estatuto jurídico. Belo Horizonte: Fórum, 2017. p. 315-331. ISBN 978-85-450-0183-6.

PROPOSTA DE EMENDA À CONSTITUIÇÃO
Nº _____ , DE 2013

(DOS SRS. E SRAS. FRANCISCO PRACIANO, ÉRIKA KOKAY, PAULO RUBEM SANTIAGO, ROSANE FERREIRA, LUIZ PITIMAN, IZALCI, REGUFFE, LUIZ COUTO, LUIZA ERUNDINA E OUTROS)

Altera a forma de composição dos Tribunais de Contas; submete os membros do Ministério Público de Contas ao Conselho Nacional do Ministério Público – CNMP e os Conselheiros e Ministros dos Tribunais de Contas ao Conselho Nacional de Justiça – CNJ e dá outras providências.

As Mesas da Câmara dos Deputados e do Senado Federal, nos termos do §3º do art. 60 da Constituição Federal, promulgam a seguinte emenda ao texto constitucional:

Art. 1º O art. 73 da Constituição Federal passa a vigorar com nova redação aos incs. II e IV do §1º e acrescido dos §§5º, 6º e 7º, nos seguintes termos:

Art. 73. ....

§1º...

II - idoneidade moral e reputação ilibada, sendo vedada a escolha de quem tenha sido condenado, em decisão transitada em julgado ou proferida por órgão judicial colegiado, pelos crimes e atos que tornem o cidadão inelegível para cargos públicos, conforme definido na lei complementar a que se refere o §9º do art. 14 desta Constituição Federal; [...]

IV - mais de dez anos de exercício de função ou de efetiva atividade profissional que exija formação em nível superior em área de conhecimento mencionada no inciso anterior. [...]

§5º As normas gerais pertinentes à organização, fiscalização, competências, funcionamento e processo dos Tribunais de Contas devem observar o disposto nesta seção e o fixado em lei complementar de iniciativa do Tribunal de Contas da União.

§6º Ao Tribunal de Contas da União caberá o planejamento, o estabelecimento de políticas e a organização de Sistema Nacional dos Tribunais de Contas, estabelecendo como prioridades o combate à corrupção, a transparência, o estímulo ao controle social e a atualização constante de instrumentos e mecanismos de controle externo da administração pública visando à sua eficácia, eficiência, efetividade e economicidade.

§7º Sem prejuízo da competência disciplinar e correicional dos Tribunais de Contas, a fiscalização dos deveres funcionais dos Ministros, Auditores substitutos de Ministro, Conselheiros e Auditores Substitutos de Conselheiro fica a cargo do Conselho Nacional de Justiça, cabendo-lhe, neste mister, as competências fixadas no art. 103-B, §4º, inciso III desta Constituição.

Art. 2º O art. 103-B da Constituição Federal passa a vigorar com a seguinte redação, acrescido do inc. XIV:

Art. 103-B. O Conselho Nacional de Justiça compõe-se de dezesseis membros com mais de trinta e cinco e menos de sessenta e seis anos de idade, com mandato de dois anos, admitida uma recondução, sendo: [...]

XIV - um Ministro ou Conselheiro de Tribunal de Contas, indicado pelo Tribunal de Contas da União, na forma da lei.

Art. 3º O art. 75 da Constituição Federal passa a vigorar com a seguinte redação:

Art. 75. Os Tribunais de Contas dos Estados, do Distrito Federal, dos Municípios e de Município, onde houver, serão integrados por 7 (sete) Conselheiros, que satisfaçam os requisitos prescritos no art. 73, §1º desta Constituição, sendo nomeados pelo Chefe do Poder Executivo respectivo, respeitada a seguinte ordem:

I - 1 (um) eleito pela classe dentre os Auditores de Controle Externo do Tribunal que tenham sido nomeados em decorrência de concurso público há pelo menos 10 anos;

II - 1 (um) eleito pela classe dentre os membros vitalícios do Ministério Público de Contas;

III - 1 (um) eleito, alternadamente, pelos conselhos profissionais das ciências previstas no art. 73, §1º, III, para mandato de quatro anos;

IV - 4 (quatro) eleitos pela classe dentre os Auditores Substitutos de Conselheiro vitalícios;

Parágrafo único. As Constituições estaduais disporão sobre os Tribunais de Contas respectivos, observado o disposto no art. 71 desta Constituição Federal.

Art. 4º O art. 130 da Constituição Federal passa a vigorar acrescido dos seguintes parágrafos:

§1º Ao Ministério Público de Contas, no exercício de suas atribuições, relacionadas à jurisdição de contas, aplicam-se as disposições desta seção.

§2º O Ministério Público de Contas, instituição essencial à jurisdição de contas, será integrado no mínimo por 7 (sete) membros e elaborará sua proposta orçamentária nos limites fixados na lei de diretrizes orçamentárias;

§3º Sem prejuízo da competência disciplinar e correicional do Ministério Público de Contas, a fiscalização dos deveres funcionais dos Procuradores de Contas fica a cargo do

Conselho Nacional do Ministério Público, cabendo-lhe, neste mister, as competências fixadas no art. 130-A, §2º, inciso III desta Constituição.

Art. 5º. O art. 130-A da Constituição Federal passa a vigorar com a seguinte redação, acrescido do inc. VII:

Art. 130-A. O Conselho Nacional do Ministério Público compõe-se de quinze membros nomeados pelo Presidente da República, depois de aprovada a escolha pela maioria absoluta do Senado Federal, para um mandato de dois anos, admitida uma recondução, sendo: [...]

VII - um membro do Ministério Público de Contas indicado pelos respectivos Ministérios Públicos, na forma da lei.

Art. 6º A lei complementar referida no §5º do art. 73 da Constituição Federal, entre outras finalidades, fixará:

I - Normas gerais relativas ao processo de contas públicas, com as seguintes garantias:

a) devido processo legal;

b) contraditório e ampla defesa;

c) Procedimento extraordinário de uniformização da jurisdição de contas, de iniciativa de qualquer Conselheiro ou membro do Ministério Público de Contas de qualquer Tribunal de Contas, a ser processado autonomamente e em abstrato pelo Tribunal de Contas da União, em casos de repercussão geral, diante de decisão exarada por Tribunal de Contas que, aparentemente, contrarie dispositivo da

Constituição Federal ou de lei nacional; e

d) imposição uniforme de sanções administrativas.

II - Os requisitos para o exercício do cargo de auditor de controle externo, bem como suas garantias e vedações;

III - A instituição e manutenção de Portal Nacional de Transparência dos Tribunais de Contas, gerido pelo Tribunal de Contas da União com apoio dos demais Tribunais de Contas.

IV - Normas gerais para sobre as atribuições do cargo e o concurso público de provas e títulos para auditor substituto de ministro, auditor substituto de conselheiro e auditor de controle externo;

V - A separação entre as atividades deliberativa e de fiscalização e instrução, sendo estas coordenadas por um Diretor-Geral eleito dentre os auditores de controle externo;

VI - procedimentos para cada uma das competências constitucionais e legais dos Tribunais de Contas, recursos, trânsito em julgado e efeitos da decisão condenatória.

Art. 7º O Ato das Disposições Constitucionais Transitórias passa a vigorar acrescido dos seguintes artigos:

Art. 98. As vagas que surgirem nos Tribunais de Contas dos Estados, do Distrito Federal, dos Municípios e de Município, onde houver, serão preenchidas com a observância da ordem fixada no art. 75 da Constituição Federal.

Parágrafo único. Para os fins previstos no caput, consideram-se preenchidas as vagas que estejam ocupadas por Auditor Substituto de Conselheiro ou membro do Ministério Público de Contas, nomeados, de acordo com a ordem constitucional então vigente, para as vagas destinadas às respectivas categorias.

Art. 99. A previsão orçamentária para o Ministério Público de Contas será fixada no primeiro exercício subsequente à da promulgação desta emenda e, não o sendo, corresponderá à média das despesas efetivamente realizadas pelo órgão nos últimos 5 (cinco) anos.

Art. 8º Esta emenda entra em vigor na data de sua publicação.

Justificação

Recentemente, vem ganhando corpo dentro e fora dos Tribunais de Contas uma massa crítica de agentes públicos que vivem o dia a dia dessas instituições e, invariavelmente, concluem no sentido do esgotamento do modelo atual. O fenômeno deste "esgotamento" foi referenciado, por exemplo, pelo presidente nacional da OAB, Dr. Ophir Cavalcante, em evento destinado a marcar o Dia Mundial de Combate à Corrupção, ocorrido na Capital Federal em 2011.

Rigorosamente, em tese, o modelo de controle externo vigente no Brasil, se fosse verdadeiramente implementado, seria plenamente adequado às finalidades de um controle moderno e ágil. Melhor até mesmo do que a maior parte dos modelos europeus ou o modelo americano. O problema é que a regra constitucional de conformação desses tribunais não é respeitada, principalmente pelos poderes legislativos estaduais.

Aproximadamente 25% dos membros dos Tribunais de Contas estaduais não possuem a formação adequada para exercer a função. Mas o problema mais grave, porém, é o estreito vínculo mantido e cultivado entre muitos dos membros nomeados para essas Cortes e as forças políticas responsáveis pelas suas nomeações.

Estudo elaborado pelo Instituto Ethos, intitulado *Sistema de integridade nos estados brasileiros*, identifica na falta de independência dos colegiados dos Tribunais de Contas elemento de comprometimento da boa governança nos estados brasileiros.

De acordo com recentes matérias jornalísticas publicadas em grandes veículos de comunicação do país, cerca de 15% dos conselheiros brasileiros são investigados por crimes ou atos de improbidade.[1]

O grito que veio das ruas, em junho deste ano de 2013, reverbera basicamente os efeitos da péssima governança que marca como regra a Administração Pública brasileira. Temas como o da saúde e o da educação são apreciados sistematicamente pelos Tribunais de Contas, mas as ruas não têm lembrado de cobrar dos Tribunais de Contas sua parcela de responsabilidade pelas deficiências da Administração Pública brasileira. O transporte, a concessão de rodovias e a segurança pública normalmente também são objeto do controle externo exercido

---

[1] ROXO, Sérgio. Nos estados, 15% dos conselheiros de TCEs já sofreram ações do MP. *O Globo*, 22 set. 2013. Disponível em: <http://oglobo.globo.com/pais/nos-estados-15-dos-conselheiros-de-tces-ja-sofreramacoes-do-mp-10090042#ixzz2flyY5yLN>.

pelo Tribunal de Contas. As diretrizes institucionais impulsionadoras do controle exercido pelos Tribunais de Contas, neste caso, não são diferentes daquelas que os movem no controle dos temas da saúde e da educação. Noventa e nove por cento dos temas bradados pelas multidões nas ruas do país têm conexão direta com a atividade dos Tribunais de Contas. *Se há problemas, portanto, essas Cortes devem ser chamadas à responsabilidade.*

Entre as propostas trazidas por esta PEC, têm-se:

1. *Uniformização de jurisprudência pelo TCU*: a proposta preconiza nova obrigação ao TCU, a ser operacionalizada através de *procedimento extraordinaríssimo*, que poderá ser manejado pelo Ministério Público de Contas ou por ministros/conselheiros, destinada apenas aos casos de *repercussão geral*, para fins de *uniformização de jurisprudência* relacionada à aplicação de lei federal ou da Constituição Federal. Com este instrumento pretende-se acabar com as interpretações localizadas que têm diminuído muito a eficácia, por exemplo, da LRF e da LDB, estimulado interpretações muito distintas pelos diversos Tribunais de Contas, criando insegurança para outros órgãos como o próprio Ministério Público estadual, e fomentado interpretações que facilitem o descumprimento de limites de pessoal (estas interpretações em alguns casos têm comprometido a própria autonomia funcional do MP nas atuações que representem embates com o TC) e com o Poder Executivo, permitindo o descumprimento de índices constitucionais (saúde e educação).

2. *Vagas do Executivo, do Legislativo e concurso público para conselheiro*: a manutenção de tais vagas vinculadas não representaria a inovação reclamada pela sociedade em relação aos Tribunais de Contas, *que tem se manifestado no sentido de que é necessário afastar dessas Cortes a influência político-partidária.* A ideia mais difundida entre os que preconizam modificações nos Tribunais de Contas é a da adoção do concurso público direto para o cargo de conselheiro. Tal ideia, contudo, enfrenta sempre o argumento dos que lhe são contrários, de que é inviável preencher vagas de tribunal por meio de concurso público. Assim o dizem apontando para os TJs, TRFs, STJ, STF etc. *A proposta preconiza então o modelo do Poder Judiciário*, em que o ingresso na carreira se dá por concurso para o cargo de juiz substituto e, por promoção na carreira, chega-se ao tribunal. No caso, o

ingresso na carreira da magistratura de contas ocorreria no cargo de auditor substituto de conselheiro (nomenclatura existente na Constituição), que poderia passar a ser chamado, por exemplo, de "conselheiro substituto". O modelo permite que se continue sustentando o discurso do concurso para os TCs perante os movimentos sociais, já que preconiza o mesmo mecanismo adotado atualmente para o Judiciário.

3. *Mandato de conselheiro*: nesta proposta previu-se a ideia de mandato apenas para representantes dos conselhos profissionais, que farão as vezes de representantes da sociedade. Serão em número de quatro – direito, administração, contabilidade, economia –, o que torna factível a possibilidade de representantes desses Conselhos integrarem o Tribunal de Contas, *em vaga rotativa* a ser preenchida a cada quatro anos.

4. *Submissão dos conselheiros/ministros ao CNJ e dos procuradores do Ministério Público de Contas ao CNMP*: no que concerne ao Ministério Público de Contas, transcrevemos, a seguir, parte da manifestação da Excelsa Corte na ADI nº 789/DF, pontificada pela pena do Ministro Néri da Silveira:

No âmbito do Poder Legislativo e, particularmente, no que respeita à fiscalização contábil, financeira e orçamentária, atividade inserida no capítulo do Poder Legislativo e desempenhada pelo Tribunal de Contas, como órgão auxiliar do Congresso Nacional, para controle externo das contas de todos os Poderes –, não pode causar, portanto, estranheza alguma que exista, do mesmo modo, função de Ministério Público, com atribuições perfeitamente delimitadas, previstas na Constituição, e que se realizam, funcionalmente, com autonomia. *Com efeito, o* órgão *do MP, junto ao Tribunal de Contas, não está hierarquicamente subordinado ao Presidente dessa Corte, pois há de ter faixa de autonomia funcional, consoante é da natureza do ofício ministerial em referência, e, destarte, decorre da sua própria essência, como função de Ministério Público.* Se é certo que a Constituição, de explícito, não lhe garante, por exemplo, a competência para iniciar leis de seu interesse, tal como faz no art. 127, §§2º e 3º, o último quanto à "proposta orçamentária" do Ministério Público, e no §2º, relativamente à "à criação e extinção de cargos e serviços auxiliares", *não cabe deixar de reconhecer que a independência funcional é ínsita à atividade do Ministério Público, e não se há de desfigurar, também, quando exercida junto ao Tribunal de Contas.*

De outra parte, a Constituição, ao dispor sobre o Ministério Público, não previu, no que se refere à "unidade", que, nesta, se compreendessem todas as funções a ele atribuíveis, mas apenas aquelas funções que se desenvolvem junto ao Poder Judiciário, porque é deste plano, especificamente, que cuidam os parágrafos do art. 127, na sua generalidade. Quando a Constituição preceitua, no art. 127, que "o Ministério Público é instituição permanente, essencial à "função jurisdicional" do Estado", está dispondo, tão-só, sobre o Ministério Público junto ao Poder Judiciário, o que não lhe esgota o campo de atuação. *Consoante se aludiu, inicialmente, as três carreiras, que se enquadram no Capítulo IV do Título IV, da Lei Magna, como funções essenciais à Justiça, não se podem entender como voltadas exclusivamente ao domínio do Poder Judiciário, mas dizem, também, com interesses da Justiça em planos situados, de igual modo, nos dois outros Poderes.*

Ora, se assim é, o Ministério público junto ao Tribunal de Contas não é Ministério Público que se possa situar no mesmo quadro do Ministério Público ordinário, pela especificidade de suas atribuições. É Ministério Público especial, não compreendido, assim, no Ministério Público ordinário. Releva, aqui, conotar que as contas dos Ministérios Públicos, federal e estaduais, são examinadas, como as dos demais órgãos, pelo Ministério Público junto ao Tribunal de Contas competente. *Bastante, todavia, seria para confirmar essa conclusão o disposto no art. 130, da Constituição, que outra justificativa não teria senão a de afirmar a especialidade e autonomia desse Ministério Público em relação ao Ministério Público ordinário, em determinando que se aplicam aos membros do Ministério Público, junto aos Tribunais de Contas, as disposições dessa Seção do Ministério Público ordinário pertinentes a direitos, vedações e forma de investidura Desse modo, dá-se, aí, uma especificação das prerrogativas e garantias do Ministério Público ordinário que a Constituição, explicitamente, quis conferir ao Ministério Público junto ao Tribunal de Contas, cujo exercício de MP se desenvolve no* âmbito *demarcado à competência dessas Cortes não integrantes do Poder Judiciário.* (Grifos nossos)

É o que bem colocou também o eminente Ministro Octávio Gallotti, ao relatar a ADI nº 160-4/TO: detêm os membros do Ministério Público especializado "a plena independência de atuação perante os poderes do Estado, a começar pela Corte junto à qual oficiam (Constituição, artigos 130 e 75)".

Não se pode olvidar ainda estar o Ministério Público de Contas disposto no Capítulo IV (Das Funções Essenciais à Justiça), na Seção I (Do Ministério Público), juntamente com o Ministério Público da União, dos estados e com o Conselho Nacional do Ministério Público. *O constituinte pátrio, ao tratar do Ministério Público de Contas, reconhecendo-o como instituição atuante JUNTO aos Tribunais de Contas e não como* órgão *integrante dos Tribunais de Contas, regulamentou-o na seção do Ministério Público e fora da que trata da fiscalização contábil, financeira e orçamentária (em que incrustada a regulação dos Tribunais de Contas).* Pertinentes, neste particular, as observações do eminente Ministro Carlos Ayres Britto, em palestra proferida no VII Congresso Nacional do Ministério Público de Contas, em Brasília – DF, no ano de 2004, cujo tema foi o regime jurídico do Ministério Público de Contas:

A linguagem mudou, já não se disse que o Ministério Público figurava ao lado das auditorias financeiras e orçamentárias e demais órgãos auxiliares, do Tribunal de Contas da União. A dicção constitucional não foi essa, foi a seguinte, sendo dois alternadamente dentre Auditores e membros do Ministério Público junto ao Tribunal. Essa locução adverbial, junto, foi repetida no artigo 130, debaixo da seguinte legenda: aos membros do Ministério Público, já no capítulo próprio do Poder Judiciário e na seção voltada para o Ministério Público. Aos membros do Ministério Público junto aos Tribunais de Contas, a locução adverbial, junto à, foi repetida, aplicam-se às disposições dessa seção pertinentes a direitos, vedações e formas de investidura. Curioso, na Constituição anterior não se falava de membros, se falava da instituição em si, Ministério Público, agora com imediatidade não se fala da instituição Ministério Público, e sim, de membros do Ministério Público. *Isso me parece ter relevo, ter importância interpretativa, de monta. Quando a Constituição disse, junto à, quis resolver um impasse surgido com a legenda da Constituição anterior, porque se está junto é porque não está dentro, está ao lado, numa linguagem bem coloquial, ali no oitão da casa, mas não no interior dela, junto à, por duas vezes. E ao falar de membros, me parece que deixou claro, também, que quem é membro de uma instituição não pode ser membro da outra, só pode ser membro da própria instituição a que se vincula, gramaticalmente.* A nova linguagem, membros do Ministério Público, dissipando a dúvida, membro do Ministério Público é membro do Tribunal de Contas? Eu respondo que não, até porque os membros do Tribunal de Contas da União são assim literalmente grafados no artigo 102, inciso I, letra c, da Constituição Federal, a propósito da competência judicante do Supremo Tribunal Federal, da competência originária. *Então, membros do Tribunal de Contas constitui uma realidade normativa, membros do Ministério Público de Contas, outra realidade normativa. Junto à ou junto ao, não pode ser dentro de. Se o Ministério Público de Contas está fora do Ministério Público tradicional, também está fora do próprio Tribunal de Contas, em que esse Ministério Público atua ou oficia.*

Essa mudança de linguagem me pareceu sintomática a nos desafiar para uma nova tese, reformular uma tese. Existe mesmo um Ministério Público de Contas, ou Especial, atuando não junto aos órgãos jurisdicionais, mas junto às Cortes ou Casas de Contas. Assim como o Ministério Público usual desempenha uma função essencial à jurisdição, o Ministério Público de Contas desempenha uma função essencial ao controle externo. (Grifos nossos)

A Constituição Federal, ao instituir o CNMP na seção do Ministério Público, impõe estar todo o Ministério Público (da União, dos estados e de Contas) a ele submetido. O art. 130-A, da Carta Magna, conquanto em alguns momentos refira-se a Ministério Público da União e dos estados, utiliza em vários outros dispositivos a expressão "Ministério Público", aludindo-se à instituição como um todo e não apenas aos da União e dos estados (art. 130-A, §2º, I e V, §3º, I, da CF/88).

A Constituição Federal não traz normas antagônicas, devendo a interpretação depreender de um conjunto de dispositivos, de forma completa, harmônica e em conformidade com a Constituição. Nas palavras do Ministro Carlos Ayres Britto, "importa para o intérprete é ler nas linhas e entrelinhas, não só desse ou daquele dispositivo em separado, como também imerso no corpo de toda a lei ou de todo o código jurídico de que faça parte o preceito interpretado".[2] Destarte, entender que o Ministério Público de Contas está submetido ao CNMP é reconhecer a verdadeira norma que se revela sistemicamente posta no Texto Magno.

Mas a leitura sistemática do Texto Constitucional deve impor também ao legislador a observância de diretrizes de *racionalidade administrativa* na conformação orgânica do aparelho estatal. Um dos vetores de racionalização, sem dúvida, é imposto pelo *princípio da economicidade*.

Os Procuradores do Ministério Público de Contas, por disposição constitucional, submetem-se ao mesmo regramento disciplinar dos demais membros do Ministério Público. Seria mais proveitoso à sociedade sujeitá-los, todos, portanto, à fiscalização de um mesmo órgão de controle superior, o CNMP.

Alcançar-se-ia assim justificáveis benefícios, observando ainda os postulados da *economicidade* para o erário, e a *celeridade* no desenvolvimento das atividades de controle, utilizando-se da *expertise* de um Conselho já implantado e devidamente estruturado. O art. 130 não existe de modo isolado na Constituição Federal, mas é parte de um todo amplo, integral e globalizante, devendo ser lido em cotejo com outros dispositivos constitucionais, a exemplo dos arts. 127, 128, I e II. Quando muito, pode-se vislumbrar o acréscimo de uma nova cadeira ao CNMP, destinada a representante do MPC.

Mas além do princípio da economicidade impõe-se reconhecer ainda o *princípio da excepcionalidade* a reger a instituição dos chamados *conselhões*, pois estes traduzem a ideia de instituições superiores, com funções especializadíssimas de controle, o que não recomenda

---

[2] Processo administrativo do TSE/PB. Vida pregressa e condição de elegibilidade. Ministro Carlos Ayres Britto. Disponível em: <agencia.tse.gov.br>. Acesso em: 16 jun. 2008.

em hipótese alguma a sua banalização, sob pena de se adentrar ao incômodo circuito vicioso, lembrado na sátira do poeta romano Juvenal: quem fiscaliza o fiscalizador?[3] Magistrados de contas e procuradores de contas podem perfeitamente ter sua atuação submetida aos conselhos atualmente existentes, CNJ e CNMP, respectivamente, eventualmente com pequenos ajustes na composição destes.

A proximidade entre as Cortes de Contas nas quais atua o MPC e o aparelho judiciário é, ademais, muito maior do que se costuma imaginar comumente. Tal fato é demonstrado por Carlos Ayres Britto, em magistral artigo publicado na revista *Diálogo Jurídico*:

> [...] começo por dizer que o Tribunal de Contas da União não é órgão do Congresso Nacional, não é órgão do Poder Legislativo. Quem assim me autoriza a falar é a Constituição Federal, com todas as letras do seu art. 44, *litteris*: "O Poder Legislativo é exercido pelo Congresso Nacional, que se compõe da Câmara dos Deputados e do Senado Federal" (negrito à parte). Logo, o Parlamento brasileiro não se compõe do Tribunal de Contas da União. Da sua estrutura orgânica ou formal deixa de fazer parte a Corte Federal de Contas e o mesmo é de se dizer para a dualidade Poder Legislativo/Tribunal de Contas, no âmbito das demais pessoas estatais de base territorial e natureza federada.
>
> 2.2. Não que a função de julgamento de contas seja desconhecida das Casas Legislativas.[4] Mas é que os julgamentos legislativos se dão por um critério subjetivo de conveniência e oportunidade, critério, esse, que é forma discricionária de avaliar fatos e pessoas. Ao contrário, pois, dos julgamentos a cargo dos Tribunais de Contas, que só podem obedecer a parâmetros de ordem técnico-jurídica; isto é, parâmetros de subsunção de fatos e pessoas à objetividade das normas constitucionais e legais.
>
> 2.3. *A referência organizativo-operacional que a Lei Maior erige para os Tribunais de Contas não reside no Poder Legislativo, mas no Poder Judiciário.* Esta a razão pela qual o art. 73 da Carta de Outubro confere ao Tribunal de Contas da União, "no que couber", as mesmas atribuições que o art. 96 outorga aos tribunais judiciários.
>
> Devendo-se entender o fraseado "no que couber" como equivalente semântico da locução *mutatis mutandis*; ou seja, respeitadas as peculiaridades de organização e funcionamento das duas categorias de instituições públicas (a categoria do Tribunal de Contas da União e a

---

[3] *Quis custodiet ipsos custodes?*

[4] A Constituição de 1988 deixa claro que é da competência exclusiva do Congresso Nacional "julgar anualmente as contas prestadas pelo Presidente da República e apreciar os relatórios sobre a execução dos planos de governo" (inc. X do art. 49).

categoria dos órgãos que a Lei Maior da República eleva à dignidade de um tribunal judiciário).

2.4. Mas não se esgota nas atribuições dos tribunais judiciários o parâmetro que a Lei das Leis estabelece para o Tribunal de Contas da União, *mutatis mutandis*. É que *os ministros do Superior Tribunal de Justiça também comparecem como referencial (em igualdade de condições, averbe-se) para "garantias, prerrogativas, impedimentos, vencimentos e vantagens" dos ministros do TCU*, tudo conforme os expressos dizeres do §3º do art. Constitucional de nº 73.[5] (Grifos nossos)

A tese da submissão dos membros dos Tribunais de Contas ao CNJ foi suscitada pela primeira vez, talvez, por uma representante do próprio CNJ em evento ocorrido no Tribunal de Contas do Estado do Paraná:[6]

A Senhora Morgana Richa: ... Passo então à finalização mencionando um pouco em relação ao eventual controle de Tribunais de Contas. Tenho um pouco de dúvida e vou jogar uma pitada de sal apenas aqui nessa troca de ideias, em relação à criação de muitos órgãos no Brasil. Penso que precisamos de órgãos que deem efetividade, que deem qualificação ao funcionamento. Criar por criar, é algo que talvez entre em mais um, como dizia o Ministro Gilmar, "não adianta mais do mesmo, precisamos de diferenciais". E o CNJ teve de fato esse papel transformador, essa modificação e me parece que dentro do próprio sistema, tenho dúvidas se não comportaria esse controle de ser exercido pelo próprio Conselho Nacional de Justiça. Então fui dar uma olhada na questão dos Tribunais de Contas, e aquilo que já tinha uma ideia um pouco delineada, me pareceu muito claro. Os Tribunais de Contas, falávamos há pouco, tem uma natureza híbrida, alguns dizem que está no legislativo, outros dizem que não, tem até um texto do Ministro Ayres Britto que é muito interessante sobre essa matéria, que me pareceu muito coerente. Mas o fato é que os Tribunais de Contas, os Conselheiros estão submetidos à LOMAN, são tribunais administrativos, não exercem função jurisdicional, tampouco o CNJ exerce, o CNJ é um Tribunal exclusivamente administrativo, e é um Tribunal de governo do sistema. Por que não essa absorção ser feita dentro do próprio sistema de justiça? Por que não pensar nos tribunais de contas dentro do sistema de justiça? Parece-me que eles estão muito mais assemelhados ao sistema de justiça do que ao próprio legislativo.

---

[5] BRITTO, Carlos Ayres. O regime constitucional dos Tribunais de Contas. *Revista Diálogo Jurídico*, Salvador, v. I, n. 9, dez. 2001. Disponível em: <http://www.direitopublico.com.br>. Acesso em: 20 jun. 2012.

[6] Conforme notas taquigráficas colhidas no 1º Encontro Sul-Sudeste dos Tribunais de Contas, ocorrido no município de Curitiba, em 29.9.2011. A palestrante é juíza do trabalho e ex-conselheira do Conselho Nacional de Justiça.

Se fosse para um enquadramento que tivesse mais encaixe, mais um contorno, talvez com menos arestas, vamos assim dizer, no sistema de justiça a similitude a meu ver, seria indubitavelmente maior. Por sua vez, é claro que dependeria de uma reflexão mais aprofundada, de uma PEC, de uma modificação constitucional e de um contorno adequado. Mas eu não vejo impossibilidade nem tampouco em trazer tribunais de contas para o sistema de justiça, ou levar o Conselho Nacional de Justiça para um controle de tribunais que prestem uma jurisdição, seja ela em nível judicial ou administrativo, como disse é o próprio caso do CNJ. É um órgão que pertence ao Poder Judiciário, julga, julga matérias administrativas, a seara não tem nenhuma atuação jurisdicional, e que tem esse perfil já, essa dinâmica, essa experiência bastante acentuada e acredito que teria uma contribuição muito grande para prestar.

Eventuais ilações sobre a inviabilidade de os procuradores que atuam junto aos Tribunais de Contas se submeterem ao controle do CNMP, porque eles não teriam uma função jurisdicional, mas administrativa, não se sustentam minimamente.

Os Conselhos de Controle Superior são instituições predominantemente administrativas, vocacionadas ao controle das funções administrativas do Poder Judiciário e do Ministério Público (funções atípicas), e não ao controle da jurisdição propriamente dita (função típica). Evidentemente que por esta atuação de Controle Superior se almeja, sob a batuta do *princípio da eficiência*, aprimorar o exercício das funções típicas. Nada, porém, justifica que as mesmas funções atípicas das Cortes de Contas (função administrativa) não possam ser submetidas ao mesmo órgão de controle, que, afinal, não intervirá na prestação da jurisdição especial de contas.

Decisão recente do próprio CNMP sepultou definitivamente qualquer dúvida sobre a submissão dos procuradores do MPC àquele Conselho:[7]

CONSULTA Nº 0.00.000.000843/2013-39
RELATORA: TAÍS SCHILLING FERRAZ
REQUERENTE: ASSOCIAÇÃO NACIONAL DO
MINISTÉRIO PÚBLICO DE CONTAS – AMPCON
EMENTA. MINISTÉRIO PÚBLICO JUNTO AOS TRIBUNAIS DE CONTAS. CONSULTA. CONTROLE

---

[7] *DOU*, n. 156. 14 ago. 2013.

EXTERNO PELO CONSELHO NACIONAL DO MINISTÉRIO PÚBLICO. NATUREZA JURÍDICA. FUNÇÕES INSTITUCIONAIS. GARANTIAS E VEDAÇÕES DOS MEMBROS. AUTONOMIA FUNCIONAL JÁ RECONHECIDA.

AUTONOMIA ADMINISTRATIVA E FINANCEIRA EM PROCESSO DE CONSOLIDAÇÃO. CONSULTA

RESPONDIDA POSITIVAMENTE.

1. Considerando que as funções institucionais reservadas ao Ministério Público de Contas – MPC identificam-se plenamente às previstas no art. 127 da Constituição Federal, e que seus membros foram contemplados com as mesmas garantias e vedações relativas aos membros das demais unidades e ramos do Ministério Público (CF, art. 130), impõe-se reconhecer ao MPC a natureza jurídica de órgão do Ministério Público brasileiro.

2. A característica extrajudicial da atuação do MPC não o desnatura, apenas o identifica como órgão extremamente especializado. Outros ramos do MP brasileiro são especializados e todos exercem atribuição extrajudicial ao lado das funções perante o Poder Judiciário.

3. A já reconhecida autonomia funcional dos membros do MPC, em sucessivos precedentes do Supremo Tribunal Federal deve ser acompanhada da gradual aquisição da autonomia administrativa e financeira das unidades, de forma a ter garantido o pleno e independente exercício de sua missão constitucional.

4. A carência da plena autonomia administrativa e financeira não é óbice ao reconhecimento da natureza jurídica ministerial do MPC, antes é fator determinante da necessidade do exercício, por este Conselho Nacional, de uma de suas funções institucionais (CF, art. 130-A, §2º, I), zelando "pela autonomia funcional e administrativa do Ministério Público, podendo expedir atos regulamentares no âmbito de sua competência ou recomendar providências". Esta atual carência é conseqüência de um histórico de vinculação, a ser superado, e não pode ser trazida como a causa para negar-se ao MPC a condição de órgão do MP brasileiro. Conclusão diferente levaria ao questionamento da natureza jurídica do MP Eleitoral, que, como amplamente sabido, além de não figurar no art. 128 da Constituição Federal, não dispõe de estrutura, sequer de um quadro permanente de membros.

5. Situação de gradual aquisição de autonomia já vivenciada pelos demais órgãos do Ministério Público que, historicamente, dependeram, em maior ou menor medida, das estruturas dos tribunais e nunca tiveram, por essa razão, sua condição de Ministério Público questionada.

Consulta respondida positivamente para reconhecer ao Ministério Público de Contas a natureza jurídica de órgão do Ministério Público brasileiro e, em consequência, a competência do CNMP para zelar pelo cumprimento dos deveres funcionais dos respectivos membros e pela garantia da autonomia administrativa e financeira das unidades, controlando os atos já praticados de forma independente em seu âmbito, e adotando medidas tendentes a consolidar a parcela de autonomia de que ainda carecem tais órgãos.

ACÓRDÃO

Vistos, relatados e discutidos os autos, acordam os Conselheiros do Plenário do Conselho Nacional do Ministério Público, por unanimidade, em conhecer e dar provimento à consulta, nos termos do voto da relatora.

TAÍS SCHILLING FERRAZ

Relatora

A previsão em norma constitucional virá confirmar aquilo que por interpretação já reconheceu o CNMP.

Em relação à submissão dos ministros e conselheiros ao CNJ, trata-se de previsão com guarida inclusive no princípio da economicidade. Não faz sentido algum criar um novo órgão público, com toda a sorte de implicações financeiras que isto significa para fiscalizar menos de 300 magistrados de contas. Ressaltamos, por oportuno, que o CNJ, por sua vez, fiscaliza 15 mil juízes.

Sala das Sessões, 2 de outubro de 2013.

Francisco Praciano (PT/AM)
Érika Kokay (PT/DF)
Paulo Rubem Santiago (PDT/PE)
Rosane Ferreira (PV/PR)
Luiz Pitiman (PMDB/DF)
Izalci (PSDB/DF)
Reguffe (PDT/DF)
Luiz Couto (PT/PB)
Luiza Erundina (PSB/SP)

SOBRE OS AUTORES

Carlos Ayres Britto
Bacharel em Direito pela Universidade Federal de Sergipe – UFS. Pós-Graduado em Direito Público e Privado pela Faculdade de Direito de Sergipe. Mestre em Direito do Estado pela Pontifícia Universidade Católica de São Paulo – PUC-SP. Doutor em Direito Constitucional pela Pontifícia Universidade Católica de São Paulo – PUC-SP. Exerceu os cargos de Ministro do Supremo Tribunal Federal (2003/2012), Presidente do Supremo Tribunal Federal (2012), Ministro do Tribunal Superior Eleitoral (2006/2010), Presidente do Tribunal Superior Eleitoral (2008/2010) e Presidente do Conselho Nacional de Justiça (2011/2012). Advogado inscrito na Ordem dos Advogados do Brasil Seccional Sergipe sob o nº 7.130, na Seccional Distrito Federal sob o nº 40.040 e na Seccional São Paulo sob o nº 365.593. Sócio fundador do escritório Ayres Britto Consultoria Jurídica e Advocacia. Membro da Academia Sergipana de Letras, Academia Brasiliense de Letras, Academia de Letras de Brasília e Academia Brasileira de Letras Jurídicas. Presidente do Conselho Superior do Instituto Innovare. Professor, consultor jurídico e parecerista.

Carlos Mário da Silva Velloso
Professor Emérito da Universidade de Brasília (UnB) e da Pontifícia Universidade Católica de Minas Gerais (PUC Minas), em cujas Faculdades de Direito foi Professor Titular de Direito Constitucional e Teoria Geral do Direito Público. Professor emérito da Escola da Magistratura Federal da 1ª Região (TRF/1ª R., Brasília, DF). Professor de Direito Constitucional Tributário no Instituto Brasiliense de Direito Público – IDP. Doutor *honoris causa* pela Universidade de Craiova, Romênia. Advogado: OAB/MG nº 7.725; OAB/DF nº 23.750.

Diogo Roberto Ringenberg
Graduado em Administração de Empresas e Direito. Pós-Graduado em Auditoria Pública e Direito Constitucional. Procurador do Ministério Público de Contas de Santa Catarina. Presidente da Associação Nacional do Ministério Público de Contas (AMPCON). Coordenador da Rede de Controle da Gestão Pública de Santa Catarina.

Gabriel Guy Léger
Procurador do Ministério Público junto ao Tribunal de Contas do Estado do Paraná.

José Néri da Silveira
Advogado e Ministro aposentado do Supremo Tribunal Federal.

Juarez Freitas
Professor de Direito da Pontifícia Universidade Católica do Rio Grande do Sul (Mestrado e Doutorado) e da Universidade Federal do Rio Grande do Sul. Pós-Doutorado em Direito na Università degli Studi di Milano (2007). É Presidente do Instituto Brasileiro de Altos Estudos de Direito Público. Foi Presidente do Instituto Brasileiro de Direito Administrativo (2005/2007) e, atualmente, é membro nato do Conselho. É Presidente do Instituto de Direito Administrativo do Rio Grande do Sul. É Doutor em Direito e Mestre em Filosofia. Foi Pesquisador Associado na Universidade de Oxford e *Visiting Schollar* na Universidade de Columbia. É, ainda, Presidente do Conselho Editorial da revista *Interesse Público*, e membro de outros conselhos editoriais. Autor de várias obras, entre as quais *A interpretação sistemática do direito*, *O controle dos atos administrativos e os princípios fundamentais e sustentabilidade: direito ao futuro* (Medalha Pontes de Miranda, em 2011, pela Academia Brasileira de Letras Jurídicas). Realiza pesquisas com ênfase nas áreas de Interpretação Constitucional e Direito Administrativo. Codiretor de Tese na Universidade Paris II. É também Advogado, Consultor e Parecerista.

Michael Richard Reiner
Procurador-Geral do MPC-PR no biênio 2014/2016. Membro do Conselho Superior do Ministério Público de Contas no biênio 2011/2012. Titular da 2ª Procuradoria de Contas. Integrante do Grupo Nacional de Membros do Ministério Público (GNMP). Diretor-Adjunto da Associação Nacional do Ministério Público de Contas (AMPCON), associada da IAP – *International Association of Prosecutors*. Membro (Presidente) do Conselho Editorial da revista do MPC-PR. Ex-Diretor (região sul) do Conselho Nacional dos Procuradores Gerais de Contas (CNPGC). Ex-Advogado. Bacharel em Direito pela Universidade Federal do Paraná. Procurador de Contas desde 2002.

Patrick Bezerra Mesquita
Procurador do Ministério Público de Contas do Estado do Pará. Ex-Advogado da União. Bacharel em Direito pela Universidade Federal do Ceará.

Taís Schilling Ferraz
Possui Graduação em Ciências Jurídicas e Sociais pela Universidade Federal do Rio Grande do Sul (UFRGS, 1991). É Mestre em Direito pela Pontifícia Universidade Católica do Rio Grande do Sul (PUCRS, 2015). É Juíza Federal no Rio Grande do Sul e professora de Direito Processual Civil. É Diretora Cultural do IBRAJUS – Instituto Brasileiro de Administração do Sistema Judiciário. Tem experiência na área de Direito, com ênfase em Direito Público, Direito Processual Civil, Segurança Pública e Direito da Criança e do Adolescente.

Uadi Lammêgo Bulos
Professor de Direito Constitucional. Doutor e Mestre em Direito do Estado (PUC-SP). Presidente da Sociedade Brasileira de Direito Constitucional (SBDC).

Esta obra foi composta em fonte Palatino Linotype, corpo 10
e impressa em papel Offset 75g (miolo) e Supremo 250g (capa)
pela Gráfica e Editora O Lutador, em Belo Horizonte/MG.